TRAITÉ DES FIEFS,

TANT

POUR LE PAYS COUTUMIER,

QUE

POUR LES PAYS DE DROIT ECRIT.

TOME CINQUIÉME, SECONDE PARTIE,

CONTENANT

1°. Les Observations sur les Engagemens du Domaine du Roi.
2°. La Taille vulgairement dite aux quatre cas.
3°. Le Droit de Sextellage, Sesterage ou Stelage.
4°. Les Colombiers ou Pigeonniers.
5°. Les Rivieres, Etangs & Garennes.
6°. Les Institutes féodales, ou Manuel des Fiefs & Censives, &
   Droits en dépendans.

Par M^r. GERMAIN-ANTOINE GUYOT,
Avocat au Parlement.

DEDIÉ A MONSEIGNEUR LE CHANCELIER.

A PARIS,

Chez SAUGRAIN, Grand'Salle du Palais, du côté de la Cour
des Aydes, à la Providence.

M. DCC. LI.

AVEC APPROBATION ET PRIVILEGE DU ROI.

TRAITÉ DES FIEFS,

TANT

POUR LE PAYS COUTUMIER,

QUE

POUR LES PAYS DE DROIT ECRIT.

TOME CINQUIÉME, SECONDE PARTIE,

CONTENANT

1°. Les Observations sur les Engagemens du Domaine du Roi.
2°. La Taille vulgairement dire aux quatre cas.
3°. Le Droit de Sextellage, Sesterage ou Stelage.
4°. Les Colombiers ou Pigeonniers.
5°. Les Rivieres, Etangs & Garennes.
6°. Les Institutes féodales, ou Manuel des Fiefs & Censives, &
Droits en dépendans.

Par M^e. GERMAIN-ANTOINE GUYOT,
Avocat au Parlement.

DEDIÉ A MONSEIGNEUR LE CHANCELIER.

A PARIS,

Chez SAUGRAIN, Grand'Salle du Palais, du côté de la Cour
des Aydes, à la Providence.

M. DCC. LI.

AVEC APPROBATION ET PRIVILEGE DU ROI.

INSTITUTES
FEODALES,

OU

MANUEL DES FIEFS
ET CENSIVES,

ET DROITS EN DÉPENDANS.

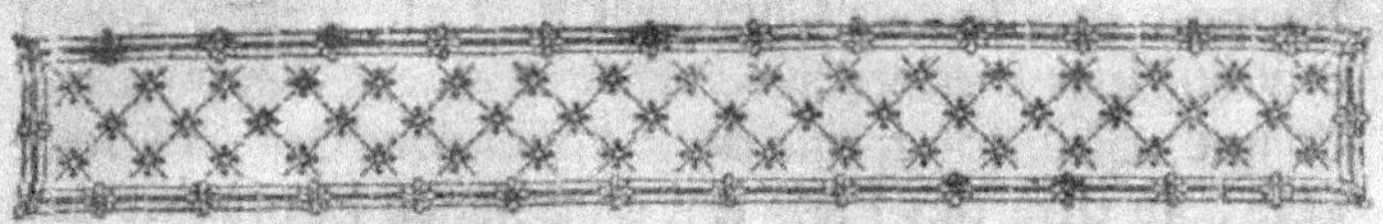

A MESSIEURS
LES AVOCATS
DU PARLEMENT DE PARIS.

MES CHERS CONFRERES,

QUAND j'ai voulu composer mon Traité des Fiefs, & le mettre au jour, mon unique but a été de gagner votre estime, en me rendant utile à mon Ordre, & lui consacrant tout le fruit de mes veilles ; je l'ai fait sentir dans plusieurs endroits de ce Traité : il est plutôt la restitution des lumieres que vous m'avez données, qu'un Ouvrage dont je puisse m'attribuer toute la gloire. Vous l'avez reçu avec bonté, & dès-là je me suis persuadé que j'avois rempli mes desirs, qui ne tendent qu'à me montrer digne de la Profession, & d'être connu comme un de vos Confreres.

Ce Traité ne satisfaisoit pas entierement mes vûes. Je sçavois que la matiere des Fiefs est la plus abstraite, la plus épineuse ; que c'est un Océan vaste, où les bons Pilotes sont rares ; que les principes s'en trouvent souvent dérangés, ou par les textes des Coutumes, ou par les titres d'Investitures, qui sont & doivent être regardés comme les premieres Loix des Fiefs. Argentr. sur l'article 277 de Bretagne, & *ad rubric. de Feudis.*

Je sçavois que l'abstrait étonnant de cette matiere

frappoit mes jeunes Confreres de telle forte, qu'en ouvrant leur carriere avec un defir ardent d'apprendre, & une réfolution ferme de fe vouer tout entiers à leur état, le titre des Fiefs qui commence la plûpart des Coutumes, fur-tout celle de Paris, les rebutoit, & qu'ils le laiffoient à l'écart, pour le reprendre lorfque, plus verfés dans les autres matieres où les principes des Fiefs branchent très-fouvent, & plus inftruits des maximes de la Jurifprudence, ils pourroient s'y livrer avec plus de fruit.

Je concevois que le dégoût ne provenoit que de la difficulté de trouver les principes des Fiefs que les Auteurs ont répandus çà & là, & à mefure qu'ils en ont eu befoin, décidant même fouvent fans pofer le principe, fe contentant de le fçavoir. J'ai cru qu'en les réuniffant, autant qu'il étoit poffible, parmi la varieté des Coutumes, mes jeunes Confreres trouveroient un accès plus facile, & fe donneroient plus volontiers à l'étude de cette portion du Droit François, qui, fi elle eft abftraite, épineufe & pleine d'écueils, eft auffi la plus belle & la plus intéreffante, puifqu'elle donne fréquemment occafion de percer dans l'Antiquité, de fçavoir l'Hiftoire de fon Pays ; & qu'en France tous les biens font ou Fiefs, ou fujets à Cenfives, ou francs-Aleux, qu'il faut connoître.

C'eft ce qui m'a fourni le deffein de mettre en lumiere ce petit Abregé ; je l'avois fait avant mon Traité, c'étoit mon canevas : je l'ai retouché & remis dans un plus bel ordre ; j'ai tâché fur-tout d'être intelligible, & je crois y être parvenu. Mon but eft de rendre cette matiere familiere, & de faire fourcer les Sçavans dans un point de Droit fi négligé depuis Mᵉ. Charles Dumoulin, cet Oracle féodal auquel nous devons les grands principes qui nous guident dans ces affaires, & qui a toujours été mon Pilote, en prenant avec moi le

docte

docte Dargentré son Emule, & pesant scrupuleuse-
ment les raisons de l'un & de l'autre.

J'ai pensé que les Institutes que je vous présente, donneroient à mes jeunes Confreres des notions des Fiefs
assez suffisantes pour les connoître bien-tôt. Je me
flate que quiconque voudra bien lire attentivement ce
petit Ouvrage & l'apprendre par cœur, il n'est pas
long, pourra raisonner Fief en très-peu de tems, &
trouver une grande facilité à descendre dans toutes les
conséquences des principes féodaux, & dans toutes les
questions qui peuvent naître, & que j'ai agitées dans
mon Traité, & à résoudre celles que j'ai omises ou
que je n'ai pû prévoir. Je n'ai mis que les principes
généraux, abstraction faite de tout texte de Coutumes.
Je crois pouvoir dire que les principes que j'avance,
sont ceux que les meilleurs Feudistes en plus grand
nombre ont soutenus, & que la Jurisprudence a con-
sacrés. Les preuves en sont dans mon Traité : c'est
pourquoi je cite peu *. Mon dessein est pur; le but
que je me suis proposé en vous donnant ce petit Ouvrage, a été uniquement de procurer à mes jeunes
Confreres toute la facilité dont on a vraiment besoin
en commençant, & toute l'utilité que l'on espere en
étudiant. Si mon dessein n'est pas rempli, mes inten-
tions sont bonnes ; elles ont toujours été de montrer
de tout mon pouvoir que je n'étois Avocat que pour
vous prouver combien je suis sincerement & sans reserve,

MES CHERS CONFRERES,

Votre très-humble, très obéissant
& très-affectionné Confrere,
GERMAIN-ANTOINE GUYOT.

* Advertis que je
cite Dumoulin se-
lon l'édition en
cinq volumes,

TABLE
DES CHAPITRES.

CHAPITRE I. *Des Fiefs en général.*

CHAP. II. *De la Foi & hommage, & de la Souffrance.*

CHAP. III. *De l'Aveu & dénombrement, & des Déclarations censuelles.*

CHAP. IV. *De la Saisie féodale & censuelle.*

CHAP. V. *Du Relief.*

CHAP. VI. *Du Droit de quint & lods, & de l'exécution des Contrats.*

CHAP. VII. *Du Retrait seigneurial, féodal ou censuel.*

CHAP. VIII. *Des Bordelages.*

CHAP. IX. *Du Droit de cens, du Champart & de l'ensaisinement.*

CHAP. X. *De plusieurs Droits de vente.*

CHAP. XI. *Des Terriers & de la nécessité des Lettres à Terriers.*

CHAP. XII. *De la Commise du Fief & de la Roture.*

CHAP. XIII. *Du Démembrement & du Jeu de Fief.*

CHAP. XIV. *De la Réunion des Fiefs & Censives.*

CHAP. XV. *De la Licitation.*

CHAP. XVI. *De la Prescription.*

CHAP. XVII. *De la Succession des Fiefs.*

CHAP. XVIII. *Du Parage.*

CHAP. XIX. *Des Corvées.*

CHAP. XX. *Des Bannalités.*

CHAP. XXI. *Du Droit de Colombier.*

CHAP. XXII. *Du Droit de Garenne & d'Etang.*

CHAP. XXIII. *Du Droit de Riviere, Cours d'eau, & dépendances.*

CHAP. XXIV. *Du Droit de francs-Fiefs & nouveaux acquêts.*

CHAP. XXV. *Des Gens de main-morte, & des Droits qu'ils doivent.*

CHAP. XXVI. *Du Droit de Deshérence.*

CHAP. XXVII. *Des Droits d'Aubaine, d'Aubenage & de Bâtardise.*

CHAP. XXVIII. *Du Franc-Aleu.*

CHAP. XXIX. *Des Droits honorifiques & du Patronage.*

TABLE
DES CHAPITRES.

CHAPITRE I. *DEs Fiefs en général,* 691

CHAP. II. *De la Foi & Hommage, & de la Souffrance,* 701

CHAP. III. *De l'Aveu & Dénombrement, & des Déclarations censuelles,* 708

CHAP. IV. *De la Saisie féodale & censuelle,* 716

CHAP. V. *Du Relief, du Droit de Relevoison, & du Plait de Dauphiné, de l'Acapte, Arriere-Capte, & du Marciage,* 726

CHAP. VI. *Du Droit de Quint & Lods, & de l'exhibition des Contrats,* 741

CHAP. VII. *Du Retrait seigneurial, féodal ou censuel,* 756

CHAP. VIII. *Des Bordelages,* 765

CHAP. IX. *Du Droit de Cens, du Champart & de l'Ensaisinement,* 769

CHAP. X. *De plusieurs Droits de Vente,* 777

CHAP. XI. *Des Terriers, & de la nécessité des Lettres à Terrier,* 778

CHAP. XII. *De la Commise du Fief & de la Roture,* 781

CHAP. XIII. *Du Démembrement & du Jeu de Fief,* 786

CHAP. XIV. *De la Réunion des Fiefs & Censives,* 791

CHAP. XV. *De la Licitation,* 795

CHAP. XVI. *De la Prescription,* 798

CHAP. XVII. *De la Succession des Fiefs,* 800

CHAP. XVIII. *Du Parage,* 808

CHAP. XIX. *Des Corvées,* 812

TABLE DES CHAPITRES.

Chap. XX. *Des Bannalités*, 816

Chap. XXI. *Du Droit de Colombier*, 819

Chap. XXII. *Du Droit de Garenne & d'Etang*, 822

Chap. XXIII. *Du Droit de Riviere, Cours d'Eau, & dépendances, du Droit de Chasse*, 823

Chap. XXIV. *Du Droit de francs-Fiefs & nouveaux Acquêts*, 827

Chap. XXV. *Des Gens de main-morte, & des Droits qu'ils doivent*, 830

Chap. XXVI. *Du Droit de Deshérence*, 836

Chap. XXVII. *Des Droits d'Aubaine, d'Aubenage & de Bâtardise*, 838

Chap. XXVIII. *Du Franc-Aleu*, 842

Chap. XXIX. *Des Droits Honorifiques & du Patronage*, 845

INSTITUTES FEODALES,
OU
MANUEL DES FIEFS
ET CENSIVES,
ET DROITS EN DÉPENDANS.

CHAPITRE PREMIER.

Du Fief en général.

I. E Chapitre est la clef de toutes les questions que la matiere féodale occasionne : sçavoir bien ce que c'est qu'un Fief, ce qui le forme, de quoi il est ordinairement composé, c'est sçavoir beaucoup ; ne le pas sçavoir, ou ne le sçavoir que *pingui Minervâ*, confusément, c'est ne sçavoir rien du tout. Combien de mauvaises décisions, pour n'avoir pas sçû, ou n'avoir pas voulu approfondir ce que c'étoit qu'un Fief !

En quoi consiste le Fief comme Fief.

II. Le Fief comme *Fief* consiste dans la foi ; elle est sa forme essentielle. *Feudi substantia in sola fidelitate quæ est ejus forma essentialis, subsistit. Mol. tit. de Feud. n.* 115.
Je ne dis pas dans *la faction*, dans la prestation de la foi

le Seigneur en concedant le Fief, peut dispenser de la prestation, parce que la prestation de la foi est bien de la nature du
Fief; c'est-à-dire, que qui possede un Fief, doit naturellement
la foi; mais elle n'est pas de la substance du Fief. *Mol. §. 1. hodie
3. glos. 4. n. 1.* Dargentré, §. 277. de Bretagne, *nota 1, n. 11,
& ad rubricam tit. de Feudis.* Mais la foi *in se* est de l'essence du
Fief; elle est toujours sous-entendue, quand elle ne seroit pas
exprimée. *Tacitè inest & venit omnis fidelitatis effectus, ac si expressè
juratum fuisset. Mol. ibid. & tit. de Feud. n. 114.*

Comment se constitue le Fief.

III. Le Fief se forme d'abord par la volonté du Concedant
qui concede comme il lui plaît, soit de plusieurs héritages contigus, soit de plusieurs héritages distans les uns des autres, &
sous les conditions qu'il veut; ensuite par l'acceptation de celui
qui reçoit: & ce consentement réciproque une fois prêté, forme
un Fief, un Contrat féodal tellement synallagmatique, que l'un,
sans le consentement de l'autre, ne peut les changer, augmenter, diminuer, diviser en plusieurs parties distinctes à l'effet d'un,
d'en faire plusieurs subsistans *per se*, indépendans les uns des
autres, si la Coutume ne le permet textuellement. *Mol. ibid.
n. 30. 31.* Dargentré, sur l'ancienne Coutume de Bretagne,
§. 329.

Cette décision porte sur les démembremens, les prescriptions
du Fief entre le Seigneur & le Vassal.

Définition générale du Fief.

IV. Le Fief, tel que nous le connoissons ordinairement,
& que nous le possedons, est la concession bénévole, gra-
cieuse, libre & perpétuelle d'un héritage ou d'un droit réel,
incorporel, *perpétuel*, qui équipole à un immeuble, avec translation du Domaine utile, la propriété retenue par le Concedant, sous la charge de fidélité & de service. *Mol. tit. de Feud.
n. 114. §. 1. gl. 5. n. 1.*

Cette définition est celle que l'on doit donner à tout Fief,
dont on ne rapporte pas l'investiture, ou la preuve de l'investiture; parce que si cet Acte étoit rapporté ou prouvé, il est la
seule Loi du Fief. La Coutume n'y a point de droit; elle ne

gouverne que les Fiefs dont on ne voit point , ou dont par des aveux anciens & uniformes on ne prouve pas l'investiture déterminée à tels droits ou charges , ou sans droits ni charges. Dargentré , art. 277 de Bretagne , *suprà* , *& ad rubricam tit. de Feudis*.

Je dis *héritage* , parce que le meuble ou effet mobilier ne peut être tenu en Fief. La raison est , que le meuble est périssable , & qu'il ne doit dépendre de l'un ni de l'autre d'éteindre & faire périr le Fief.

J'ajoute *ou droit réel & incorporel* , parce que le Fief peut ne consister qu'en droits.

Mais il faut un droit *perpétuel* , comme une mouvance , (il y a des Fiefs qui n'ont ni Domaines ni Censives , & qui ne consistent qu'en Mouvances , *id est* en Fiefs mouvans. Poitou , art. 170.) comme un cens , une rente fonciere *avec retention de foi expresse* (excepté Montargis où la foi est censée retenue en ce cas ; *quod absurdum*.)

Par-là je fais voir qu'une rente rachetable ne peut être Fief , parce que le Débiteur est le maître de l'amortir , & qu'il ne doit pas dépendre du Vassal d'éteindre & d'abolir le Fief ; ce qui arriveroit par le rachat.

Quand je dis qu'une rente rachetable ne peut être Fief , j'entends parler d'une rente créée par bail à rente , & je parle suivant le Droit commun ; parce qu'il y a des rentes constituées sur un Fief , qu'en Normandie on appelle *rentes hypotéques* , en Picardie *rentes nanties sur le Fief du Débiteur* , rentes que dans la très-ancienne Coutume de Paris on appelloit rentes par assignat , qui emportoient aliénation du fonds jusqu'au *rata* de la rente. Ces rentes peuvent être Fief ; le Créancier se fait recevoir en foi. Cambray , tit. 1. art. 30. & 38. Berry , titre des Fiefs , art. 5. Ribemont , 79. Orléans , 5.

Ces rentes forment un Fief *conditionnel* , tant que la rente subsistera , Fief séparé & distinct de celui du Vassal. *Mol.* §. 13. *hodie* 20. *gl.* 5. *n.* 58. *& §. 28. à n. 11. inclusivè usque ad 20. exclusivè*.

Adverte que Dumoulin pénétré des grands principes du démembrement de Fief , distinguoit la rente constituée au denier 10 ou 12 , & celle constituée au denier 18 ou 20 , & tenoit que les secondes pouvoient se stipuler non rachetables ; & qu'en ce cas , si elles étoient rachetées , le Seigneur avoit le

retrait de la rente, parce que cela auroit fait une extinction, & dès-là un démembrement de Fief. Cette opinion *abolevit*. *Vide* mon quatriéme vol. chap. du Retrait des rentes.

Tenez pour principe général que la rente stipulée rachetable, ou constituée à prix d'argent, ne peut être Fief, si ce n'est ès Coutumes où le Créancier de la rente se fait recevoir en foi; & ce Fief ne subsiste que tant que la rente subsiste.

Je dis *avec translation du Domaine utile & retention de la proprieté pardevers le Concedant*, parce que 1°. le propre du Fief est que la proprieté demeure au Seigneur, l'usufruit au Vassal. *Gudelinus, de jure Feud. p. 1. cap. 1.* & tous les Docteurs.

2°. Parce que *relativement au Seigneur*, le Vassal n'est qu'usufruitier; *possidetur, non possidet*, disent les Docteurs. *Vide* mon premier Volume, Traité du Démembrement, chap. 3. nombre 32.

Premiere Division du Fief.

V. En général, le Fief se divise en Fief corporel & en Fief incorporel; & il n'y a réellement que ces deux sortes de Fiefs. Les autres, ou ne sont plus d'usage, ou se rapportent à ces deux genres. Par exemple, le Fief roturier de Bretagne n'est pas proprement le Fief; c'est la Terre donnée à cens ou autre devoir roturier, ainsi nommé Fief roturier, parce que la Terre du Fief est possedée par un Roturier & *roturierement*; car le devoir retenu est toujours *noble* dans la main de celui qui le perçoit, & se partage comme noble.

Définition du Fief corporel.

Le Fief corporel est ordinairement celui qui est composé d'un Domaine utile & d'un Domaine direct.

Le Domaine utile; ce sont les fonds de terre, maisons ou héritages dont le Seigneur jouit par lui-même ou par son Fermier.

Le Domaine direct; ce sont les sous-Fiefs, *c'est-à-dire* les Fiefs *mouvans du Fief*, les Censives & autres devoirs retenus sur les héritages dont le Seigneur s'est joué. Voilà ce qu'on appelle le corps du Fief, le *complexum feudale*, tout cela forme le Fief. *Corpus Feudi voco totum ipsum complexum feudale, quod sub nomine unius Feudi tenetur & recognoscitur, & habet partes æque principales,*

ut sunt fundi domanii, & partes subalternas, ut sunt subfeuda, cen-
sualia, vectigalia, prædia. Mol. §. olim 35. hodie 51. glos. 1.
n. 1.

Définition du Fief incorporel.

VI. Le Fief incorporel, ou Fief en l'air, est un Fief impropre. Il ne consiste qu'en Mouvances & Censives, ou en
Mouvances seules, ou en Censives seules, plus ordinairement
en Censives ; on l'appelle Fief *en l'air* par opposition au Fief
corporel qui consiste en Domaines réels ; ce Fief s'est formé depuis la patrimonialité des Fiefs, & par la liberté que les Coutumes donnoient autrefois de se jouer de son Fief, *jusqu'à mettre*
la main au bâton ; ce qu'au Parlement de Bordeaux on dit se
jouer *usque ad minimam glebam.*

Division du Fief incorporel.

Ce Fief incorporel, ou Fief en l'air, se divise en deux : le
Fief *continu*, & le Fief *volant.* Bacquet, des francs-Fiefs, ch. 2.
n. 17. Henrys, édit. 1708. tom. 1. liv. 3. chap. 3. quest. 18.
appelle ces directes, l'une *territoire universel circonscrit* ; & l'autre, *directe écartée*, qui se leve en plusieurs endroits.

Le *continu* est celui qui a un territoire circonscrit & limité,
dont les Censives sont tenantes l'une à l'autre : ce Fief jouit du
privilége de l'enclave, comme le Fief corporel qui a un territoire circonscrit & limité. L'enclave s'oppose victorieuse-
ment, soit à un Seigneur voisin, soit au Censitaire ; il faut des
titres peremptoires pour évincer celui qui est fondé en enclave.
Loyseau, des Seigneuries, chap. 12. n. 50. & 51.

Le Fief *volant* est celui dont les Mouvances & Censives sont
éparses. Par exemple, dans une Ville un Seigneur a dans sa
Censive une maison située dans une rue, une autre dans une
autre rue, dans des quartiers différens ; ce Fief n'a pas & ne
peut avoir l'avantage de l'enclave.

Aussi dans les grandes Villes, comme Paris par exemple, il
trouve souvent pour adversaire le Receveur du Domaine ; il
lui faut des titres clairs, positifs, évidens pour se maintenir.

L'Abbé de Thiron a dans Paris un Fief dont une rue entiere porte son nom ; il a éprouvé les désavantages de ce Fief
volant, par Arrêt rendu au profit du Receveur du Domaine, le

17 Avril 1725. J'ai lû l'Arrêt en parchemin. Par le vû, j'ai connu que l'Abbé de Thiron prétendoit dans sa Censive, outre la rue de Thiron, plusieurs maisons; les unes quai des Ormes, près le chantier du Roi; les autres adossées au mur de la Bastille, c'étoit celle du Sieur de Besemot, Gouverneur de la Bastille; d'autres au Cimetiere Saint-Jean; d'autres près de la Boucherie de Beauvais; d'autres près les Quinze-vingts: on ne lui adjugea que la rue de Thiron & quelques autres dont il rapportoit de bons titres; & l'une des Sentences dont étoit appel, & qui furent confirmées par l'Arrêt, ordonnoit que l'Abbé de Thiron feroit graver ou insculper sur cuivre ou marbre, sur toutes les maisons de sa Censive, les armes de l'Abbaye de Thiron, dont il rapportéroit déclaration au Greffe de la Chambre du Domaine.

Seconde Division des Fiefs.

VII. Les Fiefs sont dominans & servans, *sub diverso respectu*, tous par degré remontant jusqu'à la Couronne, & descendant jusqu'à l'infini.

*Tout le Royaume n'est qu'un Fief; Fief quant à Dieu sur le Roi, franc-Aleu quant au Roi sur le Peuple: de-là tout le Royaume est le Domaine sacré de nos Rois: de-là nous disons, généralement parlant, que tous les Fiefs sont arriere-Fiefs du Roi; & nul en France ne pouvoir tenir Terre, sans la relever du Roi (médiatement ou immédiatement :) toutefois nous sçavons tous, & c'est un des points de science des Fiefs, que cette derniere maxime n'est véritable que par la distinction de la double origine **. Corbin, des Droits honorifiques & de Patronage, tom. 1. pag. 543. & 544.

** Hic.*

Cette double origine, c'est la concession que le Roi a faite des grands Fiefs, & la concession des Fiefs par les Seigneurs particuliers pour les Fiefs subalternes. Corbin, *ibid.*

Sources des arriere-Fiefs.

VIII. On peut donner quatre sources aux arriere-Fiefs de la Couronne.

Premiere Source.

On sçait que lors de la réelle fondation de ce Royaume que nos meilleurs Historiens attribuent au Grand Clovis, le Peuple vainqueur

vainqueur partagea le Royaume. Le Roi diſtribua à ſes Capitaines , aux uns des Provinces entieres ſous le titre de Duchés,
aux autres de grands Territoires ſous le titre de Comtés, aux
autres des Villes & Châteaux ſous le titre de Châtelains, le
tout à la charge de ſervir en guerre, & de rendre la Juſtice en
ſon nom. Ce n'étoit alors que des Bénéfices à vie, auxquels
l'Office étoit uni. Loyſeau , des Seign. chap. 1. n. 60. chap. 6.
n. 24.

Le Prince Souverain donna à ſes Capitaines nommés *Capita-
nei Regis* , (tant pour eux que pour leurs Soldats) des Terres
pour tenir en Fief de lui ; & ces Capitaines donnerent à leurs
Soldats la part qu'ils voulurent , à mêmes charges envers eux.
Loyſeau , chap. 1. n. 66. Ces nouveaux Vaſſaux furent appellés *Vavaſſores minores qui majoribus ſuberant ratione tenemènti.*
Ducange , au mot *Vavaſſores.*

Les Grands avoient leurs degrés : les Ducs avoient ſous eux
pluſieurs Comtes ; les Comtes des Provinces avoient ſous eux
les Comtes des Villes qui étoient leurs Sujets. Loyſeau , ch. 5.
n. 22.

Ces grands Bénéfices n'étoient d'abord concedés que pour
un an , à *l'inſtar* des Gouvernemens Romains. Corbin , *ibid.*
pag. 539.

Sous la ſeconde lignée de nos Rois, ils obtinrent de ne pouvoir être révoqués pendant leur vie. Corbin , *ibid.*

Sur la fin de la ſeconde lignée, ces Grands tenterent à l'hérédité de leurs Bénéfices. Hugues Capet les y confirma , ſous
la charge de l'hommage & du ſervice en guerre. A leur exemple leurs Vaſſaux ſe maintinrent héréditairement. Loyſeau ,
chap. 5. n. 37. *Voilà l'origine de nos Fiefs , arriere-Fiefs & Cenſives.* Loyſeau , chap. 1. n. 71.

On voit *l'initium* de la patrimonialité des Fiefs , *Lib.* 1. *Feud.
tit.* 1. *de his qui Feudum dare poſſunt , & qui non ,* &c. *Cette patrimonialité commença ſous le Roi Charles le Simple. Ce Roi ayant re-
couvré le Royaume avec une autorité précaire , & non abſolue , les Di-
gnités , Charges & Gouvernemens des Seigneuries qui auparavant
avoient eté du Domaine , obtenus par les Particuliers, de la facilité des
Rois précédens , ou occupés par la violence des tems, ne furent ſeulement
retenus des Détempteurs, mais commencerent à être poſſedés comme propre & privé Domaine , avec tranſmiſſion aux héritiers , à la charge
néanmoins que pour raiſon de ce dont ils jouiſſoient par bienfait , don,*

*ou par échange de la Charge en propriété, ils rendroient la foi & hommage au Roi, & seroient obligés au service de la guerre, quand le cas y requerroit. De-là en ce Royaume l'origine des Fiefs, tant Royaux & premiers (que seconds * & subalternes).* M. le Procureur Général de la Guesle, en sa Remontrance du 9 Juillet 1591, p. 123, édit. de 1711.

De-là, quant aux Fiefs illustres, comme des Comtés, Principautés, Marquisats & autres grands Fiefs, qui tirent leur origine de la concession du Roi en Bénéfices à vie, l'origine véritable est la concession du Roi. Corbin, *ibid.* p. 539.

*Donc il faut nécessairement que les Fiefs ayent leur * double origine ; l'une la concession des Particuliers proprietaires, l'autre la concession de la munificence royale ; ce que j'entends toujours en distinguant ces deux sortes de Fiefs, les uns les petits Fiefs, les autres les Fiefs illustres.* Corbin, *ibid.* pag. 542. & 543.

Seconde Source.

Le Parage dont nous parlerons ci-après, est la source la plus féconde de tous les petits Fiefs. Il ne fut inventé que par la nécessité de diviser le Fief. D'un côté l'intérêt du Seigneur s'y opposoit ; de l'autre l'équité naturelle le favorisoit : pour concilier ces deux intérêts, on imagina le Parage, par lequel le Fief est divisé ; mais la foi reste entiere.

Plusieurs Seigneurs voulurent abolir le Parage. Ils obtinrent une Charte du Roi, que quelques-uns nomment Ordonnance de 1209 & 1210 : c'étoit Eudes de Bourgogne, Hervé Comte de Nevers, Renaud Comte de Boulogne, Guillaume Comte de Saint-Pol, & Guy Sire de Dampiere, de Saint-Dizier & de Bourbon. Mais il eut encore cours dans le reste du Royaume. *Vide* les Etablissemens de S. Louis, de 1270.

Par la fin du Parage les portions des cadets deviennent Fiefs servans de la portion aînée, *invito Domino. Vide* mon troisiéme Volume.

Troisiéme Source.

Quand le Peuple vainqueur partagea le Royaume, plusieurs Peuples resterent en possession des héritages venus de leurs Ancêtres : on nommoit ces héritages *Aleux*, parce qu'ils n'avoient été concedés par personne. Chantereau le Febvre,

liv. 1. chap. 7. Galand, du franc-Aleu, chap. 1. Brusselles,
tom. 1. pag. 58.

Ces Auteurs nous apprennent que dans la suite ces Possesseurs d'Aleux ou francs - Aleux se voyant opprimés par des
Seigneurs puissans, mettoient leurs Aleux sous la protection
de quelques Grands; d'où sont venus les Fiefs de protection,
qui par la suite des tems sont devenus Fiefs servans de ces
Grands, & par-là arriere-Fiefs de la Couronne.

Quatriéme Source.

Les Cartulaires de Champagne, dont Brusselles, tom. 1.
p. 126 nous donne plusieurs extraits, nous apprennent ce que
c'étoit que les *Fiefs de reprise.*

Le Possesseur d'un héritage allodial & noble le remettoit à
un Seigneur, non par protection, mais pour une somme convenue, & moyennant quelques autres fonds de Terre que ce
Seigneur lui donnoit; & par le même Acte le Possesseur de
l'Aleu *reprenoit* en Fief cet Aleu du Seigneur Acquereur, à la
charge de la foi & hommage. Brusselles en rapporte un Acte du
mois de Janvier 1220. vieux style. Par-là cet Aleu devenoit
Fief servant de ce haut Seigneur, & arriere-Fief de la Couronne. *Vide* Salvaing, chap. 44. Ne confondez pas cela avec
ce qu'on appelle reprise de Fief en Bourgogne, qui est, quand
le nouveau Vassal fait l'hommage, il reprend son Fief des mains
du Seigneur.

Division générale.

IX. De-là on divise les Fiefs en trois espéces.

Le Fief suzerain, le Fief dominant, & le Fief servant ou
arriere-Fief.

Le Suzerain est ainsi appellé, parce qu'il ne domine l'arriere-
Fief que *médiatement*; le Possesseur de l'arriere-Fief n'est pas
son Vassal, par cette régle féodale, *Vassallus Vassalli mei non
est meus Vassallus.*

Il est vrai que quelquefois, comme dans le cas de la saisie
féodale faute d'homme, ou quand il leve en essence le relief
sur son Fief servant *immédiat*, le Suzerain exerce sur l'arriere-
Fief une dominance *immédiate*, quand cet arriere - Fief se
trouve ouvert lors de l'ouverture du Fief servant son Domi-

TTtt ij

nant : mais le Suzerain ne l'exerce que *loco Vassalli sui immediati*, & non comme Seigneur *immédiat* de l'arriere-Fief.

Le Dominant est celui qui domine *immédiatement* l'arriere-Fief du Suzerain, & cet arriere-Fief est Fief servant à l'égard de son Dominant, qui lui-même est servant du Suzerain ; & ainsi en remontant jusqu'au Roi, qui, disent les Auteurs, est le souverain Fieffeux de son Royaume.

Le Fief servant, ou arriere-Fief, est celui qui releve *immédiatement* d'un autre ; à cet égard il est Fief servant & *médiatement* du Suzerain, pour quoi on le nomme arriere-Fief.

Au surplus, il n'y a point de vrai Fief dominant que la Couronne ; tous les autres ne sont dominans que relativement à ceux qu'ils ont sous eux.

Comme ceci est abstrait, donnons un exemple.

Fief Titien *dominant* du Fief Caïen, *suzerain* du Fief Sempronien. Fief Caïen *servant* du Fief Titien, *dominant* du Fief Sempronien. Fief Sempronien *servant* du Fief Caïen, *arriere-Fief* du Fief Titien ; *& sic ascendendo*, jusqu'à la Couronne, *& descendendo in infinitum*.

On dit quelquefois le Seigneur *suzerain*, pour dire le Seigneur *immédiat* ; mais c'est en fait de Justice, où celui qui a le ressort en cas d'appel, est dit avoir la *Suzeraineté*. Mais en terme féodal, le Suzerain *proprie* est le Seigneur *médiat*. Anjou dit quelquefois *Suzerain*, pour dire l'*Immédiat* ; c'est une vieille erreur.

X. Ces définitions & divisions sont les premiers élémens des Fiefs ; il faut les sçavoir par cœur, pour ne pas se laisser surprendre par des textes ou des titres mal digerés.

Voyez Ragueau en son Glossaire du Droit François, enrichi des sçavantes Notes de Delauriere. Voyez le nouveau Ducange, vous y trouverez les divisions & définitions de quantité de Fiefs, dont la plupart sont encore connus dans quelques Provinces, ou que vous pourriez rencontrer dans quelques vieux Titres, ou dans des Consultations qui vous seroient envoyées. Mais ayez toujours présente à l'esprit la définition du Fief *suprà*, n. 4 & 5, & vous ne vous égarerez pas dans les questions de Saisies féodales, de Démembrement, de Jeu de Fief & autres.

CHAPITRE II.

De la Foi & hommage , & de la Souffrance.

I. POUR bien entendre ce que c'est que le devoir de la Foi & hommage dûe par le Vassal à son Seigneur, souvenez-vous de ce que j'ai dit *suprà*, que le Fief consiste dans la Foi, non pas dans la faction de Foi, mais dans le devoir de la Foi *in se* ; les fonds, les droits ne sont que le corps du Fief, & non le Fief : *Feudi substantia in solâ fidelitate quæ est ejus forma essentialis, subsistit.* Dumoulin, tit. des Fiefs, n. 115.

L'Hommage, dit Dargentré, §. 320. de Bret. *antiq.* est l'aveu que fait un homme d'être soumis à un autre, en reconnoissance du bienfait reçu, suivant l'usage de chaque Nation. *Est verò Homagium professio cujusquam quòd homo sit, id est, subjectus alterius cum veneratione exhibitâ beneficii accepti nomine ex more cujusque gentis.* La Foi ou Fidélité, c'est la promesse d'être fidéle au service qui est dû. *Fidelitas est repromissio sive sponsio fidelis obsequii cuiquam præstandi.* Ibid. Définition.

Dumoulin, selon moi, en donne une définition plus simple, & qui va mieux au devoir du Vassal. La prestation de Foi est, dit-il, plus la reconnoissance, l'action de graces du bienfait reçu, qu'une charge ; & cela se fait plutôt pour éviter l'ingratitude, que pour apporter quelqu'utilité au Seigneur. *Fidelitatis exhibitio magis est accepti beneficii agnitio & gratiarum actio, quàm onus vel gravamen, & magis fit ad ingratitudinem vitandam, quàm ad utilitatem Patrono afferendam.* §. 3. *hodie* 35. *in verbo acquit.* D'où il concluoit que le frere aîné ne pouvoit affranchir ses sœurs que du relief, & non de la Foi. La Coutume nouvelle de Paris a rejetté ce sentiment, qui concerne l'acquit par l'aîné ; il acquitte tant de la Foi que du relief.

Mais cette définition nous fait comprendre, pourquoi la perte de fruits en saisie féodale faute d'homme, pourquoi la commise du Fief de celui qui désavoue, & autres questions ; tout cela provient de l'ingratitude du Vassal, qui est négligent ou ne veut pas reconnoître son Seigneur.

II. Quelques Coutumes, Anjou, Maine, Poitou, distin-

guent l'Hommage lige & l'Hommage plein : mais , à vrai dire , il n'y a plus de véritables Fiefs liges , ou plutôt il n'y a plus de véritable ligence ou ligeité que celle que l'on doit au Roi. Ces distinctions de Fief lige ou plein *ne concernent que le plus ou le moins de droits* dûs aux mutations. *Fidelitates illæ ligiæ & Feuda ligia inferiorum Dominorum quorum fit mentio in Consuetudine Comitatûs Cænomanensis & Andegavensis & in Consuetudine Piĉtaviensi , non sic dicuntur , nec sunt verè , sed impropriè , catachristicos , id est abusivè , imò catachristicoteros , id est abusivius , & magis quàm impropriè. Solus enim Rex noster habet Vassallos ligios , & illi soli debetur Fidelitas ligia in suo regno. Mol.* §. 1. gl. 5. n. 11.

Quand la Foi est dûe.

III. Il y a une maxime constante : la Foi est dûe à toutes les mutations de Seigneur & de Vassal. Cette régle est incontestable , si la Coutume ne dit autrement. J'entends mutation *dans la proprieté :* ainsi la mutation de tout Usufruitier, Engagiste *(a)* , Douairier, soit du Fief dominant, soit du Fief servant , n'amene point le renouvellement de la Foi , parce que dans ce cas il n'y a pas de mutation au Fief ; & pour causer une nouvelle Foi , il faut que le Fief , soit dominant, soit servant , change *réellement* de main. L'Apanager doit la Foi , parce qu'il jouit comme Propriétaire. Chopin , du Domaine , tit. 9. n. 1. & 2.

Du délai pour faire la Foi.

IV. En général , le délai pour faire la Foi varie suivant la qualité de celui qui change : je m'explique ; il est autre , si la mutation est du côté du Vassal ; il est autre , si elle est du côté du Seigneur. Il varie encore en beaucoup de Coutumes dans les mutations de Vassal , suivant la nature de la mutation.

Si la mutation est du côté du Seigneur , on ne distingue point si c'est par mort ou autrement : dans ce cas, le délai pour les anciens Vassaux , c'est-à-dire pour ceux qui étoient

(a) Nota. Je ne parle pas ici des Engagistes qui tiennent à titre d'inféodation & en conséquence des Edits de 1695. 1697. 1702. & autres ; ceux-là doivent la Foi & les droits aux mutations , comme les autres Vassaux , tant que l'engagement subsiste. Ce point est néanmoins controversé. *Vide* mon cinquième Volume, titre des Engagemens du Domaine.

en Foi du précédent Seigneur, est de quarante jours; mais ces quarante jours ne courent pas *à momento mutationis*; ils ne courent que du jour que le nouveau Seigneur s'est annoncé à ses Vassaux dans les formes prescrites par les Coutumes (*a*).

Remarquez que j'ai dit pour les *anciens Vassaux*; car si le nouveau Seigneur trouvoit un Fief vassal ouvert, sans homme au Fief, il peut le saisir *rectà*, sans s'annoncer, pourvû qu'il ne soit pas saisi lui-même: la raison est, que n'y ayant point d'homme au Fief servant, le nouveau Seigneur n'a pas besoin de s'annoncer pour se faire rendre la Foi, & le nouveau Vassal ne doit pas s'embarrasser si le Seigneur est nouveau, ou s'il est l'ancien Seigneur; ce nouveau Vassal n'est pas en Foi, dès-là il n'est pas *Vassal*, & le nouveau Seigneur ne s'annonce qu'*aux Vassaux. Mol.* §. 37. *hodie* 65. *n.* 1. De-là vous entendez, quand je dis *anciens* Vassaux, que ce sont ceux qui, lors de la mutation du Seigneur, sont en Foi envers le dernier; & quand je dis, lorsqu'il n'y a point d'homme au Fief, cela veut dire, quand celui qui le tient n'a pas fait Hommage à l'ancien Seigneur: ce qui rend homme du Seigneur, c'est la Foi.

V. Si la mutation est du côté du Vassal, plusieurs Coutumes distinguent le cas de mort, & celui d'acquisition à titre singulier. *Primo casu*, toutes donnent quarante jours, *du jour du décès du Vassal.* Ces quarante jours courent *à momento mortis*; mais ils doivent être *francs*, c'est-à-dire, que le jour de la mort du dernier Vassal, & le jour de l'échéance ne sont pas compris. *Secundo casu*, les unes donnent vingt jours, les autres quinze; il faut suivre les textes: mais dans celles qui ne distinguent pas, ou qui ne fixent pas le délai; dans ce second cas, on tient, & les Arrêts ont jugé que le nouvel Acquereur avoit aussi quarante jours. En Pays de Droit écrit, le délai est d'un an.

Les Auteurs sont divisés sur la question de sçavoir, si l'héritier du Vassal décédant dans les quarante jours, sans avoir fait la foi, n'aura que le restant du délai, ou s'il aura autres quarante jours. Dumoulin & plusieurs après lui ont pensé qu'il ne devoit avoir que le restant, parce qu'il n'y avoit point de Vassal au Fief, & que le dernier décédé n'étant point Vassal, il

(*a*) *Nota.* Pour les Fiefs tenus du Roi, le délai pour faire hommage à changement de régne, ne court que du jour qu'il y a Arrêt du Conseil, sur lequel il y a Lettres Patentes enregistrées ès Chambres des Comptes. Tel est celui du 10 Février 1722. pour faire la Foi au Roi Louis XV. à présent regnant.

n'avoit point operé de mutation, à l'effet de donner un nouveau délai ; c'est sur l'article 4. *hodie* 7. D'autres, comme M. le Camus, en ses Observations rapportées par Ferriere, sur l'article 7. de Paris, pensent qu'il a nouveau délai, parce que le dernier Possesseur, je ne dis pas Vassal, *morte purgavit moram*. Duplessis sur Paris, des Fiefs, liv. 1. chap. 1. Je tiens ce dernier parti : le délai de quarante jours est déja assez bref, il s'agit ici d'un acte d'héritier. *Vide* mon quatriéme Volume, Traité de la Foi.

De la forme de faire la Foi.

VI. Quant à la forme de faire la Foi, les Coutumes disposent chacune singulierement, il faut les suivre. On peut cependant donner quelques maximes générales.

1°. Le Vassal doit se transporter *au manoir* du Fief dominant, s'il y en a; sinon, au lieu accoutumé : le Seigneur n'est point obligé de le recevoir ailleurs, & il faut dire qu'il n'est point obligé d'aller trouver le Seigneur en aucun autre endroit, si ce n'est dans quelques Coutumes, comme Orléans par exemple, qui sont Coutumes d'exception. S'il y a danger pour le Vassal d'aller au manoir, il doit se pourvoir pour se faire autoriser à la faire ailleurs ; mais, *mutuo consensu*, elle peut se faire par tout.

2°. Si le Seigneur n'y est pas, ni personne pour lui, il doit, après s'être enquis s'il y est, faire la Foi au-devant de la porte du manoir, ou sur le lieu accoutumé : les Notaires qui l'accompagnent, en dresseront un Procès verbal, dont il laissera copie, ou au Procureur Fiscal, ou au Fermier ou autre, suivant la Coutume. Orléans, Dunois & autres, veulent qu'il retourne, quand le Seigneur revient au Fief.

3°. Il faut que l'Acte de Foi contienne les droits de la mutation, s'il en est dû; & si c'est par achat, il faut exhiber le Titre, & en laisser copie bien lisible.

Il ne faut point d'offres réelles & à découvert, il suffit d'offrir de payer les droits tels que la Coutume les donne ; c'est-à-dire, si c'est un relief, l'offrir suivant la Coutume; si c'est quint ou lods, suivant l'usage des Pays, il faut faire offre de les payer : l'Acte de Foi qui ne contiendroit pas ces offres, seroit nul, & ne couvriroit pas le Fief : c'est l'avis de Duplessis, & c'est le bon ; les Coutumes disent toutes qu'*il doit faire la Foi & offrir.*

Si c'est par vente, & que le Seigneur soit présent, quoiqu'on ne soit tenu que d'offrir ou la somme de . . . . ou de payer le droit, il faut néanmoins avoir son argent prêt ; car si le Seigneur veut recevoir, faute de payement sur le champ, il peut refuser la Foi & saisir ; la Foi est alors réputée faite *sans offres*, & dès-là elle est nulle.

4°. A l'égard des Fiefs mouvans du Roi, on distingue : les Fiefs mouvans du Roi à cause de sa Couronne, & les Fiefs mouvans du Roi à cause de tel Duché ou Comté. *Primo casu*, la Foi ne peut être faite qu'aux Chambres des Comptes du ressort. *Secundo casu*, on la fait, non devant les Baillifs Royaux, s'ils n'ont commission *ad hoc* de la Chambre, mais aux Bureaux des Finances de la Généralité.

Nota que si le Bureau des Finances de la Généralité est dans la même Ville où est la Chambre des Comptes, alors pour tous Fiefs, grands & petits, mouvans du Roi, il faut faire la Foi à la Chambre. C'est l'usage constant de la Chambre des Comptes de Paris, & je l'ai fait pratiquer ainsi pour deux ou trois petits Fiefs mouvans du Roi à cause du Comté de Mante & de Meulan. *Vide* mon quatriéme Volume , *ibid.* pour tout ce que dessus : *vide* aussi mon cinquiéme Volume, tit. des Aveux, chap. 3.

Cas du Combat de Fief.

VII. S'il y a combat de Fief, le Vassal doit se faire recevoir par main souveraine ; si le combat de Fief est entre le Roi & un Particulier, il ne court aucun risque de reconnoître le Roi par provision, & il aura main-levée, & ce nonobstant les Coutumes, comme Vermandois, 198, & quelques autres qui disent qu'il ne suffit d'avouer le Roi pour éviter commise ; dans le doute, le Roi est toujours présumé Seigneur ; & en avouant le Roi, on ne fait aucune injure à l'autre Seigneur.

Il est plus sûr d'obtenir Lettres de main souveraine, quoiqu'en plusieurs Tribunaux on tienne qu'il suffit d'un Jugement. *Vide ibid.* mon quatriéme Volume.

VIII. Le Vassal doit faire la Foi *en personne*, & non par Procureur, si ce n'est en deux cas ; le premier, si le Seigneur veut bien la recevoir ; le second, s'il y a excuse légitime, & que le Seigneur ne veuille donner Souffrance. C'est le texte de toutes

les Coutumes, excepté quelques-unes qui dans des cas l'admettent par Procureur.

Messieurs du Parlement, à cause de leur service, sont dispensés de faire la Foi en personne, à moins que le Seigneur ne veuille attendre les Vacations; auquel cas ils y sont tenus: Jugé.

Les Chapitres & Communautés la font par un homme qu'ils donnent pour homme vivant & mourant, dont la mort *naturelle seulement* ouvre le Fief. Le Commissaire aux Saisies réelles pour les Fiefs saisis réellement, à cause de ses fonctions, est autorisé à la faire par Procureur, au refus du Vassal. *Vide ibid.* mon quatriéme Volume.

IX. S'il y a plusieurs héritiers, chacun doit la Foi personnellement pour sa portion divise ou indivise; ils ne sont pas obligés de la faire tous ensemble, comme Dargentré l'avoit pensé. *Mol. §. hodie* 3, *gl.* 4, *n.* 25, 28, 29.

Un d'entre les héritiers ne peut couvrir le Fief pour tous, si ce n'est en deux cas; le premier, quand la Coutume y autorise l'aîné, quelques-unes le puîné, au refus de l'aîné, ou s'il renonce; le second, dans le cas du Parage légal ou conventionnel. *Vide ibid.* mon quatriéme Volume.

Le Tuteur doit demander Souffrance, & déclarer les noms & âges de ses Mineurs; & le Seigneur doit l'accorder, s'il ne veut recevoir le Tuteur à la Foi pour ses Mineurs; auquel cas les Mineurs venus en âge ne sont obligés de la réiterer: la raison est, que la Foi *faite & reçue* par Procureur, est censée faire par le Vassal même. Poitou, art. 117, Angoumois, 28, admettent les Tuteurs à la Foi; mais elles veulent que les Mineurs venus en âge la réiterent; ce sont Coutumes d'exception. *Vide ibid.* mon quatriéme Volume.

Le mari est capable de faire la Foi pour les Fiefs propres de sa femme, le Seigneur ne peut le refuser; mais si elle la fait avec lui conjointement, avenant dissolution de communauté, elle ne la doit plus.

De l'âge pour porter & recevoir la Foi.

X. Il faut être majeur de *majorité féodale* pour faire & recevoir la Foi. L'âge est distingué pour les mâles & pour les femelles. Paris, 52, & plusieurs autres, veut vingt ans pour le

mâle , & quinze ans pour la femelle. Meaux , 145, rend le mâle majeur à quatorze ans , la fille à douze ans. Clermont , 91, Melun , 32, disent le mâle majeur à dix-huit ans, la fille à quatorze. Cela varie suivant les Coutumes ; il faut suivre chaque texte.

De la Souffrance.

XI. La Souffrance est un délai accordé par le Seigneur pour venir à la Foi.

Elle vaut Foi tant qu'elle dure , disent les textes ; c'est-à-dire, que pendant ce délai le Seigneur ne peut pas saisir *faute d'homme*. Le Vassal jouit irrévocablement pendant ce tems. *Mol.* §. 27, *hodie* 42, *n.* 1.

Elle n'est que *pour la Foi* , car il faut payer les profits ou autres droits en demandant Souffrance. Il faut dire qu'elle doit valoir aussi pour le Démembrement ; 1°. parce qu'il ne se donne qu'après la Foi ; 2°. parce qu'il peut emporter aliénation par les Blâmes.

Dans quel cas elle s'accorde.

XII. On accorde ordinairement la Souffrance en deux cas.

Le premier pour cause de minorité *féodale.* Le Seigneur ne peut la refuser , en lui donnant les noms & âges des Mineurs.

Le second pour excuse suffisante & légitime ; c'est le Seigneur qui en est le Juge : s'il la refuse , & que le Vassal la prétende légitime, cela dépend du Juge. Ces deux cas ont lieu dans les Mutations , soit du côté du Seigneur , soit du côté du Vassal.

On n'est point tenu de demander la Souffrance *en personne* ; les Tuteurs ou Gardiens peuvent la faire demander ; ils peuvent l'accorder aussi : jugé. *Vide* mon quatriéme Volume, *ibid.*

Quand le tems de la Souffrance est expiré, *dies interpellat pro homine* , le Fief est ouvert, le Seigneur peut saisir *rectà*, & les fruits courent en perte.

Si la Souffrance est accordée à plusieurs héritiers pour Fiefs de la même succession , le décès de l'un n'ouvre pas la portion des autres.

Mais si pendant la Souffrance il échoit à des Mineurs, par exemple , des Fiefs par succession , donation ou autrement , en

V V v v ij

directe ou collaterale, il faut nouvelle Souffrance pour raison de ces Fiefs ; sinon le Seigneur peut les saisir : la Souffrance n'est que relative aux Fiefs que le Mineur possede, lorsqu'on demande Souffrance pour lui.

Vide mon quatriéme Volume, Traité de la Foi & hommage, & de la Souffrance.

CHAPITRE III.

De l'Aveu & Dénombrement , & des Déclarations censuelles.

I. LE Dénombrement qu'en Bretagne on nomme *Aveu & Minu*, est un Acte qui contient le détail du Fief, & Justice, s'il y en a une annexée au Fief dont on a fait la Foi. *Mol. §. hodie 8 , in verbo* Dénomb. *n.* 1.

L'usage des Dénombremens est très ancien. Chantereau Lefebvre, dans ses Preuves, au mot *Vassus*, rapporte un Capitulaire de Charlemagne : *Ut non solùm Beneficia Episcoporum , vel Abbatum , Abbatissarum atque Comitum , sive Vassorum nostrorum , sed etiam Fisci nostri describantur in breve , ut scire possimus quantumcumque etiam de nostro in unius cujusque legatione habeamus.*

Il doit contenir :

1°. La Justice ; ce qu'elle est, si elle est haute, moyenne, ou basse , & sur quoi elle s'étend.

2°. Le principal Manoir, s'il y en a un, Pourpris, Accints, tels qu'ils sont, le Colombier à pied, s'il y en a, Pressoirs & Moulins bannaux , & non bannaux, s'ils sont dans l'enceinte ; sinon en faire mention à part.

3°. Les Domaines que le Vassal tient par ses mains, ou par son Fermier, leur situation, leur chantier , *id est, lieu dit,* &c. leur nature, leur quantité, leurs bouts & côtés actuels par aspects du Soleil.

4°. Les Fiefs tenus du Vassal, par les noms des Possesseurs, leur Village, leur Paroisse, & en gros leur continence, les services & les droits qu'ils doivent , sans entrer dans le détail.

5°. Les Héritages tenus en Censives, les noms des Possesseurs, la nature, qualité & quotité de la Censive, la nature &

qualité des Héritages, leurs tenans & aboutiſſans actuels par aſpects du Soleil.

6°. Les Servitudes actives & paſſives du Fief.

En un mot, tout ce que contient le Fief vaſſal.

Tout cela doit être obſervé, quand même les anciens Dénombremens ne le contiendroient pas. *Mol. §. 44, hodie* 10, *n.* 20. Car quand on dit que le nouveau Dénombrement doit être conforme aux anciens, cela eſt bon *pour les droits du Fief;* car pour la quantité de Domaines, ou de Mouvances ou Cenſives, s'il y a de la différence par acquiſition ou aliénation, il faut les marquer : de même ſi les anciens ne contenoient pas les tenans & aboutiſſans, le Seigneur peut forcer à les déclarer dans le nouveau.

Objet du Dénombrement.

II. L'objet du Dénombrement, dit Dumoulin, *§. hodie* 8, eſt afin que le Seigneur ſçache ce qui lui appartient, & ce qui eſt à ſon Vaſſal ; *ut ſciat quæ ſint ſua, quæ vero Clientis.*

Le Seigneur eſt garant de tout ce qui eſt dans le Dénombrement de ſon Vaſſal, quand il l'a reçu ; c'eſt-à-dire qu'il doit en faire jouir ſon Vaſſal, prendre ſon fait & cauſe contre un autre Seigneur : néanmoins il eſt quitte de cette garantie, s'il veut abandonner la Mouvance des choſes contentieuſes, & rendre les droits, s'il en a reçu. *Mol. §. hodie* 10, *n.* 23.

Garantie par le Seigneur, & juſqu'où elle s'étend.

De la Déclaration cenſuelle.

III. La Déclaration cenſuelle eſt en roture ce que le Dénombrement eſt en Fief. Elle doit contenir la maiſon, s'il y en a, les terres par chantier, meſure, tenans & aboutiſſans actuels : & alors le Seigneur eſt tenu de fournir au Cenſitaire la meſure qui lui manqueroit. Ce qui doit s'entendre lorſque le Seigneur a des Domaines contigus à celui qui demande ſa meſure ; car le Seigneur n'eſt pas garant, ſi le Cenſitaire a laiſſé preſcrire par ſes voiſins.

Dans quelle forme & dans quel tems on doit préſenter le Dénombrement, & dans quel tems il doit être blâmé.

IV. Le Dénombrement doit être donné en forme probante

& autentique, c'est-à-dire en parchemin, pardevant Notaire, signé du Vassal & scellé de ses Armes. Il ne s'en fait point de minute, comme des Déclarations censuelles : on en fait deux doubles, l'un pour le Seigneur qui le garde, l'autre pour le Vassal ; & sur l'un & sur l'autre double le Seigneur doit faire mettre la reception. L'article 8 de Paris dit, en parchemin & devant Notaire ; plusieurs Coutumes ne le disent pas, mais il le faut : jugé. Bacquet, des Droits de Justice, chap. 34, n. 12. *Vide* néanmoins mon cinquiéme Volume, pour l'usage des différentes Chambres des Comptes.

Dans le général des Coutumes, il doit être présenté dans quarante jours après la reception en Foi, ou offres de Foi duement faites ; en Bretagne, art. 360, dans l'an : le Vassal peut néanmoins anticiper ce délai, *pourvû qu'il soit en Foi.*

Le Seigneur ou ses Officiers doivent donner leur recepissé du Dénombrement ; & dans le général des Coutumes, il doit être blâmé dans les quarante jours suivans ; sinon, disent les Textes, il est tenu pour reçu : Maine, art. 152, donne un an pour le blâmer ; Bretagne, art. 361 *nova*, donne trente ans, du jour qu'il en a donné son recepissé.

De ce que dessus, concluez que pour la forme, la présentation, reception ou blâme de l'Aveu, il faut suivre la Coutume du Fief dominant.

Pays de Droit écrit. En Pays de Droit écrit, le Seigneur doit requerir que le Vassal fournisse son Dénombrement ; & si le Vassal refuse, le Seigneur se pourvoit en Justice pour l'y contraindre. Bretonnier sur Henrys, tom. 1, édit. de 1708, liv. 3, chap. 1, quest. 1.

Ce que c'est que le Dénombrement tenu pour reçu.

Quand nous avons dit que faute de blâmer le Dénombrement dans le délai donné par les Coutumes, il est tenu pour reçu, il faut pour cela que le Vassal ait été chercher les blâmes ; ce que plusieurs Coutumes appellent *reblandir* le Seigneur ; autrement, ces receptions tacites amenent toujours des difficultés, & il est toujours vrai de dire que le Dénombrement n'est pas reçu ; il faut un Acte qui constate, ou qu'il est reçu, ou que le Seigneur n'avoit point de Blâme à fournir : on tient même qu'en tout tems le Seigneur peut blâmer pendant trente ans, sur-tout *si agatur de perpetuo præjudicio fundi dominantis.* Mol. §. *hodie* 10.

Si on doit le présenter en personne.

V. Mais le Vassal n'est tenu de présenter son Dénombrement, ni d'aller chercher les blâmes *en personne* ; il peut envoyer un Fondé de procuration spéciale , qui soit accompagné de Notaire & Témoins, qui dressera l'Acte de présentation d'Aveu & de requisition de Blâme : c'est l'avis unanime.

Du Blâme.

VI. Le Blâme contre un Dénombrement, ou une Déclaration censuelle, doit être fourni article par article ; un Blâme général ne seroit pas recevable.

Dumoulin , sur l'article 44, *hodie* 10, n. 11, admet sept sortes de Blâme.

1°. Si le Vassal a employé un tel Domaine, que le Seigneur prétend n'être pas de ce Fief, ou qu'il prétend lui appartenir.

2°. S'il a employé pour sous-Fiefs ou Héritages donnés à cens, ce que le Seigneur prétend être Fonds-Domaine du Fief vassal; par exemple , & cela peut arriver , si le Vassal s'étoit joué à Foi ou à cens, & que le Seigneur n'eût pas inféodé le jeu, il doit le blâmer, & porter le Vassal à reporter ces Domaines , *ut priùs* , autrement le jeu seroit inféodé.

3°. Si le Vassal a pris dans son Dénombrement une qualité que le Seigneur prétend qu'il ne doit pas prendre, comme s'il avoit pris le nom du Village où le Fief est situé ; car il n'y a que le Haut-Justicier qui puisse prendre le nom du Village : jugé.

4°. Si le Vassal a omis de comprendre des héritages , cens, rentes, ou autres droits que le Seigneur prétend devoir être ajoutés.

5°. S'il a omis de comprendre quelques sous-Fiefs.

6°. Si on n'a pas compris des droits actifs , servitudes ou autres.

7°. Si on n'a pas désigné les héritages par noms des chantiers, tenans & aboutissans actuels, ou si on a donné de faux aboutissans.

En un mot, le Blâme peut tomber sur tout ce que le Seigneur prétend devoir être ajouté ou diminué au Dénombrement ; sauf à juger si le Blâme est bien fondé.

VII. Le Blâme conftitue le Seigneur *Demandeur*. Dupleffis fur Paris, des Fiefs, liv. 2, chap. 3, fur l'article 10; & il a raifon. Le Seigneur par fon Blâme demande la réformation d'Aveu; c'eft une demande: la préfentation de l'Aveu n'eft pas une demande, comme je l'ai vû foutenir par quelques-uns, *& malè*. C'eft un Acte *de fatisfaction*, un Acte de preftation du devoir par le Vaffal. Le Vaffal *ne demande rien* par fon Aveu; il décrit fon Fief, voilà tout; le Seigneur qui blâme, *vent la réformation* de l'Aveu: donc il fe conftitue Demandeur, quand même il n'auroit que fignifié fes Blâmes, & que le Vaffal l'affigneroit pour voir dire que, fans s'arrêter à fes Blâmes, l'Aveu demeureroit pour reçu: c'eft comme s'il affignoit le Seigneur à voir dire que, fans s'arrêter à fa demande à fin de réformation d'Aveu, le Dénombrement demeurera reçu.

Souvent, & il eft mieux que le Vaffal le faffe, fouvent le Vaffal eft obligé d'affigner le Seigneur fur fes Blâmes; fans quoi il demeureroit éternellement conftant que l'Aveu a été blâmé, qu'il n'a point été reçu, & que dès-là il ne fait aucune Foi.

Mais quant à la juftification, le Vaffal doit juftifier le premier, fauf au Seigneur à contredire, & juftifier fes Blâmes: le Seigneur eft oïant le compte du détail du Fief; le Rendant juftifie fon compte; l'Oïant juftifie fes débats. *Vide* mon cinquiéme Volume.

Ce qui donne l'autenticité & la force au Dénombrement.

VIII. Pour rendre le Dénombrement autentique & capable de faire Foi, même de commencer des prefcriptions contre des tiers, il doit être vérifié fur les lieux, & publié dans la Paroiffe, même dans les Paroiffes voifines & limitrophes; fans cela, on dira que c'eft un Acte privé. Mais cette vérification n'eft que pour les Aveux rendus au Roi. *Vide* mon cinquiéme Volume, titre des Aveux, chap. 3.

La vérification & publication de l'Aveu a quelquefois dans le quinziéme fiécle été d'ufage pour les grands Fiefs; elle s'obfervoit rarement pour les petits Fiefs, les Fiefs fimples: mais elle n'eft devenue de néceffité indifpenfable pour ceux rendus *au Roi*, que depuis 1511. La Chambre des Comptes, en recevant l'Aveu, fait mettre fur le double qui fe rend au Vaffal,

ſal, *reçu*, *ad onus verificandi :* juſqu'à la vérification, il ne forme aucun titre contre le Roi; mais quand il a été vérifié ſur les lieux, & que les piéces ſont rapportées à la Chambre, elle donne un Arrêt de reception de l'Aveu, depuis 1711, avant on n'en donnoit pas; & alors il eſt titre contradictoire avec le Roi, & fait une Foi pleine & entiere. *Vide* Bacquet, chap. 5 des Droits de Juſtice. Il tient que les Aveux doivent être vérifiés; mais il n'en cite aucune Ordonnance. Pour la vérification & publication des Aveux, la Chambre des Comptes de Paris donna Arrêt du 4 Février 1511 : je l'ai vû en imprimé. Le Parlement de Rouen en donna un en 1519, rapporté par Terrien, liv. 4, chap. 6. Il y a un Edit de Décembre 1701, enregiſtré en la Cour, & une Déclaration de 1702, regiſtrée ſeulement en la Chambre des Comptes.

Par rapport aux Aveux rendus aux Seigneurs, ils ne ſont pas ſujets à la vérification. *Vide* mon cinquiéme Volume.

Pour les formules des Aveux, des Blâmes, des Déclarations pour les Cens & Rentes, pour biens & Domaines engagés, ou Baux emphitéotiques donnés par le Roi, & autres de cette nature, *vide* Berthelot du Ferrier, en ſon Traité de la Connoiſſance du Domaine, *in-*4°. à Paris 1725, pag. 189 & ſuivantes.

Quelle foi peut faire un Dénombrement.

I X. Un Dénombrement (*dic idem* de la Déclaration,) quand il eſt reçu, ou que le Seigneur a été mis en demeure de fournir ſes Blâmes, eſt un Acte ſynallagmatique entre le Seigneur & le Vaſſal; leurs héritiers ou ayans-cauſe; il fait entr'eux foi pleine & entiere.

A l'égard des tiers, il ne fait d'autre foi, ſinon que telles choſes y ſont contenues, comme appartenantes à celui qui les y a employées.

Mais cet Aveu n'attribue point contre les tiers le pouvoir d'exercer contre eux les droits qui y ſont contenus, & des Habitans ne ſont point tenus de s'oppoſer à la publication des Aveux; ils ne peuvent les aſſujettir qu'à ce qu'ils ont réellement reconnu, à moins que ces Aveux ne fuſſent très-anciens, triplés & plus, conformes les uns aux autres, & ſoutenus d'une poſſeſſion continuelle & immémoriale; alors ils feroient préſu-

mer un titre. *Vide* mon premier Volume, Traité des Bannalités, chap. 4, & mon cinquiéme Volume.

En un mot, contre des tiers il ne fait foi d'autre chose, sinon que tel droit, ou telle mouvance, ou tel fonds y est employé. *Mol. §. hodie 8, n. 8 & seq.*

Il peut bien commencer une prescription contre un Seigneur voisin, si on continue une possession capable d'acquerir une prescription.

Différence du Dénombrement & de la Déclaration censuelle.

X. Le Dénombrement ne se donne par le Vassal qu'une fois en sa vie. *Mol. ibid. n. 3.* L'ancien Vassal ne doit que la bouche & les mains, disent les Coutumes : si quelques-unes le veulent à mutation de Seigneur, ce sont Coutumes d'exception. Au contraire, la Déclaration censuelle peut se renouveller, & le même Censitaire peut y être forcé ; chaque nouveau Seigneur peut en demander, même si la Déclaration passe vingt-cinq ans ; le même Seigneur peut en demander le renouvellement, pour empêcher la prescription trentenaire de certains devoirs.

De-là on voit l'abus que l'on fait des protocoles de Lettres à Terrier, où on fait donner commission pour assigner tous les *Vassaux* & Tenanciers.

Un Vassal ne donne qu'une fois en sa vie son Dénombrement ; les Tenanciers ou Censitaires sont obligés à renouveller leur Déclaration.

Cela provient de l'abus que l'on faisoit anciennement du mot *Vassaux*, qui souvent signifioit les Roturiers. *Vide* le nouveau Ducange, sur le mot *Signum 6. Vide infrà*, chap. 11.

Comment se donne le Dénombrement, quand il y a plusieurs Covassaux du même Fief.

XI. Si le même Fief est tenu par plusieurs, distinguez : Ou ils possédent par indivis, ou ils possédent divisément. *Primo casu*, ils doivent tous ensemble donner un Dénombrement. *Secundo casu*, ils doivent donner leur Dénombrement chacun pour leurs portions ; aussi le décès de l'un n'oblige point les autres de fournir un nouveau Dénombrement. Dumoulin, *§. hodie 9, gl. 1,*

n. 2, paroît décider que tous doivent ensemble fournir un Dénombrement. Sa raison est, que *non est nisi unicum Feudum &*
unicus titulus Feudi. Et au nombre 7, où il prévoit le cas de la
jouissance divise, il dit : *Tenentur in unum integrum conflare* ; c'est-
à-dire, de tous leurs Dénombremens n'en faire qu'un cahier.

Cette opinion n'est pas bonne. Suivant Dumoulin même,
un héritier peut faire sa Foi *pro parte suâ , licèt sit unicus ti-*
tulus Feudi. Pourquoi ne donnera-t-il pas le Dénombrement
de sa portion ? Le titre du Fief ne sera pas divisé , par ce principe qu'il pose lui-même sur l'article *hodie* 3 , gl. 4 , n. 29,
que dès qu'on exprime que c'est *pour partie* , cela ne divise pas
le Fief ; *quia* , dit-il , *commemoratio partis Feudi necessariò præ-*
supponit & infert perseverantem unitatem unius totalis Feudi : &
l'usage admet ces Dénombremens des portionnaires de Fief ;
j'en ai vû plus de mille.

Mais s'il y a plusieurs Coseigneurs dominans , un seul Dénombrement suffit pour eux tous , en le donnant ou à l'aîné ,
ou à celui qui est en tour d'année pour recevoir les hommages
& droits ; comme je l'ai vû pratiquer en plusieurs Seigneuries :
mais il faut dans tous ces Actes que tous les Coseigneurs soient
nommés.

XII. Si un Vassal possede plusieurs Fiefs mouvans du même
Seigneur , mais distincts les uns des autres , régulierement il doit
un Dénombrement pour chaque Fief , par cette maxime , *quot*
sunt diversa Feuda , tot sunt diversæ fidelitates & actiones. Le Seigneur peut l'y forcer. L'usage admet un seul Dénombrement
pour tous les Fiefs , en distinguant chaque Fief , & mettant un
Fief & toutes ses appartenances & dépendances de suite.

Ce qu'opere la présentation de l'Aveu.

XIII. La présentation du Dénombrement opere en général
la main-levée de la saisie faite faute d'Aveu , quoique Dumoulin y soit contraire , *ibid.* n. 8. Quelques Coutumes ne donnent
main-levée que des articles non blâmés ; ce sont Coutumes d'exception. Le Blâme est une contestation dans laquelle le Seigneur peut fort bien succomber ; il n'est pas juste que pour un
droit douteux il tienne saisi le Fief en tout ou en partie.

Au reste , il faut être *propriétaire* ou possesseur paisible du
Fief , pour donner & recevoir un Dénombrement. De-là l'En-

X X x x ij

Fief, pour donner & recevoir un Dénombrement. De-là l'Engagiste n'en doit point ; il donne seulement une déclaration de son engagement, comme Berthelot du Ferrier le marque, *loco supra*. En Bourgogne les Engagistes donnent Dénombrement ; les usufruitiers n'en donnent ni n'en reçoivent. L'apanager en donne & reçoit ; il jouit comme propriétaire, & est regardé comme propriétaire jusqu'à extinction de la ligne masculine. *Vide* mon 5e. Volume, Traité des Aveux & Dénombremens.

CHAPITRE IV.

De la Saisie féodale & censuelle.

I. LA Saisie féodale est la mise de la main du Seigneur sur le Fief du Vassal, non pas un simple envoi en possession, comme un Créancier qui seroit envoyé en possession du bien de son Débiteur pour en jouir ; c'est l'injection de la main du Seigneur sur le Fief du Vassal, injection de main qui ôte au Vassal la possession de son Fief. *Mol. §. 1, gl. 4, n. 1, & §. hodie 9, gl. 3, n. 1.* C'est la main mise du Seigneur sur le Fief vassal.

Dumoulin pensoit que cette Saisie pouvoit se faire par le Seigneur lui-même, sans ministere de Sergent, par une simple Lettre, sans autorité de Justice ; 1°. parce que les Coutumes disent, *peut prendre & mettre dans sa main* ; 2°. parce que dans le vrai la Saisie féodale est un acte domanial & patrimonial : mais le contraire a prévalu ; il faut commission du Juge, & Sergent : nous le dirons ci-après.

Ce que c'est que la Saisie féodale ; quelle sorte d'Acte.

Mais, quoique faite par autorité de Justice, il est toujours vrai que c'est plutôt un Acte de féodalité, de supériorité domaniale, qu'un Acte de Jurisdiction ; elle a son fondement dans la puissance féodale, & elle descend de la concession du Fief ; la Justice n'y est *que pour l'exécution*, que pour l'exercice de la puissance féodale ; elle est moins le fait du Juge que du Seigneur. *Prehensio feudalis, etiam Judicis auctoritate facta, est plus*

factum Patroni quàm Judicis, cùm non ad manum Judicis, sed ad manum Patroni Feudum ponatur vel poni intelligatur ; & iste actus semper est magis actus dominicalis, seu, ut ita loquar, domanialis & patrimonialis, quàm jurisdictionalis ; non enim fundatur nec justificatur in jurisdictione Judicis, sed in virtute directi domanii, & in possessione civilis Domini, & in lege concessionis Feudi. Mol. §. 1, gl. 4, n. 67.

Causes de la Saisie féodale.

II. En général, il n'y a que deux causes de Saisie féodale ; le défaut d'homme, & le défaut de dénombrement. Les autres causes sont accessoires & comme conventionnelles, comme pour droits de relief ou de quint reservés expressément. Il y a des Coutumes qui la permettent pour autres devoirs, comme pour défaut de lige étage, qui est le guet & garde, Anjou ; mais ce sont Coutumes singulieres. *Vide* mon quatriéme Volume, Traité de la Saisie féodale, chap. des Causes de la Saisie ; nous ne donnons ici que les principes généraux.

Effets de la Saisie.

Ces deux causes produisent deux effets différens, & rendent la Saisie féodale différente d'elle-même.

Quand elle est *faute d'homme*, le Seigneur se met tellement en possession du Fief vassal, la jouissance du Vassal est tellement suspendue, que le Fief est comme retourné dans la main du Seigneur, le Fief *avocatur à Vassallo.* Mol. §. 1, gl. 4, n. 1, & §. *hodie* 9, gl. 3, n. 1. La Saisie féodale faute d'homme imite l'ancienne reversion du Fief dans la main du Seigneur, quand le Vassal cessoit d'être.

Cette Saisie ôte tellement le Fief au Vassal, que le Seigneur prend tous les fruits ; ils sont en pure perte pour le Vassal : quelques Coutumes, comme Anjou, ne donnent au Seigneur que les fruits qu'il a consommés.

Lorsqu'elle est faite *faute de dénombrement*, elle met bien le Fief dans la main du Seigneur ; elle en ôte bien la jouissance au Vassal, mais elle imite mieux la simple mission en possession ; elle n'est que pour exciter le Vassal à faire ce qu'il doit. *Mol.* §. *hodie* 9, gl. 3, n. 1. Et les fruits ne sont point au Seigneur ; il faut, après la main-levée, rendre compte de ces fruits au

Vaſſal. Exceptez Troyes, où après un an de demeure, la Saiſie ouvre la perte des fruits ; & Poitou, où après Jugement de condamnation. Ce ſont Coutumes d'exception ; Dumoulin les prévoit, *ibid.* n. 2.

Du tems auquel le Seigneur peut ſaiſir.

III. En général, le Seigneur ne peut ſaiſir faute d'homme, ou faute de dénombrement, que quarante jours après le décès du dernier Vaſſal, & quarante jours après qu'il a fait la Foi. Si c'eſt en cas de vente, quelques Coutumes donnent un délai plus bref ; mais dans celles qui n'en parlent pas, le délai de quarante jours eſt pour tous les cas où il y a défaut d'homme : jugé. *Vide* mon quatriéme Volume.

Quelques Coutumes permettent de ſaiſir incontinent : Vermandois, 182, 184, & autres. Mais ſi le Vaſſal vient dans les quarante jours, la ſaiſie ne vaut que *ſommation* ; le Vaſſal n'en paye pas même les frais. D'autres, comme Anjou, 103, & Maine, 116, donnent un an. En Pays de Droit écrit, la Saiſie féodale eſt inconnue, ſi ce n'eſt après des condamnations obtenues & contumaces averées. *Vide* mon quatriéme Volume, *ibid.*

De la Main-levée.

IV. Lorſque la Foi eſt faite, ou régulierement offerte & faite en l'abſence du Seigneur, la Main-levée a lieu de plein droit ; de même, quand le Vaſſal a préſenté ſon Aveu, quand il y auroit blâme. C'eſt le Droit commun ; le Seigneur ne peut plus reſaiſir. Exceptez Orléans, Dunois & quelques Coutumes, où, lorſque la Foi eſt faite en l'abſence du Seigneur, & qu'il eſt de retour, ſi le Vaſſal ne vient réiterer la Foi, le Seigneur peut ſaiſir de nouveau. Ce ſont Coutumes d'exception.

De l'Infraction de la Saiſie.

V. Soit que la Saiſie ſoit faute d'homme, ſoit qu'elle ſoit faute d'aveu, ſi le Vaſſal empêche la jouiſſance du Seigneur, ou de ſes Commiſſaires, s'il perçoit les fruits par violence ou autrement depuis la Saiſie *à lui dûement notifiée* ; il y a infraction de Saiſie, & le Seigneur n'eſt tenu ni de le recevoir à Foi, ni de recevoir le dénombrement, qu'il n'ait reſtitué les fruits ;

parce que le Seigneur est en possession, & que *spoliatus ante omnia restituendus.* La seule perception des fruits par le Vassal depuis la Saisie notifiée, forme l'infraction de Saisie. *Vide* mon quatriéme Volume, chap. de l'Infraction de Saisie.

Combien dure la Saisie féodale.

VI. Les Coutumes varient sur la durée de la Saisie féodale. En Poitou & autres Coutumes, elle est annale ; à Paris & en beaucoup d'autres, elle dure trois ans ; en Normandie, si en vertu de la Sentence de réunion qui se donne sur la Saisie, le Seigneur se met en possession, elle dure tant que le Vassal ou Censitaire ne se met pas en possession.

Mais en général elle dure trois ans.

Dans quelque Coutume que ce soit, elle n'a effet que pour le tems marqué par la Coutume ; après quoi il faut la renouveller : sans quoi, les Commissaires sont déchargés de plein droit pour l'avenir, & le Vassal rentre en pleine possession.

S'il y a contestation sur la Saisie, elle dure tant que la contestation dure : mais la contestation étant jugée définitivement, si le délai de la Coutume est expiré, il faut la renouveller, à moins que le Jugement ne prononce la perte des fruits, tant que le Vassal sera en contumace. *Vide* mon quatriéme Volume, chap. de la Durée de la Saisie.

Exception.

Des Formalités de la Saisie féodale.

VII. La Saisie féodale peut être faite, soit au nom du Seigneur, soit au nom du Procureur Fiscal : jugé. *Vide* mon quatriéme Volume, chap. des Formalités de la Saisie.

Elle doit être faite en vertu de commission particuliere, qui marque la cause. Les commissions générales pour saisir tous Fiefs ouverts sont nulles ; il faut qu'elle soit pour tel Fief. Cela avoit lieu dès le tems de Dumoulin, §. 1, gl. 4, n. 68.

Pour saisir, soit faute d'homme, soit faute de dénombrement, il ne faut pas de commandement préalable. *Mol.* §. 1, gl. 4, n. 2, & §. *hodie* 9, gl. 3, n. 1, & tous les Auteurs.

Elle doit être faite *des fonds*, non des fruits simplement.

Le Sergent doit se transporter sur le Chef-lieu du Fief, s'il y en a, & le saisir avec toutes ses circonstances & dépendances ;

sinon , sur quelqu'endroit du Fief , & en faire mention.

Si c'est un Fief en l'air, elle se fait par saisie-arrêt ès mains des Débiteurs. L'Huissier doit se faire assister de Records. L'Edit du Controlle n'a point dispensé les Saisies féodales. *Vide* la Déclaration de 1671 ; & cela est jugé.

L'usage est d'établir Commissaires ; cependant, quand elle est faite *faute d'homme* , le défaut d'établissement de Commissaires n'emporteroit pas nullité ; tous les Auteurs conviennent que le Seigneur peut dès le lendemain les expulser , & jouïr par ses mains.

De la *notification de là Saisie*.

La Saisie féodale faute d'homme ou dénombrement , doit être notifiée au Vassal , soit par signification au manoir ou à son Fermier , ou par publication issue de la Messe Paroissiale , les publications aux Prônes ne se faisant plus depuis la Déclaration de 1698. Orléans veut que le Fermier la notifie au Vassal ; sinon, elle l'en rend responsable : il faut suivre exactement le texte de chaque Coutume. Faute d'être notifiée , elle est nulle.

Il y a des Coutumes , comme Paris , qui veulent que la Saisie féodale soit enregistrée au Greffe de la Justice du lieu : mais jugé que l'enregistrement n'est pas nécessaire dans les Coutumes qui ne l'ordonnent pas. *Vide* mon quatriéme Volume, chap. des Formes de la Saisie.

Des *fruits qui tombent en perte*.

VIII. Dans le général des Coutumes, le Seigneur gagne tous les fruits qu'il a perçus. J'entends parler de la Saisie qui emporte perte de fruits.

Il gagne tous les fruits naturels.

Je dis, *qu'il a perçus* ; cela s'entend des fruits coupés , quoique non enlevés , même des fruits commencés à couper ; comme on ne peut couper tout en un jour, si lorsque le Vassal se présente, le Seigneur a commencé à couper les grains , il les a tous. Si le Vassal vient entre la récolte des grains & des vendanges , il a main-levée pour les fruits de vignes. Si le Fief est affermé, on ne regarde pas les tems donnés au Fermier pour payer. Mais si pendant la Saisie il y a eu des fruits recoltés , le

Seigneur

Seigneur en aura le fermage ; si tous les fruits ont été recoltés, il aura toute l'année de fermage.

A l'égard des fruits civils, il les a à proportion du tems de la Saisie. *Vide* mon quatriéme Volume, chap. des Fruits.

S'il y a étang en pêche ou bois en coupe, le Seigneur a tout, *in pœnam contumaciæ Vassalli.*

Le Seigneur qui leve les fruits en essence, doit rembourser les labours & semences ; *quia non dicuntur fructus, nisi deductis impensis.* Mais il ne rembourse qu'après la recolte.

En général, il ne peut expulser le Fermier, s'il ne prouve la fraude du Bail. En Anjou, on distingue : Si le Fief a accoutumé d'être affermé depuis long-tems, le Seigneur doit laisser le Fermier ; s'il n'a pas accoutumé d'être affermé, on présume le Bail en fraude ; il peut expulser le Fermier.

Si le Bail est à colonie partiaire, *id est* à moitié, alors le Seigneur prend tout ce qui revient au Vassal, & laisse la part au Fermier, Métayer ou Colon ; & dans ce cas il ne rembourse point les frais de culture, cette part du Colon lui est laissée pour cela.

Il ne peut déloger le Vassal ; si le Fief ne consiste qu'en une maison, ou elle est louée, ou elle ne l'est pas. *Primo casu*, il a le loyer au *rata* du tems de la Saisie. *Secundo casu*, on l'estime ; & si le Vassal y loge, on déduit son logement. *Vide* mon quatriéme Volume, *ibid.* pour tout ce que dessus.

Des charges de la Saisie féodale.

IX. La maxime est générale & certaine. Le Seigneur n'est pas tenu des charges imposées par le Vassal sur son Fief saisi, si elles n'ont été inféodées par le Seigneur ; c'est-à-dire en un mot, si elles n'ont pas été reportées dans les Aveux *reçus.*

Il y a pourtant certaines charges inhérentes au Fief, que le Seigneur supporte, quoiqu'il n'en soit rien dit dans les Aveux ; c'est le ban & arriere-ban, parce que c'est un droit royal qui suit le Fief, en quelque main qu'il passe : & cette taxe est privilégiée au droit du Seigneur.

Mais si le Vassal étoit roturier, le Seigneur peut bien être forcé par le Fermier du Domaine de payer le droit de franc-Fief, s'il est échu ; mais il n'en est pas tenu, il a son recours contre le Vassal qui doit le rembourser : la raison est, que ce

droit n'est pas une charge du Fief, mais une taxe occasionnée par la seule qualité du Vassal, & cela ne peut nuire au Seigneur.

Il est un cas où le Seigneur est tenu des rentes non inféodées ; c'est s'il étoit lui-même créancier de cette rente. Car, dit Poquet de Livoniere, des Fiefs, liv. 1, chap. **8**, sect. **6**, il ne peut désavouer cette charge. *Vide* mon quatriéme Volume, des Charges de la Saisie féodale.

Du Droit du Seigneur sur les arriere-Fiefs.

X. Il est de Droit Coutumier général, que lorsque pendant la Saisie féodale *faute d'homme*, le Seigneur trouve les arriere-Fiefs ouverts, il peut les saisir, & en jouir comme du Fief vassal ; mais il faut qu'il les saisisse. Si cependant le Vassal les avoit saisis, cette Saisie profiteroit au Seigneur, comme *è converso* la Saisie du Seigneur profiteroit au Vassal qui obtiendroit main-levée. *Mol.* §. 36, *hodie* 54, *n.* 5.

En ce cas, les propriétaires des arriere-Fiefs peuvent faire la Foi au Suzerain, & ils auront main-levée, sans que dans la suite le Vassal puisse les resaisir.

Ils peuvent même donner leurs Dénombremens au Suzerain, qui, après la main-levée, est tenu de remettre à son Vassal les Actes de Foi & les Dénombremens, sauf à en garder des copies à ses frais ; & la reception d'Aveu par le Suzerain n'empêche pas le Vassal qui a eu main-levée, de les blâmer. *Mol.* §. 37, *hodie* 55, *gl.* 7, *n.* 4.

Le Suzerain gagne tous les profits des mutations des arriere-Fiefs qui s'ouvrent pendant la Saisie du Fief vassal, & ce quand même ils ne seroient pas payés pendant la Saisie du Fief vassal ; il peut retirer les arriere-Fiefs vendus pendant la Saisie, sans qu'après la main-levée il soit tenu de les remettre au Vassal, ou de les rendre ; ce point est à présent sans difficulté.

La raison qui lui fait gagner tous les profits des arriere-Fiefs *ouverts pendant la Saisie du Fief vassal*, est parce qu'il est réputé leur Seigneur pendant ce tems, & qu'il est de principe immuable, que les profits & le retrait appartiennent au Seigneur du tems de l'ouverture, & comme dit Dumoulin en cent endroits, *jura relevii, quinti & retractûs, uno momento seminantur & nascuntur. Vide* mon 4ᵉ Volume, de la Saisie.

De l'Usufruitier du Fief dominant.

XI. Suivant l'article 2 de Paris , qui a formé le Droit commun , l'Usufruitier du Fief dominant , quand la mutation est à *profit* , peut saisir le Fief servant ouvert , en mettant le nom du Propriétaire dans l'exploit , & le Propriétaire ne peut donner main-levée qu'en payant ou faisant payer les droits de la mutation à l'Usufruitier.

Si la Saisie étoit faite par l'Usufruitier , il peut en donner main-levée , quoique la Foi ne soit point faite ; parce que l'objet de la Saisie a été plutôt le gain des fruits , auquel il peut renoncer , que la Foi. Mais quand c'est le Propriétaire qui a fait saisir faute d'homme , l'Usufruitier ne peut accorder main-levée , que le Propriétaire n'y consente ; parce que l'objet principal de la Saisie a été la Foi , la perte des fruits n'a été que conséquente & occasionnelle. *Vide ibid.*

Explication de cet axiome : Tant que le Seigneur dort , le Vassal veille ; & vice versâ.

XII. Quand le Seigneur dort , le Vassal veille ; & quand le Vassal dort , le Seigneur veille , disent les Coutumes. Cela ne veut dire autre chose , sinon que tant que le Vassal n'est pas saisi par son Seigneur , il jouit pleinement de son Fief , il exerce tous ses droits sur ses Vassaux , toutes les ouvertures des Fiefs mouvans de lui , lui profitent , & ses Vassaux doivent le reconnoître & le servir , sans pouvoir exciper de ce qu'il n'est pas en Foi.

Au contraire , quand le Vassal est saisi , tant qu'il ne fait pas ses devoirs , le Seigneur jouit *pleno jure* du Fief du Vassal ; & les arrieres-Vassaux ne reconnoissent que le Suzerain saisissant ; tous les profits des arrieres-Fiefs lui aviennent.

En un mot , pour que le Seigneur jouisse du Fief vassal , & de tous les droits qui en dépendent , il faut qu'il saisisse le Fief vassal ; sans quoi tout ce que le Vassal fait , est irrévocable , & les droits des ouvertures des arrieres-Fiefs ouverts pendant que le Fief vassal est aussi ouvert , *mais non saisi* , lui appartiennent.

Régle générale pour les Saisies & pour les Blâmes d'Aveux.

XIII. Quand vous saisissez un Fief, vous le saisissez avec toutes les appartenances & dépendances ; souvent vous blâmez l'Aveu, parce qu'il ne contient pas toutes les appartenances que vous prétendez être du Fief.

Lisez Dumoulin, §. 1, *gl.* 5, *à n.* 1 5 *usque ad* 2 0 *inclusivè* ; & vous connoîtrez ce qui est appartenances du Fief *comme Fief*, & ce qui est appartenances du Fief *comme Fonds patrimonial.* Les premieres vous pouvez les saisir, vous pouvez blâmer le Dénombrement qui ne les comprend pas : mais les secondes ne peuvent ni entrer dans votre Saisie, ni faire la matiere d'un Blâme.

Pour que des héritages unis à une Terre soient dépendances du Fief *comme Fief*, il faut qu'ils soient unis *in qualitate feudali.* Sans cela, c'est un accroissement du Fonds patrimonial de cette Terre. *Ibid.*

Ou les héritages achetés ou acquis *quoquo modo* par le Vassal, sans aucune déclaration de non-réunion, étoient mouvans du Fief du Vassal ; ou ils étoient mouvans du même Seigneur à cause d'un autre Fief ; ou ils étoient tenus d'un autre ou de plusieurs autres Seigneurs. Cela se voit tous les jours ; un homme agrandit sa Terre, & confond tout dans un seul & même Bail : tout cela fait *sa Terre* ; mais tout cela ne fait pas *son Fief.*

Primo casu, ces héritages sont réunis de plein droit ; & alors ils sont saisissables, & doivent être compris dans le Dénombrement, *comme appartenances & dépendances du Fief.*

Secundo casu, il faut que le Seigneur dominant ait expressément consenti, ou tacitement, en recevant au moins deux Aveux qui les auront compris comme portions accrues au Fief. Sans cela, ils ne sont pas appartenances du Fief ; ils sont unis *Feudo ut Fundo, sed non Feudo ut Feudo.*

Tertio casu, jamais elles ne sont appartenances *du Fief*, mais du Fonds patrimonial ; à moins que le Vassal qui les a acquises, ne les ait reportées à son Seigneur *in augmentum Feudi*, par un tems suffisant pour que le Seigneur ait pû en prescrire la mouvance contre l'autre.

Ceci est abstrait, mais vrai. En voici l'exemple.

Un homme a le Fief des Roses, mouvant de vous. Ce Fief

originairement n'étoit composé que d'une maison & trente arpens de terres labourables ou autres, plus ou moins; il veut l'agrandir, il acquiert une grande quantité de terres, il les unit à son Fief des Roses, en fait un seul & même Bail; tout cela relativement à lui fait son Fief & Terre des Roses.

Mais tout cela fait-il le Fief des Roses *mouvant de vous?* Pouvez-vous saisir tout? Pouvez-vous forcer son héritier à porter tout dans son Dénombrement?

Distinguez: Ou ces terres étoient tenues du Fief des Roses, & alors elles y ont été réunies *in qualitate feudali*, elles sont réunies au Fief *comme Fief:* ou ces terres étoient mouvantes de vous à cause *d'un autre Fief;* alors ou elles vous ont été reportées comme appartenances de ce Fief, ou elles ne l'ont pas été: *Primo casu*, elles sont appartenances de ce Fief comme Fief: *Secundo casu*, si elles sont féodales, elles sont partie d'un autre Fief; & pour raison de ces terres, ce Vassal des Roses est *votre* Vassal, comme Coseigneur de cet autre *Fief*, *per modum quotæ Feudi principalis*. Je l'ai prouvé dans mon Traité du Démembrement. Mais elles ne sont point appartenances *du Fief* des Roses comme Fief *des Roses*, mais comme Fonds patrimonial du Vassal; & alors il faut les saisir nommément, & que la Commission nomme cet autre Fief.

Ou ces terres sont tenues d'autre Seigneur; & alors elles font partie du Fief des Roses, *ut fundi patrimonialis, non ut Feudi*. Il a agrandi *son Fonds*, non pas *son Fief*; & votre Saisie ni votre Blâme ne peuvent tomber sur ces terres.

Lisez bien attentivement tous ces nombres de Dumoulin cités *suprà*, & lisez-les tous; vous ne vous égarerez pas.

De la Saisie censuelle; & en quoi elle differe principalement de
la Saisie féodale.

XIV. La Saisie censuelle differe de la Saisie féodale en ce qu'en général, excepté en Normandie & en quelque peu de Coutumes, on ne peut saisir *les fonds*, mais seulement *les fruits;* au lieu qu'en Saisie féodale, il faut saisir les fonds, non les fruits: elle est une espéce de Saisie réelle; aussi Nevers & Etampes la nomment *Saisie réelle*. La Saisie censuelle n'est qu'un simple empêchement des fruits auxquels on établit Commissaires, qui en rendent compte au Censitaire, quand il a payé les cens.

Une Saisie censuelle *des fonds* dans une Coutume qui ne le diroit pas textuellement, est nulle : jugé le 11 Août 1739 en la Coutume de Senlis. *Vide* mon quatriéme Volume, sect. de la Saisie censuelle.

Elle n'a lieu que pour cens non payé, & non pas pour lods & ventes, qui ne se poursuivent que par action, si la Coutume ne le dit précisément.

A Paris, en consignant les trois dernieres années, on a mainlevée de la Saisie, quand elle seroit faite pour vingt-neuf ans ; il y a quelques Coutumes qui se contentent d'une année, d'autres de deux ; il faut suivre chaque texte pour cela.

Si l'héritage sujet au cens est une maison ; ou elle est occupée par le Censitaire, ou elle est louée : *Primo casu*, le Seigneur peut faire une Saisie-gagerie des meubles : *Secundo casu*, les loyers sont les fruits, il saisit & arrête ès mains des Locataires.

Il n'y a point d'amende pour l'infraction de cette Saisie, comme pour celle de la Saisie féodale, si la Coutume ne le dit.

Plusieurs Coutumes prononcent une amende, faute de payement de cens : Montfort paroît donner autant de cinq sols d'amende que d'années d'arrérages échues ; mais il n'y a qu'une amende pour tout : jugé pour Montfort même. *Vide* mon quatriéme Volume, *ibid.*

CHAPITRE V.

Du Droit de Relief, du Droit de Relevoison & du Plait de Dauphiné, de l'Acapte, arriere - Capte, & du Marciage.

I. TENEZ pour principe général & certain, 1°. que les Droits de Relief, de Quint, qu'en Pays de Droit écrit on nomme Lods pour les Fiefs comme pour les Rotures, ainsi qu'en Anjou, Maine & quelques autres Coutumes, sont bien de la nature du Fief, mais non de la substance du Fief. C'est-à-dire, que comme les Fiefs étoient autrefois sujets à la Commise par la vente faite *sine consensu Domini*, (en Bourgogne ils le sont encore, non pour la vente, mais pour la prise de

poſſeſſion réelle par l'Acquereur , ſans l'agrément du Seigneur) & à la reverſion en cas de mort ; ces droits de Relief ès
Pays de Coutume , car ils ſont inconnus en Pays de Droit écrit,
& de Quint ou Lods ſuivant l'uſage du Pays , même ès Pays
de Droit écrit , ont pris la place de cette ancienne commiſe &
reverſion de Fief , enſorte qu'ils ſont de la *nature* du Fief ; &
le non-payement de ces droits par mille ans , quelques mutations qu'il y ait eu , n'en affranchit pas pour l'avenir : il faut,
ou titre d'affranchiſſement , ou contradiction , & poſſeſſion depuis la contradiction , parce qu'alors on préſume le titre d'affranchiſſement , & qu'il eſt adhiré : mais la ſeule poſſeſſion de
non-payer n'affranchit pas des droits de Coutumes & d'Uſages
dans le Pays. Dargentré ſur l'article 276 , au mot *ou autres de-*
voirs , & ad rubricam , titul. de Feudis , de Bretagne : jugé en Vermandois , *conſultis claſſibus* , pour M. l'Evêque de Laon , contre les Habitans du Comté d'Aniſy , en la Premiere , par Arrêt
du 13 Février 1743.

2°. Que quand on dit qu'il faut ſe gouverner ſuivant la nature du Fief , on entend la Coutume ; parce que la Coutume
forme le Droit commun , auquel tout eſt ſoumis , s'il n'y a
exemption par le titre d'inféodation. *Mol. §. 5 , hodie 8 , n. 92.*

3°. Que quand l'inveſtiture eſt rapportée , ou qu'à défaut
d'inveſtiture on rapporte pluſieurs aveux anciens qui la conſ-
tatent , & il eſt prouvé que le Fief *ne doit* que tel ou tel droit,
ou même qu'il n'en devra point ; alors la Coutume ſe taît , l'inveſtiture prouvée ou rapportée eſt la ſeule loi qu'il faut ſuivre ;
& on n'a recours à la Coutume , que quand il n'y a point de
détermination de l'homme. Dargentré ſur Bretagne , art. 277.

La raiſon de cela eſt , que le Seigneur concede *ad modum*
quem vult ; & que quand cela eſt accepté , cela forme un Contrat ſynallagmatique , auquel ni l'un ni l'autre ne peut changer , augmenter ou diminuer , ſans le conſentement de l'autre.
Mol. §. 2 , hodie 3 , gl. 4 , n. 30. Dargentré ſur Bretagne , article 329.

Ce que c'eſt que le Relief.

II. Le Relief *aliàs* rachat eſt le droit qui ſe paye à mutations hors vente , c'eſt-à-dire à toute autre mutation que par
vente , ou acte équipolent à vente.

Quelques Coutumes , comme le Vexin François , Mante,

les cinq Baronnies du Perche-Gouet, Coutume de Chartres, ne connoissent point le quint ; elles donnent Relief pour mutation par vente & toute autre mutation. En Vexin & au Perche-Gouet, le Relief est dû même en directe. A Mante, l'article 6 de la nouvelle Coutume l'a ôté pour la directe. En Poitou, pour les Fiefs qui courent en rachat, il est dû à toutes mutations, comme au Vexin, *scilicet ex parte Vassalli* ; par-tout ce sont Coutumes d'exception. Dans le général, il n'est point dû en directe, *descendendo vel ascendendo*.

Régles générales du Relief.

III. Il y a quatre maximes générales pour le Relief.

1°. Il est dû toutes les fois que le Fief change de main, c'est-à-dire du côté du Vassal, & quand *la propricté* change, exceptez la mutation en directe & par vente, comme nous venons de le dire.

2°. Il faut distinguer l'ouverture, de la mutation : l'ouverture donne le droit de Relief, & l'adjuge à celui qui étoit Seigneur ou Fermier lors de l'ouverture : la mutation le rend exigible ; *& tunc peti potest*, *& non priùs*.

3°. L'ouverture donne le droit de saisir ; mais l'ouverture ne le fait pas changer de main : il change de main *per adventum novi Vassalli.*

4°. Le Relief n'est imposé qu'*à la mutation*, à la différence du quint ou lod qui est imposé au Contrat ; ensorte que, pour sçavoir s'il est dû Relief, il faut voir la nature de la mutation, & la Coutume. Pour sçavoir s'il est dû quint, il ne faut que le Contrat, sçavoir s'il sonne vente ou acte équipolent à vente ; & depuis les Edits de 1645, 1673, 1674 & 1696, les échanges même but à but doivent quint ou lods. *Vide* mon second Volume, Traité du Relief, chap. 3.

De quel jour court le Relief.

IV. Il y a quelques Coutumes qui font courir le Relief du jour de la mutation connue au Seigneur, sans même qu'il soit besoin de l'avertir, Poitou par exemple ; mais ce sont Coutumes d'exception. Tours & Anjou le font aussi courir du jour de la mutation. En général, il court du jour de la Foi & offres valablement

valablement faites ; car souvenez-vous que j'ai dit au premier chapitre, que la Foi *sans offres* étoit nulle, & ne couvroit point le Fief.

Mais si le Seigneur avoit saisi le Fief lorsqu'il a sçû la mutation, les fruits qu'il prend ne sont point en déduction du Relief : jugé pour le Poitou. *Vide* mon second Volume, du Relief, chap. 13.

Ce qui est dû pour le Relief.

V. En général, le Relief est ou le revenu d'un an en essence, ou le dire de prud'hommes, ou une somme d'argent offerte par le Vassal ; le tout au choix du Seigneur.

En Picardie & Boulenois, le Relief est ordinairement fixé suivant la qualité du Fief, ou suivant ce qu'il contient de mesures de terre.

D'autres donnent pour Relief le tiers de l'estimation du revenu de trois ans précédens la mutation ; on fait une masse de ces trois années, & on en tire le tiers pour le Seigneur.

Si le Seigneur opte le revenu d'un an en essence, il faut que le Vassal lui communique ses papiers de recette, lui livre tous les bâtimens de la Ferme, un logement dans le Manoir, sans se déloger lui & sa famille.

Le Seigneur n'a qu'une récolte de chaque espéce de fruits ; il n'a qu'une feuille des bois, qui s'estime s'il n'est pas en coupe ; il n'a qu'une année de la pêche des étangs, elle s'estime aussi. *Vide* mon second Volume, du Relief, chap. 13.

Le Seigneur doit jouir en bon pere de famille, & comme le Vassal ; ensorte que si le Vassal prenoit des bois pour son chauffage, il le peut, mais il ne peut toucher aux bois de futaie.

S'il y a des bestiaux dans la Ferme, ou ils sont pour l'amenagement de la Ferme, & il peut s'en servir ; s'ils sont à moitié ou chaptal, le croît de l'an lui en revient pour ce qui en appartient au Vassal.

Il a les profits des arriere-Fiefs qui s'ouvrent dans l'an, & il les a en entier, parce que *uno momento seminantur & nascuntur.* *Vide* mon second Volume, *ibid.*

Si le Fief est affermé sans fraude, il doit se contenter du prix de la Ferme, si la Coutume ne lui permet d'expulser les Fermiers. Si le Fermier avoit payé d'avance l'année qui échoiroit

pour le Relief, quand ce feroit une condition du Bail, il doit payer le Seigneur, fauf fon recours ; la raifon eft double. 1°. Cet acte ne peut nuire à un tiers qui n'a point parlé. 2°. Le Seigneur a droit fur les fruits de l'année, il les lui faut naturellement : or ces fruits ne fe recueillent pas d'avance, ils font cenfés extans par rapport à lui. *Vide* mon fecond Volume, *ibid.* & chap. 15 fur Paris, n. 2.

Le Seigneur peut opter ou le revenu d'année, ou l'eftimation d'Experts, ou une fomme. Le Seigneur, s'il eft débiteur du Vaffal d'une fomme claire & liquide, & le Vaffal en offrant fuivant la Coutume, demande la compenfation, ne peut opter le revenu d'année en effence ; ce choix n'eft pas déferé au Seigneur pour vexer le Vaffal. *Vide* mon fecond Volume, chap. 13 du Relief.

Du Rachat abonné.

VI. Le Rachat ou Relief peut être abonné ou ameté, dit la Coutume de Mante.

Dans ce cas, le Seigneur doit fe contenter de la redevance fixée par l'abonnement : mais fi l'abonnement n'eft pas inféodé, avenant l'ouverture du Fief vaffal qui a abonné, le Suzerain faififfant n'eft pas tenu de fe contenter du Fief abonné pour l'arriere-Fief ouvert en même tems ; parce que tout ce que fait le Vaffal, ne tient point contre le Seigneur, s'il ne l'a inféodé : c'eft un principe général & certain.

Si le Fief abonné eft accrû par des réunions qui y ont été faites, diftinguez : ou ces réunions font faites depuis l'abonnement, & elles n'ont pas été prévues ; ou elles font avant l'abonnement. *Primo cafu*, l'abonnement ne doit pas tenir. *Secundo cafu*, il tient. La raifon du premier cas, eft qu'il y a accroiffement réel du Fief ; & dès qu'il eft advenu *depuis*, on ne peut priver le Seigneur d'un droit qui lui eft acquis. *Vide* mon fecond Volume, du Relief, chap. 11.

Du Rachat rencontré.

VII. Quelques Coutumes, comme Poitou, art. 164, difent que le Rachat rencontré eft quand l'arriere Fief s'ouvre pendant l'an du Relief du Fief fervant, *fed malè*. Ce n'eft pas là l'objet du Rachat rencontré ; parce que l'arriere-Fief, par

rapport au Suzerain, est une portion du Fief servant, qui lui produit des fruits, quand elle s'ouvre en même tems que le Fief dont elle a été détachée.

Le Rachat rencontré est quand dans la même année il arrive plusieurs mutations dans le même Fief servant à profit de Relief.

Les Coutumes varient sur ce point : les unes ne s'en expliquent pas ; les autres font cesser le premier rachat à l'ouverture du second : Anjou, Maine, Poitou, Bretagne. De-là s'il arrive quatre mutations dans l'an, le Seigneur aura, par exemple, un tiers d'an pour le premier, un tiers pour le second, un demi-tiers pour le troisième, & une année complette pour le dernier ; ensorte qu'il peut arriver qu'il jouisse quinze ou dix-huit mois, même plus, si le second ou le troisième arrive un mois avant la fin de celui qui court.

Il faut distinguer avec Dumoulin, les mutations par cas fortuits, comme mort ou mariage ; & les mutations volontaires : cette distinction est suivie par les Arrêts. Dans les premieres, le second Relief se confond dans le premier ; dans les secondes, il n'y a point de confusion. *Vide* mon second Volume, du Relief, chap. 12.

Des Charges du Relief.

VIII. La régle certaine pour les charges du Relief, est que le Seigneur n'est tenu que des charges inféodées ; pour toutes celles qui ne sont pas inféodées, il n'en est pas tenu.

Le douaire ni l'usufruit n'empêchent pas la levée du Relief, sauf le recours de la Douairiere ou de l'Usufruitier sur les Héritiers ; & elle peut être forcée de prendre l'estimation par argent, si le Seigneur veut le lever en essence ; parce que *certat de damno vitando* seulement, à la différence du Fermier qui, s'il étoit expulsé, doit jouir une année au-delà de son Bail, parce qu'il doit gagner, & n'est pas tenu de perdre. *Vide* mon second Volume, du Relief, chap. 15 sur Senlis.

Des mutations qui ouvrent, & de celles qui n'ouvrent pas le Relief.

IX. Il faut maintenant parcourir les mutations qui peuvent donner lieu au Relief, & celles où il n'en est pas dû. Nous ne détaillerons ici que les principes sur chacune. Voyez mon se-

cond Volume, du Relief; vous y trouverez toutes les questions que cette vaste matiere peut occasionner, & les décisions de toutes les espéces.

Succeſſion directe.

Nous l'avons déja dit; en général, la mutation en directe n'ouvre pas le Relief, *five aſcendendo*, *five deſcendendo*. Il n'y a qu'en Vexin, au Perche-Gouet, Coutume de Chartres, en Poitou & quelques autres Coutumes, que l'on appelle Coutumes de toute main. Ce ſont Coutumes d'exception au Droit commun coutumier; car, nous le répétons, le Droit écrit ne connoît point le Relief.

Succeſſion collaterale.

Il eſt de principe général coutumier, que toute ſucceſſion collaterale ouvre le Relief, ſoit *ab inteſtat*, ſoit par Teſtament; de même que *à contrario*, hors les Coutumes de toute main, en directe il n'eſt rien dû en ſucceſſion teſtamentaire, ou *ab inteſtat*. Il y a des Coutumes qui ont des exceptions particulieres pour ces deux lignes.

Exception. Anjou & Maine, ſoit en directe, ſoit en collaterale, diſtinguent les Héritiers *par moyen*, & les Héritiers *ſans moyen*.

Les Héritiers *ſans moyen* ſont ceux qui ſuccedent directement, ſans le bénéfice de repréſentation; les Héritiers *par moyen* ſont ceux ou qui ont beſoin de la repréſentation réelle, ou qui en ſuccédant de leur chef, n'auroient pas dû venir naturellement à la ſucceſſion.

Par exemple, en directe les petits-fils, mâles ou femelles, ſoit qu'ils viennent par repréſentation effective, ſoit qu'ils viennent de leur chef, n'ayant point d'oncle ou tante, ils doivent Relief, parce qu'il y a le fils entr'eux & leur ayeul ou ayeule.

En collaterale, les neveux & niéces, ſoit qu'ils concourent avec oncles & tantes, ou qu'ils viennent tous de leur chef, doivent le Relief, parce qu'il y a leur pere ou mere par le moyen deſquels ils ſuccédent.

Au contraire, les enfans en directe, les freres & ſœurs en collaterale ne doivent point Relief, parce qu'ils viennent immédiatement au défunt.

A Tours on ne diſtingue rien en directe: elle eſt franche en collaterale; on ne diſtingue point les Héritiers, par moyen ou

sans moyen ; mais on distingue le premier & le second degré. Les freres & sœurs n'y doivent relief, parce qu'ils sont au premier degré ; les neveux le doivent, parce qu'ils sont au second. *Vide* mon second Volume, du Relief sur Tours.

L'Héritier bénéficiaire, comme le pur & simple, doit Relief, sauf à le mettre en dépense, s'il rend compte aux Créanciers. La raison, c'est qu'en ce cas il n'est censé qu'avoir régi pour le compte des Créanciers, auxquels il restitue & les fruits & les fonds.

Si l'Héritier bénéficiaire étoit évincé tout d'un coup, par exemple, des biens sont en saisie réelle, prêts à être adjugés, la Partie saisie décéde, un Héritier espérant trouver du bon, accepte la succession sous bénéfice d'inventaire, les biens sont vendus, il n'est dû que le quint, non le Relief ; 1°, parce que c'est une vente forcée, faite dans le tems de la mutation à Relief. 2°. La mutation n'a pas duré assez pour operer le Relief, qui est le revenu d'un an : c'est la pure doctrine de Dumoulin. *Vide* mon second Volume, du Relief, chap. 4 , sect. 2.

Substitution.

Plusieurs Auteurs avoient pensé que pour qu'un appellé à la substitution ne dût point de Relief, il suffisoit qu'il rencontrât en directe, soit l'auteur de la substitution, *id est* le Testateur, soit celui de qui il prenoit. Ce sentiment étoit contraire aux principes du Relief ; *substitutus capit à gravante , non à gravato ,* n'a pas lieu. En matiere de droits seigneuriaux, on ne regarde que le dernier possesseur , parce que la substitution imite la succession, c'est un ordre de succeder établi par le Testateur : or si l'appellé à la substitution succede à son pere, c'est-à-dire prend des mains de son pere dernier possesseur , nul Relief ; s'il prend d'un collateral ou étranger , Relief. Arrêt de Réglement du 20 Mai 1727. *Vide* mon second Volume , *ibid.* sect. 7.

Mort civile de l'homme vivant & mourant.

La mort de l'homme vivant & mourant donné par les gens de main-morte, ouvre incontestablement le Relief: mais cela s'entend de la mort naturelle ; la mort civile ne l'ouvre pas. Il faut distinguer : quand c'est la Loi qui parle, elle parle civilement ; quand ce sont les hommes qui contractent, ils parlent

naturellement : & comme la main-morte n'a donné l'homme vivant & mourant que pour mesurer la vie *naturelle* du Vassal, il s'ensuit que le Relief n'est pas ouvert par la mort *civile* de l'homme vivant & mourant : jugé. Orléans a une disposition singuliere sur cela. *Vide* mon second Volume, *ibid.* chap. 4, sect. 2, & chap. 15 sur Orléans.

Succession vacante.

On avoit toujours tenu que la création du Curateur à une succession vacante n'ouvroit point le Relief ; ainsi le tenoient Dumoulin, Loyseau, & presque tous les bons Auteurs : cela avoit même été ainsi jugé, parce que le Curateur à une succession vacante, que les Romains nommoient *servus hereditarius*, représente la personne du défunt, *non heredis futuri*, dit le §. 2 *instit. de hered. instituendis.* C'étoit là le vrai principe : cependant le 5 Juin 1736 on a jugé le contraire. *Vide* mon second Volume, *ibid.* chap. 4, sect. 6.

Démission.

La Démission est un Acte par lequel un quelqu'un anticipe l'ouverture de sa succession, en se démettant de ses biens en faveur de ses héritiers : souvent cet Acte contient partage ; il est révocable jusqu'à la mort ; l'Ordonnance de 1731 n'y est pas contraire.

Cet Acte ouvre le Relief *in instanti* en collaterale, & en directe suivant les Coutumes. La raison est, que c'est une succession anticipée, & que les Démissionnaires gagnent irrévocablement les fruits, qui sont l'objet du Relief ; & comme ils auroient dû en succedant à l'ordinaire, ils doivent par la Démission. *Vide* mon second Volume, *ibid.* sect. 3.

Donation.

Je ne parle pas ici de la Donation à titre onereux ; elle est l'objet du quint.

Il y a une régle certaine pour les Donations, régle qui fait qu'on ne peut jamais se tromper pour la décision. Si la Donation est faite à un héritier direct ou collateral, il faut regarder

si le Donataire auroit dû Relief en succedant, ou s'il n'en auroit pas dû. *Primo casu*, il y a Relief pour la Donation ; *secundo casu*, il n'y en a point. Exceptez Vitry, Chaulny, où la
Donation est plus favorable que la succession. Si elle est à un
étranger, il est incontestablement dû Relief. *Vide* mon second
Volume, *ibid.* sect. 4, & chap. 15 sur Chaulny & sur Vitry.

La Donation, *retento usufructu*, ouvre le Relief *in instanti*.
Vide mon second Volume, du Relief, chap. 5, sect. 1.

Renonciation de l'enfant.

L'article 6 de Paris a divisé les Commentateurs. Il décide
que la Renonciation de l'enfant n'ouvre point le Relief ; & il
ajoute : *Pourvû que pour faire ladite Renonciation, il n'y ait argent
baillé, ni autre chose équipolente.* Les uns ont cru ces termes inu-
tiles & mis par erreur, les autres on cru qu'il n'étoit rien dû,
parce que l'article ne parle que du Relief, & qu'y ayant argent
baillé, il seroit dû quint, non Relief.

Distinguez : Ou la Renonciation faite purement & simplement, ou *aliquo dato*, *nil refert*, est *avant partage* ; ou elle est
depuis le partage. *Primo casu*, nuls droits ; c'est un Acte prépa-
ratoire au partage : il est censé avoir mieux aimé sa part en argent : c'est un accommodement de famille : les Arrêts affranchissent des droits ces sortes de négoces. *Secundo casu*, c'est
une cession réelle ; & si elle est faite *mediante pecuniâ*, incontestablement il est dû quint, qui est le seul droit imposé par les
Coutumes pour les Actes sonnans vente, ou équipolens à vente. Si la Renonciation est pure & simple, *avant* partage nul
Relief, *après* partage Relief ; parce que c'est une cession à collateral, cession gratuite, il est vrai, mais par un homme qui
avoit pris sa part ; *cedendo adivit*, dit Dumoulin. *Vide* mon second Volume, du Relief, chap. 15 sur Paris.

Don mutuel.

Le Don mutuel autorisé par les Coutumes entre les Conjoints, peut être fait par Contrat de mariage, ou depuis le mariage. Il peut être de la propriété par le Contrat de mariage,
ou pendant le mariage, suivant les Coutumes ; il peut n'être
que de l'usufruit ; il peut être des propres & conquêts, ou des
conquêts seulement.

S'il est en proprieté des propres, il ouvre le Relief de tout le propre. S'il est des conquêts en proprieté, il y a Relief pour la moitié du prédécédé. S'il est de l'usufruit, nul Relief. *Vide* mon second Volume, du Relief, chap. 5, sect. 1, & chap. 15 sur Paris.

Partage de communauté.

Le Partage de communauté a donné matiere à questions.

Il est de principe incontestable, que l'on n'est pas obligé de faire le partage *sectione corporum*. Il peut tomber un immeuble entier dans le lot du survivant, & d'autres effets dans celui des héritiers.

Si l'immeuble Fief tombe entier à la femme, est-il dû Relief de la moitié qui de droit appartenoit aux héritiers du mari? Ce qui forme le doute, c'est que Valois, par exemple, art. 47. dit: Ne payera aucun droit pour sa moitié; quelques autres disent de même: d'où on conclut que si le Fief conquêt lui échoit en entier, elle doit Relief pour l'autre moitié.

Il faut dire qu'il n'est rien dû en ce cas, par deux raisons. La premiere, c'est que la saisine de droit des héritiers est effacée par le partage; ils sont censés n'y avoir rien eu. La seconde, c'est qu'il ne faut pas prendre judaïquement ces termes, *pour sa moitié*. Quelle est la moitié qui appartient à la femme? C'est *sa moitié dans la communauté*: or ce Fief échu dans son lot, est sûrement sa moitié dans la communauté, le partage fait qu'elle est censée avoir eu un Fief *pour sa moitié*: il faut entendre les Coutumes *de sa moitié dans la communauté*, & non *de sa moitié dans chaque immeuble*: parce qu'encore une fois on n'est pas obligé de partager *sectione corporum*.

Si ce sont les héritiers de la femme qui prennent, & s'ils sont collateraux, ils doivent, non pour le partage, mais pour l'échoite du Fief en collaterale.

Si la femme renonce à la communauté, & qu'on lui donne des conquêts pour ses reprises, il n'est rien dû; c'est la Jurisprudence constante: la femme, quoique renonçante, n'est point étrangere aux conquêts, elle n'a renoncé qu'à cause des dettes; cela ne fait point une mutation. *Vide* mon second Volume, du Relief, chap. 5, sect. 2, & chap. 15 sur Valois & autres Coutumes semblables, pour ce que dessus.

Relief

Relief de mariage.

Le Relief de mariage eſt odieux ; les biens de la femme ne paſſent point au mari, ils ne font *qu'acceder* à ceux du mari.

Cependant pluſieurs Coutumes le donnent ; les unes affranchiſſent le premier mariage ; les autres, comme Anjou, le donnent de tous mariages.

Dans celles qui affranchiſſent le premier mariage, il faut dire que ce n'eſt pas *le premier de tous*, mais celui ou qui ſubſiſte, ou qui ſe fait après l'échoite du Fief, par ce principe de Dumoulin, *liberatio præſupponit obligationem* ; la Coutume affranchiſſant un mariage, il faut que ce ſoit celui pour lequel, ou pendant lequel elle a quelque choſe au Fief : or ſi le Fief lui échoit depuis le premier de tous diſſolu, ce ne peut être celuilà qui ſera affranchi ; parce que n'ayant pas le Fief, elle ne devoit rien, ni ſon mari ; *ergò* elle n'a pû en être affranchie ; c'eſt donc celui ou qui ſubſiſte, ou qui ſe contracte depuis l'échoite.

Mais il y a un principe certain, adopté par une Juriſprudence conſtante. Si par le Contrat de mariage les Conjoints ne ſont point communs, diſtinguez : ou il n'y a que ſimple excluſion de communauté, ou il y a ſéparation *avec jouiſſance à part* par la femme. *Primo caſu*, le Relief de mariage a lieu dans les Coutumes qui le donnent. *Secundo caſu*, nul Relief, même à Tours, nonobſtant l'article 132, qui dit : *ſoit qu'il y ait communauté, ou non. Vide* mon ſecond Volume, du Relief, chap. 5, ſect. 2, chap. 15, ſur Paris, ſur Tours, ſur Vermandois & autres.

Du Relief des Bénéficiers.

Le Bénéficier ſuccédant, ſoit *per obitum*, ſoit par réſignation, doit inconteſtablement Relief ; c'eſt une ſucceſſion irréguliere.

S'il y entre par réſignation, & qu'il ſe trouve deux Seigneurs ou Fermiers, l'un du tems de la réſignation, l'autre du tems de la priſe de poſſeſſion, le Relief appartiendra à celui qui eſt au tems de la priſe de poſſeſſion, parce que ce n'eſt qu'alors que le Bénéfice eſt vacant ; la réſignation, même admiſe en Cour

de Rome, ne fait pas vaquer le Bénéfice. *Vide* mon second Volume, *ibid.* chap. 7.

Du Haut - Justicier.

Le Haut-Justicier qui succéde, soit par confiscation, deshérence, ou tout autre droit de Justice, s'il n'est pas en même tems Seigneur féodal du Fief qui lui advient, doit la Foi & le Relief, parce que c'est une succession : mais il ne doit qu'autant qu'il le gardera ; & il doit, comme les gens de mainmorte, avoir un an pour déliberer. Melun, 76 ; Orléans, 21. *Vide* mon second Volume, *ibid.* chap. 8.

Du Relief de Bail à rente fonciere.

Le Bail à rente fonciere, ou emphitéotique, n'ouvre point le quint, mais le Relief, s'il n'y a argent déboursé ; auquel cas est dû quint ou lods, suivant l'usage du Pays.

Du Contrat nul & résolu.

Le Contrat *à titre gratuit* étant déclaré nul & résolu, ouvre le Relief, s'il n'est résolu que *ut ex nunc* ; mais s'il est résolu *ut ex tunc*, & pour cause inhérente au Contrat, en ce cas nul Relief. *Vide* mon second Volume, *ibid.* chap. 9 & 10.

Des Relevoisons à plaisir.

X. La Coutume d'Orléans admet le Droit de Relevoison à plaisir, qui est un Relief pour toute mutation d'héritages rotures ; j'entends de maisons situées dans la Ville, en dedans les anciennes Barrieres. Il faut y suivre les mêmes décisions que pour le Relief. Ce droit est dû de toutes mains, c'est-à-dire à toutes mutations de Vassal.

Il y a Relevoisons à plaisir, & Relevoisons au denier six, ou de tel cens telles Relevoisons.

Les Relevoisons au denier six font six deniers pour un denier ; tel cens telles Relevoisons, c'est-à-dire le double du cens à la Censive ordinaire.

Les Relevoisons à plaisir ne peuvent être sur le même hé-

ritage qui seroit chargé de Relevoisons au denier six, ou de
tel cens telles Relevoisons, *quod intellige* pour la même mutation; mais par le titre, le droit de Relevoisons à plaisir peut
être stipulé pour une sorte de mutations, & les autres pour
d'autres sortes de mutations, par la raison que le Seigneur concede *ad modum quem vult. Vide* mon second Volume, *ibid.* sur
Orléans.

Du Plait.

XI. Le Plait connu en Dauphiné, est un Droit seigneurial,
qui est une espéce de Relief qui doit être stipulé dans le Contrat d'inféodation ou emphitéotique.

Il a lieu sur les Fiefs comme sur les Rotures. Il est dû à mutation de Seigneur & de Vassal, ou Emphitéote, ou à mutation de l'un ou de l'autre, suivant la stipulation.

Il se divise en trois sortes, quoique dû par convention.

Le Plait conventionnel, le Plait accoutumé, & le Plait à
merci.

Il peut être imposé en argent, en grain ou en plume.

Le Plait accoutumé est celui qui n'est pas dû tel pour tel
Fief ou tel Héritage; mais suivant l'usage du lieu, sinon par
l'usage général du Dauphiné.

Le Plait à merci est communément le revenu d'un an, comme notre Relief de Coutume.

Il s'arrérage comme le cens; mais on ne peut demander que
neuf années des cens au-dessus de cinq sols.

On entend bien que le Plait conventionnel est celui qui est
dû suivant qu'il est reglé par le titre. *Vide* mon second Volume, chap. 15, dist. 40.

Acapte & arriere-Capte.

XII. En Languedoc & en Guyenne il y a le droit d'Acapte
& arriere-Capte sur les héritages donnés à emphitéose.

Il se régle pour le plus ou le moins suivant la convention.

L'Acapte est un droit dû à toute mutation de l'emphitéote.

L'arriere-Capte est dû à toute mutation de Seigneur.

Ce droit ordinairement est le doublement de la rente, y
compris le cens ordinaire, & on en adjuge ving-neuf années
avant la demande.

Il se confond comme le Relief, lorsqu'il arrive plusieurs mutations par mort. *Vide* mon second Volume, dist. 40.

Mi - Lod.

XIII. Le droit de Mi-lod est un droit usité dans le pays de Droit écrit du ressort du Parlement de Paris. Il est usité dans les Pays de Droit écrit du Ressort du Parlement de Paris. Il est usité dans le Lyonnois & le Forez ; mais il n'est point admis dans le Mâconnois, le Beaujolois & le Duché de Rouannois.

Il n'est point dû sur les Fiefs qui y sont purement d'honneur; il n'est dû que sur les emphitéoses, c'est-a-dire sur les rotures.

C'est une espéce de Relief.

Aussi il n'est pas dû en mutation *par vente*, mais ès mêmes mutations qui produisent Relief en Pays de Coutume.

Il n'est pas dû en directe ascendante ou descendante ; en collaterale il est dû. *Vide* mon second Volume, chap. 15, dist. 42.

Marciage.

XIV. Le droit de Marciage est une espéce de Relief de roture usité en Bourbonnois ès deux Châtellenies de Verneuil & de Billy.

C'est la dépouille de l'une des trois années que le Seigneur voudra choisir, à compter du jour du décès de l'Emphitéote ou Censitaire, ou du Seigneur ; car il est dû à mutation de l'un & de l'autre, par mort ou autre Contrat, mais non *par vente* ou Acte équipolent ; il y a lods & ventes en ce cas. *Vide* mon second Volume, *ibid.* chap. 15, dist. 44.

Il y a Coutumes, Boulenois, par exemple, qui donnent Relief de cotterie, *id est*, de roture ; c'est le double de la rente dûe au Seigneur.

CHAPITRE VI.

Du Droit de Quint & Lods, & de l'Exhibition des Contrats.

I. CE que nous allons dire du Droit de Quint, il faut l'appliquer aux Droits de Lods pour vente des Fiefs. En Anjou, Maine & autres Coutumes, comme en Pays de Droit écrit, on ne connoît que les Lods pour la vente des Fiefs & des Rotures, à *laudare contractum*. Il faut aussi en appliquer les principes aux Lods & Ventes connus plus communément pour les Rotures dans le Pays Coutumier ; tout cela a le même germe, est fondé dans les mêmes principes, & produit les mêmes effets.

Pour ne point s'embarrasser des différens noms que les Coutumes & les Usages des lieux donnent pour les mutations par vente, ou par Acte équipolent à vente, le Lecteur se souviendra que le principe que je pose pour le Droit de Quint, & la décision que je donnerai, est aussi pour les Lods, soit en Fief, soit en Roture.

Ce qui produit le Quint ou les Lods.

II. Dumoulin nous enseigne §. 22, *hodie* 33, *gl.* 1, *n.* 30, que ce n'est pas la mutation qui produit le Quint ; ce n'est pas là l'objet ni la cause du Quint ou Lods, c'est la nature du Contrat, *tanquam proprium subjectum ex quo producuntur.*

Ainsi pour sçavoir s'il est dû Quint ou Lods, ne demandez pas s'il y a mutation, car elle arrive en même tems par le Contrat, par la tradition feinte ; mais demandez si le Contrat sonne vente, ou équipole à vente, voilà votre boussole certaine. Y a-t-il vente réelle, ou acte équipolent à vente ? Il y a Quint. Si le Contrat n'est ni vente ni acte equipolent, il n'y a point de Quint, si ce n'est un échange, depuis les Edits & Déclarations du Roi sur les Echanges.

De quand ces Droits font dûs.

III. Les Droits de Quint & Lods font dûs, *ſtatim Contractu concluſo.* Dès que le Contrat eſt ſigné, le Droit eſt dû, ſi ce n'eſt ès Coutumes de veſt ou déveſt, où ſans cela l'Acquéreur n'eſt pas encore Propriétaire.

De-là tenez pour principe certain que ces Droits appartiennent au Fermier ou Seigneur *du tems du Contrat ;* la date du Contrat montre à quel Seigneur, de deux qui les prétendent, ces Droits peuvent être dûs. *Vide* mon troiſiéme Volume, Traité du Quint, chap. 1.

Quels actes produiſent ces Droits.

IV. Tenez pour principe certain & immuable que tout Contrat à prix d'argent, ou à choſe réductible en deniers, donne lieu au Quint ou Lods.

Non pas que l'eſtimation faſſe toujours un prix ; il faut diſtinguer les actes : car depuis l'établiſſement du Centiéme Denier, même dans les donations pures & ſimples d'un héritage, il faut une eſtimation de l'héritage ; ſans quoi le Fermier du Centiéme Denier prend au plus fort.

Ainſi regardez ſi l'eſtimation eſt faite pour former un prix de vente, ou ſi elle n'eſt faite que pour évaluer ce qui eſt donné, comme dans un Contrat de mariage, par pere, mere, ou même étranger. *Primo caſu,* il y a Quint ou Lods. *Secundo caſu,* nuls Droits de Quint ou de Lods. *Vide* mon troiſiéme Volume, *ibid.*

Ce qui peut produire le Quint dans un Contrat de vente, & ſur quoi il peut être demandé.

V. Le principe certain eſt que le Seigneur ne peut demander le Quint ou les Lods que du prix porté au Contrat, ſi le Seigneur ne prouve la fraude ; il n'a que l'affirmation des Contractans ; il faut qu'il ſe contente ſur le pied du prix écrit, ſi mieux n'aime le retrait, ſi la Coutume le lui accorde.

Droit de Surjet.

La Coutume d'Auvergne, art. 39 des Retraits, donne un moyen aux Seigneurs pour éviter les fraudes ; ſi le Sei-

gneur trouve le prix trop foible , elle lui donne le droit de
Surjet. Ce droit de Surjet eſt que le Seigneur fait mettre aux
encheres l'héritage vendu ; l'Adjudicataire nommé le Sur-
jettant donne à l'Acquéreur le prix porté au Contrat , & au
Seigneur ce que les encheres ont produit de plus , & outre
ce les droits du total. *Vide* mon troiſiéme Volume , *ibid.*
chap. 2. Mais tout ce qui eſt écrit au Contrat ne forme pas
le prix ; l'argent donné aux Proxenetes ou Entremettans , le
pot de vin , & les arrhes n'augmentent point le prix ; les
droits ne s'y prennent pas , à moins que le pot de vin & les
arrhes ne ſoient de nature , eu égard au prix , qu'on puiſſe
juger qu'ils font partie du prix. Les frais du Notaire , les
frais de criées que paye l'Adjudicataire , tout cela ne fait
pas prix pour les Lods , quoique tout cela ſe tire en loyaux
coûts en cas de retrait.

    Mais ſi l'Acquéreur , outre le prix , eſt chargé de conti-
nuer une rente , ſoit perpétuelle , ſoit viagere , ou douaire
en rente , tout cela forme le prix , & augmente les Droits de
Quint ou de Lods. *Vide* mon troiſiéme Volume , *ibid.*

    Si on s'eſt pourvu contre le Contrat par léſion d'outre moi-
tié du juſte prix , & que l'Acquereur ſupplée , comme il eſt
en droit de le faire , les droits ſont dûs de ce ſupplément au
Seigneur du tems du Contrat , parce que le Contrat ſubſiſte :
ce n'eſt que le prix qui eſt réformé , & l'Acquereur continue
ſa jouiſſance en vertu de ſon Contrat. *Vide ibid.*

Des Contrats qui ouvrent les Droits de Quint ou de Lods.
De la Vente volontaire ou forcée.

    VI. La Vente par Contrat volontaire, & celle par decret,
qu'en Bretagne, ainſi qu'ès Pays du Droit écrit, on nomme
Contrat judiciaire , ouvre les Droits de Quint ou de Lods.

    Si après la Vente volontaire , l'Acquereur fait ſur lui un
decret , qu'on nomme decret volontaire , parce qu'il eſt en
la liberté de l'Acquereur de le faire ou de ne le pas faire ,
pour purger les hypotéques , ſoit qu'il ſoit ſtipulé , ou qu'il
ne le ſoit pas par le Contrat , il n'ouvre pas de ſeconds
droits , ſi ce n'eſt en Normandie , où il y a double treiziéme ,
qui eſt le Droit en cas de Vente , quand le decret n'eſt pas
ſtipulé. *Vide* mon troiſiéme Volume , chap. 4 , ſect. 1.

Si le Decret devient forcé par les surencheres des Créanciers du Vendeur, diftinguez : ou l'Acquereur refte Adjudicataire, ou il ne refte pas Adjudicataire ; le Seigneur a le choix de prendre les droits du Decret, ou du Contrat de vente. Les art. 79 & 84 de Paris, qui parlent dans le cas du déguerpiffement, ont lieu en ce cas ; s'il prend les droits du Decret, il doit reftituer les droits qu'il aura reçus à l'Acquereur, s'il n'eft pas refté Adjudicataire ; s'il eft refté Adjudicataire, il prendra fes droits fur le fupplément du prix.

Par le Contrat, quand c'eft une acquifition par decret, il y a Quint & Requint dans les Coutumes qui le donnent ; l'adjudication eft toujours cenfée faite, *francs deniers*, aux Créanciers qui font Vendeurs en cette partie. Jugé.

Si l'Adjudicataire ne configne pas, & que l'on vende à fa folle enchere ; comme elle fe pourfuit fur les procédures de la Saifie réelle après trois publications, le Seigneur n'a le droit que de la derniere adjudication ; parce qu'en ce cas l'Adjudicataire premier n'eft pas cenfé avoir été Adjudicataire. Le contraire s'obferve en Normandie. *Vide* mon troifiéme Volume, *ibid.* fect. 2.

Héritier bénéficiaire Adjudicataire.

Si un Héritier bénéficiaire qui a payé le Relief, ou qui en étoit exempt par fa qualité, fe rend adjudicataire des biens de la fucceffion faifis réellement, il ne doit aucuns Droits de Lods ni de Quint, parce qu'il n'a pas été *exproprié* un inftant ; il étoit Proprietaire avant l'adjudication, il refte Proprietaire par l'adjudication, & cela fait un propre dans fa fucceffion ; il eft cenfé n'avoir voulu payer les dettes, qu'en effaçant par un Decret toutes les hypotéques. *Vide* mon troifiéme Volume, *ibid.*

Du Command.

VII. Le Command, ainfi appellé en Picardie, & qui peut avoir lieu dans toutes les Coutumes, eft un ami pour qui on eft préfumé avoir voulu acquérir. Voici le cas. Un homme acquiert volontairement ou par decret, ce n'eft pas pour lui ; dans la fuite il déclare que c'étoit pour un tel : eft-il dû de feconds droits ?

Tenez quatre principes certains pour éviter de feconds droits. Le

Le premier, il faut que l'Acquereur déclare *par le Contrat*, ou dans la Quittance de consignation en vente par decret, que c'est pour lui, ou pour un autre qu'il nommera.

Le second, qu'il doit le déclarer dans le tems porté par les Coutumes, ou au plus tard dans deux mois dans les Coutumes qui n'en parlent pas.

Le troisiéme, ce Command doit donner le même prix.

Quand ces trois circonstances sont accomplies, il n'y a point de nouveaux droits ; parce que ce n'est point une revente, c'est une exécution de la déclaration faite en acquérant.

Le quatriéme, que celui que l'on déclare fût une personne capable d'acquérir lors de l'acquisition, non pas lors de la nomination du Command.

Si dans le Contrat ou la Quittance de consignation, qui est le premier acte où l'Adjudicataire parle, il ne déclare pas que c'est pour lui, ou pour un autre, ou pour un ami qu'il nommera, il est dû de seconds droits ; parce qu'alors c'est une revente, l'Acquereur ne peut plus dire qu'il acquéroit pour un autre, à moins qu'il ne montre une procuration spéciale *ad hoc* pour l'immeuble acquis, antérieure au Contrat ou Decret. *Vide* mon troisiéme Volume, *ibid.* sect. 3.

De la Vente in diem , *& de celle sous pacte commissoire.*

VIII. La Vente *in diem* est celle qui se fait ainsi : Je vous vends cet héritage ; & si dans deux mois, par exemple, personne ne vient pour m'en donner un pareil prix , l'héritage est à vous.

Cette Vente est pure & simple par deux raisons. La premiere, que s'il vient un Enchérisseur, le Vendeur ne peut pas lui vendre, il faut qu'il somme l'Acquereur de donner le même prix ; & s'il le donne, l'héritage lui demeure. La seconde, que cet Acquereur perçoit les fruits sans répétition ; mais elle est résoluble sous condition.

Ces Ventes ne sont guéres d'usage que dans les Pays de Droit écrit.

Dans ce cas le Seigneur peut demander les droits, *statim Contractu concluso* ; mais si l'Acquereur laisse aller l'héritage, cela annulle sa Vente , *ex causa antiquâ & inherente contractui* , les droits sont sujets à restitution.

Tome V. BBbbb

Le Pacte commissoire est ainsi : Je vous vends cet héritage pour tel prix ; & s'il n'est pas payé dans le tems, la Vente sera nulle : on peut se servir de termes équipolens.

Comme nous ne connoissons point en France les Ventes nulles de plein droit ; qu'il faut un Jugement, je le suppose ; en ce cas le Vendeur rentrant, faute de payement, en vertu de cette clause, nuls droits ni du Contrat ni de la rentrée. Ce Pacte, quand il a effet, qu'il est mis à exécution, emporte la pleine résolution du Contrat. *Vide ibid.* sect. 4.

Vente à rémeré.

IX. La Vente à faculté de rémeré est une vente pure & simple *sub conditione resolutivâ.* Cependant on tient à présent que les droits ne sont dûs qu'au cas que le rémeré ne soit pas exercé dans le tems stipulé.

La faculté ne peut excéder neuf ans, sans quoi il y auroit droits ; autrefois il ne falloit pas de Jugement de déchéance, à présent on en requiert un, sinon l'action est prorogée jusqu'à trente ans, non pas pour les droits, qui sont dûs après les neuf ans. La raison de ce est, que la faculté de rémeré stipulée produit une action personnelle, & que toute action personnelle dure trente ans. *Vide* mon troisiéme Volume, *ibid.* sect. 5.

Vente à rente rachetable.

X. Le Contrat de vente à rente rachetable ouvre le Quint ou les Lods sans attendre le rachat, si ce n'est à Meaux & peu d'autres Coutumes. La raison est, qu'il y a un prix stipulé pour le rachat, & qu'il est en la liberté de l'Acquereur de le rembourser quand il voudra, dès le lendemain même. Le Seigneur n'est pas obligé de veiller au remboursement.

On distingue deux sortes de rentes rachetables.

Les unes sont rachetables par convention, comme dans un Contrat de bail à rente rachetable.

Les autres sont rachetables par la loi.

Celles rachetables par la loi sont celles créées sur des maisons dans les Villes, lesquelles quoique créées non rachetables, sont déclarées rachetables à toujours par les Ordonnances.

L'une & l'autre produifent Quint ou Lods ; les premieres
par leur nature ; les fecondes, fi elles ne font les premieres
après le cens ; c'eft-à-dire, fi au-deffus de la rente il n'y en
a pas une autre, ou feigneuriale, ou dûe à un Particulier qui
aura vendu la maifon à la charge du cens & de tant de rente. Que la premiere rente ait été rachetée, ou qu'elle fubfifte,
celle qui fe trouveroit créée après la premiere, quoique rachetée, ne feroit réputée que feconde, & feroit toujours rachetable, quelque ftipulation de non rachetable qu'il y eût.

Mais quand elles font les premieres après le cens & fonds
de terre, il n'eft point dû de Quint ni de Lods d'un pareil
Contrat. Jugé folemnellement. *Vide* mon troifiéme Volume,
chap. 4, fect. 6.

De la *Dation en payement*.

XI. La *Datio* en payement, nommée en Droit *Datio in folutum*, eft un Contrat qui équipole à vente, dit la Loi 4,
Cod. de evict. d'où en général on doit conclure qu'il ouvre les
droits incontinent le Contrat parfait. En effet je dois 10000
livres à Caïus, je lui donne un tel héritage en payement, c'eft
comme s'il me payoit, la créance dont je me libere fait le
prix. Cependant la Jurifprudence y a apporté plufieurs limi-
tations, elle a voulu faciliter les accommodemens de famille,
& tout ce qui eft accommodement de famille ne doit aucuns
Droits de Quint ou de Lods : ce principe eft inconteftable.

Qu'un Etranger donne fon héritage en payement de ce
qu'il doit à fon Créancier, le Droit de Quint ou de Lods eft
ouvert, cela eft indubitable.

Que Titius donne fon héritage à Sempronius, qui en con-
fidération lui fait remife de fa créance, c'eft une vraie vente déguifée fous le voile d'une Donation, le droit eft dû.

Ne croyez pas pour cela qu'un Débiteur qui abandonne
fes biens à fes Créanciers, ouvre les Droits de Quint ou de
Lods. Ses Créanciers ne font alors que fes fondés de procuration pour vendre, il n'eft pas exproprié par-là, jufqu'au mo-
ment de la vente il peut payer & rentrer *en poffeffion*, je ne
dis pas dans la propriété de fes biens. Jugé. *Vide* mon troifiéme Volume, chap. 4, fect. 7, dift. 1.

Mais voici plufieurs cas où la *Datio in folutum* ne donne
pas lieu aux Droits de Quint ou de Lods.

B B bbb ij

Le remploi des propres d'une Femme, aliénés pendant le mariage, oblige le Mari à donner à ses héritiers, ou les héritiers du Mari à la Femme ou ses héritiers, des biens en payement. Distinguez,

Ou on lui donne des propres du Mari, auxquels elle est totalement étrangere, il y a Quint ou Lods : ou on lui donne des conquêts, dans lesquels elle avoit une copropriété habituelle ; alors point de droits, quand même elle auroit renoncé à la communauté ; elle n'a renoncé qu'à cause des dettes, mais on ne la répute pas étrangere à ces biens. *Vide ibid.* dist. 2.

On donne à la Femme un héritage propre ou conquêt pour son douaire. Distinguez, si c'est un douaire coutumier, nuls droits, elle n'a que l'usufruit ; si c'est un douaire préfix en rente ; distinguez encore, si on ne lui accorde que la jouissance, nuls droits ; si on lui abandonne en propriété, il y a Quint ou Lods. La raison est, que les enfans douairiers, même héritiers de la Femme, reprendront cet héritage comme bien de la mere, ils n'auront qu'une action pour reprendre le fonds du douaire en argent. *Vide ibid.* dist. 3.

Si des enfans douairiers se font adjuger un propre de leur pere pour leur douaire, la faveur des enfans, la nature de la créance, la qualité de l'héritage qui naturellement leur étoit propre, doit éviter les Droits de Quint & de Lods. Si c'est un douaire préfix, cela est plus épineux ; le douaire préfix venu aux enfans est acquêt. Je crois néanmoins qu'il n'est pas dû de Droits de Quint ou de Lods. *Vide ibid.*

Un Pere ou une Mere rend compte de tutelle à un Enfant pour payer le reliquat, le Rendant donne de ses biens ; est-il dû des Droits de Quint ou de Lods ? Les premiers Arrêts jugeoient l'affirmative. La derniere Jurisprudence tient la négative, & elle est plus équitable & plus dans le principe ; ces enfans ne prennent que par avance des biens auxquels ils auroient succédé, & ils se payent sur ces biens de ce qu'ils auroient confondu en succédant. *Vide ibid.*

Quand les pere & mere, ou l'un d'eux, ont promis en dot une somme, & qu'au lieu de l'argent ils donnent un immeuble, ce négoce n'ouvre pas les Droits de Quint ou de Lods, non pas même s'ils avoient payé la dot, & qu'ils donnassent après cela l'immeuble, *aut vice versâ : dic idem* d'un

frere qui acquitteroit ainſi la dot promiſe par pere ou mere, ce ſeroit une eſpéce de partage.

Mais ſi le pere vend à ſon fils, il y a droits, parce que quoique pere & fils, ils ne ſont pas exclus d'acheter l'un de l'autre. *Vide ibid.*

Donation à titre onéreux.

XII. Nous ne parlons pas ici d'une Donation en directe; qu'elle ſoit pure & ſimple, qu'elle ſoit à titre onéreux, elle n'ouvre point les droits ſeigneuriaux. Je parle de Donations à étrangers, ou en collatérale.

Les Donations à titre onéreux ſont de trois ſortes. Ou à la charge de payer les dettes du Donateur : il faut qu'elles ſoient créées & conſtantes avant la Donation; autrement la Donation eſt nulle, art. 16 de l'Ordonnance de 1731, ſi ce n'eſt par Contrat de mariage. Ou la Donation eſt pour récompenſe de ſervices *appréciables.* Ou elle eſt à la charge de rente ou penſion viagere; on peut encore y ajouter la charge de nourrir & entretenir le Donateur.

Toutes ces Donations ouvrent le Quint ou Lods, parce qu'il y a un prix. Exceptez Vitry, où la Donation à charge de nourrir & entretenir le Donateur, eſt franche de ces droits en cette Coutume, & Sedan. *Vide* mon troiſiéme Volume, *ibid.* chap. 5.

Vente de Bois de futaie.

XIII. La Vente de Bois de futaie eſt jugée franche de droits en Pays Coutumier; parce que quoique la futaie ſoit *pars fundi*, néanmoins elle a ſon tems pour être coupée, & la Vente du Bois pour le couper le mobiliſe, le fonds ne change point; & le principe vrai eſt, que la vente du fonds ouvre les droits, non de la ſuperficie, ſi elle n'eſt vendue avec le fonds, parce que dans ce cas, *ſuperficies ſolo cedit.*

Cependant dans les Pays de Droit écrit on ne s'accorde pas ſur ce point. A Toulouſe il n'eſt rien dû. Bordeaux adjuge les droits. *Vide* mon troiſiéme Volume, *ibid.* chap. 6.

Vente du Mobilier.

XIV. La Vente des choſes mobiliaires n'ouvre point les

Droits Seigneuriaux. S'il y a des immeubles vendus avec des meubles, que le prix n'en soit pas distingué, il faut faire une ventilation aux frais de l'Acquereur, *quia per eum stetit*, il devoit mettre prix aux choses. *Vide ibid.* chap. 7.

Vente d'Usufruit ou à vie.

XV. On distingue en Droit l'Usufruit formel, & l'Usufruit causé, *Usufructus formalis & Usufructus causalis*. Le second est celui qui est produit par la proprieté, c'est une suite de la proprieté ; ce n'est pas celui dont nous parlons ici. L'Usufruit formel est celui qui est séparé du fonds, de la proprieté ; telle est la jouissance d'un Usufruitier. C'est de cet Usufruit dont nous parlons.

La Vente de l'Usufruit, ou la Vente à vie, qui au vrai est la même chose, est jugée franche de droits, parce que le fonds ne change point, & que le principe certain est que les droits de Relief, de Quint ou de Lods ne sont ouverts que par mutation de proprieté. Dumoulin distinguoit la Vente de l'Usufruit d'une Maison, & la Vente de la Maison, pour en jouir par l'Acquereur par usufruit, ou sa vie durant ; c'est une pure cavillation, c'est la même chose ; l'une & l'autre Vente n'emporte que la jouissance de l'immeuble. *Vide* mon troisiéme Volume, *ibid.* chap. 7.

Bail emphitéotique, & Bail à rente fonciere.

XVI. Dans son origine le Bail emphitéotique, qui ordinairement est à 99 ans, étoit un Bail d'héritages à défricher ; ce mot signifie améliorer. A présent on en a bien conservé le terme ; mais il se fait aussi-bien d'héritages en valeur que d'autres. En Poitou on l'appelle Vicairie, on le fait à plusieurs générations.

Le Bail emphitéotique n'ouvre pas les Droits de Quint ou de Lods, s'il n'y a argent déboursé ; auquel cas il y a droit au *rata. Vide ibid.* chap. 8.

Le Bail à rente fonciere imite assez le Bail emphitéotique ; il a le même objet, mais il est à perpétuité. Il n'ouvre pas les droits, s'il n'y a argent avec ; auquel cas sont dûs au *rata* de l'argent. La Vente de l'héritage à la charge de la rente

seulement , ne les ouvre pas non plus. Mais la Vente de la rente doit, parce que dans la main du Preneur elle repréſente l'héritage , c'eſt comme ſi on vendoit l'héritage , *ibid.* Je fais ici abſtraction des Coutumes qui peuvent donner des droits; cela eſt local.

De la Tranſaction.

XVII. La Tranſaction eſt un acte *ſuper lite motâ vel movendâ. L. ult. Cod. de Tranſact.*

Il y a une maxime générale & certaine pour les Droits Seigneuriaux.

Si par la Tranſaction l'héritage change de main *mediante pecuniâ* , il y a Quint ou Lods ; s'il n'y a point d'argent, Relief en Fief , rien en roture , ſi la Coutume ne le dit. Si l'héritage demeure à celui qui le poſſédoit avant la Tranſaction, quelque bon que parût le droit de l'autre , il n'eſt dû aucuns droits , quand il y auroit de l'argent débourſé. D'un côté, celui qui conſerve l'héritage , eſt cenſé n'avoir voulu que ſe rédimer d'un procès. De l'autre , celui qui laiſſe l'héritage au Poſſeſſeur, eſt préſumé avoir mieux aimé renoncer à ſon droit, que de continuer, ou d'intenter un procès douteux. *Vide ibid.* chap. 10.

Vente de Droits & Actions.

XVIII. On voit tous les jours des demandes à fin de payement de Droits de Quint ou de Lods , pour la Vente des Droits ſucceſſifs , ou d'autres Droits & Actions; par exemple , une Action de rémeré d'un Fief ou autre héritage vendu.

Il y a deux principes certains.

Le premier , que pour opérer ces droits, il faut qu'il y ait vente & mutation de l'héritage.

Le ſecond , que l'Action à l'effet d'obtenir un Fief , n'eſt pas le Fief ni l'héritage.

Ces principes poſés , il faut dire

Que la Vente de Droits ſucceſſifs , comme la Vente de Droits & Actions, ne donne point lieu aux Droits de Quint ou de Lods ; mais que ſi par l'évenement le Ceſſionnaire en vertu de ſon Action obtient l'héritage , le prix de l'Action

formera le prix de l'héritage. Si par le partage de la succession le Cessionnaire obtient des immeubles, il sera sujet aux Droits de Quint ou de Lods, suivant l'estimation des immeubles. *Vide ibid.* chap. 11.

Vente pour l'utilité publique.

XIX. Les Seigneurs paroissent fondés à demander des droits seigneuriaux pour Vente d'héritages pour l'utilité publique ; ils ont indemnité, parce que l'héritage sort du commerce ; ils demandent les droits de l'acquisition. Ils sont fondés sur l'Edit du mois d'Avril 1667, par lequel le Roi s'oblige à leur payer indemnité, & les droits pour acquisition qu'il fera pour l'agrandissement des Maisons Royales.

Cependant dans le cas de Vente pour l'utilité publique, je tiens qu'il n'est point dû aux Seigneurs des droits de la Vente : ils doivent eux-mêmes, comme citoyens, contribuer au bien public ; mais comme ils perdent à jamais leur directe, je crois qu'il leur faut une indemnité. *Vide ibid.* chap. 13.

Vente par Gens de main-morte.

Les Gens de main-morte, quand ils acquierent, doivent droits d'amortissement, indemnité, & les droits de la vente actuelle ; cela est indubitable.

Mais quand ils revendent l'héritage, y a-t-il doubles droits, les uns de l'acquisition, les autres de la revente ?

Distinguez : ou ils ont été forcés par le Seigneur de vuider leurs mains, ou ils l'ont revendu volontairement, même dans l'an qu'ils ont pour obtenir amortissement.

Primo casu, le Seigneur doit s'en prendre à lui-même, il ne lui est dû que le droit de la revente ; parce que, dit Dumoulin, *respectu Domini cogentis venditio censetur omninò inefficax. Secundo casu*, les droits sont dûs doubles, parce qu'il ne tenoit qu'à la main-morte de garder l'héritage, en obtenant Lettres d'Amortissement. *Vide ibid.* chap. 2.

Du Seigneur qui vend ou qui achete, soit que son Fief soit affermé avec les Droits Seigneuriaux, soit qu'il ne le soit pas.

XX. Quand un Seigneur *vend* une portion de son Domaine ;
son

son Fermier qui a dans son Bail les Droits seigneuriaux, ne peut en exiger. La raison est que , *quant à la cession des droits* contenus au Bail , le Domaine du Seigneur ne faisoit pas partie du Bail ; ce Domaine lors du Bail n'étoit pas dans le commerce , il n'y est que par la vente que le Seigneur en fait ; la cession des droits ne peut s'entendre que des biens qui y étoient sujets lors du Bail : or ces Domaines n'y étoient pas sujets , & cela a lieu dans toutes les Coutumes , soit que le Vendeur, soit que l'Acquereur soit chargé des droits.

Si le Seigneur n'a point affermé ses droits , il n'en peut exiger , parce que c'est une premiere concession , soit à foi, soit à cens ; & il n'en est rien dû. *Mol.* §. 55 , *hodie* 78 , *gl.* 2 , *n.* 5 , & tous les bons Auteurs. Ce point est certain. S'il y en a clause dans le Contrat ; alors ils seront dûs, *non ex consuetudine , sed ex conventione tantùm.* Ces clauses ne se voyent pas , le Seigneur vend plus cher.

Lorsque le Seigneur *acquiert* dans sa Censive , cela fait plus de difficulté ; il devoit excepter les acquisitions qu'il pourroit faire : cependant il faut tenir qu'il ne doit rien. *In generali sermone persona loquentis semper excipitur.* Le Seigneur a un privilége né avec lui , de ne point payer de droits de ce qu'il acquiert dans sa Censive : or pour effacer ce privilége , il faut une renonciation expresse. Le Fermier a dû prévoir que le Seigneur pourroit acquérir , & il sçavoit que de droit le Seigneur ne doit rien ; il falloit stipuler expressément , ou qu'il payeroit les droits des acquisitions qu'il feroit , ou qu'il indemniseroit le Fermier. *Vide ibid.* chap. 14.

Vente du Fief franc & noble.

XXI. Dans les Pays de Droit écrit , on voit des Fiefs appellés *francs & nobles.* La Vente de ces Fiefs ouvre-t-elle les Lods ? Il faut dire que oui, s'ils sont d'usage dans le Pays. Les Droits de Lods & de Retrait ont été subrogés à l'ancienne Commise , & à la réversion des Fiefs. Ces Fiefs étoient autrefois, comme tous les autres , sujets à la Commise, pour la vente faite sans l'agrément du Seigneur, & à la réversion en cas de mort du Vassal : dès-là ils sont sujets à tous les droits de Coutume & d'Usage subrogés à la Commise & à la réversion. Ce mot *franc* n'étoit que des charges extraordinaires que

l'on impofoit aux Vaffaux. Jugé. *Vide ibid.* chap. 16.

Des Contrats nuls & réfolus.

C'eft un des grands points féodaux , que la queftion de fçavoir fi le Contrat étant déclaré nul & réfolu , les droits de la vente font fujets à répétition , ou s'il n'y a pas doubles droits. C'eft l'écueil des Feudiftes.

Voici les principes de cette matiere.

1°. Il faut d'abord fçavoir fi les droits que l'on demande font les droits du Contrat , ou les droits de la réfolution , ou tous les deux.

2°. Si on veut ou ne pas payer l'un ou l'autre , ou l'un ni l'autre , ou répéter ceux qui font payés.

3°. Il faut voir fi la réfolution eft *in inftanti aut breviffimo intervallo* , forcément ou volontairement ; alors il n'eft dû aucuns Droits feigneuriaux , mais fera dû double centiéme denier ; il fuffit pour ce droit que le Contrat ait été parfait.

4°. Il ne faut pas confidérer l'intérêt du Seigneur , mais celui des Contractans ; quelle eft la caufe de la réfolution.

5°. Diftinguez les réfolutions volontaires & les réfolutions forcées.

6°. Quand le Contrat eft réfolu forcément , eft-il réfolu *ut ex tunc , par annihilation* , & pour caufe inhérente au Contrat ? Alors point de droits , ni premiers ni feconds , parce qu'en ce cas il y a toujours reftitution de fruits , foit effective , foit par compenfation , avec les intérêts de l'argent de l'Acquereur , ce qui eft la même chofe , *qui compenfat folvit.*

Eft-il réfolu *ut ex nunc* , c'eft-à-dire , pour l'*avenir* feulement ? Alors , quoiqu'il le foit pour caufe inhérente au Contrat , les premiers droits font dûs , les feconds ne le font pas.

7°. Quand le Vendeur rentre , il faut fçavoir fi c'eft *per viam diftractûs* , c'eft-à-dire s'il rentre *pour le même prix* ; car s'il rentre par eftimation à un prix médiocre , & qu'il fe réferve fon hypotéque pour le furplus , ou pour plus fort en payant le furplus , alors les premiers & les feconds droits font dûs ; les premiers , parce que le Contrat n'eft pas annullé *retrò* ; les feconds , parce que le Vendeur *réacquiert.* Il ne rentre pas , c'eft une rétroceffion.

Avec ces principes , & en donnant toute fon attention

toutes les circonstances ci-dessus , on décide bien. *Vide ibid.*
chap. 12.

Des Privilégiés.

Messieurs de l'Ordre du Saint-Esprit , les Secretaires du Roi ,
sont exempts des Droits seigneuriaux , *soit qu'ils vendent , soit
qu'ils achetent* dans la mouvance du Roi. L'Edit de 1690 a
donné la même exemption à Messieurs du Parlement de Paris ,
Messieurs de la Chambre des Comptes , & Messieurs les Maî-
tres des Requêtes. Ces derniers les prétendent dès 1642. Il
y a encore d'autres Cours qui sont exemptes.

Ce Privilége a lieu dans les apanages , & dans les engagemens postérieurs aux Priviléges ; il a aussi lieu pendant la
Régale des Archevêchés & Evêchés. *Vide ibid.* chap. 15.

De l'exhibition du Contrat.

XXII. Tout nouvel Acquereur doit exhiber son Contrat
au Seigneur dans les termes portés par les Coutumes , à peine d'amende pour les acquisitions recelées en Roture ; en Fief
il n'y en a point , parce que le Seigneur a la voie de saisir
féodalement ; mais en offrant la Foi , l'Acquereur doit exhiber le Contrat.

En Pays de Droit écrit , on a un an pour exhiber.

Le Seigneur peut garder le Contrat huitaine ou quinzaine ,
en donnant son récépissé ; on peut lui en laisser une copie
bien correcte & lisible , collationnée avec l'original.

En faisant la Foi en l'absence du Seigneur , le plus sûr est
de laisser une copie bien correcte & bien lisible.

S'il s'agit d'un renouvellement de Terrier , les Détempteurs
roturiers sont obligés de montrer leurs Titres.

Faute d'exhibition , le Seigneur a trente ans pour le Retrait & pour les droits.

On peut exhiber au Mari seul , au Tuteur , même au Mineur majeur de majorité féodale. *Vide* mon quatrième Volume du Retrait , chap. 17.

CHAPITRE VII.

Du Retrait seigneurial, féodal ou censuel.

I. LE Retrait féodal, & le Retrait censuel, ès Coutumes qui l'admettent, (Paris ne l'admet pas) ont tous deux le même objet, c'est-à-dire, le Contrat de vente du Fief ou de la Roture. Quand je dis Contrat de vente, c'est-à-dire Acte de vente ou équipolent à vente, comme bail à rente rachetable, ou dation en payement à un Etranger.

Tous Contrats qui payent Droits seigneuriaux comme vente, ne sont pas toujours sujets à Retrait ; l'échange, par exemple, la donation à charge de nourrir & entretenir le Donateur.

Mais en général tout Contrat sonnant vente ouvre le Retrait. *Vide* mon quatrième Volume du Retrait, chap. 3.

II. Le Retrait, soit féodal, soit censuel ou emphitéotique, est nommé prélation en Pays de Droit écrit ; on dit *prélater* pour dire retirer. C'est un abus ; la prélation n'avoit lieu que sur les choses *prêtes à vendre* ; le Retrait suppose la chose *vendue*, mais tel est l'usage. *Vide* mon quatrième Volume, *ibid.* chap. 1.

Quelles personnes peuvent exercer le Retrait seigneurial.

III. Le Seigneur dominant, ou celui qui est en possession du Fief dominant, peut exercer le Retrait seigneurial : à Orleans il faut qu'il soit Châtelain : à Montargis il faut qu'il soit Châtelain & *Laïc.*

Suzerain.

Le Suzerain, quand il tient le Fief vassal saisi, peut exercer le Retrait des arrieres-Fiefs ouverts pendant la Saisie ; je dis *ouverts pendant la Saisie,* parce que s'ils sont ouverts *avant,* il n'en a ni les droits ni le Retrait : ils appartiennent au Vassal qui étoit non saisi, par cette régle sure de Dumoulin, *Jura quinti Denarii, Relevii & Retractus uno momento seminantur & nascuntur.*

Exceptez ès Coutumes comme Tours, & aux Pays de

Droit écrit comme Touloufe, où le Retrait n'eft accordé que pour réunir : car il ne peut réunir, *ergò* n'a le Retrait.

Dans les Coutumes comme Vermandois, où le Seigneur peut faifir incontinent, mais où la Saifie ne vaut que fommation, fi le Vaffal fe préfente dans le tems de la Coutume, le Suzerain ne feroit pas fondé à retirer un arriere-Fief ouvert pendant fa faifie, parce qu'elle n'eft pas faifie dès que le Vaffal fe préfente dans le délai.

L'Engagifte ne peut ufer du Retrait, parce que nonobftant l'engagement la Seigneurie & puiffance de Fief demeure au Roi ; il faut qu'il en ait ceffion dans fes Lettres d'engagement. L'Apanager le peut, parce qu'il jouit comme Propriétaire jufqu'à l'extinction de la ligne mafculine. *Vide* mon quatriéme Volume, *ibid.* chap. 7.

Eccléfiaftiques.

IV. Les Eccléfiaftiques, quoiqu'ils meurent Ufufruitiers, vivent en Propriétaires *citrà alienationem*, & en général ils peuvent ufer du Retrait.

En Pays de Droit écrit, on ne leur accorde le Retrait que pour commodité & utilité évidente.

Si l'Eccléfiaftique retire au nom de fon Eglife, cela fe réunit au Fief de l'Eglife ; *fecùs* s'il retire en fon nom, c'eftà-dire comme Seigneur d'un tel Fief.

Si l'Eccléfiaftique eft obligé de vuider fes mains, il n'eft pas obligé de préférer l'Acquéreur qu'il a été en droit d'évincer, il peut le revendre à qui il voudra.

En Normandie, l'art. 96 du Réglement de 1666 exclut la main-morte du Retrait. *Vide ibid.* chap. 8 du Retrait par les Eccléfiaftiques.

Ufufruitier.

V. C'eft une queftion fort controverfée entre les Auteurs, de fçavoir fi l'Ufufruitier du Fief dominant a le droit du Retrait ; il faut dire qu'il ne l'a pas, parce que le Retrait eft le refus de la Foi ; & comme il n'a le droit ni de recevoir en Foi, ni de la refufer, conféquemment il n'a pas le droit de retirer ; & les Arrêts ont jugé que la réception des droits par l'Ufufruitier ne nuifoit pas au Seigneur qui vouloit exercer

le Retrait. *Vide* mon quatriéme Volume du Retrait, chap. 9.

Fermier.

Il faut dire de même du Fermier, s'il ne l'a expreſſément dans ſon bail, excepté les Coutumes d'Anjou, Maine & Bourbonnois où il le peut, ſauf au Seigneur à le rembourſer, & reprendre le Fief après le bail expiré. *Vide* mon quatriéme Volume, *ibid.* chap. 11.

De l'Acquéreur du Fief dominant évincé.

VI. Un homme acquiert un Fief dominant ; depuis il en eſt évincé ; pendant ſa jouiſſance il a retiré un Fief ſervant vendu : celui qui l'évince peut-il forcer ſon Acquereur à lui remettre le Fief ? Cet Acquereur évincé peut-il forcer ſon Vendeur à reprendre ce ſous-Fief ? L'Acquereur de ce ſous-Fief peut-il forcer l'Acquereur du Fief dominant évincé à lui remettre ce ſous-Fief ?

Il faut dire dans les deux premiers cas, que cet Acquereur du Fief dominant évincé ne peut forcer à reprendre, ni être forcé à quitter ce ſous-Fief. La raiſon eſt, qu'il ne doit reſtituer que ce qu'il a acquis de celui qui l'évince : or il n'a pas acquis ce ſous-Fief ; il a bien acquis le droit de Retrait *in ſe*, & en reſtituant le Fief dominant, il reſtitue le droit *in ſe* pour la premiere mutation à Retrait.

Dans le troiſiéme cas il faut dire, qu'il n'eſt pas tenu de remettre ce ſous-Fief à celui ſur lequel il l'a retiré ; il ſuffit que lors du Retrait il eût la capacité & le droit de retirer.

De l'Héritier bénéficiaire exclus par l'Héritier pur & ſimple, ou qui laiſſe les biens aux Créanciers avec tous les fruits.

VII. Un Héritier bénéficiaire retire un ſous-Fief mouvant de celui dont il jouit ; dans la ſuite, ou il eſt exclus par un Héritier pur & ſimple, ou il délaiſſe les biens aux Créanciers de la ſucceſſion auſquels il reſtitue les fruits ; doit-il remettre le ſous-Fief, ou à l'Héritier pur & ſimple, ou aux Créanciers, comme un fruit du Fief dominant dont il ne garde rien ?

Il faut dire que non dans les deux cas. L'Héritier pur & simple doit s'imputer de n'avoir pas pris plutôt qualité. Si la qualité de l'Héritier bénéficiaire en ce cas est effacée , elle ne l'est que *ut ex nunc, pour les droits qu'il a pû exercer ;* mais quand il a retiré, il avoit droit & qualité.

Par rapport aux Créanciers , il ne doit restituer que ce qu'il a reçu de la succession : or il a retiré ce sous-Fief, *proprià pecunià* , il ne doit restituer que le quint ou lods. *Vide* mon quatriéme Volume , *ibid.* chap. 13.

Du Mari , du Tuteur, & du Gardien.

VIII. Le Mari peut retirer féodalement, *etiam invitâ uxore* , parce qu'il est *quasi Dominus* , & que le quint tomboit dans sa communauté.

Le Tuteur peut constamment retirer au nom de son Pupile. Par rapport au Gardien , plusieurs Auteurs lui accordent ce droit ; mais je lui refuserois : le Retrait n'est pas un fruit, comme on le verra *infrà. Vide* mon quatriéme Volume , *ibid.* chap. 10.

Le Retrait féodal est-il un fruit?

IX. Il a passé en maxime générale, que le Retrait est un fruit : ce qui a fait dire à plusieurs Auteurs , que l'Usufruitier avoit ce droit.

Mais quand on veut approfondir , & que l'on va droit au principe, on voit l'abus manifeste de cette maxime.

Le Retrait est * & n'est pas un fruit. Je parle du droit *in se* , non de l'exercice actuel : quand il est exercé , il est fruit du Fief dominant ; mais l'exercice dépend intimement *du droit* ; & qui n'a pas le droit, n'a pas certainement l'exercice. [* *Nota specialiter.*]

Je dis donc que le Retrait *est & n'est pas un fruit.*

Il est fruit *respectu* du Propriétaire , en qui réside le droit *in se* ; il ne l'est pas *respectu* de l'Usufruitier , qui constamment n'a pas le droit *in se.* De-là Dumoulin décide que le Suzerain jouissant à titre de Relief, n'a pas le Retrait. Pourquoi? C'est que *non habetur pro Domino feudi.* Il jouit comme celui qui peut lever les fruits *in re alienâ, & respectu ejus qui non est Dominus, jus Retractûs non est in fructu,* parce qu'il est une con-

séquence intime de la propriété, *respicit proprietatem* * ; au lieu que quand le Suzerain jouit par saisie faute d'homme, il jouit du Fief, *tanquàm de re suâ* ; & alors il a le Retrait, comme une conséquence *de sa chose* ; il leve alors les fruits *jure proprio*. Voilà les vrais principes. *Vide* mon quatriéme Volume, *ibid.* chap. 7, *n.* 3 & 4.

*C'est Dumoulin qui parle ainsi.

Quelle Coutume il faut suivre.

X. C'est une grande question que celle de sçavoir quelle Coutume il faut suivre pour le Retrait. Je ne parle pas des formalités & de l'exécution du Retrait ; il faut suivre la Coutume du Fief, cela est incontestable.

Je parle du *droit* de l'exercer, de la capacité de l'exercer. Par exemple, le Fief dominant sera dans la Coutume d'Orléans, où il faut être Châtelain pour l'exercer ; le Fief servant se trouvera régi par une autre Coutume, où tout Seigneur de Fief peut l'exercer.

Je dis que pour le droit, la qualité, le pouvoir de l'exercer, il faut suivre comme pour la Foi, la Coutume du Fief dominant ; ce droit est inhérent à la dominance, il fait partie de l'honorifique de la dominance ; il l'exerce par *puissance de Fief*, disent les Coutumes, c'est-à-dire en vertu de la dominance. *Vide* mon quatriéme Volume, *ibid.* chap. 2.

Les choses mobiliaires ne sont point sujettes à Retrait. Les mouvances & directes y sont sujettes. *Vide ibid.* chap. 3.

Des Contrats particuliers sujets au Retrait.

De l'Echange.

XI. L'Echange donne lieu aux droits de quint ou lods, suivant les Edits & Déclarations sur les Echanges ; mais, comme nous l'avons dit *suprà*, le Retrait n'y a point lieu, parce que l'Echangiste évincé ne pourroit s'en aller indemne ; on ne peut lui rendre ce qu'il a donné. S'il est mêlé de vente, & que l'argent soit prépondérant, plusieurs estiment qu'il y a Retrait de ce qui est vendu. Je rejetterois le Retrait dans tous ces cas ; l'Acquereur ne peut jamais se retirer indemne, ce qui pourtant est la loi du Retrait. *Vide* mon quatriéme Volume, *ibid.* chap. 4.

Donation.

Donation.

XII. La Donation pure & fimple ne doit aucun droit de quint, ou de lods & ventes, & n'eft fujette à Retrait.

Mais fi elle eft rémunératoire, on pourroit diftinguer, fi les fervices font appréciables ou non ; cependant ni l'un ni l'autre cas n'ouvre le Retrait, fi la Coutume n'y eft difpofée, comme Maine 431, qui dit qu'*il y a Retrait, lorfque la chofe eft donnée pour chofe que le Lignager peut faire.* A l'égard des Donations onéreufes, c'eft-à-dire à penfion ou rente viagere, il y a des Arrêts qui ont adjugé le Retrait ; d'autres, & cela eft mieux, ne l'ont admis que quand la rente viagere excédoit de'beaucoup le revenu ordinaire. *Vide* mon quatriéme Volume, *ibid.* chap. 5.

De la Rente fonciere non rachetable.

XIII. Quand le Vaffal donne fon Domaine à Rente fonciere avec retention de Foi, elle repréfente le Cens ; fi elle eft inféodée, & qu'elle foit vendue foit au Preneur, foit à autre, le Dominant peut la retirer féodalement, parce qu'elle eft la directe Seigneurie. Quand elle n'eft pas inféodée, le Seigneur prend fes droits fur l'héritage, comme s'il n'étoit pas aliéné. Art. 52. de Paris, qui fait le Droit commun.

En Bail d'héritage à Rente fonciere non rachetable, quand elle eft rachetée, il y a retrait, *non de la vente*, mais *de l'héritage*, en quelque tems que le rachat fe faffe ; parce qu'alors feulement *il y a un prix*, qui eft le rachat reçu qui forme une nouvelle convention entre le Preneur & le Bailleur à Rente ; avant cela il n'y avoit point de prix à l'héritage. Cette queftion de Retrait foit feigneurial, foit lignager, dans le cas du Bail à Rente fonciere non rachetable & qui eft rachetée, eft très-ardnë. *Vide* mon quatriéme Volume, *ibid.* chap. 6.

En Tranfaction, fuivez les mêmes décifions que celles ci-deffus pour le Quint.

Si le Retrait fe fait par parties.

XIV. C'eft un privilége du Retrait feigneurial, foit féodal, foit cenfuel, qu'il peut s'exercer *par parties* ; c'eft-à-dire

que le Seigneur peut, s'il y a plusieurs Fiefs vendus dans sa Mouvance, ou dans celle d'autres Seigneurs, pour un seul & même prix, retirer celui qu'il voudra qui sera tenu de lui, & recevoir les droits du surplus ; ce que ne peut le Retrayant lignager, qui peut être forcé de retirer tout, quand le tout est vendu *unico prætio.*

Mais si un Fief étoit mouvant de plusieurs Seigneurs, par indivis ou par divis ; comme à l'égard du Vassal ce n'est toujours qu'un même Dominant, le Seigneur qui veut user du Retrait, peut être forcé de retirer tout, sauf à lui à servir les autres Seigneurs.

Les Parlemens de Droit écrit jugent différemment ; le Seigneur doit retirer tout ce qui est vendu *unico prætio.*

De la Ventilation.

XV. La Ventilation a lieu, soit quand plusieurs Fiefs sont vendus à un seul prix, soit quand un Fief est vendu avec des rotures à un seul prix, soit quand il y a plusieurs Seigneurs.

Dans ces cas la Ventilation doit être faite aux frais de l'Acquereur, parce qu'il ne tenoit qu'à lui de mettre prix à chaque immeuble, & ce qu'il a fait ne peut nuire à un tiers : il peut cependant l'éviter, en faisant des offres des droits à raison de tel prix pour chaque immeuble. Si le Seigneur refuse, & que les Experts trouvent l'estimation du Vassal bonne, quand cela iroit à une pistole ou deux, suivant le prix, plus ou moins, le Seigneur supportera les frais ; si au contraire l'estimation ne se trouve pas juste, les frais doivent tomber sur l'Acquereur. C'est le sentiment de d'Argentré & de Dumoulin.

Cependant dans tous les cas je penserois que les frais doivent être portés par l'Acquereur ; il ne tenoit qu'à lui de mettre prix en acquerant ; cela étant fait avec le Vendeur, il paroîtroit que ce seroit la condition de la vente. Le Seigneur n'est pas obligé de s'en rapporter à ce qu'il fait après coup.

De la préférence du Retrait féodal sur le lignager.

XVI. Pour sçavoir si le Retrait féodal doit être préféré au lignager, il faut distinguer les Pays. Dans le Pays de Cou-

tume , le lignager a la préférence , & il évince le Seigneur.
Il en eſt autrement en Droit écrit ; le féodal a le pas ſur le
lignager , ſi ce n'eſt que la vente fût faite à un lignager : en
ce cas le Seigneur ne pourroit retirer ſur lui.

Vide pour tout ce que deſſus mon quatriéme Volume , *ibid.*
chap. 15.

S'il eſt ceſſible.

XVII. En Pays de Coutume , à l'exception de Tours ,
Vitry , Troyes , Lodunois , Chartres , le Retrait féodal eſt
ceſſible ; la raiſon eſt , que l'objet du Retrait eſt d'avoir un
Vaſſal agréable : or en cédant , le Seigneur aime mieux avoir
le Ceſſionnaire pour Vaſſal , que l'Acquereur.

Il n'en eſt pas de même dans quelques Parlemens de Droit
écrit. On dit à Toulouſe que le Retrait *hæret oſſibus Domini* ;
on l'y juge inceſſible ; *idem* au Parlement de Grenoble , Salvaing , chap. 23. A Bordeaux il eſt ceſſible , ainſi que dans
le Parlement de Beſançon. *Vide* mon quatriéme Volume ,
chap. 16.

De quel jour court le Retrait.

XVIII. Dans le général des Coutumes , le Retrait court
du jour de la notification & exhibition du Contrat. Faute
d'exhibition , le Seigneur a trente ans ; en Normandie il court
du jour que le Contrat a été lecturé.

S'il y a eu pluſieurs ventes non notifiées , il eſt au choix du
Seigneur de retirer ſur celle qu'il voudra ; s'il retire ſur la
derniere , il aura les droits des autres ; s'il retire ſur la premiere , il n'aura pas les droits des ſubſéquentes , parce qu'il
les rend inefficaces par ſon Retrait.

Cela ſe pratique auſſi dans les Parlemens de Droit écrit. On
tient pour maxime que le Seigneur a un an pour retirer du
jour *de la dénonce par écrit* du Contrat , c'eſt-à-dire du jour
qu'on le lui a notifié par écrit , en en donnant copie ; & quand
il auroit reçu les droits , ſi on ne juſtifie pas *de la dénonce par
écrit* , il peut les rendre & retirer ; faute de ce , il a trente
ans pour exercer le Retrait.

Au Parlement de Beſançon l'exhibition du Contrat eſt ſi
néceſſaire , que la réception en Foi n'exclut pas le Retrait ,
s'il n'y a pas eu d'exhibition. *Vide* mon quatriéme Volume ,
ibid. chap. 17.

D D ddd ij

Des Fins de non-recevoir contre le Retrait.

XIX. En général, quand le Seigneur a donné souffrance, ou reçu les droits, il n'est plus recevable au Retrait ; exceptez les Pays de Droit écrit, où, comme nous venons de le dire, il faut justifier de l'exhibition du Contrat.

En Normandie, quand le Seigneur a reçu le treiziéme du Vendeur, il peut encore varier, rendre le treiziéme & retirer ; *secùs* quand il les a reçus de l'Acquereur. Où est le motif de cette distinction ? Aucune bonne. Dans l'un & dans l'autre cas ne doit-il pas être présumé avoir approuvé la vente ? *Vide ibid.*

Si le Seigneur a saisi féodalement, faute d'homme, droits & devoirs non faits & non payés, qui est le stile ordinaire des Saisies féodales ; ou s'il a assigné à fin d'exhibition du Contrat, il n'est pas pour cela exclus du Retrait : ce sont des coups d'éperon qu'il a donné, pour être certain de la vente & des conditions de la vente ; s'il a assigné formellement à fin de payement de droits, il est exclus du Retrait : en ce cas il a opté les droits.

XX. Le payement des droits à un Fermier ne nuit point au Seigneur, même en Anjou, si l'exhibition du Contrat n'a été faite au Seigneur : si ce n'est au Maine, art. 410. Bodereau sur cet article.

Le Seigneur vendeur est exclus du Retrait ; cela est incontestable.

Le mari par la réception des droits qui tombent dans la communauté dont il est le maître, nuit à sa femme, qui voudroit exercer le Retrait d'un Fief mouvant de ses propres.

Le Seigneur peut retirer sur les gens de main-morte, quand même ils auroient obtenu amortissement ; mais il n'est pas obligé de rembourser le droit d'amortissement ; c'étoit à la main-morte à exhiber, à faire ses diligences avant d'obtenir amortissement ; au surplus, c'est un droit que la qualité de la main-morte occasionne, & qui ne peut entrer en loyaux-coûts.

Le Juge qui a adjugé par decret, n'est pas exclus du Retrait ; il n'a que prêté son ministere pour adjuger ; ce n'est pas lui qui est Vendeur, c'est la Justice.

Pour tout ce que deſſus , *vide* mon quatriéme Volume, *ibid.* chap. 17.

A l'égard des formalités du Retrait ſeigneurial , comme il eſt extrémement favorable , en général il n'eſt ſujet à aucunes ; & il s'exécute par le rembourſement du principal & des loyaux-coûts, ſuivant la Coutume du Fief que l'on veut retirer.

CHAPITRE VIII.

Des Bordelages.

I. LE Bordelage eſt uſité en Nivernois , & en Bourbonnois dans la Seigneurie de Germini.

C'eſt une Redevance ſeigneuriale , forte , & qui entraîne des droits bien onéreux aux Détempteurs bordeliers ; elle ne ſuit pas la nature des autres droits ; elle emporte toute *directe* Seigneurie , en faveur du Seigneur direct de l'héritage , ou le Proprietaire d'un franc-aleu , qui peut donner à bordelage comme à cens envers lui une partie de ſes Domaines.

Cette Redevance tire ſon origine de l'emphitéoſe ; elle peut être à perpétuité.

Elle n'a lieu que ſur les maiſons & héritages des champs.

De la nature de cette Redevance , & comme elle ſe paye.

II. Cette Redevance pour être bordeliere , doit être en grain, plume & argent, ou de ces droits *deux* ; ſans quoi elle ne ſeroit pas rente bordeliere.

Si la rente eſt en grain & argent , ou en grain & plume , & que l'héritage ſoit propre à porter grain , le Détempteur donnera du grain tel qu'il le recueille : ſi cette redevance eſt ſur une maiſon, il ne donnera que du médiocre.

Ce qu'elle emporte.

III. Nous l'avons dit *ſuprà* , cette Redevance emporte directe Seigneurie ; en cas de vente , le Seigneur a le *tiers* montant du prix , ou le droit de retenue qui eſt le Retrait cenſuel.

Outre ce, l'héritage est sujet à réversion au Seigneur, faute d'hoirs *communs* avec le dernier possesseur.

Il doit encore aux mutations hors vente le droit de remuemens.

Ce que c'est que le Tiers montant, & le droit de Remuemens.

IV. Le Tiers montant du prix est la moitié du prix que le Vendeur reçoit, c'est-à-dire une somme égale à la moitié du prix; il se prend outre le prix.

Le Remuement est le droit de mutation autrement que par vente.

De ce que dessus il est clair qu'il faut être Seigneur de l'héritage pour le donner à bordelage : car s'il y avoit un cens dû à un autre Seigneur, ce bordelage ne seroit qu'une simple rente fonciere, qui n'emporteroit pas directe Seigneurie; ce ne seroit plus un vrai bordelage.

Comme elle est dûe, & se paye.

V. Cette Redevance peut être dûe à jour certain; alors si l'Hôtel du Seigneur est dans les quatre lieues de la demeure du Détempteur, la Redevance est portable; s'il est au-delà des quatre lieues, elle est quérable; en l'un & l'autre cas elle est toujours seigneuriale : ou bien elle n'est pas dûe à jour certain; en ce cas on suit l'usage du Pays pour les rentes foncieres.

Commise.

VI. La Commise a lieu en bordelage, comme dans l'ancien emphitéose, faute de payement.

Si le Détempteur bordelier cesse de payer pendant trois ans de suite, il commet son héritage; mais l'héritier du Détempteur ne commet qu'après qu'il a payé deux ans de suite, & que depuis il a cessé pendant trois ans consécutifs; ces deux ans sont donnés à l'héritier, parce qu'il est censé ne pas connoître d'abord le Seigneur; & le payement qu'il fait pendant deux ans de suite, prouve qu'il le connoît, & qu'il ne doit plus cesser de le payer.

Cette Commise ne libere pas le Détempteur des arrérages qu'il devoit; on le poursuit encore sur ses autres biens pour le payement desdits arrérages.

Si l'héritage bordelier peut se diviser.

VII. Le Détempteur bordelier ne peut diviser le tenement. S'il le divise , il y a Commise , s'il ne rétablit pas les choses au même état, après que le Seigneur lui en a fait commandement. Il faut que le tenement ou prise bordeliere soit toujours possedée par indivis ; mais la Commise n'a lieu que sur les portions aliénées : cependant le Détempteur peut vendre , pourvû qu'il vende *tout* le tenement ou prise.

Ce que c'est que Tenement ou Prise.

Tenement ou Prise bordeliere, ce sont tous les héritages donnés à rente bordeliere par un même Contrat que l'on nomme Bail à bordelage.

Nous venons de dire que le Détempteur peut vendre le Tenement ; mais il ne peut donner à rente envers lui , parce que la Rente bordeliere est trop forte pour que l'héritage puisse porter une autre rente.

De la Retenue bordeliere.

VIII. Lorsque le Détempteur bordelier a vendu son Tenement , le Seigneur a le droit de Retenue, qui est un Retrait censuel ; & il est préféré au lignager qui voudroit exercer le Retrait.

Si on peut renoncer à l'héritage bordelier.

IX. Le Détempteur originaire ou son héritier ne peuvent renoncer à l'héritage bordelier ; mais le Tiers-Acquereur peut y renoncer , en faisant le délaissement à la personne du Seigneur , payant les arrérages , les remuemens , & autres droits qui seroient dûs.

Des qualités requises pour succéder en bordelage.

X. Pour succéder en bordelage , il faut être parent *&* *commun de communauté coutumiere, ou convenue* avec le défunt. Le neveu commun exclut le frere du défunt qui ne seroit

commun ; faute d'héritiers communs, il y a réversion du Tenement au profit du Seigneur. Jugé.

Il n'y a que les enfans du défunt qui peuvent lui succéder en bordelage, *quoique non communs. Secùs* en Bourbonnois, la repréſentation n'a pas lieu en bordelage.

Si on peut donner ou léguer.

XI. Le Détempteur bordelier peut donner ou léguer, pourvû que le Donataire ou Légataire ſoit *commun* avec lui ; ſans quoi il y a lieu à la réverſion au profit du Seigneur. Jugé.

Poſſeſſion de trente ans.

XII. Si un homme a poſſedé trente ans un héritage bordelier, le Seigneur ne peut plus le forcer à montrer ſon titre ; il a preſcrit l'héritage, on ne peut lui demander qu'un titre nouvel.

Si cette Redevance ſe preſcrit.

XIII. La Redevance bordeliere eſt comme le cens, elle eſt impreſcriptible ; il n'y a que les arrérages qui peuvent ſe preſcrire : la raiſon eſt, que cette Redevance comme le cens emporte directe Seigneurie qui eſt impreſcriptible.

Si on peut aſſeoir douaire.

XIV. On peut bien aſſeoir douaire ſur un héritage bordelier ; mais ſi le Détempteur ne laiſſe hoirs habiles à lui ſuccéder, l'héritage retourne au Seigneur, libre du douaire, ſi ce n'eſt que le Détempteur eût notifié ſon Contrat de mariage au Seigneur, & que le Seigneur ne l'eût pas contredit ; & en ce cas le Seigneur ſeroit tenu du douaire tant qu'il auroit cours.

Vide mon troiſiéme Volume du Quint, chap. 8, ſect. unique du Bordelage.

CHAPITRE

CHAPITRE IX.

Du Droit de Cens, du Champart & de l'Ensaisinement.

I. EN général le Cens est une redevance modique, annuelle, perpétuelle, non rachetable, retenue par le Seigneur en aliénant son héritage, pour reconnoissance de sa supériorité. La modicité du Cens fait qu'il est toujours payé nonobstant la stérilité, parce qu'il n'a jamais une juste proportion avec les fruits de l'héritage. *Mol. §. 52, hodie 74, gl. 2, n. 2, & §. 62, hodie 85, n. 72, 73 & 74.* En quoi il différe du Champart, auquel la stérilité de la terre nuit.

Combien de sortes de Cens.

II. Il n'y a proprement que deux sortes de Cens, le chef-Cens & le Surcens. Le chef-Cens est celui qui est dû en reconnoissance de la directe Seigneurie. Le Surcens est celui qui est ajouté au Cens, & n'est réputé qu'une simple rente fonciere. *Mol. §. 51, hodie 73, gl. 1, n. 3 & 15.*

Mais le même Dumoulin, *ibid. n. 15,* s'est trompé en disant que le chef-Cens, qu'il appelle *capitalis Census,* est différent de celui qu'on appelle menu Cens, (car le Cens capital est quelquefois dit gros Cens, comme en la Coutume de Sens) & que le menu Cens est souvent *capitalis Census;* & il ajoute, que quelquefois ce qu'on dit menu Cens est le même que le chef-Cens, & qu'il n'est ainsi dit que par rapport au gros Cens. Cela n'est pas bien clair, & a constamment échappé à Dumoulin.

Ragueau en son Glossaire donné autrefois sous le nom d'Indice, au mot *Chef-Cens,* l'explique bien d'abord, en disant : *Chef-Cens premier droit, gros ou menu, à la différence du Surcens.* Et ensuite il ajoute : *Le menu Cens est le chef-Cens & capital, & plus seigneurial que le gros Cens qui équipole à vente & à grosse charge nuisible.*

Plusieurs Auteurs se sont embrouillés sur ces définitions, & cela peut causer une infinité de procès, & produire quantité de mauvaises décisions.

Voici les principes & les vraies définitions du Cens.

Principes & définitions du Cens.

III. Tenez d'abord pour principe certain, qu'en Censive comme en Fief, il faut toujours avoir recours au bail à Cens, ou aux déclarations anciennes qui le suppléent, *ad originalem investituram semper recurrendum est. Mol. §. 52, hodie 74, gl. 2, n. 4.* Pourquoi ? C'est parce que le Seigneur concede comme il lui plaît, & sous telle condition qu'il lui plaît : cela est incontestable. Quoique pour l'ordinaire le Cens consiste en une chose modique ; néanmoins pour le bail à Cens, le Seigneur peut en stipuler un plus fort, & en telle espéce que ce soit, *si ita placuerit. Mol. §. 51, hodie 73, gl. 2, n. 16.* Ayez toujours ce principe présent à l'esprit, vous ne vous égarerez pas.

De-là dites simplement avec Loiseau en son Traité du Déguerpissement, liv. 1 de la dist. des Rentes, chap. 5, n. 7, & avec Brodeau, titre des Censives, n. 17.

Le gros Cens est le Cens non distribué par chacun arpent, mais qui se paye en bloc pour toute la baillée des terres, à la différence du menu Cens qui est séparé par arpent ou autre mesure.

Exemple : Une maison est donnée à Cens avec plusieurs héritages à 10 s. 20 s. 30 s. plus ou moins de Cens ; voilà le gros Cens. La même baillée est faite à raison d'un sol pour la maison, & un sol pour chaque arpent ; c'est-là le menu Cens.

Mais l'un & l'autre est le chef-Cens, le premier Cens, parce qu'il se trouve le premier & le seul devoir imposé par le Seigneur en concédant l'héritage.

Quelquefois le gros Cens est pris pour le Surcens, parce que le mot de Cens se prenoit anciennement pour toute sorte de redevance.

Exemple : Un héritage est donné à 2 s. 6 d. de Cens & rente ; comme ordinairement le Cens est la redevance la plus modique, les deux sols seront la rente ou Surcens, & les six deniers le Cens.

Ne vous méprenez pas à ce que dit quelquefois le Bail à Cens, parce qu'il dira Cens & Rente, ou Cens, ou Rente : car souvent la Rente se prend pour le Cens, témoin la Coutume de Boulenois qui ne connoît le Cens que sous le nom de Rente. Titre 26.

Quoique la somme soit grosse , & que le Seigneur ait dit en concédant , à tant de Cens *&* Rente , ou de Cens *ou* Rente , ne croyez pas que ces dictions copulatives ou disjonctives puissent faire présumer que ce soit un Surcens , non seigneurial ; il faut pouvoir le distinguer d'avec le Cens , comme dans l'exemple ci-dessus.

Exemple : Un Seigneur concede un héritage à dix sols de Cens *&* Rente , ou de Cens *ou* Rente ; ce n'est qu'un Cens , il n'y a point de Surcens. *Mol. §.* 51 , *hodie* 73 , *gl.* 1 , *n.* 17.

Nous avons des Textes qui garantissent ce que dessus.

L'art. 20 , édit. de Delaistre de la Coutume de Sens , dit *Celui qui a Justice fonciere , soit de menu Cens , ou de gros Cens , qui est dit chef-Cens ; &c.* & Delaistre nous dit : menu Cens est celui qui est distribué par arpent ; gros Cens est celui qui se paye en bloc sur toutes les terres données par le même Bail à Cens.

Il y a des Coutumes qui nomment le gros Cens *cher Cens,* ou Cens à *cher prix.* Blois , 109 ; Orléans , 135. Ce sont Coutumes particulieres.

Le Cens est-il divisible ?

IV. Les Coutumes & les Auteurs varient sur le point de sçavoir s'il est divisible ou non. Mais hors les Coutumes qui ne diront pas textuellement , Montargis , par exemple , des Cens , art. 36 , que le Cens est divisible ; tenez pour principe certain qu'il faut distinguer le gros & le menu Cens ; que le gros Cens est indivisible ; que le menu est quelquefois divisible , mais pas toujours. Loiseau , liv. 2 de l'Action mixte , chap. 11 , n. 13. Brodeau , *loco supra* , & art. 165 des Coutumes notoires. L'action personnelle se divise , mais non l'action hypotécaire. Loiseau , *ibid.*

Exemple : Une maison & héritages sont donnés à 30 s. de Cens ; il est indivisible , quelque partage que fassent les héritiers.

La même maison & héritages sont donnés à 1 s. la maison & 1 sol chaque arpent ; alors il y a , dit Loiseau , autant de rentes que de sols , & le partage de 29 arpens & de la maison supposé en trente héritiers , le Cens étant distribué par le Seigneur lui-même , il est divisible ; c'est-à-dire, cela fait trente

E E eee ij

Cens. Mais cette division une fois faite, le sol qui est sur la maison & sur chaque arpent, comme il est en bloc sur la maison & en bloc sur chaque arpent, ne peut plus se diviser malgré le Seigneur. *Mol.* §. 55, *hodie* 78, gl. 4, n. 28 & suivans.

Si le Cens produit lods & ventes.

V. Le Cens, j'entends le chef-Cens, le premier Cens, gros ou menu, *nil refert*, (quoique les lods & ventes ne soient pas de la substance du Cens, comme les quints & reliefs ne sont pas de la substance du Fief, & qu'un Fief & une Censive peuvent être concédés sans ces droits. D'Argentré sur Bretagne *ad tit. de Feudis. Mol.* §. 51, *hodie* 73, gl. 1, n. 13 & 14, & plusieurs bons Auteurs.) Cependant si la Coutume ne dit *formellement* au contraire gros ou menu, quand il est constaté *chef-Cens*, *id est* le premier Cens, il produit lods & ventes ; parce que si ces droits ne sont pas de la substance de la directe retenue qui est la Censive ; ils sont de sa nature. *Mol. ibid.* & ce qu'on appelle la nature du Fief ou de la Censive, est la Coutume du lieu de l'héritage, quand la concession ne parle pas autrement. *Mol.* §. 5, *hodie* 8, n. 92. D'Argentré sur Bretagne, art. 277. *antiq.* & mille ans de possession, sans en payer, n'en sçauroient affranchir. D'Argentré, *ad rubricam, tit. de Feudis*, & §. 776, *in verbo, & autres devoirs.* Jugé en la Coutume de Vermandois pour le Seigneur de Cessieres, moi écrivant pour lui, contre ses Habitans, en la quatriéme des Enquêtes, le 10 Mai 1741, au Rapport de M. Goeslard. Et encore depuis par un Arrêt célébre en la premiere des Enquêtes, au Rapport de M. Joly de Fleury de la Valette, *consultis Classibus*, du 13 Février 1743, pour M. de Rochechouart, Evêque de Laon, contre les Habitans d'Avisy, rapporté *suprà.*

De l'amende, faute de payement du Cens.

VI. Le Censitaire est obligé de payer le Cens au jour nommé ; faute de ce, y a amende, disent les Coutumes. Néanmoins il n'y a pas autant d'amendes qu'il y a d'années d'arrérages échues ; il n'y en a qu'une pour toutes les années. Jugé en la Coutume de Montfort. Thourette sur l'art. 56.

Cens imprescriptible.

VII. Il faut tenir pour maxime générale que le Cens est imprescriptible, si la Coutume ne le dit expressément, comme Bourbonnois, art. 22. Cette imprescriptibilité du Cens est jugée pour tout Pays de Droit écrit & de Franc-aleu.

Cela a été jugé en la Coutume de Troyes par deux Arrêts ; le premier au Rapport de M. Feydeau de Calendre, le 14 Mars 1721, en la quatriéme des Enquêtes. *Vide* mon second Volume, Traité de la Prescription, sur Troyes. Le second le 23 Mars 1741, en la premiere , au Rapport de M. Mainaud.

Ce second Arrêt a cela de remarquable , qu'il proscrit la distinction que l'on fait à Troyes, du Cens public & du Cens privé ; il juge que l'un & l'autre, dès qu'il est dû au Seigneur direct & foncier de l'héritage, *est seigneurial, imprescriptible , & produit lods & ventes.* J'ai vû le Mémoire des Censitaires fait & imprimé à Troyes , où ils s'appuyoient beaucoup sur ce que les Prieur & Chanoines Réguliers de Saint Martin-ès-Aires de la Ville de Troyes ne pouvoient prétendre qu'un Cens *privé.* Ils furent condamnés à passer Titre nouvel, payer les arrérages, & lods & ventes.

Voici en deux mots ce que c'est que le Cens public, & le Cens privé, de Troyes.

Le Cens public est celui qui est dû à un Seigneur , qui a en même tems la Justice sur l'héritage. Le Cens privé est celui qui est dû à un Seigneur, dont la Directe est dans la Justice d'autrui, c'est-à-dire qui n'a pas la Justice : distinction chimérique. Le Cens est la marque de la directe Seigneurie, *non de la Justice ,* & il suffit qu'il soit dû au Seigneur direct pour être seigneurial, emportant lods & ventes : autrement il faudroit dire qu'un Seigneur de Fief ne peut concéder à Cens, ou que ce Cens ne sera pas seigneurial , parce qu'il ne sera pas en même tems justicier. *Quod absurdum ,* Justice & Seigneurie, mainte chose variée, dit Loiseau.

En Droit écrit , le territoire de Jurisdiction emporte territoire de Directe, s'il n'y a titre au contraire. *Nota ,* en la Coutume particuliere de Bordeaux, cela ne s'y observe pas.

De la Rente fonciere.

VIII. Le Cens est souvent représenté par quelqu'autre droit plus fort que la redevance qui le forme ordinairement.

Un Seigneur peut aliéner son Domaine à rente fonciere ; il faut sur ce Jeu pour le plus ou le moins voir la Coutume où l'on se trouve.

Pour sçavoir si cette rente fonciere représente le Cens, & est noble, ne demandez pas si elle est ou n'est pas inféodée ; mais si l'Aliénateur *a expressément retenu la Foi*, ou s'il a aliéné purement & simplement à rente fonciere.

Primo casu, s'il y a retention de Foi expresse, la rente représente le Cens. *Secundo casu*, elle n'est que simple fonciere, & le Preneur doit entrer en Foi. *Vide* mon premier Volume du Jeu de Fief. L'inféodation ou la non-inféodation ne fait pas la noblesse de cette rente. *Vide* mon second Volume du Relief, chap. 9. L'inféodation ne sert qu'en ce que, quand le Dominant de l'Aliénateur a inféodé, alors avenant ouverture du Fief de l'Aliénateur, il ne peut s'en prendre qu'à la rente ; au lieu que la rente n'étant pas inféodée, il s'en prend à l'héritage aliéné, comme s'il ne l'étoit pas, parce qu'à son égard il ne l'est pas. Art. 52. de Paris qui fait le Droit commun.

Nota qu'à Montargis, des Fiefs, art. 84, un Seigneur aliénant son Domaine à rente, la Foi est censée retenue. *Sed ista localis est Consuetudo*, qui ne peut avoir lieu en autre Coutume, elle est contre le principe. Une simple rente fonciere créée par un Seigneur sans retention de Foi expresse, ne marque pas plus la directe Seigneurie, qu'une rente créée par un Particulier ; il faut quelque chose qui la distingue de la rente fonciere ordinaire, & il n'y a que la retention expresse de Foi qui puisse lui faire figurer le Cens.

Du Champart.

IX. Le Champart qu'on nomme Agrier, ou droit d'Agriere en Droit écrit, ou Tasque, ou Terrage, tous mots synonimes du même Droit, peut aussi représenter le Cens, & en avoir toutes les prérogatives.

Ce droit eſt appellé Champart, *quaſi campi pars*, parce qu'il eſt une portion des fruits de la terre donnée ſous cette charge.

En général il n'eſt ſeigneurial, emportant directe Seigneurie, lods & ventes, ſaiſine, & amende quand le cas y échoit, que quand il eſt *ſeul*, c'eſt-à-dire quand il n'y a point de Cens avec lui.

Si avec le Champart il y a un Cens, alors il eſt Surc ns, non ſeigneurial, c'eſt-à-dire n'emportant point directe Seigneurie.

Il y a des Coutumes qui ont des diſpoſitions ſingulieres ſur le Champart ; diſpoſitions d'autant plus ſingulieres, qu'elles ſont contre le Droit commun.

A Orléans, le Champart qui eſt avec un Cens, emporte droit de vente, c'eſt-à-dire lods & ventes ; cependant dans le principe il faut dire en ce cas, même en cette Coutume, que ce n'eſt pas lui, mais le Cens qui l'accompagne qui porte lods & ventes : s'il eſt *ſeul*, il ne l'emporte pas, art. 143 : quoiqu'il ſoit avec un Cens, il n'y eſt pas preſcriptible, art. 480. Etampes a les mêmes diſpoſitions. Ces Coutumes doivent être étroitement reſſerrées dans leur territoire ; elles choquent les premiers élémens des Droits ſeigneuriaux. *Vide* ce que j'en ai dit en mon quatriéme Vol. Tit. du Champart.

Ordinairement le Champart comme la Dixme eſt quérable, ſi la Coutume ou les Titres ne le diſent. *Ibid.*

Comment il ſe paye.

La façon de le payer eſt différente en tous les Pays, & preſque dans toutes les Seigneuries. Il n'y a ſur cela de régles que les titres ou l'uſage conſtant de la Seigneurie. *Ibid.*

Avant que d'enlever ſes grains, le Laboureur de la terre qui doit Champart, doit appeller le Prépoſé du Seigneur, pour venir prendre le Champart ; quand il l'a appellé en préſence de deux témoins, il peut enlever ſes grains, non pas à l'inſtant, mais du matin à l'après-midi, de l'après-midi au ſoir. *Ibid.*

Le Champart ne ſe leve qu'après la dixme, même la dixme inféodée ; c'eſt la Juriſprudence univerſelle. *Vide ibid.*

S'il s'arrérage.

Quoique le Champart ſoit ſeul & repréſente le Cens, quand

même il feroit portable, en Pays de Coutume il ne s'arrérage point ; il eſt en cela comme la dixme, chaque année porte fon fruit qui doit être levé en nature ; il ne s'arrérageroit
qu'en cas de conteſtation comme la dixme , & dans ce cas
on le paye fuivant les Mercuriales des lieux. *Vide ibid.*

En Droit écrit , il tombe en arrérages. A Touloufe on adjuge les cinq années utiles avant la demande. La Rocheffa-
vin , des Droits feigneuriaux , & Graverol fur icelui. A Bordeaux on en adjuge vingt-neuf années. *Vide ibid.*

En général il fe prefcrit, s'il n'eſt au lieu de Cens ; il fe
purge auſſi en ce cas par le decret, *ſecùs* à Orléans & Etampes.

De l'Enſaiſinement.

X. Ne prend faiſine qui ne veut, dit la Coutume de Paris , art. 8 1. Plufieurs Coutumes difent de même ; & c'eſt
le Droit général : exceptez les Coutumes de nantiſſement, de
veſt & déveſt , où l'Acquereur ne peut fe dire Propriétaire ,
fi le Vendeur ne s'eſt dévêtu ou défaifi de l'héritage ès mains
du Seigneur ou Officiers , & fi lui Acquereur n'en eſt vêtu
& faifi. *Secùs* en vente par decret. *Mol.* fur l'art. 235 de
Senlis, & fur Paris, art. 56 , *hodie* 8 1.

En général l'Acquereur n'eſt pas moins Propriétaire , quoiqu'il ne foit pas enfaifiné ; mais il n'eſt à couvert ni du Retrait cenfuel où il a lieu , ni du Retrait lignager.

L'enfaifinement doit être prefcrit ; ordinairement il fe met
au pied du Contrat ; on ne peut le prouver par témoins ;
mais il fe fait fous feing privé , s'il eſt par Acte féparé du Contrat ; il feroit mieux qu'il fût pardevant Notaires , pour éviter
la fraude ; cependant il ne feroit pas nul.

Quand c'eſt le Seigneur qui vend , le Contrat vaut enfaifinement ; le Retrait court du jour du Contrat. Arrêt du 22
Mai 1648. Soefve , tom. 1 , cent. 2 , chap. 87. La raifon
eſt , que l'enfaifinement eſt la veſture que donne le Seigneur
fur la déveſture de l'Acquereur ; c'eſt la mife en poſſeſſion
par le Seigneur. Or le Seigneur, en vendant , fe déveſtit lui-
même, fe défaifit , inveſtit & met l'Acquereur en poſſeſſion.

Tenez pour principe certain , que l'enfaifinement eſt à l'é-
gard de l'Acquereur de roture , ce que l'inveſtiture eſt en
Fief ; l'un & l'autre eſt inveſtiture. *Mol.* fur Paris , *ibid.* n.

Ii

15 & suivans. Le Seigneur est obligé de la donner, en le satisfaisant de ses droits. *Mol. ibid.*

La quittance des Droits seigneuriaux, donnée même par le Seigneur, n'est pas ensaisinement, Le Maître sur Paris, édit. 1741, pag. 114 ; *Mol.* §. 173, *antiq. n.* 15 & 16 ; & n'empêche le Retrait lignager. Jugé. Ricard sur l'art. 130 de Paris. Elle empêche bien le Retrait censuel, parce qu'alors le Seigneur a reconnu la vente. Il faut que par la quittance le Seigneur déclare qu'il a ensaisiné. De-là on voit combien on s'abuse, quand on croit que la quittance des droits donnée par le Fermier, est un ensaisinement ; le Fermier ne le peut, s'il n'en a pouvoir dans son bail, parce que le Fermier ne peut investir. Exceptez les Domaines du Roi, où pour les rotures les Fermiers des droits donnent ensaisinement ; mais un Fermier ordinaire ne peut ensaisiner, & sa quittance ne peut porter ensaisinement. *Et sic sæpius consului* avec MM. Berroyer, de la Vigne, *& aliis togati nostri Ordinis præclaribus* ; & cela doit être d'autant mieux adopté, que la quittance des droits *du Seigneur même* ne vaut pas ensaisinement ; *ergò à fortiori*, celle du Fermier, ni même son ensaisinement, quand il n'en a pas le pouvoir par son bail.

CHAPITRE X.

De plusieurs Droits de Ventes.

I. **L**Es Coutumes varient beaucoup sur les droits dûs pour Vente de Fief ou de Roture.

Paris & plusieurs autres donnent quint pour la Vente d'un Fief ; d'autres donnent quint & requint : le requint c'est le quint du quint, & ce second droit n'a ordinairement lieu que dans les Coutumes qui chargent le Vendeur des droits ; & en ce cas s'il vend francs deniers, c'est-à-dire qu'il stipule qu'il ne payera pas droits de quint, ce qui se stipule par ces mots, *francs deniers au Vendeur*, alors l'Acquereur paye le quint & le requint, parce qu'il est censé avoir acheté moins cher que si le Vendeur se fût chargé des droits. Dans ces Coutumes, en adjudication par decret le quint & requint ont

lieu ; l'Adjudicataire en est tenu. Jugé. *Vide* mon troisiéme Volume, chap. 4 , sect. 2.

II. En Rotures, les Coutumes varient encore; les unes, comme Paris, donnent Lods & Ventes, qui est le douziéme du prix payé par l'Acquereur ; les autres distinguent les Lods & Ventes payables moitié par le Vendeur, & moitié par l'Acquereur ; d'autres donnent ventes & venterolles, & ces venterolles sont à des taux différens suivant les Coutumes.

D'autres, comme Anjou & Maine, disent Lods & Ventes en Fief & Rotures. Et dans quelques endroits de ces Coutumes, par exemple, dans le Duché de Mayenne, il y a droit de ventes, & issues qui est un droit plus fort ; car les lods & ventes sont de 2 o deniers pour livre, & les ventes & issues sont de 3 s. 4 den.

On demande si le Seigneur, pour exiger les ventes & issues, doit avoir titre contre celui auquel il les demande ; ou s'il lui suffit de prouver que ce droit est d'usage dans sa Seigneurie ? Jugé qu'il suffisoit de prouver l'usage de sa Seigneurie, sans astraindre le Seigneur à rapporter titres des Auteurs de l'Acquereur ; & cet Arrêt peut servir de régle pour les droits extraordinaires. *Vide* mon troisiéme Volume du Quint, chap. 17.

D'autres disent, ventes & honneurs. Poitou, Angoumois, *& sic de pluribus aliis.*

CHAPITRE XI.

Des Terriers, & de la nécessité des Lettres à Terrier.

CE Chapitre doit suivre naturellement les deux précédens, comme celui du dénombrement suit la foi & hommage.

I. Le Terrier est proprement le registre ou cahier qui contient les déclarations & reconnoissances des Censitaires & Emphitéotes.

Je dis des Tenanciers & Censitaires, & non *des Vassaux*, qui pour leurs Fiefs & droits de leurs Fiefs ne doivent qu'un dénombrement, & *ne le doivent qu'une fois en leur vie.* L'ancien Vassal ne doit que la bouche & les mains, disent tous les Textes.

Très-peu de Coutumes obligent un Vassal à donner son dénombrement à mutation de Seigneur.

Il est vrai que dans les Lettres à Terrier on voit la clause de contraindre les *Vassaux* & Tenanciers de l'Impétrant ; c'est une erreur : cela vient de ce que dans les très-anciens tems *Vassal* étoit pris quelquefois pour le *Sujet* du Seigneur ; c'est-à-dire que des Roturiers tenans d'un Seigneur se nommoient quelquefois Vassaux. *Vide* le nouveau Ducange au mot *Signum 6*. De-là ce terme *Vassaux* s'est glissé dans les Protocoles sur lesquels on dresse les Lettres à Terrier.

L'ancien Seigneur peut renouveller son Terrier vers 30 ans du dernier , dans la crainte que les droits qu'il a , & qui sont sujets à prescription , ne se prescrivent ; & pour interrompre la prescription quelquefois commencée par un Seigneur voisin ; il peut contraindre ceux qui ont passé des déclarations à les renouveller de 20 ans en 20 ans : or il ne peut y contraindre le *Vassal* qui a une fois donné son dénombrement ; dès-là le terme *Vassaux* qui se trouve dans ces Lettres , ne regarde jamais les Vassaux tenans Fiefs.

II. Le Haut-Justicier peut faire un Terrier ; & il peut contraindre les Possesseurs de Franc-aleu , même les Seigneurs de Fiefs étant dans sa Justice , de s'inscrire à son Terrier. Ces déclarations ne contiennent aucune charge , mais seulement l'énumération des biens sujets à la Haute-Justice. *Vide* mon quatriéme Volume de la Saisie , chap. 6.

Comme les Commissions générales sont prohibées , *suprà* chap. 5 , on obtient ordinairement des Lettres en Chancellerie adressées au Juge Royal , qui commet un Notaire pour procéder à la confection du Terrier ; & ces Lettres portent commission générale pour faire saisir le Territoire.

De la nécessité des Lettres à Terrier.

III. On a demandé si les Lettres à Terrier étoient nécessaires pour la confection d'un Terrier. Les Auteurs sont partagés , mais c'est une question de mots. En effet,

Il faut dire que , comme les Commissions générales pour faire saisir sont prohibées , exceptez pour les Fiefs du Roi , les Lettres à Terrier sont nécessaires ; non d'une nécessité absolue , parce qu'un Seigneur peut assigner ses Tenanciers les uns après

les autres, & mettre en un même cahier leurs déclarations ; ce sera incontestablement un Terrier, *id est* un Registre universel des droits de la Seigneurie ; mais d'une nécessité relative à l'autenticité du Terrier, & à l'utilité qu'on en retire.

Quand on obtient des Lettres, on les fait publier dans les Paroisses voisines & dans celles de la Seigneurie ; par là les Seigneurs voisins sont avertis, & les déclarations passées à ce Terrier sont d'un plus grand poids contre les Seigneurs voisins, que celles qui sont passées *singulatim*, & sans avertissement public. On peut dire même que l'on ne peut faire un Terrier, en tant que Terrier, sans obtenir Lettres pour ce ; puisque par les art. 54 & 55 de Blois le Roi en dispense seulement les Ecclésiastiques à cause de la perte de leurs titres ; ensorte qu'on peut dire que la dispense donnée aux Ecclésiastiques est une nécessité imposée aux Laïcs d'en obtenir.

Ces Lettres portent commission de saisir ; & en vertu de ces Lettres publiées & registrées au Greffe de la Justice où elles sont adressées, on saisit le Territoire sans assignation préalable. La publication vaut assignation.

Voilà ce qui doit déterminer pour la nécessité de ces Lettres.

De l'effet des Terriers.

IV. Il faut distinguer dans le Terrier la préface ou le préambule, & le corps du Terrier, c'est-à-dire les déclarations qu'il renferme. Les préfaces qui contiennent tous les droits que le Seigneur prétend, ne font aucune foi contre les Tenanciers, si elles ne leur ont été lûes, & s'ils ne les ont signées, ou s'ils n'y ont consenti & déclaré ne sçavoir signer ; parce que les droits étant de convention, je parle d'autres que le Cens, il faut que cette convention soit prouvée par l'acquiescement du Tenancier.

La clause générale qui se trouve de stile à toutes les déclarations, *& autres droits ci-dessus énoncés*, ne se réfere jamais aux droits énoncés dans la préface ou dans le préambule, mais à ceux qui sont nommément exprimés *dans les déclarations*, à moins que le préambule n'ait été solemellement approuvé de tous, ou qu'il ne soit transcrit en tête de chacune des déclarations, & mention que le Déclarant en a pris lecture. *Vide* mon premier Volume des Bannalités, chap. 4, sect. 1.

V. On demande si les Reconnoissances générales sont obligatoires ? Ces Reconnoissances générales sont celles qui concernent tous les droits que l'on exige des Habitans.

Il faut répondre que quand elles sont passées par *tous* les Habitans assemblés *ad hoc*, ou par leurs Syndics fondés du pouvoir *ad hoc* de toute la Communauté, elles sont obligatoires *pour les droits énoncés*, ou dans la Reconnoissance passée par *tous*, ou dans la procuration. Les termes qui sont mis à la fin, *& généralement tous les droits qui appartiennent au Seigneur*, n'obligent pas ; un seul Habitant peut revenir contre cette clause. M. Salvaing, des Fiefs, chap. 75.

CHAPITRE XII.

De la Commise du Fief & de la Roture.

I. REGULIEREMENT la Commise n'a lieu que sur les Fiefs ; on ne la connoît point en Roture, si ce n'est en Normandie & à Tours, suivant Palu sur l'art. 36 à la fin. En Pays de Droit écrit on l'appelle le Droit de Commis, qui avoit lieu sur les Emphitéoses, faute de payement pendant trois ans. Cela n'a plus lieu qu'à l'égard de l'Église.

Ce que c'est que la Commise, & ses causes.

II. La Commise est la peine attachée à l'ingratitude du Vassal.

Il y a deux sortes d'ingratitude, qui sont les deux causes de la Commise.

La premiere est le désaveu du Vassal qui méconnoît son Seigneur. La seconde est la félonie, c'est-à-dire un attentat sur la personne ou honneur du Seigneur, de sa femme, ou de ses enfans, soit par voie de fait, soit par injures atroces. *Vide* mon quatriéme Volume de la Commise, chap. unique, sect. 1.

En Pays de Droit écrit, le désaveu n'emporte point la peine

de Commise. *Vide ibid.* sect. 2. Il n'emporte que saisie de fruits après une contumace bien avérée.

Du Désaveu.

III. Le désaveu est un délit féodal qui emporte la perte du Fief, suivant cet ancien axiome : *Qui Fief nie , Fief perd.* C'est une ingratitude du Vassal qui méconnoît le Seigneur dont il tient le Fief, qui est un bienfait.

Comment il doit être fait pour opérer la Commise.

IV. Il faut , pour opérer la Commise , que le désaveu soit fait avec réflexion & science certaine ; de-là on n'admet dans l'usage que le désaveu fait *en Jugement.* Le désaveu par Acte extrajudiciaire n'emporte pas Commise ; il peut se rétracter facilement ; il faut qu'il soit formel, c'est-à-dire qu'il soit fait de la personne du Seigneur , & de la mouvance.

Du faux Aveu.

V. Il y a le faux aveu ; il se commet lorsque celui qui sçait que son Fief est tenu de Titius, le reporte à Sempronius.

Mais il n'emporte pas Commise, à moins que le vrai Seigneur paroissant , le Vassal ne persiste à soutenir son faux aveu ; alors il dégenere en désaveu formel.

Châlons , Reims , Vermandois disent que , pour éviter la Commise, il ne suffit d'avouer le Roi. Mais nonobstant ces textes, il faut tenir même dans ces Coutumes, que le Vassal qui avoue le Roi au préjudice de son Seigneur , ne commet pas son Fief, à moins qu'il ne soit abandonné par le ministere public , & qu'il ne persiste. Le Roi est toujours présumé Seigneur *immédiat ou médiat* ; & on ne fait aucune injure à son Seigneur en avouant le Roi. Jugé. *Vide ibid.* sur le désaveu.

On tient en Anjou & Maine, que l'omission dans un dénombrement emporte Commise des choses omises : c'est une erreur ; cela ne peut emporter Commise , qu'autant que le Vassal dénieroit la mouvance de ces choses. Alors ce ne seroit plus omission , mais désaveu formel. *Vide ibid.*

Explication de la maxime, il faut avouer ou désavouer.

VI. La plupart des Coutumes disent, le Vassal est tenu d'a-
vouer ou désavouer ; cela ne veut dire autre chose, sinon que
lorsque le Seigneur a saisi le Fief vassal, ou qu'il a pris la voie
de l'action, le Vassal, sous prétexte qu'il ignore la mouvance,
ne peut requerir la communication des Titres du Seigneur,
que préalablement il ne l'ait reconnu Seigneur, ou qu'il ne l'ait
désavoué formellement.

Dans les Pays de Franc-aleu cette maxime n'a pas lieu ; il
faut que le Seigneur prouve son droit. C'est la raison pour laquelle on ne connoît pas le désaveu, ni la peine du désaveu
en ces Pays.

De la jouissance du Vassal désavouant.

VII. Quand le Vassal a passé au désaveu, il a main-levée
provisoire pendant le procès, s'il y a eu saisie préalable ; s'il n'y
en a pas eu, il ne peut plus être saisi : la raison est, que le Seigneur étant désavoué, sa puissance sur le Vassal cesse, ou tout
au moins est en suspens ; & dès qu'il est incertain s'il sera jugé
Seigneur, il est vrai de dire qu'il ne peut agir comme Seigneur
contre ce Vassal.

Cette main-levée provisoire a lieu, quand même il y auroit
eu Sentence qui auroit condamné le désaveu ; l'appel en ce cas
est suspensif, elle peut être infirmée ; les Coutumes disent :
jouira *pendant le procès :* or le procès n'est pas fini, quand il y a
appel, & la maxime certaine est qu'on ne déposséde pas par
provision.

Cas où la main-levée ne s'accorde.

Que si le désaveu étoit fait par un incapable de désavouer,
on n'accorde pas main-levée, parce que le désaveu est nul,
& que dans le vrai il n'y en a point.

Le Seigneur suzerain peut-il être désavoué ?

VIII. Le Seigneur suzerain n'est que le Seigneur médiat
de l'arriere-Fief ; il semble que le désaveu ne puisse avoir lieu
à son égard. Cependant il faut distinguer : ou le Suzerain tenoit

le Vaſſal immédiat ſaiſi , ou il ne le tenoit pas. *Primo caſu* , les Propriétaires des arriere-Fiefs doivent lui porter la foi ; s'il les ſaiſit , en ce cas il peut être déſavoué par l'arriere-Vaſſal qu'il a ſaiſi , & la Commiſe va à ſon profit , ſauf à lui à le reporter en foi à ſon Vaſſal.

Quelles perſonnes peuvent ou ne peuvent pas déſavouer.

IX. Il y a pluſieurs perſonnes qui ſont capables de paſſer au déſaveu ; il y en a qui n'ont pas cette capacité.

Tenez pour principe général , qu'il faut être *Proprietaire* du Fief qui occaſionne le déſaveu , pour pouvoir déſavouer , ou du moins en être poſſeſſeur public & paiſible ; il faut être majeur de majorité féodale. La raiſon pour l'un & pour l'autre eſt , que le déſaveu emporte aliénation ; & que qui n'eſt ni Proprietaire ni majeur , ne peut aliéner ; le mineur même aſſiſté de ſon Tuteur , ne le peut : c'eſt l'avis commun des Auteurs.

De-là les Communautés ſéculieres ou régulieres , les Commandeurs de Malthe , ne peuvent déſavouer ; ou s'ils paſſent au déſaveu , il faut que le déſaveu ſoit decreté par le Supérieur général.

Le grevé de ſubſtitution peut bien déſavouer ; mais il ne perd que les fruits pendant ſa vie , de même que le Titulaire bénéficier.

L'uſufruitier ne peut déſavouer ; comme il ne peut faire la foi , il ne peut auſſi dénier à Seigneur.

Le mari à l'égard des propres de ſa femme , comme il eſt plus que *Procurator* , peut bien déſavouer ; mais il ne perd que les fruits pendant ſa vie.

Mais comme il eſt le maître de la communauté , s'il déſavoue , il perd , & la femme auſſi , la proprieté du conquêt total.

La femme en puiſſance de mari ne peut déſavoner , ſi elle n'y eſt autoriſée par le mari.

Si la Commiſe a lieu de plein droit , & ſi elle ſe preſcrit.

X. La Commiſe n'a pas lieu de plein droit ; il faut qu'elle ſoit prononcée , & cela tant en déſaveu , qu'en félonie. C'eſt un principe général & certain.

Elle ſe preſcrit par 30 ans , parce qu'elle gît en action perſonnelle.

fonnelle. On tient même que fi le Seigneur ne l'a pas intentée de fon vivant, il eft cenfé l'avoir remife ; fes héritiers ne peuvent l'intenter, s'ils ne font défavoués de leur chef.

S'il y a lieu à la rétractation.

XI. Le Défaveu peut être rétracté avant qu'il y ait Jugement ; mais quand il y a eu Jugement de Commife, il n'eft plus en la poffeffion du Vaffal de fe repentir. Au premier cas, on excufe fa foibleffe & fon imprudence ; au fecond cas, il n'y a plus de foibleffe, puifqu'il a voulu tenter le Jugement ; fur l'appel il n'y feroit pas même recevable, parce qu'il a laiffé prononcer le Juge. *Vide* mon quatriéme Volume, *ibid.* fect. 3.

De la Félonie.

XII. La Félonie eft une perfidie, une déloyauté, une offenfe envers le Seigneur ; d'où le mot de *félon* perfide, & cela à caufe de la fidélité que le Vaffal doit à fon Seigneur.

On commet félonie par voye de fait, ou par injure atroce.

Ce crime eft plus perfonnel que réel, relativement à celui contre lequel il eft commis.

Delà le Seigneur peut commettre, c'eft-à-dire perdre fa dominance fur fon Vaffal qu'il auroit offenfé, comme le Vaffal perd fon Fief ; & en cela différe du défaveu, le Seigneur ne perdant jamais fa dominance en défavouant fon Vaffal ; il la perd quand il le méconnoît, c'eft-à-dire il abandonne fa dominance, il reconnoît de gré ou de force qu'il n'eft pas Seigneur ; mais dans le crime de félonie il eft réellement Seigneur, & par ce crime il perd fa dominance : le Vaffal devient immédiat du Suzerain.

Les cas de félonie qui font perdre le Fief au Vaffal, font expliqués dans les Livres des Fiefs que l'on trouve à la fin du Code ; ils font prefque tous fuivis, & ces mêmes cas font perdre au Seigneur fa dominance. *Vide* mon quatriéme Volume, *ibid.* fect. 1 & fuivantes ; mais il faut Jugement, foit pour le Seigneur, foit pour le Vaffal ; la Commife n'eft jamais de droit. *Vide ibid.*

CHAPITRE XIII.

Du Démembrement & du Jeu de Fief.

I. C'Est ici l'*æquor vaftum* , le labyrinthe inextricable. Il fait reculer arriere tous ceux qui veulent s'y embarquer. Cela vient de ce que depuis Dumoulin & Dargentré, il n'eft pas un Auteur , je n'en excepte aucun, qui n'ait confondu le Démembrement & le Jeu de Fief , & tous ont pris pour Démembrement ce qui n'étoit que ou jeu fimple ou jeu exceffif ; plufieurs même ont voulu *dans la Coutume de Paris & fes femblables* , trouver dans le partage de fucceffion un Démembrement, lorfqu'il n'y a *pas même Jeu de Fief.*

Les textes des Coutumes font la plûpart fur ce point, *rudis indigeftaque moles.* Faut-il s'étonner que ceux qui entrent dans la glorieufe lice du Barreau , perdent terre , & fe dégoûtent, quand ils arrivent à l'article 51 de Paris , & à fes femblables.

Depié d'Anjou & autres.

II. Rien de plus fingulier qu'en Anjou , Maine & Touraine , où il y a des titres entiers pour le depié du Fief. Tous les Auteurs font partis du mot *depié* , & y ont voulu trouver un démembrement réel , quand ces Coutumes n'en difent pas un mot. Ils n'ont pas voulu réfléchir que la peine du depié ne tendoit qu'à réunir toutes les parties aliénées de la main du Seigneur dominant de l'Aliénateur , *quant à la mouvance* , c'eft-à-dire les faire toutes mouvoir du Fief fuzerain, comme *parties du Fief* depiecé , & que cela n'a aucun trait au Démembrement réel , qui fait autant de Fiefs diftincts qu'il y a de portions démembrées.

Quelle eft donc la peine de depié dans ces Coutumes ? C'eft en un feul mot la *peine du jeu exceffif* , du jeu fait contre la permiffion de la Coutume, c'eft-à-dire quand on ne partage pas des deux tiers au tiers, quand on aliene le tiers fans rétention de devoir ; le Lecteur fe fouviendra que je lui dis vrai : voilà tous les cas du depié de Fief dans ces Coutumes. Y a-t-il en cela

apparence du Démembrement réel ? Il y a division du corps matériel du Fief ; mais y a-t-il division du titre du Fief *in plura feuda* ? Non. Le Démembrement réel, je l'ai prouvé dans mon
premier Volume, & dans le cinquiéme titre de la succession
des Fiefs, chap. du partage des grands Fiefs, n'emporte pas même la dévolution de mouvance au profit du Suzerain, mais la
nullité du Contrat que le Seigneur peut faire prononcer.

Coutumes d'exception.

Avant de donner les principes du Démembrement & du Jeu
de Fief, il est bon d'avertir qu'il faut mettre à l'écart les Coutumes qui *dans tous les Actes* & dans toutes les aliénations de
Fief, prononcent le Démembrement de Fief, & le tolerent ;
Artois, Boulogne, (Vermandois pour le partage successif.)
Peronne le permet dans tous les Actes, mais il faut que la
volonté de démembrer soit constante dans l'Acte. Amiens de
même.

III. Tenez pour principe général que le Démembrement
du Fief est toujours interdit, si la Coutume ne le permet *textuellement* ; parce que quand le Fief a été une fois formé par
la concession du Seigneur & l'acceptation du Vassal, cela forme un Contrat synallagmatique, auquel aucun ne peut déroger, changer rien sans le consentement de l'autre. Cela part
du principe de Droit, *nihil tam naturale est quam eo genere quodve
dissolvere quo colligatum est. L. 32. ff. de regul. Jur.* & de cet
autre de la Loi 126, *ibid. Quibuscumque modis obligamur iisdem
in contrarium actibus liberamur.* Ces régles nous montrent qu'un
Acte fait par deux ne peut être détruit sans l'autre ; c'est ce
que Dumoulin & Dargentré ont établi *luce meridianâ clariùs.*

Mais le Jeu de Fief, soit par sous-inféodation, soit à cens
ou rente, ou par vente, a été permis de tout tems. On en
voit des traces dans les livres des Fiefs ; autrefois même dans
toutes les Coutumes le Vassal pouvoit se jouer de tout son
Fief ; ce que l'on trouve encore exprimé par ces termes de
quelques-unes qui ont conservé le jeu total, *jusqu'à mettre la
main au bâton. Vide* mon premier & mon troisiéme Volume sur
le Démembrement.

Le Jeu de Fief en total est très-d'usage dans les Pays de
Droit écrit. On dit à Bordeaux qu'il est permis de se jouer de

son Fief *usque ad minimam glebam* ; mais le Démembrement du
Fief sans le consentement du Seigneur y est interdit , comme
étant une contravention formelle à la loi du Fief, c'est-à-dire
au Contrat féodal, qui est un Contrat *ultrò citròque obligatorius* ,
disent Dumoulin & Dargentré. Ces usages de Droit écrit peuvent venir de ce que Simon de Montfort, en portant les Fiefs
chez les Albigeois en 1212, y donna pour régle la Coutume
de Paris. *Vide* Galand , du Franc-aleu à la fin.

Venons à présent aux principes de l'un & de l'autre.

Ce que c'est que le Démembrement.

IV. Le Démembrement du Fief en un seul mot est la division de *la foi*, non pas de *la faction* de la foi, mais de *la foi* en
elle-même ; c'est la division *du titre* du Fief ; c'est d'*un Fief en
faire plusieurs distincts*, subsistans *per se*, & indépendans les uns
des autres, disent les textes des Coutumes & les Auteurs. *Vide*
mon premier & mon troisiéme Volume du Démembrement.

Ainsi tenez pour régle certaine que toutes les fois que par
l'Acte *le titre* du Fief est divisé, là il y a Démembrement du
Fief ; & au contraire toutes les fois que *le titre* n'est pas divisé,
mais que l'aliénation se fait comme *de partie* du Fief, ou sous
la *dépendance* du même Fief, là il n'y a point de Démembrement, mais simple Jeu , & cela dans toutes les Coutumes qui
ne permettent pas le Démembrement. *Vide ibid.*

Parlez autrement des grands Fiefs dignitaires mouvans nuement de la Couronne, comme les Duchés & Comtés-Pairies.
La sous-inféodation, qui est un jeu dans les autres Fiefs, est
un Démembrement dans ces dignitaires, quand ce qu'on sous-
inféode ou ce qu'on aliene est portion *du Domaine primordial*,
c'est-à-dire de celui qui a formé *le Titre* du Duché ou du Comté ; parce que tous ces Domaines ont été réunis pour être tenus de la Couronne *sous une seule foi*, tous forment le Duché ;
quoique par la sous-inféodation cette portion soit toujours portion du Duché, comme tenue de lui, néanmoins le Possesseur
du Duché ne *l'a réellement* plus. Autre chose est des Domaines
acquis & *réunis* au Duché ; comme ils n'ont pas *formé* le Duché, ils sont soumis aux régles des autres Fiefs. C'est ainsi qu'il
faut entendre les Arrêts rapportés par Dufresne sur l'art. 32.
d'Amiens.

De quelle nature est la prohibition de démembrer.

V. La prohibition de démembrer le Fief n'est pas absolue, c'est-à-dire elle n'est que *relative* au Dominant qui a concédé par lui ou par ses auteurs ; nul autre que lui ne peut l'impugner. C'est ce qu'on doit induire de tous les textes de Coutumes qui disent : le Vassal ne peut démembrer son Fief *sans le consentement du Seigneur. Ergo à contrario*, si le Seigneur le veut bien, le Démembrement tient ; aucun autre ne peut en exciper.

De la peine du Démembrement.

VI. Tous les Auteurs conviennent que l'effet du Démembrement n'est pas d'opérer la Commise du Fief ; mais tous se sont embarrassés sur la peine du Démembrement.

Il n'y en a point d'autre, & il ne peut y en avoir d'autre, sinon que le Démembrement ne pouvant se faire sans le consentement du Seigneur, si le Seigneur ne le veut pas, s'il s'y oppose, il faut remettre les choses au même état ; il peut faire annuller le Contrat de Démembrement, & il n'a que cette voie ; car user de Retrait féodal, outre que le Contrat peut n'y être pas sujet, comme une donation, c'est que retirer ce seroit approuver le Démembrement fait sans son consentement ; recevoir les droits, on ne peut l'y forcer, parce que ce seroit le forcer d'approuver, ce que la Coutume déclare ne pouvoir se faire sans le consentement du Seigneur. *Vide* mon premier Volume du Démembrement, chap. 3, & mon cinquiéme *loco suprà citato.*

Du Jeu de Fief, ce que c'est.

VII. Le Jeu de Fief est une aliénation des parties *du corps matériel* du Fief ; c'est, dit l'art. 51 de Paris, en disposer, en faire son profit. C'est, dit Dumoulin, la liberté de disposer de son Fief *citrà dismembrationem*, c'est-à-dire pourvû qu'on ne divise pas *la foi* en quoi le Fief consiste. *Vide* mon troisiéme Volume du Démembrement, chap. 2.

Combien de sortes de Jeu de Fief.

VIII. En général il n'y a que de deux sortes de Jeu de Fief, le Jeu à profit pour le Dominant, le Jeu sans profit pour le Dominant. *Vide* mon premier Volume *ibid.* chap. 5, & le troi- siéme *ibid.* chap. 2.

Le Vassal se joue à profit pour le Dominant ; quand il vend purement & simplement *partie* de son Fief, il y a Quint ou Re- trait ; quand il n'y a Retrait, l'Acquereur rénd la foi de *partie* du Fief.

Le Jeu est à profit quand il donne partie de son Fief, il y a Relief ; & le Donataire entre en foi, *per modum quotæ feudi principalis.*

Un Vassal se joue sans profit pour le Dominant , quand il aliene à foi & hommage envers lui, c'est la sous-inféodation ; ou quand il retient un cens ou bien une rente fonciere *avec une rétention de foi expresse* ; comme il retient la directe Seigneu- rie pardevers lui , il n'y a qu'un Jeu sans profit pour le Do- minant.

Si le Dominant inféode ce Jeu, alors le Vassal ne lui repor- tera plus que *le cens*, ou la rente, ou la mouvance ; s'il ne l'in- féode pas , il reportera tous ses Domaines *ut priùs* ; & arrivant ouverture de son Fief , le Seigneur exercera tous ses droits, tant sur la portion retenue, que sur la portion alienée ; s'il re- tire, il retirera tout ; s'il prend les droits , il prendra par esti- mation sur les portions alienées : c'est ce qui s'induit de l'art. 52 de Paris qui fait le Droit commun. *Vide* mon premier Vo- lume *ibid.* chap. 5 , & mon second *ibid.* chap. 2 & suivans.

Du Partage.

Le Partage en général , si la Coutume ne le dit textuellement, n'est ni Démembrement ni Jeu.

Il n'est pas Démembrement, parce que tous les Coparta- geans portent l'hommage, dit Dargentré , *non ut plurium Feu- dorum , sed ut portionum unius universi à pluribus possessarum.* Du- moulin dit : *Semper remanet unicus titulus Feudi.* C'est la divi- sion du *corps matériel* du Fief en plusieurs portions égales & iné- gales , voilà tout. C'est ce qu'on tient aussi ès Pays de Droit

écrit. Lapeyrere , lettre F. n. 44. *Vide* mon premier Volume *ibid.* chap. 5 , sect. 1.

Il n'est point Jeu ; parce que pour se jouer , il faut que le tout appartienne à un qui se joue : or le Fief appartient à *tous* les héritiers , ils en sont saisis par la Coutume ; ils ne *reçoivent* pas , ils *prennent* leur part. *Vide* mon premier Volume *ibid.* où j'ai démontré l'erreur dans laquelle sont tombés Auzanet & Duplessis.

Du Jeu excessif.

Le Jeu excessif est en un mot le Jeu contre la permission de la Coutume , quand le Vassal aliene à cens , ou à rente , ou à foi envers lui son Domaine plus que la Coutume ne lui permet. Sur quoi il faut voir les textes de chaque Coutume , & mon premier Volume *ibid.* sect. 6. Il faut que ce tiers que la Coutume veut qu'on retienne , soit retenu en Domaine effectif ; en un mot ce qu'il faut se réserver , ou le tiers , ou autre portion , suivant les Coutumes , pour ne pas tomber dans le Jeu excessif , est le tiers *des Domaines fonds* du Fief. *Vide* mon premier Volume du Démembrement , chap. 6. La peine du Jeu excessif est que tout ce qui est aliéné , releve dorénavant immédiatement du Dominant de l'Aliénateur. *Vide ibid.* sect. 6.

CHAPITRE XIV.

De la réunion des Fiefs & Censives.

APRE's avoir parlé du démembrement & du jeu de Fief, nous devons parler de la réunion , qui est l'opposite diamétrale du démembrement & du jeu.

Ce que c'est que la réunion.

I. La réunion en un seul mot est *le retour de la partie au tout.* Cette définition est vraie , elle résout toutes les questions.

Par la réunion , disent plusieurs Coutumes , le sous-Fief devient le *plein* Fief du Dominant ; la Censive redevient le Domaine du Seigneur qui avoit aliéné.

De-là les Coutumes disent , *faire de son Fief son Domaine :*

le mot de *Fief* eſt pris pour la *directe* Seigneurie, c'eſt-à-dire faire que ce qui n'étoit que tenu du Seigneur ou à ſoi, ou à cens, eſt dorénavant ſon *Domaine* utile ; comme *è contrà*, faire *de ſon Domaine ſon Fief*, c'eſt de ſon Domaine utile en faire ſon Domaine direct.

Effet de la réunion.

II. Par la réunion, tout ce qui étoit partie ſubalterne du Fief, ſuivant la définition que nous en avons donné *ſuprà* chap. 1, devient partie principale & égale du Fief.

Les ſous-Fiefs & les Rotures tenuës à cenſives, qui étoient des émanations du Domaine du Fief, reviennent ce qu'ils étoient, ils reviennent Domaines du Fief, *primævam naturam recuperant, non per nobilitationem, ſed per reſumptionem veteris naturæ reviviſcunt*, dit Dargentré. *Vide* mon premier Volume de la Réunion, chap. 1.

Principe important.

III. La réunion ſe fait par la *ſeule conſidération du Fief*, diſent Brodeau & Dupleſſis. Ce principe eſt vrai ; il ſort des textes des Coutumes, *quand le Seigneur de Fief acquiert, &c.* l'argent oiſif du Seigneur, la bienſéance, tout cela ne ſont que des cauſes ſecondes & occaſionnelles. *C'eſt pour aggrandir la table du Seigneur* ; or cette table eſt *ſon Fief* & non ſa Juſtice, *quod nota*. La Juſtice n'y perd & n'y gagne point, elle ne s'étend pas moins ſur les parties réunies que ſur les non-réunies du Fief auquel elle eſt inhérente : car la Juſtice n'eſt qu'inhérente au Fief, elle n'en fait point partie. Juſtice & Fief n'ont rien de commun.

Comment elle ſe fait.

IV. A l'exception de quelques Coutumes, où la réunion ne ſe fait que quand le Vaſſal a reporté dans ſon aveu les parties qu'il a voulu réunir, Vermandois, par exemple, il faut dire, ſuivant l'art. 53 de Paris, qui s'entend des ſous-Fiefs comme des Cenſives, qu'elle ſe fait *in inſtanti* de l'acquiſition par le Seigneur ou par le Vaſſal. Je m'explique ; ſi c'eſt le Seigneur qui acquiert ce qui eſt tenu de lui, il y a réunion *in inſtanti* du Contrat parfait ; ſi c'eſt le Vaſſal qui acquiert le Fief dominant, *dic idem. Vide ibid.* chap. 2.

De

De l'effet de la réunion, & de la déclaration de non-réunion.

V. L'effet principal de la réunion en général, est que les parties réunies sont perpétuellement réunies, si on ne les réaliene de nouveau, suivant les permissions des Coutumes. *Vide ibid.* chap. 1.

Mais l'Acquereur peut parer à cette réunion, en déclarant *par le Contrat* qu'il veut tenir ce qu'il acquiert séparément de ce qu'il a déja ; & alors, quoique dans la même main, les parties restent comme elles étoient.

Cette déclaration n'a pas un effet perpétuel ; elle ne profite qu'à celui qui l'a faite ; ensorte que si le Fief & le sous-Fief tombent au même héritier, qui par le partage ne déclare pas qu'il veut tenir séparément, la réunion se fait en sa personne, parce qu'il commence sa possession, & qu'il la commence *confusément* : la réunion se fait par voie de succession. De même si celui qui tenoit non réunis le Fief & le sous-Fief, les vend ensemble à un même qui ne fait pas pareille déclaration, il y a réunion par le même principe, parce que la désunion est une violence faite au tronc du Fief, dont on a arraché une portion en l'aliénant ; & comme le retour de la partie au tout est un retour naturel, quand ces deux parties se retrouvent dans la même main, elles se réunissent d'elles-mêmes, s'il n'y a déclaration au contraire. *Vide ibid.* chap. 4.

De la qualité requise pour réunir, & de ceux qui ne peuvent réunir.

VI. Tenez pour principe certain que pour pouvoir réunir, il faut être Propriétaire de deux parties que l'on veut réunir. De-là l'Acquereur à faculté de rémeré ne réunit que *sub conditione resolutivâ*, parce qu'il peut être évincé de la partie qu'il avoit acquise sous cette faculté.

Le Bénéficier qui jouit comme Propriétaire, meurt usufruitier ; & dès-là ne réunit point ses acquisitions.

Le Suzerain qui acquiert ou retire un arriere-Fief pendant la saisie du Fief servant, ne le réunit point ; parce qu'il y a un milieu qui est le Fief servant d'où cet arriere-Fief est émané, & dont il n'est point Propriétaire.

Le Grevé de substitution meurt usufruitier ; *ergò* ne réunit point ce qu'il acquiert, cela passe à ses héritiers.

Tome V. HHhh

L'Héritier bénéficiaire ne réunit point, parce qu'il peut être évincé des portions qui faisoient partie de la succession, dont il n'est que régisseur vis-à-vis des Créanciers.

L'Engagiste ne peut réunir, parce qu'il n'est pas Proprietaire du Domaine engagé.

L'Apanager ne réunit point, parce que, quoiqu'il jouisse comme Proprietaire, néanmoins la ligne masculine manquante, ce Domaine retourne à la Couronne : il n'est pas Proprietaire incommutable. *Vide ibid.* chap. 3.

Le Haut-Justicier qui acquiert par droit de Justice, ne réunit pas, parce qu'il n'acquiert pas en considération du Fief. *Vide ibid.*

Des autres réunions.

VII. Il y a plusieurs moyens de réunir. Parcourons-les.

De la réunion par mariage.

La réunion des conquêts est toujours en suspens jusqu'à la dissolution du mariage, si le conquêt dépend du propre de l'un des deux conjoints, *aut vice versâ*, si le propre en dépend ; parce qu'il est incertain si par le partage le conquêt tombera à celui auquel le propre appartient, & s'il lui tombera en tout ou pour partie ; car alors il n'y aura réunion que de ce qui sera dans son lot.

Mais si le Fief dominant & le sous-Fief ou Roture acquis sont tous deux conquêts, alors il y a réunion *ipso facto*, si le mari ne fait sa déclaration *in instanti*. Le partage s'en fait tels qu'ils se trouvent au jour de la dissolution du mariage, sans que la femme puisse s'en plaindre, parce que le mari est le maître de la communauté. *Vide ibid.* chap. 4, dist. 2 & 3.

De la réunion par mariage & par voie de succession.

VIII. Quelquefois la réunion se fait par le mariage, lorsque la femme apporte un Fief tenu du propre du mari, *aut vice versâ* ; les Coutumes d'Anjou & du Maine l'admettent, mais c'est une réunion momentanée, imparfaite ; c'est une simple accession des biens de la femme à ceux du mari, & cela finit par la mort d'un des deux conjoints.

La réunion par mariage peut amener la réunion pleine par voie de succeſſion. Quand un enfant ſuccede à ſes pere & mere, & qu'en ſuccédant il ne déclare pas la non-réunion, les deux propres dominant & ſervant ſont réunis ; s'il les vend, ils paſſent réunis à l'Acquereur.

Mais cette réunion n'a pas un effet perpétuel, quand les Fiefs paſſent de ſucceſſion en ſucceſſion, à cauſe de la diſtinction des lignes qui eſt toujours éminente.

Si l'enfant ou arriere-petit-fils meurt ſans enfans, la régle *paterna paternis, materna maternis*, fait diſtinguer les biens ; & les collateraux ſuccedent à ce dernier enfant, comme s'ils ſuccédoient aux pere & mere premiers auteurs de la réunion, comme ſi ces pere & mere fuſſent morts ſans enfans ; alors le propre paternel va aux héritiers paternels, & le propre maternel retourne aux héritiers maternels, & ils retournent comme ils étoient lors du mariage qui les a mêlés. *Vide ibid.* chap. 4. diſt. 1.

Exception notable des principes ci-deſſus.

IX. Dans toutes les Coutumes qui prononcent démembrement dans tous les Actes de partage ou d'aliénation, quand on acquiert, ou que l'on ſuccede à une des portions *démembrées*, il n'y a point de réunion. La raiſon eſt que par le *démembrement* ces deux parties ſont devenues deux *tout* indépendans l'un de l'autre : or la réunion ne ſe fait que de la partie au tout. L'article 104. d'Artois vous en donne un exemple certain. *Vide.*

CHAPITRE XV.

De la Licitation.

I. LA Licitation eſt un mode de partager les indiviſibles ; j'entends indiviſibles moralement non phyſiquement. Ce mode de partage nous eſt venu des Romains ; il n'y a qu'à voir les Titres du Digeſte & du Code, *Famil. erciſcundæ, Commune dividundo*, & *Communia utriuſque judicii*. *Vide* mon premier Volume de la Licitation, chap. 2.

HHhhh ij

Elle a été inventée pour sortir de société, dans laquelle personne ne peut être forcé de demeurer.

Qualités requises pour liciter.

II. Pour pouvoir liciter, il faut être Coproprietaires par indivis, soit *cum societate*, c'est-à-dire par acquisition, soit *sine societate*, *id est* Cohéritiers, Colégataires, Codonataires. Il suffit que l'on soit commun de quelque façon que ce soit pour pouvoir liciter l'immeuble au lieu de le partager. L'art. 80 de Paris a été étendu à tous Coproprietaires ; & cela a lieu dans tous les Pays coutumiers, *à fortiori* ès Pays de Droit écrit.

Forme de liciter.

III. On peut liciter soit en Justice, soit entre soi pardevant Notaires ; la nécessité de liciter en Justice, sous peine d'être sujets aux Droits seigneuriaux, est une pure cavillation que les Arrêts ont rejettée ; & soit en Justice, soit pardevant Notaires, on peut y admettre un étranger, sans que cela passe pour vente ; si l'immeuble est adjugé à un des Coproprietaires, l'étranger n'est censé y avoir été appellé que pour exciter les encheres.

Mais pour liciter entre soi pardevant Notaires, il faut être tous *majeurs* ; il ne suffit pas que le Provoquant soit majeur, il peut bien forcer le Mineur, pourvû que ce soit en Justice, & c'est le cas du rapport préalable ordonné par l'art. 80 ; car entre tous Majeurs le rapport n'est pas nécessaire. Ne croyez pas cependant * que si la Licitation étoit faite devant Notaires avec un Mineur, cela emportât Droits seigneuriaux. Non. La forme de liciter ne regarde point les Seigneurs, il suffit que l'Acte soit *réellement une Licitation* ; & quand nous disons que lorsqu'il y a des Mineurs, la Licitation ne se peut faire pardevant Notaires, c'est parce qu'elle emporte aliénation, & que les Mineurs ne peuvent aliéner sans la permission de la Justice ; cet Acte pourroit être annullé ; voilà tout le risque que les Colicitans courroient. *Vide ibid.* chap. 3, & sect. 2 dudit chapitre.

S'il faut que l'immeuble soit réellement indivisible.

IV. Il suffit que les Colicitans trouvent de l'incommodité à partager, pour pouvoir liciter sans crainte de Droits seigneuriaux : *Quando res non potest commode dividi*, *vel non placet ut dividatur.* Les Seigneurs ne doivent pas gêner les Contractans, *ut sic vel sic faciant.* C'est l'interêt des Colicitans seuls que l'on consulte, c'est l'avis des meilleurs Auteurs, c'est la Jurisprudence universelle, tant des Parlemens de Coutumes, que des Parlemens de Droit écrit ; le Seigneur n'a que la voie de prouver, non pas la fraude de ses droits, mais *la simulation* de l'Acte, c'est-à-dire que l'Acte n'est pas réellement une Licitation ; car s'il est Licitation, nuls droits. *Vide ibid.* chap. 3, sect. 2, & chap. 6.

Que le terme de vente employé par les Licitans, n'en fait pas une vente.

V. La Licitation, en quelques termes que l'Acte soit conçu, est franche de Droits seigneuriaux, quand le terme de *vente* y seroit employé ; parce que, disent tous les Docteurs, il faut dans un Acte regarder l'intention des Contractans ; & dans ce cas la premiere intention des Parties a été de partager, & non de vendre, *si modo consorti fiat*, dit Dargentré, cela suffit pour qu'il n'y ait droits. *Vide ibid.* chap. 6.

Exception de la maxime touchant les qualités requises.

VI. Nous avons dit qu'il suffisoit d'être coproprietaires, *quoquomodo*, pour pouvoir liciter, cela est vrai ; mais pour être exempts de droits, les Arrêts ont distingué entre les coproprietaires, ceux qui étoient coproprietaires *ab initio*, & les coproprietaires ou héritiers d'un coproprietaire *intermédiaire*.

Les coproprietaires *primario* qui sont les acquereurs, les cohéritiers, codonataires ou colégataires, ou leurs héritiers, sont francs de droits, quand ils sont adjudicataires.

Au contraire, le coproprietaire intermédiaire, ou son héritier, s'il acquiert, doit les droits des portions des autres qui lui sont adjugées, soit qu'il soit provoquant, soit qu'il soit pro-

voqué. Telle est la Jurisprudence constante & universelle.

On appelle copropriétaire *intermédiaire* celui qui a acquis la portion d'un copropriétaire, & qui après licite avec les autres copropriétaires, & est adjudicataire ; il doit les droits. Car si un des anciens communs étoit adjudicataire, il ne devroit rien du tout, parce qu'il a la qualité pour être adjudicataire franc de droits. *Vide ibid.* chap. 3, dans toutes les sections.

VII. Nous avons dit que la Licitation étoit franche ; néanmoins il faut distinguer, ou lors du partage l'immeuble a été partagé, ou il est resté commun, parce que les cohéritiers ont cru ne devoir pas ou ne pouvoir pas le partager. *Primo casu,* c'est une vente, il n'y a plus de motif de Licitation. *Secundo casu,* point de droits, parce qu'à l'égard de cet immeuble, il est vrai de dire qu'il n'y a jamais eu de partage.

Mais le premier Acte entre cohéritiers avant partage, en quelques termes qu'il soit conçu, est franc de droits. *Vide ibid.* chap. 3, sect. 2 & 3, §. 1.

S'il faut liciter vis-à-vis de tous pour être exempt de droits.

VIII. Il n'est pas nécessaire que tous les copropriétaires licitent pour rendre la Licitation franche de droits. On peut liciter vis-à-vis d'un autre, cela n'opere qu'un retranchement de nombre. *Vide ibid.* sect. 3, §. 4.

Cela est dans les vrais principes. 1°. Parce que tous & chacun d'eux ont *totum in toto, & totum in qualibet parte.* 2°. C'est qu'il est indifférent, dit Dumoulin, §. *hodie* 33, gl. 1, n. 72, qu'un d'eux *sive uni sive omnibus cedat.* Et enfin, parce que ces deux Licitans n'ont envie que de diviser, & non de vendre. *Vide ibid.* chap. 6.

CHAPITRE XVI.

De la Prescription.

I. LA Prescription du Seigneur sur le Vassal, *& vice versâ*, est une matiere épineuse.

Le principe général écrit dans tous les textes des Coutumes, est que le Seigneur ne peut prescrire contre son Vassal, *nec è contrà.*

Mais l'art. 12 de Paris qui rejette la Prescription du Seigneur sur son Vassal, quand il tient le Fief saisi *etiam per mille annos*, a fait conclure que hors le cas de la saisie, un Seigneur pouvoit prescrire sur son Vassal comme tout autre par 30 ans. Cela fondé sur une note de Dumoulin sur l'art. 37 de Blois, où il a dit, *secùs si constaret quod non cœpit possidere jure feudi, sed pro suo domanio.*

J'ai fait voir que cette note de Dumoulin avoit été mal entendue : car il ajoute, *ut dixi in consuetudine Parisiensi.* Cette note n'est pas pure & simple ; & sur Paris, §. 7, *hodie* 12, il fait voir qu'en aucun cas la Prescription *trentenaire* n'est admise entre le Seigneur & le Vassal, mais qu'ils peuvent prescrire par 30 ans l'un contre l'autre, *extrà id quod tenetur in feudum. Vide* mon second volume de la Prescription, chap. 2 & 3.

II. Si le Seigneur tenant le Fief saisi le vend, ou une portion, à un tiers qui depuis la vente possede par 30 ans, le Vassal qui se présente ne peut plus déposseder ce tiers, qui n'a pour titre que la Prescription. *Vide ibid.* chap. 3 *in fine* ; mais il a ses dommages & intérêts contre le Seigneur.

Si un Particulier a prescrit par 30 ans le Fief ou la roture d'un autre, le Seigneur ne peut prétendre cet héritage comme vacant ; il doit le recevoir à Vassal ou Tenancier sans profits, parce que les profits sont prescrits. *Vide ibid.*

Le Domaine du Roi est inaliénable & imprescriptible ; & pour sçavoir ce qui est Domaine, *vide* l'Ordonnance de 1566, & mon cinquiéme Volume.

Du Suzerain.

III. Le Suzerain ne peut prescrire l'arriere-Fief sur son Vassal : la raison est que celui qui reclame cet arriere-Fief, le reclame comme portion du Fief qu'il reporte au Suzerain qui est son dominant. Le dénombrement reçu, dans lequel cet arriere-Fief est reporté, est un titre *qui perpetuò clamat. Vide ibid.* chap. 3.

Seigneur contre Seigneur.

IV. La Prescription a lieu de Seigneur contre Seigneur pendant 30 ans : c'est un principe commun ; mais il faut que la Prescription ait commencé par des titres publics, comme des Actes de foi à mutations publiques, en roture par des décla-

rations paſſées à un Terrier publié ; les autres ſeroient des Actes clandeſtins. *Vide ibid.* chap. 4.

Du Cens , des Droits ſeigneuriaux.

V. Le Cens eſt impreſcriptible en tout Pays coutumier, de Droit écrit & de franc-aleu : je l'ai établi *ſuprà* ; mais les arrérages s'en preſcrivent par trente ans , ainſi que les lods & ventes , quints & reliefs. Bourbonnois , art. 1 1 , tient le Cens preſcriptible.

La quotité du Cens ſe preſcrit , mais non ſa nature ; c'eſt-à-dire que s'il eſt ſans argent , il faut toujours le payer en argent ; la poſſeſſion de le payer en une autre eſpéce ne fait rien. Pour preſcrire la quotité , il faut un payement continuel par 3 0 ans prouvé par quittances ; par exemple , on doit dix ſols de cens , il faut prouver n'avoir payé que cinq ſols plus ou moins.

CHAPITRE XVII.

De la ſucceſſion des Fiefs.

I. LE partage des Fiefs entre enfans & collatéraux eſt peu ſuſceptible de régles générales ; les Coutumes ſont ſi variées ſur ce point , qu'il n'eſt pas poſſible d'y établir des principes qui aillent par tout.

Les préciputs & portions avantageuſes des aînés ou des plus âgés en quelques Coutumes , en directe comme en collatérale , ſont preſque d'uſage local pour chaque Coutume.

Le Pays de Droit écrit ne connoît point le droit d'aîneſſe ; ſi l'aîné a le Fief , c'eſt par accommodement , ou par ordonnance du pere : les biens féodaux s'y partagent comme les autres.

En Pays de Coutumes , deux choſes ſeulement différencient le partage des Fiefs , du partage des autres biens.

La premiere eſt le droit d'aîneſſe.

La ſeconde , c'eſt la prérogative des mâles ſur les femelles.

Voilà les deux points principaux de la ſucceſſion des Fiefs.

Du Droit d'aînesse.

II. En général le droit d'aînesse n'a lieu qu'en directe. Quelques Coutumes, comme Tours, Angoumois, Poitou, le donnent en collatérale ; & dans quelques-unes de ces Coutumes, en collatérale on regarde le plus âgé des mâles extans lors de la succession, non le descendant de l'aîné.

D'autres, comme Picardie, Artois, donnent tous les Fiefs à l'aîné, même en collatérale, sauf le quint hérédital aux puînés : encore l'aîné a un tems pour retirer ce quint.

Quelques autres, comme Anjou & Maine, distinguent les Nobles & les Roturiers, les mâles & les femelles : entre Nobles, l'aîné a tout, les puînés n'ont leurs portions qu'*en bienfait*, *id est* à vie. Cependant les pere & mere ou le frere peuvent leur donner leurs portions *par héritage*, *id est* en propriété. Les femelles l'ont *par héritage*.

Les Roturiers partagent également, jusqu'à ce que le Fief soit tombé en tierce foi, auquel cas ils le partagent noblement.

Ce que c'est qu'un Fief tombé en tierce foi.

L'on appelle tombé en tierce foi, par exemple, quand Titius roturier acquiert un Fief, il fait la foi ; son fils lui succede, il fait la foi ; les petits-fils lui succedent, le voilà encore en tierce foi ; & alors ils le partagent noblement, Maine 274, Anjou 255, 256, & toujours *par héritage* entre Roturiers. On ne compte que pour une foi celle faite par mari & femme pour un conquêt, art. 275 du Maine ; les divers foi & hommages faits par une même personne ne sont comptés que pour une foi.

A qui appartient le droit d'aînesse.

III. Le droit d'aînesse appartient à l'aîné mâle, c'est-à-dire au plus âgé des mâles, quand même dans l'ordre de la nature il seroit le puîné de toutes les femelles, pourvû qu'il soit légitime ou légitimé par mariage subséquent. Les filles en général ne sont point admises au droit d'aînesse ; & entr'elles il n'y en a point, si la Coutume ne le dit. Duplessis sur Paris,

titre des Succeſſ. liv. 1, chap. 2. Lebrun, des Succeſſ. édit.
1714, liv. 2, chap. 2, ſect. 1.

Quand nous diſons que le droit d'aîneſſe appartient à l'aîné,
il faut dire à l'aîné ou à ſa repréſentation ; & dans ce cas en
général la fille repréſentant l'aîné a le droit d'aîneſſe.

Quelques Coutumes diſtinguent, ſi les filles ſuccedent avec
des oncles, ou ſi elles ne ſuccedent qu'avec des couſines. *Primo
caſu*, elles n'ont pas toutes les prérogatives du droit d'aîneſſe. *Secundo caſu*, elles ſuccedent comme leur pere. Troyes,
Rheims, Laon, Nevers, Auxerre. Lebrun, *ibid*.

Si l'aî. é meurt ſans hoirs, diſtinguez : ou il meurt avant
la ſucceſſion ouverte, ou il meurt depuis, mais avant partage. *Primo caſu*, le puîné a le droit d'aîneſſe, parce qu'on ne
regarde que le tems de l'ouverture de la ſucceſſion. *Secundo
caſu*, le puîné n'y ſuccede pas ; la part de cet aîné accroît aux
autres : ſi ce n'eſt à Melun, art. 95. Lebrun, *ibid*.

Comment la repréſentation de l'aîné prend-elle & ſe ſubdiviſe-t-elle ?

IV. Les repréſentans l'aîné prennent à eux tous le droit
d'aîneſſe en entier, tel que leur pere l'auroit eu dans la ſucceſſion de leur ayeul.

Mais diſtinguez pour la ſubdiviſion : Si la repréſentation eſt
toute de filles, elles partagent également ſans prérogative
d'aîneſſe ; s'il y a des mâles & des femelles, l'aîné de la repréſentation prend le préciput tel que le pere l'auroit eu, & le
ſurplus ſe partage comme on feroit un Fief entier. Dupleſſis,
ibid.

Si tous les enfans ſont morts avant le pere, & qu'il n'y
ait que des repréſentans, alors la repréſentation de l'aîné aura le préciput & le droit d'aîneſſe dans la ſucceſſion de l'ayeul,
comme l'aîné l'auroit eu, & ſubdiviſeront comme deſſus.

Mais les repréſentans les puînés ſubdiviſeront-ils de même ?

Dans la Coutume du grand Perche cela eſt ſans difficulté ;
ils ſubdiviſent comme en directe.

A Paris & ſes ſemblables, les opinions ſont partagées. La
meilleure opinion eſt que la ſubdiviſion ſe fait entr'eux comme dans la ſubdiviſion de l'aîné. La raiſon eſt, que quand le
partage eſt fait entre les repréſentans, ce qui eſt échu dans
chaque branche n'eſt plus la ſucceſſion de l'ayeul, c'eſt la ſuc-

cession du pere ; & l'aîné de chaque représentation doit avoir son droit d'aînesse. Lebrun, *ibid.*

Cas du douaire & de la continuation de communauté.

V. Quand les enfans renoncent à la succession de leur pere, & qu'ils se tiennent au douaire, il n'y a pas de droit d'aînesse. La raison est, que si le droit d'aînesse est un bénéfice de la loi, c'est pour dire que le pere ne peut l'empêcher ; mais ce n'est pas assez d'être enfant, il faut être héritier.

Le droit d'aînesse n'a pas lieu non plus dans un partage de continuation de communauté. La raison est, que le Fief est censé acquis avec le survivant par tous les enfans, & que le droit d'aînesse n'a lieu qu'en cas de succession. *Quod intellige* de la part qui revient aux enfans à titre de continuation de communauté ; car il y a droit d'aînesse dans la portion que le survivant leur laissera. Le Maître sur Paris, édition 1741, p. 461 & 462.

De l'aîné réduit à sa légitime.

VI. Le pere ne peut empêcher que son aîné n'ait le droit d'aînesse sur les biens féodaux qu'il laisse dans sa succession, parce que ce droit est un bénéfice de la loi ; mais le pere peut réduire son aîné à la légitime.

Dans le cas où le pere auroit réduit son aîné à la légitime, l'aîné vis-à-vis de ses freres & sœurs a son préciput & sa légitime, le pere ne peut même substituer ce droit ; aussi au profit des créanciers de l'aîné, on fait distraction du préciput & du droit d'aînesse, & dans le surplus de la succession on lui donne sa légitime. Arrêt en la Grand'Chambre *in terminis* au rapport de M. l'Abbé Lemoine, du 4 Juillet 1737, au profit des créanciers du Marquis d'Arson, contre les freres du Marquis d'Arson.

Dans tous les cas où le fils se plaint que le pere a blessé son droit d'aînesse, on ne peut lui opposer qu'il est héritier, & par conséquent non recevable ; parce que c'est moins une fraude au fils qu'à la loi qui donne ce droit d'aînesse. Lebrun, *ibid.* Dumoulin, §. 8, *hodie* 13, gl. 3, n. 22.

Le fils aîné renonçant au droit d'aînesse *vivente patre*, est restituable ; c'est toujours *metu patris.* S'il partageoit comme

roture ce qui est Fief, il seroit restituable. Il faut prouver 1°. Qu'il sçavoit que c'étoit un Fief. 2°. Que par le partage il a expressément renoncé au droit d'aînesse. Lebrun, *ibid.*

Du partage avec un second mari.

VII. Le droit d'aînesse a lieu dans le partage que feroit un fils avec un second mari, d'un Fief de la succession de sa mere. La raison est, que par l'Edit des secondes Noces, le second mari ne partage que comme enfant moins prenant ; & dès qu'il partage comme enfant, il doit souffrir le prélevement du droit d'aînesse.

Du Fief acquis ou vendu par le pere à rémeré.

VIII. Si le pere a acquis un Fief à rémeré, il se partage comme un Fief ordinaire de la succession ; & si le rémeré est exercé depuis la mort du pere, comme l'aîné étoit saisi de ce droit, il conserve son droit d'aînesse sur le prix.

Si au contraire le pere l'a vendu, & qu'il meure pendant la grace, l'aîné peut bien le retirer ; mais il ne peut forcer ses puînés à y contribuer, parce qu'il n'y a point d'obligation d'exercer un Retrait conventionnel qui n'est point une dette de la succession ; s'ils y veulent contribuer, ils payeront à proportion de l'émolument qu'ils en tirent ; l'aîné payera de même, parce que ce n'est pas une dette de la succession. Lebrun, *ibid.*

Comment se prend le droit d'aînesse dans les deux successions de pere & de mere.

IX. Le droit d'aînesse se prend dans chaque succession de pere & de mere suivant les Coutumes ; & dans une même succession l'aîné a autant de préciputs & de portions avantageuses qu'il y a de Coutumes, je ne dis pas de Bailliages, où les biens sont situés. Lebrun, *ibid.*

Il y a des Coutumes, comme Dreux, Châteauneuf en Thimerais, qui ne donnent qu'un manoir pour les deux successions ; ce sont usages locaux. D'autres ne donnent qu'un droit d'aînesse pour les deux successions. Bar, Auxerre.

Il y a d'autres Coutumes qui, lorsqu'il y a plusieurs Châteaux ou manoirs dans les successions, donnent à l'aîné le choix

d'un, ensuite au puîné le choix d'un autre ; *& sic* de puînés en puînés mâles. La Coutume de Troyes est dans ce goût ; c'est un reste des anciens Etablissemens de Thibault Comte de Champagne, & de la Comtesse Blanche sa mere.

Nota. On nommoit *Etablissement* les Ordonnances que les Princes donnoient comme Coutumes à observer. Nous avons les Etablissemens de Saint Louis pour Paris & pour Orleans, les Etablissemens de Philippe Auguste pour les Juifs.

Quand il n'y a qu'un Fief conquêt.

X. Lorsque dans les deux successions de pere & mere il n'y a qu'un Fief conquêt, les uns ont pensé qu'il falloit le manoir pour l'une, & un arpent de terre autre que celui du vol du chapon pour l'autre.

D'autres, & c'est le meilleur avis, ont pensé que l'aîné prenoit le manoir & l'arpent pour les deux, parce que chaque succession n'avoit réellement que moitié dans le manoir & dans l'arpent ; le tout sauf la légitime des puînés & leur récompense en argent, s'il n'y avoit autres terres dans les successions. Brodeau sur l'art. 15. Duplessis, des Success. chap. 2. Le Maître sur Paris, pag. 463, édit. 1741.

Des avantages du Préciput.

XI. Si dans l'enceinte du préciput il y a fours & moulins bannaux ou non bannaux, les corps appartiennent à l'aîné, les profits se partagent, & les puînés contribuent aux réparations.

A l'égard de la Justice annexée au Fief, elle se partage comme le Fief, non pas pour faire autant de Justices que de portions, mais pour, suivant l'Edit de Roussillon de 1563, avoir par tous les enfans part aux émolumens & à l'exercice de la Justice, suivant les portions qu'ils y ont. Exceptez les Coutumes de Parage, desquelles *infrà.*

Mais le titre, la qualité de Seigneur indéfiniment appartient à l'aîné ; les puînés ne peuvent se dire que Seigneurs en partie. La femelle représentant l'aîné a ce même avantage, si la Coutume, comme Troyes, ne s'y oppose.

Le Franc-aleu noble se partage comme le Fief.

L'aîné , quoique plus avantagé, ne paye les dettes que *pro virili*, si ce ne sont charges réelles & foncieres de son préciput.

Tout cela est de principe constant.

Le douaire est préférable au droit d'aînesse , parce que c'est une légitime. Le Maître, édit. 1741 , pag. 466.

De la prérogative des mâles en collatérale.

XII. Comme les prérogatives des mâles sur les femelles ne consistent en directe qu'en ce que le mâle a le droit de préciput & de portions avantageuses au préjudice de ses sœurs, même ses aînées , passons au partage des Fiefs en collatérale.

La préférence des mâles sur les femelles est un droit inné en France , où les Fiefs ont été principalement attachés à la masculinité, à cause du service de guerre qui y étoit attaché.

Autrefois les femelles étoient déclarées incapables de posséder des Fiefs ; peu après elles y ont été admises en directe : elles sont même encore excluses des grands Fiefs dignitaires mouvans nuement de la Couronne pour le titre , comme de Duché-Pairie , s'il n'a été accordé pour les mâles & femelles , ou créé en faveur d'une femelle.

Mais si elles ont été admises à la succession des Fiefs en directe, en collatérale on a conservé cette rigueur, quand elles sont en parité de degré avec les mâles. C'est le droit général. Il n'y a que les Coutumes de représentation à l'infini dans les deux lignes, comme la Coutume du grand Perche, qui y ayent dérogé.

Nous n'allons donner que les régles générales , sauf aux Lecteurs à recourir aux textes des Coutumes particulieres. Parlons donc de cette prérogative.

XIII. En degré égal le frere germain exclut sa sœur germaine ; cela est de droit si étroit , qu'on ne peut par testament ordonner le partage égal entre ses freres & sœurs : cependant si cela est fait *intrà terminos juris* , cela peut valoir comme legs.

Mais dans les Coutumes de double lien, la sœur germaine du défunt exclura les freres consanguins ou uterins dans les Fiefs susceptibles du droit de double lien. Lebrun, *ibid.* sect. 2.

XIV. Si un neveu fils d'un frere concourt avec sa tante, à Paris il n'exclura pas sa tante , parce qu'elle a la proximité

du degré, *idem* en cas de rappel. Lebrun, *ibid.* Duplessis, des
Successf. liv. 2, chap. 2, sect. 2. Le Maître sur Paris, éd. 1741,
pag. 511. Mais dans la subdivision, c'est-à-dire lorsque le
partage est fait avec la tante, il se trouve dans une branche
des mâles & des femelles; alors étant en pareil degré, les mâles excluent les femelles. Cependant si dans la subdivision il
ne se trouvoit que des Fiefs, je crois qu'il faudroit récompense aux filles qui pourroient être frustrées, en faisant tomber
des Fiefs seulement dans le lot de cette branche. Dans les Coutumes, comme Senlis & Blois, qui n'admettent point la représentation en collatérale, le neveu, quoique rappellé *intrà*
terminos juris, n'excluera pas sa tante.

XV. Si le défunt laisse un frere, une niéce même issue d'un
mâle, & un neveu issu d'un frere, la femelle qui par représentation concourt avec son oncle est excluse par son oncle,
& l'exclusion profite au neveu. Outre l'Arrêt du 23 Février
1663, connu sous le nom d'Arrêt de Saintot, il y a Arrêt de
réglement en la Coutume de Chartres du 29 Décembre 1735,
pour les sieurs le Breton contre la Demoiselle leur sœur. Cet
Arrêt paroît fixer la Jurisprudence; cependant *vide* mon cinquiéme Volume.

Le mâle venu d'une sœur du défunt est exclus par le frere
du défunt, art. 322 de Paris qui fait le droit commun.

XVI. Si tous viennent dans le second degré de la collatérale, comme tous neveux, les uns issus de mâles, les autres
issus de femelles, alors on ne considere point d'où ils sont issus;
comme ils viennent tous de leur chef, ils viennent tous également. *Vide* les Auteurs *ibid.* C'est un principe constant. La
raison est, que toutes les fois qu'il s'agit de la capacité d'un héritier, il faut se fixer au tems de la mort de celui *de cujus.*

Dans les Coutumes de représentation à l'infini, comme le
grand Perche, le mâle issu d'une fille n'exclura pas la fille venue d'une fille, parce que dans cette Coutume le mâle porte
toujours le vice de son Auteur.

On pose un principe comme certain dans ce cas, c'est que
le sexe fait obstacle passivement & activement; on porte le
vice de la personne représentée, comme on porte son propre
vice: néanmoins *vide* mon cinquiéme Volume.

CHAPITRE XVIII.

Du Parage.

I. LE Parage est un mode introduit dès le commencement de la patrimonialité des Fiefs, pour succéder aux Fiefs, & pour les partager entre freres & sœurs ; c'étoit autrefois le seul partage connu. D'où de Lauriere sur Ragueau, au mot Parage, tient que c'étoit la même chose que *frerage*, parce que régulierement il n'a lieu qu'entre freres & sœurs.

Comme le Parage légal tend toujours à la sous-inféodation des parts cadettes, les hauts Seigneurs firent tout ce qu'ils purent pour l'abolir. On en voit des preuves dans une Charte que plusieurs Seigneurs obtinrent de Philippe Auguste, Charte que quelques-uns appellent Ordonnance. Brusselles la dit de 1210. L'Editeur des Ordonnances du Louvre la dit de 1209. Quoiqu'il en soit, elle n'est qu'un accord autorisé par le Roi. Cela est si vrai, que les Etablissemens de Saint Louis de 1270 admettent encore le Parage. *Vide* mon troisiéme Volume, du Parage, chap. 1.

Coutumes où il a lieu.

II. Aujourd'hui le Parage n'est plus connu qu'en Anjou, Maine & Normandie, entre filles nobles. A Blois entre filles pendant que la succession est indivise. En Poitou, Usance de Saintes, Saint Jean d'Angely, Angoumois, Lodunois, Bretagne, entre mâles & femelles nobles. Poitou même l'admet entre les roturiers mâles & femelles.

Combien de sortes de Parage.

III. Il n'y a proprement que le *Parage légal* qui soit admis ; c'est celui que la Coutume prononce. On en connoît un second que l'on appelle *Parage conventionnel*, qui s'établit entre plusieurs coacquereurs d'un même Fief, qui conviennent d'un *chemier*, c'est-à-dire de celui qui fera la foi pour tous.

Le Parage conventionnel n'est connu qu'en Poitou, Usance

de Saintes & Angoumois. Par-tout ailleurs tenez pour principe, qu'on ne peut établir un Parage conventionnel sans la permission du Roi ou du Seigneur dominant. *Vide ibid.*

Ce Parage que l'on nomme conventionnel ne finit jamais
que par une convention contraire, & dès-là ne tend point à
la sous-inféodation ; au contraire le Parage légal a une fin déterminée par les Coutumes.

Poitou & Saintes distinguent le conventionnel en deux sortes.

Ce que c'est que part-prenant, part-mettant, & gariment.

La premiere qu'on appelle tenir en *part-prenant & part-
mettant* ; la seconde qu'on appelle tenir en *gariment* ; toutes
deux reviennent au même but.

C'est toujours tenir un même Fief par plusieurs personnes qui
en sont convenues, ou par longue usance ; & un d'eux est le
chemier qui fait la foi pour tous, & les garantit sous son hommage. Ils sont part-prenans, parce qu'ils prennent part au Fief ;
ils sont part-mettans, parce qu'ils contribuent aux devoirs du
Fief ; ils sont en gariment, parce qu'ils sont garantis sous l'hommage du chemier.

Il y a encore une tenure en gariment connue en Poitou ; c'est
quand il y a jeu de Fief, & que l'on a retenu un devoir. Celui qui a retenu un devoir, garantit le preneur sous son hommage. Cette tenure en gariment n'est point Parage *Vide ibid.*

Des différens noms en Parage.

IV. Les Coutumes de Parage peuvent embarrasser les com-
mençans, par les différens noms qu'elles donnent à ceux qui
sont en Parage. Les voici.

En Poitou, Saint Jean d'Angely, & Usance de Saintes, l'aîné s'appelle *Chemier.* D'où le mot de *chemerage*, c'est-à-dire
le droit d'avoir sous soi ses puînés ; & ces puînés s'y appellent
Parageurs.

Anjou, Maine, Tours, Lodunois, appellent l'aîné *Parageur*, & les puînés *Parageaux.*

Normandie ne se sert que du terme *aîné*, & les puînés s'y
nomment *Paragers.*

Angoumois dit *aîné*, & les puînés *Parageurs.*

Tome V. K K k k k

Bretagne dit *aîné*, & nomme les puînés *Juveigneurs*. D'où on dit *tenir en Juveigneurie par Parage* ; & quand le Parage est fini, on dit *tenir en Juveigneurie sans Parage*.

Envisagez toujours l'aîné dans quelque Coutume que ce soit, c'est toujours lui qui a le droit sur ses puînés. *Vide ibid.* chap. 2.

Comment le Parage se constitue.

V. Il y a deux maximes certaines.

La première, le Parage légal ne se constitue jamais que par succession en directe, même en collatérale où il est admis ; comprenez-y le don du pere au fils. Tout autre titre que le successif, ou imitant le successif, n'est point susceptible de Parage.

La seconde, le Parage, soit légal, soit conventionnel, ne peut être constitué que sur un *seul & même Fief* ; c'est-à-dire que si l'aîné donne à ses puînés un Fief *entier* pour partage, il n'y a point de Parage.

En un mot, il faut que l'aîné fasse part de son Fief aux puînés ; sans cela, point de Parage. *Vide ibid.*

Exceptez à Blois & en Poitou, où pendant l'indivis tous les Fiefs d'une succession sont tenus en Parage.

Il n'a lieu ès Fiefs dignitaires mouvans de la Couronne ; mais il a lieu ès autres Fiefs. *Ibid.*

De la durée du Parage.

VI. Le Parage légal finit de lui-même, ou par le fait de l'homme.

Il finit par lui-même en Poitou, Angoumois & Saintes, lorsque le puîné, ou le représentant le puîné, ne peut plus montrer le lignage ; en Bretagne au neuviéme degré ; en Normandie au sixiéme inclusivement ; en Anjou, Maine, Lodunois & Tours, du quarriéme au cinquiéme degré.

Il finit par le fait de l'homme en Poitou & quelques autres Coutumes, quand l'aîné ou puîné vendent ou transportent *singuliérement* leurs portions à un étranger. On appelle étranger celui qui n'est pas descendu *de la souche* à laquelle le Parage a commencé, fût-il de la famille & capable de retrait, *aut in proximâ cellulâ successionis.*

En Normandie, Anjou & Maine, il ne finit pas par la vente ou transport de la portion aînée. La raison, c'est qu'elles limitent le Parage à un certain degré.

Dans l'un & dans l'autre cas, soit par la Loi, soit par le fait de l'homme, le Parage cesse, il n'y a plus de chemeraye. L'aîné, ou celui qui a ses droits, devient Seigneur dominant des portions cadettes, qui deviennent Fiefs servans de la portion aînée. *Vide ibid.*

Si le droit de Chemeraye est attaché à la personne de l'aîné, ou à celui qui a le chef-lieu.

VII. Le droit de Chemeraye est toujours à l'aîné, s'il n'y renonce expressément ; il suffit qu'il ait part au Fief : la raison est que de droit il y a le chef-lieu ; & quand il souffriroit que par le partage il échût à un autre, il auroit toujours le Chemeraye. *Vide ibid.* C'est une des belles questions du Parage.

Y a-t-il Parage dans la subdivision ?

VIII. Un puîné décede, laisse plusieurs enfans ; l'aîné pourra-t-il prétendre droit de Chemeraye sur ses puînés, ensorte que ces puînés seconds ne reconnoîtront plus l'aîné *de tous* pour Chemier ? *Dic quod non.* Chemeraye sur Chemeraye ne vaut : c'est un adage de ces Coutumes ; tant que le premier dure, il ne peut y en avoir d'autre. La raison est que tous les descendans des puînés sont les Parageurs de l'aîné, ou de celui qui le représente. *Vide ibid.* C'est encore une des grandes questions de Poitou, d'Angoumois, & de Saintes.

A qui appartiennent les droits de vente des portions cadettes & des Fiefs mouvans.

IX. Les droits de vente des portions cadettes appartiennent au Chemier. Poitou, art. 140. Mais les droits de vente des Fiefs ou Rotures dépendantes du Fief en Parage, se partagent au rata entre le chemier & les puînés. *Ibid.* chap. 4.

Pendant le Parage, les puînés ne font point la foi à leur aîné, ni au dominant ; après le Parage, les puînés ont une Justice inférieure à celle qui reste à l'aîné. *Vide ibid.* chap. 2.

CHAPITRE XIX.

Des Corvées.

Des Corvées suivant le Droit Romain.

I. LA Corvée est une servitude. Les Docteurs François l'ont appellée *Officium diurnum*, parce qu'elle n'est dûe que de jour, si ce n'est le droit de guet & garde au Château du Seigneur, qui se devoit de jour & de nuit, & que les Seigneurs ne peuvent plus exiger qu'en argent, par cinq sols de redevance annuelle, depuis que nos Rois leur ont si justement ôté le droit de Guerre.

Ces droits de Corvées nous viennent des Romains, aux titres du Digeste & du Code *De oper. libert. de muner. & oper. public. de vacat. mun.* Et pour l'exprimer, ils se servoient de ces termes indifféremment, *munus*, *onus*, *obsequium*, *opera. Vide* mon premier Vol. des Corvées, chap. 1.

Les Romains les distinguoient d'abord en deux; les unes appellées *officiales*, dûes à la personne du Patron, & étoient incessibles; les autres *artificiales*, qui se cedoient ou se stipuloient pour un autre. *Vide ibid.* chap. 11.

Selon le Droit François.

II. Dans notre Droit nous adoptons assez cette distinction; & nous disons que les Corvées dûes personnellement au Seigneur, pour son service personnel, pour la provision de son Hôtel, sont incommunicables; les autres qui servent à la culture de ses Domaines, peuvent être comprises dans le Bail du Fermier; & cette distinction va à toutes les Corvées dont nous allons parler. *Vide ibid.* chap. 11.

Combien il y en a de sortes.

III. Les Romains les distinguoient en trois sortes; les réelles, les personnelles, & les mixtes. Notre Droit François a admis

cette distinction. Mais à proprement parler, il n'y a que des Corvées réelles & des Corvées personnelles.

Les Corvées réelles sont celles qui sont dûes à cause des fonds que l'on possede. Les personnelles sont dûes par les Habitans, *ratione residentiæ* ; & ce, soit qu'elles soient de corps, de bras, avec charettes & chevaux, ou autrement.

Dans les Pays de Droit écrit, on dit les Corvées à Terrier ; ce sont celles qui sont imposées par le bail à Fief, *id est* à cens, & elles sont ou réelles ou personnelles. Il n'y en a point de vraies mixtes. *Vide ibid.* chap. 3.

Si elles passent à l'héritier du Seigneur.

I V. Chez les Romains, les Corvées passoient aux héritiers du Patron. Parmi nous, elles ne passent aux héritiers du Seigneur, qu'autant qu'il possede la Seigneurie à qui elles sont dûes. De là il est vrai de dire, que même parmi nous, les Corvées ne sont pas pures personnelles, c'est-à-dire *à personâ personâ*, qui est la définition de la servitude personnelle. Elles ne sont personnelles parmi nous que *ratione* de celui qui les doit ; car elles ne sont dûes au Seigneur qu'à cause de sa Seigneurie. *Vide ibid.*

De la nature des Corvées.

V. Dans le général des Coutumes, les Corvées ne sont ni de Fief, ni de Justice ; elles sont droits exorbitans ; comme telles on ne les range pas dans les droits seigneuriaux ; elles n'entrent point dans l'estimation d'une Terre. *Vide ibid.* & chap. 12.

Quelques Coutumes en font un droit de Fief, la Marche : d'autres distinguent les Corvées de justice, & les Corvées taillablieres, Bourbonnois. Les premieres sont pures personnelles ; les autres sont une taille sur les héritages.

Par qui sont dûes.

V I. Pour sçavoir par qui les Corvées sont dûes, distinguez : les réelles sont dûes par tout le monde, le Noble comme le Roturier, parce que c'est l'héritage qui les doit ; le Noble doit les faire servir : les personnelles ne sont dûes que par les Roturiers. *Vide ibid.* chap. 13.

Comme elles s'acquierent.

VII. Dans le Droit Romain, les Corvées n'étoient pas dûes, si elles n'étoient ftipulées par le titre d'affranchiffement.

Parmi nous, elles ne font dûes qu'autant qu'elles font ftipulées par la conceffion de l'héritage, ou par titre d'affranchiffement d'une Communauté autrefois ferve, ou fi elles ne font confenties par *tous* les Habitans pour bonnes & juftes caufes, comme abandon de pâturages, de bois ; en un mot, elles ne s'acquierent pas fans titre, fi ce n'eft ès Coutumes où elles font ou de Fief, ou de Juftice.

Dans les Pays de Droit écrit, elles s'acquierent par prefcription après contradiction, c'eft-à-dire, lorfqu'un Seigneur les a demandées, qu'elles ont été refufées, & que depuis les Habitans les ont fervies. On préfume qu'il y avoit des titres ; cependant cela n'eft pas tellement établi, qu'il n'y ait des Arrêts de Bordeaux & de Touloufe qui les rejettent, quand on n'a que la fimple poffeffion. *Vide ibid.*

Si elles fe prefcrivent.

Les Corvées font imprefcriptibles en Pays de Droit écrit, & en Bourbonnois, *nifi à die contradictionis* par l'Habitant.

Dans les Pays de Coutumes, les Corvées perfonnelles ne fe prefcrivent pas, parce qu'elles font dûes par toute la Communauté ; ou bien il faut que toute la Communauté les ait prefcrites. Les réelles fe prefcrivent par trente ans.

Si même on prouve que les Corvées font dûes à raifon d'un affranchiffement, elles font imprefcriptibles par tout ; le titre du Seigneur étant la liberté dont jouiffent actuellement les Habitans. Ce titre *perpetuò clamat* en faveur du Seigneur ; la jouiffance journaliere & actuelle de la liberté eft un renouvellement actuel & perpétuel du titre. *Vide ibid.* chap. 4.

Aux dépens de qui elles fe font.

IX. En général, en tout Pays de Droit écrit & de Coutume, les Corvéables doivent fe nourrir, fi le titre ou la Coutume n'en difpofent autrement.

Il y a une exception tirée des Loix Romaines : si le Corvéable est hors d'état de se nourrir, le Seigneur doit le nourrir ou l'en dispenser, jusqu'à ce qu'il ait gagné de quoi la faire à ses dépens. *Vide ibid.* chap. 5.

Le Corvéable doit se fournir d'outils propres à la Corvée qu'il doit faire. *Nota.* Si la Corvée est dûe avec charettes & bêtes, & que le Corvéable n'en ait pas, il ne doit que la Corvée de bras. *Vide ibid.* & chap. 7.

Où elles sont dûes.

X. Les Corvées ne sont dûes que dans l'étendue de la Seigneurie, si le titre ne parle au contraire ; elles ne sont dûes que du soleil levant au soleil couchant : c'est le Droit commun ; & si la Corvée est de plusieurs jours, ou qu'il faille aller loin, le jour d'allée & le jour de retour sont comptés pour deux jours de Corvées. *Vide ibid.* chap. 6.

Si elles s'arréragent, si elles sont dûes sans demande, si on peut les demander en argent.

XI. Le principe général & certain est que les Corvées ne sont pas dûes sans demandes, & qu'elles ne s'arréragent point, si ce n'est du jour de la contestation. *Peti quidem non possunt nisi præterita. L.* 24. *ff. de oper. libert. preterire autem non possunt antequam incipiant cedere, & incipiunt cedere postquam fuerunt indictæ. L.* 13. §. 2. *ff. eodem.* Et ce, quand même le jour seroit indiqué par le titre ; la faveur de la liberté fait présumer que le Seigneur n'en a pas eu besoin. *Vide ibid.* chap. 8.

Les Seigneurs n'ont pas le droit de la demander en argent ou en nature. *Electio semper est debitoris. Vide ibid.* chap. 12.

Des Corvéables à volonté.

XII. Les Corvéables à volonté sont ceux qui doivent telles Corvées, & tant que le Seigneur en demande ; mais les Arrêts les ont fixé à douze par an, trois par saison ; & il faut qu'elles soient prises de façon que les Habitans ne soient pas obligés de laisser leurs terres incultes, ou leur moisson sur terre ; l'intérêt de l'Etat l'emporte sur celui des Seigneurs particuliers.

De la multiplication des Corvées.

XIII. Les Corvées sont sujettes à multiplication, à augmentation, & à diminution.

Quand on dit que les Corvées peuvent être multipliées, ce n'est pas à dire que le Seigneur puisse les doubler, ni les accumuler d'années sur autres ; elles périssent chaque année. Mais un Particulier possede un héritage chargé d'une Corvée ; il acquiert un autre héritage chargé d'une ou de deux Corvées ; ce Particulier qui n'en devoit qu'une, en doit trois.

Il y a encore une autre sorte de cause de multiplication des Corvées, quand elles sont dûes par feu & par ménage. Un pere a plusieurs enfans, mais il n'a qu'un feu, il ne doit qu'une Corvée ; ses enfans se marient & font autant de ménages, les Corvées alors multiplient au profit du Seigneur. *A contrario*, la même cause peut les faire diminuer. *Vide ibid.*

CHAPITRE XX.

Des Bannalités.

Comment on les acquiert.

I. LEs Bannalités sont servitudes comme les Corvées ; elles suivent les mêmes régles pour les acquérir & pour les prescrire, soit activement, soit passivement.

En général, elles ne s'acquierent pas sans titre passé par *tous* les Habitans, pour causes justes, ou pour affranchissement. Les Aveux ni les Terriers ne sont pas des titres. Le decret forcé où ces droits seroient énoncés, ne fait pas un titre ; c'est la bonne Jurisprudence. La raison est que le decret purge, & qu'il conserve les servitudes que la Partie saisie *a* ; mais il faut prouver que la Partie saisie *les avoit.*

En Pays de Droit écrit, elles s'acquierent par prescription ; après prohibition à tous les Habitans , & acquiescement de leur part depuis la prohibition, & possession de 30 ans. *Idem*, en quelques Coutumes, Nevers, elles ne sont *ni de Justice ni de Fief,*

Fief, mais droits de servitudes, droits d'imposition. *Vide* mon premier Volume, chap. 1, 2, 3, 4 & 5.

De combien de sortes.

II. Les Bannalités sont de moulin, de pressoir, ou de four. Voilà les plus générales. Les Bannalités de four & de moulin sont personnelles. Celle de pressoir est réelle, & affecte tellement les vignes du territoire, que les Forains y sont soumis.

En Provence, toutes Bannalités sont réelles, & s'arréragent; ainsi ne citez pas indirectement les Arrêts de ce Parlement. *Vide ibid.* chap. 1. & chap. 8.

Quelle qualité est requise pour avoir ce droit.

III. Pour avoir droit de Bannalité sur des Habitans, il faut être Seigneur de ces Habitans. Un Seigneur voisin ne peut assujettir les Habitans de cette Seigneurie à ces droits; & si les Habitans s'y soumettoient, leur Seigneur seroit en droit de faire annuller le Contrat. Jugé. *Vide ibid.* chap. 5.

Si ce droit est cessible.

IV. Le droit de Bannalité n'est pas cessible à prix d'argent, mais il peut être donné à rente *non rachetable*; encore faut-il que la Coutume ne s'y oppose pas, comme Poitou art. 48, qui défend la cession de ce droit sans la cession du Fief.

Mais un Seigneur qui auroit aumôné ce droit à l'Eglise, ne s'interdit pas pour cela d'en user; il y a alors concurrence; les Sujets ne courent aucun risque d'aller à l'un ou à l'autre des moulins, fours, ou pressoirs. Jugé. *Vide ibid.* chap. 6.

Comment ce droit se perd.

V. Ce droit peut se perdre par possession publique, & que le Seigneur n'ait pû ignorer pendant 30 ans. Comme si un Particulier avoit chez lui un four à pain, dont il eût usé publiquement pendant 30 ans, sans jamais aller au four bannal, ou s'il a été moudre ou pressorer ailleurs. Jugé. *Vide ibid.* chap. 7.

Je dis *four à pain*, pour le distinguer des petits fours pour faire pâtisseries légeres, lesquels fours sont permis même dans le territoire bannier.

Quelles personnes sont exemptes ou non.

VI. Il faut distinguer les Bannalités, pour sçavoir qui peut en être exempt, ou ne l'être pas.

Par rapport aux Bannalités de moulin & de four, plusieurs Coutumes en déclarent exempts les Ecclésiastiques & les Nobles : Anjou, Maine, & Tours ; & en général les Nobles en sont exempts.

Par rapport à la Bannalité de pressoir, personne n'en est exempt, Noble ou autre, Habitant ou Forain, parce que ce n'est pas lui qui la doit, c'est l'héritage.

Un Seigneur de Fief, dont le Fief seroit enclavé dans une Seigneurie où il y auroit Bannalité, en est exempt lui & sa famille, si la concession ne l'y astraint naturellement ; même ses Habitans n'y doivent point être sujets ; car ce seroit lui interdire de les acquérir sur des hommes qui ne reconnoissent que lui ; & pour lui ôter cette faculté, il faut une réserve expresse dans la concession du Fief. *Vide ibid.* chap. 8.

Sur quoi ces droits s'étendent.

VII. La Bannalité de pressoir consiste à contraindre tous ceux qui ont des vignes sur le territoire bannier, à porter leurs vendanges sur le pressoir bannal.

Celle de moulin n'affecte que les grains qui croissent & se consument dans la Seigneurie, ou qui y sont apportés pour y être consumés ; de même la Bannalité de four. Ensorte qu'il faut tenir que ces Bannalités consistent à faire porter au moulin & au four bannier les grains apportés en nature, & les pâtes qui sont pour la nourriture des Habitans.

Les Boulangers publics y sont obligés, pour les grains & pains qu'ils débitent dans la Seigneurie ; mais non pour les grains & pâtes destinés pour être vendus ailleurs. Jugé pour les Boulangers de Gonesse.

Les grains doivent être moulus dans les 24 heures qu'ils sont apportés au moulin ; sinon l'Habitant peut aller ailleurs, sans crainte de saisie.

Le Seigneur doit tenir en bon état ses moulins, fours ou pressoirs ; sans quoi les Habitans ne sont pas obligés d'y aller ; ils peuvent aller ailleurs : cela est fondé sur l'intérêt public. *Vide ibid.* chap. 9.

De plusieurs autres Bannalités.

VIII. Il y a plusieurs droits qui ont trait à la Bannalité.

Plusieurs Seigneurs ont des boucheries bannieres ; c'est-à-dire, qu'eux seuls ont droit d'avoir étal à boucherie.

On en voit d'autres qui ont le taureau bannal & le porc bannal.

Le droit de ban de vendange est un droit de Justice & de Police ; il consiste à fixer le tems des vendanges : cela est encore fondé sur l'intérêt du bien public, afin que la vendange se fasse en même tems, & en saison convenable.

Il y a le droit de ban-vin, qui consiste en ce que, lorsque le Seigneur vend son vin, personne ne peut vendre le sien dans la Seigneurie ; il faut titre pour avoir ce droit. *Vide* l'Ordonnance des Aides. *Vide* mon premier Volume *ibid.* chap. 10.

CHAPITRE XXI.

Du Droit de Colombier.

LE droit de Colombier à pied, ou le droit d'avoir de simples Volieres, Fuyes, ou Colombier monté sur piliers, appellé *Columbarium sub pedibus*, sont des droits bien différens.

Le Colombier à pied différe de celui sur piliers, comme nous venons de le dire.

L'article 239 de Blois dit : Nul ne pourra faire, ne édifier Colombier & Fuye à pied, ne Garenne, sinon qu'il ait ce droit, ou qu'il ait joui desdites Garennes & Colombiers d'ancienneté.

Dumoulin fait cette Note : *Intelligitur secundum modum regionis. Ideo non habet locum in elevato tribus vel quoatuor pedibus supra arcam.* Et ainsi a été jugé à Blois, contre le Prieur de Champigny, pour un sien Vassal.

Cela veut dire que la prohibition de l'article n'a pas lieu pour les Fuyes, Volieres, Volets, ou Colombiers qui sont exhaussés au-dessus de terre.

Le Colombier, ou Fuye à pied, c'est celui qui a boulins à pigeons depuis le rez-de-chaussée jusqu'en haut; les autres ne peuvent jamais en avoir sur le rez-de-chaussée, puisqu'ils sont élevés au-dessus, ou sur piliers, ou sur des portes chartieres, ou autres endroits. *Nota.* Dans les Pays de Droit écrit, en Bretagne, à Blois, les Colombiers se nomment indifféremment Fuyes. Dans le reste des Coutumes, la Fuye n'est qu'un volet à pigeons, ou volet simple.

II. Dans les Pays de Coutume, le droit de Colombier à pied est plus ordinairement de Justice & de Fief, puisqu'il est aussi de Fief quand il y a des Domaines. En Normandie, il est attaché au Fief de Hautbere.

A Paris, articles 69 & 70, le Haut-Justicier ayant censive peut avoir Colombier à pied. Le Seigneur féodal doit, outre la censive, avoir 50 arpens de Domaines ès environs de son Fief. Orléans veut 100 arpens, art. 168, s'entend de terres labourables. Ces Coutumes sont assez le Droit commun.

III. Par rapport aux Roturiers non ayant Fief ni Justice, la Jurisprudence a établi pour Droit commun, qu'un Particulier habitant d'une Paroisse pouvoit avoir Fuye, Volet ou Voliere, Colombier sur piliers, pourvû qu'il eût en propriété dans le territoire 50 arpens de terres labourables; mais s'il n'a pas cette quantité, on peut lui faire abbatre son Colombier. Jugé en la Grand'Chambre, au rapport de M. l'Abbé Macé, le 5 Août 1738, en la Coutume de Vitry, entre M. le Fevre, Marquis de Givry, intimé, & Nicolas Waroquier, Habitant de Givry, appellant d'une Sentence faute de défendre, qui le condamnoit à abbatre sa Voliere. L'Arrêt infirme, *& ordonne qu'avant faire droit, ledit Waroquier justifiera par titre ou possession de 30 ans de sa propriété de 50 arpens de terres labourables dans le territoire de Givry.* En Normandie & en Bretagne, les Particuliers doivent avoir la permission du Seigneur. Poquet de Livoniere, des Fiefs, l. 6, chap. 8, §. 2.

IV. L'action pour faire abbatre les Colombiers nuisibles, ou qui sont contre la Coutume, réside en la personne du Seigneur, non des Habitans; cependant s'ils s'en plaignoient, je

crois qu'ils pourroient forcer le Seigneur à agir, même à agir
eux-mêmes. Il y en a Arrêt dans Auzannet.

Les pigeons font animaux domestiques ; on ne peut tirer
fur eux ; on pourfuit extraordinairement en ce cas : jai vû
pour ce des Arrêts qui condamnoient aux Galeres.

V. Le droit d'avoir Colombier à pied ne s'acquiert pas
par prefcription, fi la Coutume, comme Blois, ne le dit. Il
ne fe perd pas non plus par non ufage. Je le tiens ainfi. Ma
raifon pour ne le pas perdre *per non ufum*, eft que c'eft un
droit attaché à la qualité de Seigneur de Fief ou de Juftice,
fuivant les Coutumes, & il eft de droit de pure faculté : or
tout ce qui eft de pure faculté, ne fe perd pas *per non ufum* ;
& dès qu'il eft attaché à la qualité, il fuffit d'avoir qualité
pour en faire bâtir toutes fois & quantes : cette raifon milite
auffi pour dire qu'on ne le peut acquerir par prefcription ;
grand nombre d'aveux anciens fuffiroient pour l'établir.

Droit écrit.

VI. En plufieurs Pays de Droit écrit, les Roturiers, telle
quantité de terres qu'ils ayent, ne peuvent avoir aucune forte
de Colombier, fans la permiffion du Haut-Jufticier. Salvaing,
chap. 43.

Dans le Lyonnois même, les Nobles ne peuvent avoir Colombier à pied, fans la permiffion du Haut-Jufticier. Salvaing,
Ibid.

A Bordeaux, on tient qu'il n'eft pas permis à un Tenancier
d'avoir des Fuyes, mais bien des Pigeonniers féparés de la
maifon, & élevés fur quatre piliers. Note fur la Peyrere, lettre
S. n. 9. Cette Jurifprudence eft finguliere.

A Touloufe, le droit de bâtir Pigeonnier qui ait marque
feigneuriale, n'appartient qu'au Haut-Jufticier ; mais tout le
monde peut avoir tout autre Pigeonnier. Graverol fur Larocheflavin, des Droits feigneuriaux, chap. 22. Larocheflavin
ne fait pas cette diftinction. *Vide* mon cinquiéme Volume.

CHAPITRE XXII.

Du Droit de Garenne & d'Etang.

I. LES Garennes sont toujours d'un voisinage incommode & nuisible; les lapins font des torts considérables aux biens de la terre.

Il y a de deux sortes de Garennes.

Garennes ouvertes, & Garennes forcées.

Pour avoir Garenne ouverte, c'est-à-dire qui ne soit entourée de fossés pleins d'eau, ni de murs, il faut avoir titres par Lettres Patentes de concession dûement regiftrées, anciens aveux & dénombremens bien en forme; sans quoi les Habitans sont fondés à en demander la destruction; même les Habitans sont reçus à s'opposer aux Lettres, s'il y a incommodité notoire. Quelques-uns admettent la possession immémoriale; je la tiens insuffisante. Je l'ai vû juger aux Eaux & Forêts, par Arrêt au Souverain, contre le Seigneur de Cessieres en Vermandois; j'écrivois contre lui.

Les Garennes forcées qui sont fermées de bons murs, ou de fossés pleins d'eau, en Pays de Coutume, sont un droit féodal; en Pays de Droit écrit, elles sont droit de Haute-Justice.

Un simple Particulier n'en sçauroit avoir une sans la permission du Seigneur; encore je tiens qu'à cause du dommage presque inévitable par les terriers, les Habitans seroient en droit de s'en plaindre. *Vide* les Auteurs ci-dessus. Coquille, Institut. pour les Garennes du Roi. *Vide* l'Ordonnance des Eaux & Forêts.

Etang.

II. Le droit d'avoir Etang, en plusieurs Coutumes, est un droit seigneurial & féodal. Poquet de Livoniere, des Fiefs, l. 6, chap. 8, §. 3. Loisel en ses Institutes, l. 2, chap. 2. En Touraine, quelques Coutumes locales, comme Mezieres, le donnent au Haut-Justicier. En Dauphiné, ce droit n'est pas seigneurial; il est permis à tout le monde d'en construire de son autorité privée, pourvû qu'on fasse la chaussée dans son

fonds , que l'on garantisse du dommage les terres voisines & les Seigneurs directs. Salvaing, chap. 63. Dans plusieurs , il est permis à tout le monde ; Nevers, tit. 16 , art. 4 ; Orleans, 170 ; & c'est le Droit commun des Coutumes qui n'en parlent pas. *Vide* mon cinquiéme Volume.

CHAPITRE XXIII.

Du Droit de Riviere , cours d'eau & dépendances , & du Droit de Chasse.

I. TOus les Auteurs distinguent deux sortes de Rivieres.
Les grands Fleuves & Rivieres navigables & flottables naturellement & par elles-mêmes.

Les petites Rivieres non navigables ni flottables , si ce n'est par artifice & main d'homme ; on les appelle bannales.

Ces deux sortes de Rivieres ont leurs droits & leurs Seigneurs différens.

II. Les Fleuves & Rivieres navigables & flottables sont du Domaine du Roi ; elles sont au Roi ; aucun autre Seigneur n'y a droit, s'il n'en a titre ou possession bien prouvée , & si ancienne qu'elle puisse être adoptée pour titre.

Ces Rivieres sont *inter regalia* , dit Poquet & tous les Auteurs ; le Roi y a son droit par tout où elles coulent.

Aussi le Roi leve *seul par droit* , a le péage & autres droits sur ces Fleuves & Rivieres ; les Seigneurs particuliers qui y ont ces droits, les ont par titres reconnus par nos Rois.

En conséquence de ce , la pêche , le droit d'y avoir moulins & bacs, le droit de bateaux montans & descendans , les isles , islots, gords, atterissemens, appartiennent au Roi , ou aux Seigneurs qui ont titres confirmés par le Roi. *Vide* l'art. 41 du titre de la police & conservation des eaux de l'Ordonnance des Eaux & Forêts.

Il en est de même des Lacs & Etangs publics.

III. Par rapport aux Rivieres non navigables ni flottables , ou navigables par artifice & main d'homme , que plusieurs Coutumes appellent *Rivieres bannales & défensables* , elles sont sui-

vant les Pays, aux Hauts-Juſticiers, ou aux Seigneurs féodaux, dans l'étendue de leur Seigneurie & Territoire.

En conſéquence ils ont le droit excluſif de pêche, d'y bâtir moulins. Cependant, ſuivant les meilleurs Auteurs, ſi le moulin n'eſt pas bannal, le Seigneur ne peut empêcher qu'on y en conſtruiſe d'autres ; il ne peut empêcher les Meuniers de *chaſſer & queſter*.

Chaſſer & queſter, en termes de Meuniers, veulent dire venir querir les grains d'un chacun indiſtinctement, ſe faire le plus de pratiques que l'on peut.

IV. Dans les Pays de Droit écrit, où d'ordinaire le territoire de Juriſdiction emporte territoire de directité, ſi ce n'eſt en la Coutume particuliere de Bordeaux, où la directité eſt diſtinguée de la Juſtice, on tient que les petites Rivieres & les droits qui en dépendent appartiennent aux Hauts - Juſticiers.

En Dauphiné elles ſont tellement de haute Juſtice, que ſur les bords qu'elles arroſent, ſoit qu'ils ſoient franc-aleux, ſoit qu'ils ſoient dans la directe d'une autre Seigneurie, quand ils ſont vendus, le Haut-Juſticier de la Riviere y a le tiers des lods, les deux autres tiers vont au Seigneur direct du fonds vendu ; s'ils ſont en franc-aleu, on eſtime ce qu'ils auroient pû produire de droits s'ils euſſent été ſujets à une directe, & le Haut-Juſticier a le tiers de l'eſtimation. Cela s'appelle *droit d'Egage* ou *de Riverage*, c'eſt-à-dire le droit pour l'arroſement des fonds. Salvaing, chap. 58.

V. Quand ces petites Rivieres coulent entre deux Seigneuries, elles appartiennent à chacun des Seigneurs, pour autant qu'elles coulent dans leurs Fiefs. Auſſi il y a quelques Coutumes qui ne permettent au Seigneur, ni de détourner l'eau, ni d'y bâtir moulin, ſi les deux Rivieres ne ſont dans ſon Fief. Normandie, art. 206 & 220.

Et l'un des deux Seigneurs de la Riviere ne peut entreprendre que juſqu'au fil de l'eau. Jugé. Henrys, édit. 1708, tom. 2, l. 3, queſt. 5 & 6.

Si le droit de Pêche eſt preſcriptible par un Seigneur contre l'autre.

VI. Le droit de pêcher dans une Riviere, dépend du droit de cours d'eau, & le droit de cours d'eau du droit de Juſtice ou

de

de Fief , suivant les Coutumes ; dès-là ce droit est de pure faculté libre , & par conséquent imprescriptible.

Il est vrai que si un des Seigneurs avoit fait faire des défenses à
l'autre de pêcher, & que l'autre n'eût plus pêché, il y auroit lieu à
la prescription , parce que l'on présumeroit qu'il y avoit un titre
exclusif auquel l'autre a déferé. Le Grand , art. 179 de Troyes.

Mais ne dites pas avec lui que le droit de pêcher dans la totalité peut s'acquerir par prescription , parce que ce n'est qu'une
tolérance de la part de l'autre , qui peut user de son droit
quand bon lui semble.

Mais si un des Seigneurs prescrivoit la Seigneurie de l'autre
bord, alors il prescriroit le cours d'eau & de pêche : la raison
est qu'alors l'ancien Seigneur de l'autre bord n'ayant plus la
directe du bord , il n'a plus de qualité.

VII. J'ai cependant vû un Arrêt de 1663 qui adjugea au Seigneur de Bourelhe le droit de Riviere dans une certaine étendue
exprimée dans des aveux rendus au Roi en 1454, 1499, 1522
& 1527, à l'exclusion du Seigneur voisin, dont la Seigneurie étoit en dedans de ses limites ; la riviere s'appelloit Molette.
Il faut croire qu'il y avoit des circonstances particulieres. Je
n'ai pû voir le fait : je n'ai vû l'Arrêt ainsi daté que dans un
Mémoire à consulter qui me fut donné au sujet d'autres contestations entre les mêmes Seigneurs. Le Seigneur voisin , dans
son Mémoire qu'il me donna lui-même , convenoit de l'Arrêt.

Au reste , tenez pour principe général, que ces petites Rivieres appartiennent aux Seigneurs du territoire qu'elles arro-
sent ; que si elles passent entre deux Seigneuries , chacun a le
droit de cours d'eau jusqu'à fil de l'eau vis-à-vis son bord.
Loisel, Institut. coutum. tom. 1 , l. 2 , tit. 2 , regles 6 & 7.

Mais en Pays de Coutume , si le texte ne dit le contraire ,
il faut tenir pour principe que le droit de cours d'eau , le
droit de Pêche est un droit purement féodal & domanial ,
non de Justice. Il est de maxime certaine que le Seigneur féodal
est propriétaire seul utile ou direct de tout le fonds de son Fief,
non le Haut-Justicier. Or une riviere qui coule en dedans un
Fief, coule certainement sur le fonds qui appartient au Seigneur;
de même qu'en fait de Chasse le gibier lui appartient, de même
dans l'eau qui coule sur son fonds , le poisson lui appartient.
Et si les deux rives appartiennent à deux Seigneurs , le lit se
partage ; il est censé pris sur le fonds de chacun des deux.

Tome V.   M M m m m

Du droit de Chasse.

VIII. Le droit de Chasse est un droit domanial & féodal ; il appartient essentiellement au Seigneur du Fief. La raison de ce principe est que tout le terrein qui compose un Fief, appartient en propriété utile & en propriété directe au Seigneur du Fief, cela est incontestable ; dès-là le gibier est nourri sur sa terre, il est un fruit de sa terre : aussi Loisel en ses Instituts coutumieres, l. 2, titre 2, regle 51, dit : *Qui a Fief a droit de Chasse.*

L'Ordonnance des Eaux & Forêts, titre des Chasses, art. 26, déclare les Hauts-Justiciers en droit de chasser dans l'étendue de leur Haute-Justice, *sans pouvoir y envoyer chasser, ni empêcher le Propriétaire d'y chasser.*

Par là cette Ordonnance décide bien que le droit de Chasse n'est droit de Haute-Justice que comme droit honorifique pour y chasser en personne, & que la Chasse est au *Propriétaire du Fief.*

On a demandé si le Seigneur dominant, comme dominant, a droit de Chasse sur les Fiefs de ses Vassaux. Quelques Auteurs prétendent l'affirmative ; ils en rapportent des Arrêts ; mais en lisant ces Arrêts, il est visible que ces Seigneurs avoient titres exprès.

Dans le principe, par la concession du Fief *sans réserve*, le Vassal une fois *investi*, jouit de son Fief *pleno jure* ; il peut même former complainte contre son Seigneur qui entreprendroit sur ses droits ; il est incontestable que le droit de Chasse est un des droits de son Fief : or si, *sans aucune réserve expresse*, le Dominant, *comme Dominant*, y avoit droit, ce seroit l'autoriser à user des droits de son Vassal ; ce seroit empêcher le Vassal de jouir de son Fief *pleno jure.*

L'Ordonnance des Eaux & Forêts ne réserve le droit de Chasse en personne sur le Fief d'autrui, qu'*au Haut-Justicier*, & non *au Dominant.*

Aussi par Arrêt du 16 Mai 1724, la question fut décidée contre le Dominant. Il est rapporté au premier tome du Code des Chasses, sur l'article 26 de l'Ordonnance des Eaux & Forêts ci-dessus cité. Et je sçais qu'il y en a encore un en faveur du Seigneur de Buchelay, contre le Marquis de Rosay, près

Mante. Le Marquis de Rofay eft Dominant de Buchelay.

Si les Fiefs fe trouvent mêlés de telle forte que l'on ne puif-fe chaffer fans paffer fur l'autre, celui qui a la plus grande étendue de Fief , eft en droit de demander le cantonnement, qui fera donné plus près du manoir que faire fe pourra , en même nature & qualité de domaines & cenfives ; & fi le can-tonnement ne pouvoit fe faire près le manoir , il faudroit lui faire un chemin libre pour aller à fon cantonnement.

Quoique les Fiefs foient mêlés , on n'a point le droit de par-cours l'un fur l'autre : le parcours eft pour pâturer l'un fur l'autre, *& chemin faifant* ; au lieu qu'en paffant d'un Fief à l'autre , on n'a pas droit d'y tirer ; c'eft une fervitude de paffage qu'on n'évite que par le cantonnement , fervitude qu'on ne peut éviter que par le cantonnement.

Ce cantonnement fe fait fans préjudice des droits de Juftice , Fief & directe, que chacun a fur les terres qui forment le canton d'un chacun : on en met la claufe dans l'Acte ; & fi l'un des deux eft Haut-Jufticier, il fait auffi la réferve de fon droit de Chaffe en perfonne fur le cantonnement de celui qui n'a que Fief & cenfive, parce que ce cantonnement quant à la Chaffe n'eft toujours que le Fief de celui qui n'ayant pas Juftice , doit laiffer le Haut-Jufticier chaffer en perfonne fur fon Fief.

CHAPITRE XXIV.

Du Droit des Francs-Fiefs & nouveaux Acquêts.

I. LEs droits des Francs-Fiefs & nouveaux Acquêts font des droits royaux , que le Roi perçoit *jure Coronæ.* On en voit des Lettres Patentes de 1275 & de 1291, & plufieurs Ordonnances depuis.

Qu'eft-ce que le droit de Francs-Fiefs ?

On dit Franc-Fief, non pas que le Fief affranchiffe le Pof-feffeur & l'annobliffe , mais parce que dans l'origine les Fiefs ne pouvoient être poffedés que par hommes francs & libres , & dès-là par des Nobles ; les Roturiers appellés *vilains* , étant

presque tous serfs , ou chargés de tailles serves , ou autres impositions que les Nobles ne payoient pas. Bacquet , des Francs-Fiefs , chap. 2. Berthelot du Ferrier , Traité de la connoissance du Domaine , chap. 40 & 42.

Qu'est-ce que le droit de nouveaux Acquêts?

Le droit de nouveaux Acquêts est celui que les Gens de main-morte payent pour les biens acquis depuis leur fondation & dotation ; ils n'en doivent point pour leurs dixmes anciennes ou novales. *Vide ibid.*

Ainsi le droit de Franc-Fief est le droit que le Roturier paye au Roi, pour avoir permission de tenir *Fief* ; car le Roi seul peut donner telle permission : je dis *Fief* ; ajoutez , ou *représentatif* du *Fief* , comme censives & autres droits de directe Seigneurie. Jarry, des Amortissemens, Francs-Fiefs & nouveaux Acquêts. Vol. in-12 , édit. 1717.

Plusieurs Coutumes, Meaux , Bretagne , interdisent aux Roturiers la possession des Fiefs ; mais en payant au Roi le droit de Francs-Fiefs , ils en peuvent posseder : la Coutume ne gêne point les graces du Prince.

Des Preneurs à cens.

II. On a tenu long-tems qu'un Preneur à cens ou rente inféodée étoit tenu du droit de Francs-Fiefs. Les Fermiers du Domaine prenoient ce droit, sous prétexte que les héritages étoient féodaux avant l'accensement , & qu'on ne pouvoit les arroturer au préjudice des droits du Roi ; ensorte que cet héritage, qui dans la main du Preneur étoit réellement roture , étoit néanmoins réputé Fief à l'égard du droit ; & si le Bailleur vendoit sa directe, ils prenoient encore le droit de la directe.

Mais par Arrêt du Conseil du 21 Janvier 1738, suivi de Lettres Patentes, le Roi a déclaré que les Acquereurs à titre de cens ou rente seigneuriale ne seroient sujets aux droits de Francs-Fiefs, qu'autant que les aliénations excéderoient la permission accordée par les Coutumes aux Seigneurs de se jouer de leurs Fiefs.

Voilà le principe rendu à son éclat.

Quelles personnes doivent le droit de Francs-Fiefs.

III. Les Officiers royaux non nobles ni annoblis par leurs Charges, sont sujets aux Francs-Fiefs ; parce que pour en être exempt, il faut être ou noble ou annobli. Bacquet, *ibid.* chap. 8. Berthelot, *ibid.* chap. 40.

Le Propriétaire du Franc-aleu noble y est sujet, parce qu'il jouit de l'héritage portant qualité de noble. Bacquet, chap. 6. Berthelot, *ibid.*

Si la femme noble se marie à un Roturier, le droit de Franc-Fief est dû pour le mariage, & pendant icelui. Bacquet, *ibid.* chap. 9.

On le prétend même quand il y auroit séparation de biens, parce que son mariage tant qu'il dure efface la noblesse, & que ce droit se leve à raison de la qualité actuelle qui se contracte par le mariage : enforte qu'il est décidé que femme noble, commune ou non commune, époufant un Roturier, le droit est dû.

Si elle devient veuve & vive noblement, elle ne doit rien ; si la taxe est faite du vivant du mari, ses héritiers en acquitteront la veuve. *Ibid.*

E contra, si femme roturiere époufe un Noble, *radiis mariti corruscat*, n'est rien dû pendant le mariage, ni pendant sa viduité, si elle ne fait acte de dérogeance, ou si elle ne se remarie à un Roturier.

Le Roturier acquereur d'un Fief à remeré doit le droit, parce qu'il est réel propriétaire, quoique la résolution du Contrat soit en suspens. Bacquet, *ibid.*

IV. Nous avons dit, & cela est vrai, que l'annobli étoit exempt des Francs-Fiefs : ses enfans jouissent du même privilége, quand ils ne seroient nobles que du côté du pere ; & cela parce que leur qualité décide, à quelque titre & de quelque succession qu'ils leur soient advenus.

Le Roturier qui acquiert un Fief ne peut, comme la Mainmorte, être forcé de vuider ses mains, faute de payement du droit de Francs-Fiefs, parce que le Seigneur dominant est à présent également servi par le Roturier comme par le Noble. Bacquet, chap. 12.

Ne se prescrit.

V. Le droit de Franc-Fief est imprescriptible ; il est inaliénable, comme étant un droit souverain, honorifique, annexé à la Couronne. Bacquet, chap. 14. Le Roi est préféré aux Créanciers. Jarry, p. 308 & 309.

Comment se taxe.

VI. Le droit de Franc-Fief ne se taxe pas eu égard au prix de l'acquisition faite par le Roturier, mais eu égard au revenu, & eu égard au tems de la jouissance du Roturier. Bacquet, *ibid.* chap. 15. Et il faut dire que cette taxe est à l'arbitrage des Commissaires députés par le Roi, eu égard à la qualité, situation, fertilité ou stérilité des biens ; & on le taxe ordinairement pour cinq ans de jouissance ; ensorte que celui qui n'a joui que quatre ans, ne doit pas être taxé. Berthelot, chap 41. Quand on ignore le revenu annuel, on procede à l'estimation par Experts, dont on convient pardevant les Commissaires départis dans les Provinces. Déclaration du 9 Mars 1700. Il se paye tous les 20 ans. Les héritiers Roturiers le payent, encore que les vingt années de leurs Auteurs ne soient pas expirées. Déclaration du 16 Juillet 1702.

C H A P I T R E   XXV.

Des Gens de main-morte, & des droits qu'ils doivent.

Ce que c'est que Gens de main-morte.

I. ON appelle Gens de main-morte, j'entends ceux dont je parle ici, tous Gens d'Eglise, quant à leurs Bénéfices ; toutes Communautés régulieres ou séculieres, Confrairies, Colléges, Hôpitaux dûement établis. *Mol.* §. *hodie* 51, gl. 2, n. 54.

Ils s'appellent Main-morte, & parce qu'une Communauté

ne meurt jamais , *Gens æterna in qua nemo nascitur* , & parce qu'ils
ne peuvent vendre ni aliener leurs biens sans nécessité & sans
beaucoup de formalités. Les biens acquis par Gens de main-
morte sont hors le commerce ; ce qui fait un préjudice notable au Roi & aux Seigneurs pour leurs droits.

Origine de l'amortissement.

Comme par eux-mêmes ils sont incapables d'acquerir quelques biens que ce soient , Fief , Franc-aleu ou Roture , suivant les anciennes Ordonnances , ils obtiennent permission du
Roi , moyennant quoi le Roi amortit leurs biens ; & après cela
ils ne peuvent plus être contraints par les Seigneurs de vuider
leurs mains.

Définition.

L'amortissement est la permission accordée par le Roi aux
Gens de main-morte de posseder des immeubles , sans pouvoir être contraints de vuider leurs mains. Jarry , des Amortiss.
pag. 177.

Qui peut amortir.

II. Le Roi seul peut amortir ; ce droit lui appartient *jure Coronæ.*
Avant Philippe-le-Bel , les Hauts-Seigneurs se donnoient la liberté d'amortir : le Roi reprit ce droit qui n'appartenoit qu'à
lui ; il maintint les Gens d'Eglise en leur possession ; mais il
leur défendit à l'avenir de prendre amortissement du Seigneur.
Bacquet , du Droit d'Amort. chap. 12. Berthelot , *ibid.* chap. 43.

Combien de sortes d'amortissemens.

III. Il y a de trois sortes d'amortissemens.
Les amortissemens généraux que le Roi accorde à tous les
Habitans d'un Pays , à toute une Province , à tout un Clergé
d'un Diocèse , à des Chapitres ou Prieurés , *pour tous les biens
qu'ils possedent en commun.* On n'entre point dans le détail.
Les amortissemens particuliers , dans lesquels , quoique donnés
pour tous les biens d'un Chapitre , par exemple , on détaille par
tenans & aboutissans tous les héritages féodaux , censuels ou
allodiaux qu'il possede.

Les mixtes, qui ne font ni généraux ni particuliers, & renferment fouvent la permiffion, non - feulement de poffeder ce que la main-morte poffede, mais d'acquerir jufqu'à 200 livres tournois de rente, plus ou moins. Bacquet, *ibid.* chap. 42. Jarry, pag. 176 & 177. Berthelot du Ferrier, chap. 44.

IV. Ce que deffus fait voir que l'amortiffement fe prend auffi pour les biens en franc-aleu ; il fe regle fuivant la qualité du franc-aleu : s'il eft dans le territoire du Haut-Jufticier, il lui faut une indemnité, à caufe des confifcations & autres droits de Juftice qu'il perd ; & cette indemnité va au dixiéme de la valeur. Berthelot, *ibid.*

V. Les amortiffemens généraux font réprouvés par les Ordonnances, comme fufceptibles de fraude, parce qu'ils ne contiennent aucun détail, fi ce n'eft qu'ils ayent été dûement vérifiés, auquel cas feront valables ; mais n'ont pas tant d'effet que les particuliers qui détaillent les biens. Bacquet, *ibid.* chap. 47. Tous doivent être vérifiés pour operer effet.

Cependant, quelque vérifiés qu'ils foient, ils ne font pas titres de propriété des héritages & droits qui y font détaillés : la raifon eft que ces Lettres ne font accordées que pour permettre de poffeder les héritages qu'ils déclarent avoir acquis ; mais fouvent le Roi n'a aucun droit de propriété fur iceux : auffi ceux qui expédient ces Lettres ne s'enquierent point fi les héritages déclarés appartiennent aux Impétrans ; il faut prouver que ces héritages appartiennent à la main-morte ; l'amortiffement ne fert qu'à prouver qu'ils ont droit d'en jouir, fans pouvoir être forcés à vuider leurs mains. Bacquet, *ibid.* ch. 51.

Effets des amortiffemens.

VI. L'amortiffement particulier dûement vérifié, produit quatre effets.

Le premier, qu'on ne peut plus contraindre la main-morte à vuider fes mains.

Le fecond, que pour les héritages tenus immédiatement du Roi, ils ne font tenus, s'ils font féodaux, de donner homme vivant & mourant, & de porter hommage, ni de payer aucuns droits. S'ils font roture, ils font cenfés allodiaux.

Le troifiéme, il les exempte de la taxe du ban & arriere-ban.

Le quatriéme est , que lorsqu'on leve le Droit de nouveaux Acquêts, qui est de 40 en 40 ans , ou de 30 en 30 ans ,
ces amortissemens leur profitent pour n'être pas cottisés pour
les héritages dûement amortis.

Les amortissemens généraux ne produisent que les trois premiers effets. Bacquet , *ibid.* chap. 48.

Comment se regle.

VII. L'amortissement se regle par des états arrêtés au
Conseil ; il est du tiers pour les héritages tenus du Roi , parce
qu'ils ne doivent plus de profits ; & du sixiéme pour ceux tenus
des Seigneurs particuliers. Bacquet , chap. 53.

De la nature de ce Droit.

VIII. L'amortissement, ainsi que l'indemnité dont nous
parlerons, est pur personnel à la main-morte qui l'obtient ;
ensorte que la main-morte vendant à une autre main-morte ,
il faut prendre nouvel amortissement , & payer nouvelle indemnité.

Si la main-morte vend & réacquiert le même héritage , il y
a nouvel amortissement, nouvelle indemnité ; car l'un n'exempte pas de l'autre. Ferriere sur Paris , tit. des Fiefs, §. 5 , où
tous les Arrêts sont rapportés.

Il est imprescriptible.

Le Droit d'Amortissement est imprescriptible , c'est un Droit
royal ; l'indemnité peut se prescrire. Jarry , *ibid.* p. 178. Mais
les Ecclésiastiques payans décimes , ne peuvent être recher-
chés pour ce Droit , que pour les biens acquis depuis le 14
Août 1641. Jarry , *ibid.* A l'égard des autres, depuis le premier
Janvier 1600. *Ibid.*

IX. Naturellement ce Droit ainsi que l'indemnité doivent
être payés par la main-morte. Cependant il faut distinguer :
1°. Si c'est elle qui acquiert volontairement , nul doute. 2°. On
lui donne entre-vifs ; & alors si l'Acte ne charge pas le Donateur , la main-morte doit tout payer : on lui légue par
testament, les héritiers doivent payer. La raison est , que si

ces Droits étoient payés par la main-morte, elle ne recevroit pas le legs en entier. Pocquet de Livoniere, des Fiefs, l. 1, chap. 4.

Quand les biens d'un Bénéfice font unis à un autre avec extinction de titre, les biens déja amortis du Bénéfice éteint ne doivent pas de nouveaux droits d'Amortissement & de nouveaux Acquêts. Arrêt du Conseil du 9 Septembre 1730, obtenu par le Clergé. Je l'ai imprimé. Et par Arrêt de la Grand'Chambre du 13 Août 1742, plaidant Mᵉ. Gueau de Reversaux pour le Seigneur Duc de Rochechouart, qui demandoit le Droit, jugé qu'en ce cas n'est dû nouvelle indemnité. M. de Laverdy plaidoit pour l'Evêque de Nevers, M. Boullé pour les Jesuites de Nevers.

S'il est dû pour Dixmes inféodées.

X. Quand les Gens de main-morte acquierent des dixmes inféodées, ou l'on y fait réserve du Fief, ou on ne le réserve point. *Primo casu*, l'amortissement est dû, & l'indemnité, parce que c'est un Fief temporel. *Secundo casu*, n'est dû, parce que les dixmes retournent à leur premiere nature. Pocquet, *ibid*. Le Maire, Traité des Dixmes.

Si les Gens de main-morte donnent à emphiteose, & qu'ils y rentrent *après le Bail fini*, le Droit n'est dû. Jarry, p. 221 & 222.

Indemnité.

XI. Quand la main-morte a obtenu amortissement, les Seigneurs ne peuvent plus la forcer à vuider ses mains; mais elle doit indemnité, & pour les Fiefs homme vivant & mourant, *secus* en roture, si ce n'est par convention au lieu d'indemnité, comme j'ai vû, ayant été consulté pour la Maison de Navarre, contre la Maison de Sorbonne; c'étoit pour une maison sise à Paris rue Clopin, acquise par la Maison de Navarre au mois de Janvier 1641. L'acte d'accord pour l'homme vivant & mourant étoit de 1673. Autrefois on les adjugeoit en roture. Bacquet, des Amortiss. chap. 46 & 63. Quand il n'y a eu indemnité payée, ces deux Droits font dûs, & l'un ne dispense pas de l'autre; cela est à présent certain, tous les Auteurs en font d'accord.

XII. Le Droit d'indemnité est ordinairement du tiers pour les héritages féodaux , & du cinquiéme pour les rotures.

L'homme vivant & mourant est donné pour payer relief à mutation par mort *naturelle*.

Si le Fief acquis est tenu d'un Seigneur pour la mouvance, & de l'autre pour la Haute-Justice , le Droit d'indemnité se partage , le Haut-Justicier a le dixiéme. Arrêt de Réglement du 28 Mars 1692. Journ. du Palais.

S'il se prescrit.

XIII. Les Auteurs conviennent que le Droit d'indemnité se prescrit par 30, 40, 50 ans, suivant la disposition des Coutumes ; mais la prestation d'homme vivant & mourant ne se prescrit jamais, parce que la foi ne se prescrit pas, & que cet homme est donné principalement pour renouveller la foi que la main-morte doit au Seigneur ; *secùs* en roture , quand il est au lieu d'indemnité. Salvaing , chap. 59. Je tiens au contraire.

XIV. Si l'indemnité est dûe à une Eglise , comme elle emporte aliénation du revenu de l'Eglise , à qui les Droits de mutation seroient dûs si l'héritage restoit dans le commerce, il faut faire emploi de la somme , de même quand l'indemnité est dûe à un Engagiste , parce que la propriété du Domaine engagé reste au Roi. Cela est de principe constant. Bacquet , des Droits d'Amort. chap. 54, qui en rapporte Arrêt du 9 Avril 1565, au chap. 63. Un autre du 13 Janvier 1593. *Idem* quand cela est dans la mouvance du Roi , ou dépend d'un apanage ou engagement. Lettres Patentes du 21 Novembre 1724, registrées en la Cour le 27 Janvier 1725.

L'amortissement & l'indemnité ne dispensent pas du Droit actuel qui est dû pour l'acquisition. La raison est, que les Droits d'amortissement & d'indemnité ne sont que pour les mutations *à venir* , qui ne se font plus tant que l'héritage est en main-morte.

N N n n n ij

CHAPITRE XXVI.

Du Droit de Deshérence.

I. ORIGINAIREMENT le Droit de Deshérence n'appartenoit qu'au Roi, ainsi que les confiscations ; mais les Seigneurs se le sont arrogés, & nos Rois les y ont maintenus, comme le prouvent les Coutumes, dont la rédaction s'est faite par l'autorité du Roi.

De la nature de ce Droit.

Ce Droit est incontestablement un Droit de Haute-Justice ; le moyen, le bas Justicier, le Seigneur féodal, n'y ont rien : mais si le Fief tombe en deshérence, le Féodal dont il est tenu, peut demander la foi & le relief au Haut-Justicier, si mieux il n'aime vuider ses mains. *Vide supra* sur le relief.

Exceptez cependant quelques Coutumes. Par exemple, Poitou, art. 299, le donne au Bas-Justicier. Normandie, art. 146, le donne au Féodal.

Sur quoi se prend.

II. Ce Droit a lieu sur les immeubles & les meubles qui sont dans l'étendue de la Haute-Justice ou du Fief, ès Coutumes qui le donnent au Seigneur féodal, où la succession est ouverte ; & si le défunt laisse des biens en différentes Seigneuries, chaque Seigneur prend ce qui est dans sa Seigneurie.

Ce que doit faire le Haut-Justicier.

III. Le Haut-Justicier doit faire inventaire ; & pour ce, faire apporter les scellés, s'il y a concurrence entre le Roi & le Haut-Justicier : on donne ordinairement la provision aux Officiers du Roi ; quelquefois la Cour nomme un Notaire & un Huissier.

Faute de faire inventaire, le Haut-Justicier n'est pas pour cela tenu indéfiniment des dettes, si la Coutume ne le dit,

comme Poitou, art. 300. La raison est, qu'il n'est que *succes-* *seur* aux biens vacans, *& non pas héritier du défunt.*

Sur quelles personnes ce Droit a lieu.

IV. Ce Droit est celui de succeder aux originaires François, & légitimes, qui décedent sans hoirs.

Je dis *originaires François;* parce que si le défunt étoit étranger, ce seroit un Droit d'Aubaine, qui n'appartient qu'au Roi.

J'ajoute *légitimes;* parce qu'autrement ce seroit un Droit de Bâtardise, qui appartient encore au Roi seul.

La succession des Evêques, & autres Bénéficiers *seculiers,* tombe aussi en deshérence ; l'Eglise n'y a rien, cela est incontestable.

Ce qui peut exclure ce Droit.

V. En général, ce Droit cesse en deux cas.

Le premier est par le titre *unde vir & uxor,* qui a lieu en France, au préjudice du Fisc ; le mari succede à sa femme, *& vice versa,* quand l'un ou l'autre décede sans hoirs ou héritiers. En Normandie, ce titre n'y a pas lieu.

Je distingue l'hoir de l'héritier, quoique sinonimes, parce que l'hoir se dit ordinairement des enfans ; l'héritier est l'enfant ou autre parent indistinctement.

Le second cas est, que la défaillance d'une ligne ne donne pas lieu à ce Droit ; l'autre ligne y succede au préjudice du Fisc. Ainsi la ligne paternelle manquant, la ligne maternelle succédera aux propres paternels, *& vice versa.* La raison est double. 1°. C'est que ce sont toujours des héritiers du défunt qui se présentent ; & dès-là la succession n'est pas vacante. 2°. C'est que la distinction des lignes n'est qu'en faveur des familles concurrentes. *Vide* Berthelot du Ferrier, chap. 36.

Il y a des Coutumes qui, en cas de défaillance d'une ligne, admettent le Fisc ou le Haut-Justicier, à l'exclusion de l'autre ligne. Bourgogne, Anjou, Rheims, Normandie.

Il y a plus ; en Normandie, on compte l'extinction de la ligne au septiéme degré inclusivement. Art. 146.

Quand on n'a point d'héritiers, cette Coutume ne permet de donner que le tiers de ses biens au préjudice du Seigneur : si on n'a qu'un seul héritier, on peut lui donner tout son héritage & biens immeubles. Art. 432.

VI. Ordinairement le Roi fait don des biens à lui échus par deshérence, aubaine, confiscation, bâtardise. S'il y avoit plusieurs Donataires des mêmes biens, ils ne concourroient point entr'eux. La date du Brevet de don décide, & la premiere obtient, quand même le don ne seroit point encore vérifié ni enregistré, & que les autres le seroient : ces derniers sont réputés obreptices & subreptices, obtenus par importunité ; on n'y a point d'égard. Jugé. Bacquet, du Droit de Deshérence, chap. 5.

CHAPITRE XXVII.

Des Droits d'Aubaine, d'Aubainage , & Bâtardise.

I. LEs Droits d'Aubaine & d'Aubainage sont deux Droits différens, que l'on confond souvent, à cause des Coutumes, comme Orléans, Tours, Lodunois & autres, qui donnent au Haut-Justicier le Droit *d'Aubainage.*

L'Aubaine est un Droit royal qui appartient au Roi, *jure Coronæ.* Il est tellement domanial, qu'il n'est jamais censé engagé, même dans les engagemens de Justice : cela est certain.

Définition.

II. Le Droit d'Aubaine est le droit de succeder à un Etranger dans *tous* les biens qu'il laisse dans le Royaume. Donc *l'Aubain* est l'Etranger qui demeure & décéde dans le Royaume, s'il n'est des Pays privilégiés.

Combien de sortes d'Aubains.

Il y a des Aubains de trois sortes.

Les uns sont Aubains perpétuels, & sont ceux qui ne se font point naturaliser par le Roi, qui *seul* a le pouvoir de donner le droit de Citoyen, par une adoption qu'il fait , & que lui seul est capable de faire.

Les autres qui sont Aubains, mais ne le sont plus réputés; parce qu'ils ont obtenu Lettres de naturalité, dûement enregis-

trées en la Chambre des Comptes. Bacquet, du Droit d'Aubaine, chap. 1.

La troisiéme forte est de ceux qui font réputés Aubains ; ce
font ceux qui font nés ès Pays où le Roi a droit, mais dont il
ne jouit pas à présent. *Idem*, chap. 8.

Ce qui affranchit ou n'affranchit pas du Droit d'Aubaine.

III. On ne peut être réputé Régnicole, si on n'a Lettres
de naturalité. L'Office même royal, ni le Bénéfice, ne natu-
ralifent pas. *Idem*, chap. 11.

Le Marchand étranger qui vient en France aux Foires, &
y décéde, n'est pas fujet à l'Aubaine ; fes Marchandifes ne vont
pas au Fifc, mais à fes héritiers. *Idem*, chap. 14. Mais le fimple Paffager y est fujet. Les Ambaffadeurs n'y font pas non
plus fujets. *Idem*, chap. 13.

Quel profit on tire des Lettres de naturalité.

Les Lettres de naturalité ou d'adoption profitent à l'Etranger
en trois cas.

Le premier, il peut tester comme Régnicole ; car, quoique
non naturalifé, il peut donner entre-vifs. *Idem*, chap. 17.

Le fecond, mourant *ab inteftat*, fes parens naturalifés ou nés
dans le Royaume, lui fuccedent, à l'exclufion de ceux qui
font hors le Royaume.

Le troifiéme, il fuccede lui-même à fes parens nés dans le
Royaume, ou naturalifés. *Vide ibid.* chap. 23.

De l'homme & de la femme.

V. Le titre *unde vir & uxor* n'a lieu contre l'aubaine. *Idem*,
chap. 33.

Mais l'Etranger fe mariant à une Régnicole, *aut vice verfa*,
peut donner en propriété par Contrat de mariage ; ils peuvent pendant le mariage faire don mutuel en ufufruit. *Idem*,
chap. 20 & 21.

Un Etranger naturalifé meurt fans hoirs ni aucuns héritiers ; la queftion est douteufe, de fçavoir fi la fucceffion ap-

partiendra au Roi , ou au Haut-Justicier du lieu où la succession est ouverte. *Vide* Bacquet , chapitre 34.

Des Enfans.

VI. Les enfans nés hors le Royaume, ne succedent pas à leur pere étranger décédé dans le Royaume ; mais les enfans nés dans le Royaume , succedent à leur pere étranger , quoique non naturalisé. *Idem* , chap. 32.

Du François décedé hors le Royaume.

VII. Si un François quitte le Pays , & se retire en Pays étranger , & y décéde , les collatéraux succedent à ses biens au préjudice du Donataire du Roi. Jugé par Arrêt du 29 Juin 1714.

De l'Etranger naturalisé qui se retire hors le Royaume.

VIII. Un Etranger naturalisé se retire hors le Royaume, & s'y marie ; il perd l'effet de ses Lettres ; ses enfans nés hors le Royaume , ni autres héritiers , ne lui succedent ; s'il revient en France , il doit se faire réhabiliter , & naturaliser ses enfans. Néanmoins s'il est prouvé qu'il avoit conservé l'esprit de retour , quoique décédé en Pays étranger , alors ses enfans ou autres parens régnicoles lui succedent. Berthelot du Ferrier , chap. 37.

Du Droit d'Aubainage.

IX. Quelques Coutumes accordent au Haut-Justicier le Droit d'Aubaine ; ce n'est pas celui dont nous venons de parler : aussi cela fit une contestation lors de la réformation de la Coutume d'Orléans. La Lande sur l'art. 21 la rapporte. Le Procureur du Roi soutint que ce Droit ne pouvoit s'entendre du Droit d'Aubaine dont nous avons parlé.

Ce Droit de Coutume est un Droit leger , que quelques Coutumes appellent *Aubainage* ; Tours , Lodunois : c'est lorsqu'un Forain , *id est* celui qui n'est pas né dans la Justice d'un Seigneur , ou dans l'étendue du Bailliage , y décéde ; on doit dans les vingt-quatre heures après l'enterrement , donner au Seigneur

une

une bourſe noire & quatre deniers dedans, ſinon y a ſoixante
ſols d'amende au par deſſus du Droit.

De-là dans toutes les Coutumes qui donnent Droit d'Aubaine au Seigneur, ne l'entendez pas du Droit de ſuccéder à
l'Etranger, *id eſt* non Régnicole, mais d'un Droit leger dû au
Seigneur par le décès d'un Forain.

Du Droit de Bâtardiſe.

X. Le Bâtard eſt celui *qui neque gentem neque familiam habet.
L. ſi ſpurius, ff. unde cognati.*

Il y a deux ſortes de Bâtards ; les uns nés *ex ſoluto & ſoluta,*
comme d'un garçon & d'une fille ou veuve ; les autres adulte-
rins, dont le pere ou la mere étoit marié, ou tous deux, ou
nésd'un Prêtre & d'une fille.

De la légitimation.

XI. Les premiers peuvent être légitimés ; les ſeconds ne le
peuvent jamais être.

Il y a deux ſortes de légitimations ; l'une par le mariage ſub-
ſéquent ; l'autre par Lettres du Prince, du conſentement des
pere & mere, & des collatéraux des pere & mere.

La premiere légitimation donne à l'enfant tous les Droits de
légitimité.

La ſeconde ne donne qu'un Droit irrégulier de ſuccéder ;
& ils ſe ſuccédent les uns aux autres, non comme parens, mais
comme ayant les Droits du Roi par leurs Lettres. Le Roi ſeul
peut accorder Lettres de légitimation.

De la nature du Droit de Bâtardiſe.

XII. Le Droit de Bâtardiſe eſt un Droit royal ; cependant
en pluſieurs Coutumes le Haut-Juſticier ſuccéde aux biens
ſitués dans ſa Juſtice, & ces Coutumes s'obſervent.

Du pouvoir des Bâtards.

XIII. Le Bâtard peut teſter, il peut donner entre-vifs ; le
Roi & le Haut-Juſticier n'y ſuccédent qu'*ab inteſtat.*

Tome V. O Ooοo

Les enfans légitimes du Bâtard lui succédent de plein droit.

Le titre *unde vir & uxor* a lieu en ce cas, parce que le Bâtard est Régnicole. La faveur du mariage l'emporte sur l'intérêt du Fisc.

Vide Berthelot du Ferrier, chap. 38 ; & Bacquet, du Droit de Bâtardise.

CHAPITRE XXVIII.

Du Franc-aleu.

I. LE Franc-aleu est plus connu en Pays de Droit écrit qu'en Pays de Coutume. La raison est, que le Pays de Droit écrit ne suivant que le Droit Romain, ces Loix ne connoissoient point les Fiefs, qui ne s'y sont introduits que peu à peu ; & tout héritage y est présumé libre. Despeisses, des Droits seigneuriaux, tit. 2. Au contraire, en Pays coutumier tout est Fief ou censive, si l'on ne prouve le contraire : c'est la maxime générale ; & l'on tient même les Coutumes de Troyes & de Nevers Coutumes contre le Droit commun.

Définition générale.

II. Franc-aleu est composé de *franc* & d'*aleu*.

Aleu est la propriété de l'héritage. On distinguoit autrefois les Aleux des Bénéfices, qui depuis sont devenus Fiefs. *L'aleu* ou *Aleud* étoit ce qui étoit provenu des ancêtres, ce qui appartenoit en propre ; il étoit défini par le seul mot *Héritage*, qui veut dire venu des ancêtres. Au contraire, les Bénéfices qui n'étoient qu'à vie, étoient tous de concession, auxquels on ne succédoit point, & dont on ne pouvoit disposer : de-là dans un ancien titre qui portera, *tenet in alodium*, cela ne signifie pas qu'il tient en *franc*-aleu, mais en aleu, *id est* par héritage, en propriété, non à vie. Galand, du Franc-aleu, chap. 1. Struvius, *de jure Feudorum*, *cap.* 2, *aphor.* 11.

Depuis la patrimonialité des Bénéfices, que nous nommons à présent *Fiefs*, il a fallu distinguer le Fief de l'ancien Aleu, dont le possesseur étoit toujours demeuré maître *sans concession.*

Or comme les Fiefs, comme les Aleux, sont devenus tous de propriété transmissible aux héritiers, & aliénables à prix d'argent, il a fallu distinguer les propriétés qui venoient des ancêtres, & qui ne reconnoissoient personne, & les propriétés qui essentiellement reconnoissoient un concédant. Il y avoit des Aleux qui payoient des espèces de censives au Seigneur du Territoire, pour leur entretien & celui de leurs Troupes; d'autres ne payoient rien, & s'y sont maintenus. Pour distinguer ces derniers, on a ajouté le mot *franc* à celui d'*aleu*, pour marquer qu'il ne reconnoissoit & n'avoit jamais reconnu de concédant. Galand, *ibid.*

Depuis, le terme *allodial* a signifié génériquement tous les deux termes *franc-aleu*; on dit un héritage *allodial*, une Coutume *allodiale*.

Quand on dit une Coutume ou un Pays de Franc-aleu, cela s'entend de la Coutume ou du Pays où le Franc-aleu est de droit, où le Seigneur doit prouver son droit de mouvance ou de directe.

Dans le reste du Pays coutumier, on tient qu'il faut prouver le Franc-aleu.

De la maxime, *nulle Terre sans Seigneur.*

III. Dans le Pays coutumier, il y a une maxime que l'on étend abusivement; c'est celle *nulle Terre sans Seigneur* : elle est écrite dans quelques Coutumes; Blois, par exemple : on l'y prend *judaïce*. Cela est bon pour les Coutumes qui rejettent le Franc-aleu, *même avec titre*. Melun, Peronne, Blois, Angoumois, Bretagne, Senlis, Poitou, Saintonge.

Mais en général cela ne veut point dire qu'il n'y a point de Terre qui ne soit tenue en foi ou à cens. La Coutume de Paris n'est point allodiale; elle reconnoît le Franc-aleu; art. 68. Il ne faut pas dire qu'on doit en rapporter le titre; car à vrai dire il ne doit point y en avoir, puisque cet héritage ne connoît point de concédant : les partages en Franc-aleu suivis de Contrats d'acquisition en Franc-aleu suffisent; c'est au Seigneur à prouver qu'il a été servi de cet héritage.

Cette maxime ne veut régulierement dire autre chose, sinon qu'il n'y a aucune Terre en France qui ne reconnoisse une Puissance publique au-dessus d'elle, qui est la Justice, soit

royale, soit subalterne. Tout Franc-aleu, s'il a une Justice annexée, reconnoît une Justice de ressort; s'il n'a point de Justice, il est soumis à la Justice dans laquelle il est enclavé. Salvaing, chap. 53. Struvius, *ibid.* Et c'est ainsi qu'on doit entendre cette maxime, quoi qu'en disent Bacquet & Galand.

Définition spéciale.

Le Franc-aleu est un héritage franc & libre de tout devoir, d'hommage, & de directe, non de Justice.

Combien de sortes.

Les Coutumes admettent deux sortes de Franc-aleu, le noble & le roturier.

Le Franc-aleu noble est celui auquel il y a Justice annexée, ou Fief & censive tenue de lui. C'est ainsi que les Auteurs le définissent. Paris, art. 68.

Troyes dit que le Franc-aleu noble est celui qui a Seigneurie & Justice. Art. 53.

Le Franc-aleu roturier est celui qui n'a ni Justice, ni Fief ou censive sous lui.

Partage de Franc-aleu.

On partage le Franc-aleu noble comme le Fief, avec préciput & droit d'aînesse. Le roturier se partage également.

V. Il y a des Auteurs, Duplessis sur Paris, titre du Franc-aleu, qui disent que le Franc-aleu est ou de naissance, ou par concession d'affranchissement, ou par prescription de la Seigneurie directe du Vassal contre le Seigneur; c'est une erreur. On n'est point obligé de prouver la concession du Franc-aleu, & on ne doit pas même la présumer; car affranchir un héritage, c'est éteindre la directe Seigneurie qui fait partie de son Fief; & l'éteindre, c'est démembrer son Fief. Par prescription, cela ne se peut, si ce n'est en Bourbonnois, art. 22: car en Berry il n'y a qu'une tradition, & les Commentateurs ne sçauroient s'accorder pour l'établir par le texte; aussi ce n'est que par le Procès-verbal où l'on voit que le Tiers-Etat le soutint contre la Noblesse.

Dites que le Franc-aleu est toujours présumé de naissance.

VI. En Anjou il y a un Franc-aleu indéfinissable. Il ne doit foi & hommage , ni cens ; mais s'il est vendu , il doit lods & ventes au Seigneur du Territoire. Art. 140. Maine 153, est contraire. Est-ce là un Franc-aleu ? Il falloit l'admettre tout-à-fait , ou le rejetter entierement. Poquet de Livoniere en son Traité des Fiefs , fait ce qu'il peut pour justifier cette disposition. Quelque sçavant que soit cet Auteur , quelque éloge qu'il mérite , soit par son Traité des Fiefs , qui n'a de défaut que d'être trop court , soit par les principes du Droit François , soit par ses Observations sur le docte Dupineau , il ne sauvera jamais la bisarrerie de sa Coutume en ce point.

CHAPITRE XXIX.

Des Droits honorifiques & du Patronage.

JE vais donner les principes des Droits honorifiques : je ne citerai point dans ce Chapitre ; les citations seroient trop fréquentes : ce que je puis assurer à mes Confreres , c'est que le langage que je vais parler est le langage de Loisean & de Corbin , des Droits de Patronage & honorifiques ; de Maréchal & ses Continuateurs ; de Salvaing & de Ferriere , des Droits de Patronage. Ils seront sûrs de trouver les preuves de ce que je vais avancer dans mes Réfléxions sur les Droits des Patrons & Seigneurs de Paroisses aux Honneurs de l'Eglise.

Origine.

I. Les Droits honorifiques dans les Eglises ont été introduits pour exciter le zéle des Chrétiens. Ils sont autorisés par les Conciles pour deux choses principales.

La premiere , pour reconnoître les bienfaits des Fidéles , & les engager à en faire de nouveaux.

La seconde , à cause de la protection que l'Eglise retire de la Puissance publique , *id est* de la Haute-Justice. Cette seconde

cause les a attribués à la Haute-Justice, parce qu'elle a le droit de protéger. Ce sont les deux causes natives & seules de ces Droits. *Beneficentia & potestas.*

Au surplus, dans leur origine ils ne sont pas de droit, ils sont de pure tolérance ; l'usage en a fait des Droits que l'on se dispute, & pour lesquels trop souvent toute la Procédure est déployée.

A présent on les regarde tellement comme Droits, que le Patron & le Haut-Justicier, si le Curé les leur refuse, peuvent former complainte.

Qui sont ceux qui les ont de droit.

II. Le Patron & le Haut-Justicier dans le territoire du quel l'Eglise est bâtie, les ont *seuls* de droit ; les autres ne les ont que par possession & souffrance. En Bretagne, les Patrons *seuls* les ont, suivant l'Ordonnance de 1539, donnée pour la Bretagne, & qui n'a lieu que pour ce Pays. De même en Normandie, le Parlement de Rouen ne les donne qu'au Patron.

Qu'est-ce que le Patron ?

III. Le Patron n'est pas le simple bienfaiteur de l'Eglise : *Patronum faciunt dos, ædificatio, fundus*, dit un adage canonique. Il faut l'un des trois pour aspirer au Patronage ; & avec Dargentré il faut dire qu'on le doit stipuler.

Selon Loiseau, comme les titres de fondation de l'Eglise sont souvent perdus, la vraie marque du Patronage est la nomination à la Cure. La possession paisible du Patronage est d'un grand poids : cependant les Arrêts jugent, surtout à l'égard des Communautés Eccléfiastiques, ou des Titulaires, que ce n'est pas toujours la marque du Patronage, à l'effet d'avoir les Droits honorifiques, parce que cela vient de ce qu'ils faisoient autrefois la desserte de la Cure, & se sont réservés d'être Curés primitifs.

Il y a des Coutumes où le simple Haut-Justicier n'a point les Droits honorifiques. Il faut, pour les y avoir, être Châtelain, ou plus haut Seigneur. Tours, Lodunois.

Comment peuvent s'acquerir.

IV. On tient que les Droits honorifiques peuvent s'acquerir par possession. Les Arrêts l'ont jugé ainsi. Cela est bon à l'égard des moyens & bas Justiciers ou Féodaux, non à l'égard des Patrons & Hauts-Justiciers qui les ont *de droit*, & cette possession ne va jamais à exclure le Patron ni le Haut-Justicier, ni leur nuire.

Distinction des Droits honorifiques.

Cependant avec Loiseau, il faut distinguer dans les Honneurs de l'Eglise, les grands & les petits : ces derniers ne sont proprement pas Droits honorifiques.

Les grands Droits sont les Prieres nominales, l'Encens, la Sépulture dans le Chœur, le Banc à queue ou fermé dans le Chœur, l'Eau benite par présentation ou par aspersion par distinction, suivant l'usage du lieu ; les Litres ou Ceintures funébres.

Les petits Droits sont le Pain beni, la préséance aux Processions, l'Offrande ; encore ce dernier honneur se donne à la simple Noblesse, à la qualité, à la Charge que l'on possede, souvent à l'âge.

Le Droit de Banc dans l'Eglise hors le Chœur n'est pas un Droit honorifique. Nul ne peut y en avoir sans concession des Curé & Marguilliers ou Fabriciens, si ce n'est le Patron ou le Haut-Justicier qui peuvent en avoir un dans le Chœur & un dans la Nef.

Du Seigneur de Fief, & des moyens & bas Justiciers.

V. Quoique l'Eglise soit bâtie sur le Fief d'un quelqu'un, il n'en est pas pour cela Patron ; il faut qu'il prouve l'avoir donnée : sa directe est éteinte, sauf l'indemnité par la consécration de l'Eglise. En Artois cela est différent, à cause de l'article 19 de la Coutume de la Salle de Lille qui y fait le Droit commun.

Quand le Roi est seul Justicier dans une Paroisse, comme personne ne peut donner atteinte à ses Droits, on souffre que le Seigneur du Fief, le moyen & le bas Justicier en jouissent. Même Salvaing prétend qu'en ce cas les moyens & bas Justiciers

peuvent se qualifier Seigneurs du Village, même vis-à-vis de l'Engagiste de la Haute-Justice ; parce que nonobstant l'engagement, le Roi demeure toujours Seigneur.

Des Chapelles.

VI. Par rapport aux Chapelles particulieres dans les Eglises, elles peuvent être à un quelqu'un par droit, s'il les a fondées ou dotées, ou s'il est en possession immémoriale d'en jouir seul. Et selon Loiseau, le Fondateur a dans la Chapelle le même Droit que le Patron a dans l'Eglise.

S'ils sont cessibles.

VII. Les honneurs de l'Eglise sont incessibles & incommunicables, si ce n'est à la femme & aux enfans du Patron ou du Haut-Justicier ; encore on les leur défere différemment. Par exemple, l'encens se donne au Patron ou au Haut-Justicier trois fois, ainsi qu'à leur femme. Arrêt du 10 Juin 1716, entre Maximilien de Beaurains & sa femme, les Religieux de S. Eloy, & le Curé de Savie en Artois. A tous les enfans une fois seulement ; ce n'est cependant pas une régle par rapport à la femme. L'homme & la femme doivent être nommés aux Prieres.

De deux Seigneurs concurrens.

VIII. *Quid* de deux Seigneurs Hauts-Justiciers dans une même Paroisse ? Il faut dire que celui-là a seul les droits, qui trouve l'Eglise bâtie sur son Territoire. Cependant ordinairement la possession décide de cette concurrence. J'ai vû des Eglises où dans cette concurrence les honneurs se déferoient au plus âgé ou au plus qualifié ; *quod rarum*. Le Droit est à celui qui est Haut-Justicier *du sol* de l'Eglise.

Qui est le Seigneur du Village.

IX. Le Haut-Justicier seul peut se qualifier Seigneur du Village. Les Seigneurs de Fiefs ne peuvent se qualifier que Seigneurs de tel Fief sis en telle Paroisse.

Quelles

Quelles sont les marques visibles de Seigneurie & Patronage.

X. Les armes aux cloches & aux vitres d'une Eglise ne sont marques de Seigneurie ou Patronage, même quand elles se trouvent à la maîtresse vitre. Les armes à la clef de la voûte du Chœur sont d'un plus grand poids; mais ce sont là des signes équivoques.

Le Pain bénit se présente d'abord au Patron; ensuite au Haut-Justicier; & après lui à ses Officiers, gradués ou non, soit en sa présence, soit en son absence, au jour de Patron, ou autres jours.

Prieres nominales.

XI. Les Prieres nominales sont dites ainsi, parce que le Patron & le Haut-Justicier, & ceux qui en jouissent, doivent être nommés par leurs noms & qualités, c'est-à-dire qualités relatives à leur droit d'être nommés, non par des qualités étrangeres, comme de Secretaire du Roi, ou autres qualités qui ne donnent pas les Droits honorifiques. Cependant on peut dire : Nous prierons pour M. le Duc, Comte, Marquis tel. *Vide* pour tout ce que dessus mes Observations sur les Honneurs de l'Eglise.

Du Patronage.

XII. Le Patronage est un Droit incorporel, intellectuel.

On en distingue ordinairement deux, l'Ecclésiastique & le Laïc.

Le Patronage Ecclésiastique est celui qui appartient à un quelqu'un, à cause de l'Eglise à laquelle il est préposé.

Le Patronage Laïc est celui dont on jouit, à cause de la famille ou du patrimoine.

Quelquefois le Patronage Laïc cedé à un Monastere ou à une Communauté, devient Ecclésiastique; mais pour cela il faut qu'il soit personnel à celui qui l'a cedé; car le Patronage réel ne change pas de nature, quoique donné à une Eglise.

Dans le doute le Patronage est réputé Laïc. Arrêt du 2 Décembre 1669, qui a déclaré Laïc le Patronage de l'Ordre de Malthe.

Tome V.   P P p p p

De même si la nomination & préſentation à une Chapelle appartient à une Fabrique, le Patronage eſt Laïc.

Subdiviſion du Patronage Laïc.

XIII. Le Patronage Laïc ſe diviſe en réel & en perſonnel.

Le réel eſt celui qui eſt attaché à une glebe, à un héritage; il paſſe à l'acquereur de la glebe, s'il n'eſt expreſſément reſervé par le vendeur; auquel cas il devient perſonnel.

Le perſonnel eſt celui qui eſt attaché à une famille, & eſt tranſmiſſible aux enfans.

Autre définition.

XIV. On le diviſe encore en deux; en héréditaire, & en celui qui eſt attaché au nom, ou ſpécialement à la famille du Fondateur.

Il y a encore le Patronage mixte, lorſqu'un Eccléſiaſtique & un Laïc ont fondé une Egliſe.

Le Patronage Eccléſiaſtique eſt toujours réel, toujours attaché à l'Egliſe, des biens de laquelle il a été fondé.

Autre diviſion.

XV. On diſtingue encore le Patronage royal & le non royal. Les Rois ſont Patrons, parce qu'ils ont fondé pluſieurs Egliſes; ils le ſont encore par le Droit de Regale, ſuivant le Concordat entre le Pape Leon X. & le Roi François I.

Autre diviſion.

XVI. On va encore plus loin. Le Patronage mixte qui appartient en même tems à une Egliſe & à un Laïc, ſe diviſe en Patronage individu, & en Patronage alternatif & reglé par tour.

Primo caſu, la qualité laïcale plus favorable & plus privilégiée prévaut; il n'eſt pas ſujet à prévention; il a le même avantage que l'Eccléſiaſtique; il a ſix mois. *Secundo caſu*, dans le tour de l'Eccléſiaſtique, la prévention a lieu, ſans préjudicier au Laïc, pour la premiere vacance du Bénéfice.

Du tems pour préfenter aux Bénéfices.

XVII. Régulierement le Patron Eccléfiaftique a fix mois, le Laïc n'en a que quatre ; mais le Patron Laïc peut varier avant l'inftitution, parce qu'il préfente cumulativement fans fe dé- partir de fa premiere préfentation, ou fucceffivement ; l'Ecclé- fiaftique ne peut varier.

La Regale n'empêche pas le Laïc de préfenter, *fecùs* du Patron Eccléfiaftique. Cependant fi le Patronage Laïc eft contefté, & qu'il y ait ouverture en Regale pendant la conteftation, le Roi préfente.

La dévolution a lieu quand le Patron n'a pas préfenté dans fon tems, parce que le Patron ne fait pas de degré de Jurifdic- tion.

Comment il paffe aux héritiers.

XVIII. Le Patronage perfonnel à une famille paffe aux hé- ritiers de la ligne de degré en degré ; mais la ligne étant finie, il paffe aux héritiers étrangers du dernier Patron.

Le droit de Patronage Laïc paffe auffi-bien aux femelles qu'aux mâles, parce que ce n'eft pas la faveur du fexe qui a donné l'être au Patronage, mais le bien donné à l'Eglife.

S'il fe perd.

XIX. Le Patronage Laïc fe perd par le non-ufage ; mais il faut que deux chofes concourent. 1°. La négligence du Patron. 2°. La poffeffion du Collateur qui a conferé librement par trois différentes fois.

Tel eft, mes très-chers Confreres, le petit abregé de la fcience des Fiefs que je vous préfente ; j'y ai mis tout ce qui étoit néceffaire pour entendre & raifonner Fief en peu de tems : c'eft le canevas de mon grand Ouvrage ; il vous conduira, je penfe, dans ce grand Océan : je vous le donne comme le fil qui vous facilitera l'entrée & la fortie heureufe de ce labyrinthe. Vous y trouverez tous les principes généraux, & prefque tous ceux de chaque efpéce qui peut fe préfenter. Les preuves font dans mes Traités. Vos lumiéres, votre pénétration & votre application feront le refte.

Fin du cinquiéme Volume.

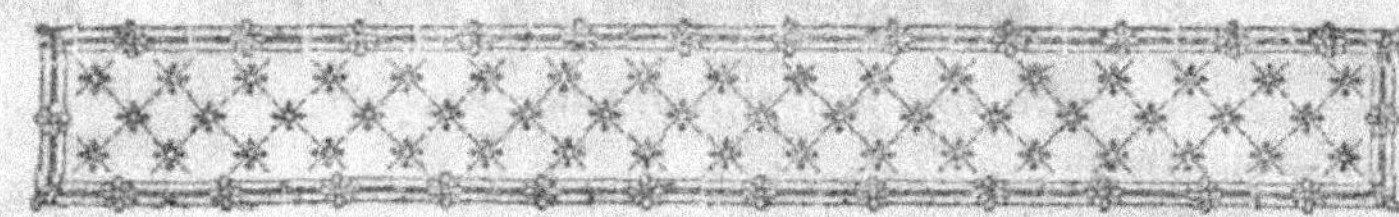

TABLE GENERALE
DES MATIERES
CONTENUES DANS LE TRAITÉ DES FIEFS.

¶ Le Chiffre Romain I. marque les Matieres extraites du premier Volume ; II. celles du second ; III. celles du troisiéme ; IV. celles du quatriéme, & V. celles du cinquiéme.

A

Abandon ou *Ceffion* de biens.

SI en Savoye, l'abandon de biens fait à ses *Créanciers*, doit *lods*, III. 558

Si l'abandon fait par un *Débiteur* à des Créanciers, forme *mutation*, IV. 210

Quid, si le *Débiteur* est décedé, 210

Abbeville. (Coutume d')

Son texte sur le droit de *relief*, II. 497

Abonnement de Fief.

Si les abonnemens en argent pour les *Preffoirs & Moulins*, donnent la liberté d'aller ailleurs, I. 443

L'abonnement doit être réfolu ou augmenté à proportion du *Fief* réuni, dans le cas des *Arriere-Fiefs* acquis & réunis depuis l'abonnement du Fief abonné, II. 185-187

Ce que c'est qu'abonnement, 187

De deux fortes dans la Coutume de Dreux ; quels ils font, 443

Comment l'abonnement fe peut faire à l'égard des Fiefs, 453

Admis dans la Coutume locale du *Perche-Gouet*, II. 453

Si cet abonnement donne ouverture au *Retrait*, IV. 24

Voyez *Dominant* du Seigneur. *Chopin. Pocquet* de Livonniere.

Acaptes & Arriere-captes de Guyenne & de Languedoc.

Sur quoi ces Droits fe levent, II. 612

Quand dûs ; comment ils fe réglent & fe levent, 612

S'ils fe confondent, 612

Accenfement.

Ce qu'eft le premier Accenfement, III. 324-326

Pourquoi pris autrefois, 325, * 328 *

Voyez *Démembrement* du Fief. *Deniers* d'entrée.

Accint, voyez *Jardin* & accint.

Accommodemens de famille.

Combien favorifés dans la Coutume de Berri, II. 417 & *fuiv.*

Acheteurs, voyez *Seigneurs*.

Acquéreurs.

Quand l'Acquéreur par *Retrait* féodal ou cenfuel eft fujet aux Droits, I.

Voyez *Copropriétaires* Adjudicataires.

Celui qui achete du *Vassal* avec rétention de devoir, ne devant point de profit, parce qu'il achete du *Seigneur*, & s'y trouvant ouvert par l'excès du jeu, a son recours contre le Vassal aliénateur, I. 125

Raisons pour appuyer ce parti, 125

Lorsqu'ils sont évincés, il n'y a plus de réunion, 140

Cas où la Cour a jugé par Arrêt de 1510 qu'il ne falloit pas attendre qu'ils eussent la foi, pour le retour de la partie au tout, 141

Effet de leurs Déclarations, 167

Ceux d'une *rente* constituée sur un *Fief* sont tenus dans la Coutume de *Berri* d'en faire foi, II. 420

Cas où dans la Coutume du *Grand-Perche* acquérant la portion de l'*aîné* sujette à *foi*, ils sont tenus d'acquitter les *puînés* du *rachat*, 474

Voyez *Héritiers. Relief. Seigneurs.*

Pourquoi celui de la *mouvance* féodale ne réunira pas plus au *Fief* qu'il auroit déja, que celui de la *directe* censuelle, III. 96 & *suiv.*

Espéce de la Sentence qui l'a jugé ainsi, 97 & *suiv.*

Voyez *Decret. Douaire. Dumoulin. Servitudes.*

S'il leur est permis de faire le *Decret*, 237

Voyez *Droits* seigneuriaux. *Ordre du* S. Esprit.

Si n'étant point Adjudicataires il est dû double *droit* au *Seigneur*, 240

S'il est dû de nouveaux *droits*, quand ils sont convenus d'une *rétrocession*, 240 & *suiv.*

S'ils doivent de nouveaux *droits*, lorsqu'avant les 40 jours expirés qu'ils ont pour nommer, ils vont à la *foi*, & la font en leurs noms, ou se font ensaisiner en leurs noms, payent les droits, sans déclarer que c'est pour eux ou pour celui qu'ils doivent nommer, & qu'ensuite ils nomment avant les 40 jours expirés, III. 275

Espéce de l'Arrêt sur cette question, 275 & *suiv.*

Quid, de celui qui est nommé pour acquérir, 276 & *suiv.*

Voyez *Adjudications. Lods* & *Ventes.*

Si, lorsqu'ils ne payent pas, le Vendeur rentre dans son bien, 291 & *suiv.*

Voyez *Droits* seigneuriaux.

Si les Acquéreurs peuvent couper *in continenti* un *Bois* de haute-futaie; & s'il en est dû *droits*, 404

Voyez *Command. Duplessis. Réméré. Ventes.*

Si l'Acquéreur d'un héritage bordelier, soit qu'on le lui ait vendu comme *Aleu*, ou chargé de simple *cens*, soit qu'il trouve la charge trop forte, peut y renoncer s'il le veut, 440

Voyez *Chenier.*

Cas où ils doivent les *droits*, 483 & *suiv.*

S'ils peuvent être poursuivis en *rescision* de *Contrat*, & pour combien, 492 & *suiv.*

Quid, si le *Contrat* est rescindé pour lésion d'outre moitié du juste prix, 494

Si le Retrait ayant été fait sur eux, & les *Gens* d'Eglise étant forcés de vuider leurs mains des choses retirées (les Acquéreurs) doivent être préférés à un Etranger, IV. 82

Voyez *Main-morte. Seigneurs.*

Si l'Acquéreur de Réméré a droit de *Retrait*, 94 & *suiv.*

S'ils sont à couvert du *Retrait*, au cas que l'*Usufruitier* ait reçu les droits de l'acquisition, ou qu'il les

ait investis, ou qu'il leur ait donné souffrance, IV. 100 & *suiv.*

Si l'Acquéreur du *Fief* dominant est obligé de remettre le *Sous-Fief* retiré par *Retrait* féodal, 113 & *suiv.*

Si lorsque l'Acquéreur est évincé, il est tenu de remettre le *Sous-Fief* qu'il a retiré, 114 & *suiv.*

Si les Acquéreurs des *Sous-Fiefs* évincés par celui qui avoit acquis le *Fief* dominant, & qui est lui-même évincé *retro*, peuvent forcer l'Acquéreur du *Fief* dominant à leur restituer le Sous-Fief qu'il avoit retiré sur eux, 115 & *suiv.*

Voyez *Prix. Seigneurs.*

Si celui du *Fief* servant, payant les droits de son acquisition, peut être ouvert au *Retrait* de l'Acquéreur dominant, 143 & *suiv.*

Voyez *Vassaux.*

Si étant évincés, quoiqu'avec droit de *Servitude* ou autres droits sur le *Fief* qu'ils avoient acquis, ces servitudes & autres droits qui auroient été éteints en leur personne, si leur *acquisition* avoit subsisté, revient en leur faveur contre le *Retrayant*, 184 & *suiv.*

Voyez *Retrait.*

Si dans l'an & jour du *Retrait* ils peuvent hypotéquer le fonds par eux acquis, & si ayant remboursé le prix suivant le *Contrat*, ils peuvent être tenus de cette *Hypotéque*, 187 & *suiv.*

Voyez *Fief* dominant. *Saisie* féodale. *Seigneurs.*

S'ils sont parties capables de refuser la reconnoissance au Seigneur indiqué, V. 195 & *suiv.*

Voyez *Domaine* du Roi.

Acquéreurs intermédiaires.

Quels ils sont, I. 41

Cas où ils doivent *Droits* seigneuriaux, 41 & *suiv.*

Arrêts rendus à cet égard, I. 42 & *suiv.* 44-46

Si leurs héritiers, en quelque tems qu'ils soient adjudicataires, sont soumis aux droits, 81 & *suiv.*

Voyez *Associés* à titre singulier.

Acquéreurs d'une Terre à faculté de *Rachat.*

Ils peuvent lever la *Taille* aux quatre cas à leur profit, V. 591

Acquéreurs à faculté de *Réméré.*

S'ils peuvent réunir *ipso facto*, I. 151

Acquérir.

Signification de ce mot, I. 148

Acquêts, voyez *Garondas. Commise.* (la) *Donations. Pocquet* de *Livonniere. Retrait* féodal. *Retrait* seigneurial.

Acquêts féodaux, voyez *Maris.*

Acquisitions.

Si celles faites pour soi, ou pour un autre que l'on nommera, produisent doubles *Droits*, III. 273

Voyez *Lods* & *Ventes.*

Si l'acquisition d'une Terre est sujette au droit de la *Taille* aux quatre cas, V. 584-586

Ce qui est requis pour pouvoir la lever en ce cas, 585

Voyez *Acquéreurs. Licitation. Mainmorte. Seigneurs. Taille* aux quatre cas.

Acte transactif de proprieté.

Son effet, I. 142

Actes.

Le premier acte entre *cohéritiers* ne doit rien, I. 20 & *suiv.*

Ainsi jugé par Arrêt du 15 Décembre (1648), 21

Observation sur cet Arrêt, 22

Et par un autre récent du 7 Août (1756), 22

L'Acte fait entre copartageans, soit de vente de droits, cession, transport, échange ou transaction, est réputé partage, 74

Celui qui se fait entre ceux qui ka-

bent *totum in toto*, *& totum in parte*,
est exempt de droits, quelque récompense ou soute qu'il puisse y
avoir en argent,   I. 77
Quid, si l'un des légataires vendoit
sa part à un Etranger,   77
Ceux de pure faculté ne peuvent
prescrire,   276
Pourquoi en tous les Actes il faut es-
timer les choses données,   III.
    206
Les Actes qu'on doit examiner scru-
puleusement ; & pourquoi,   469
    & suiv.

Actes en brevet.

Quels sont ces Actes,   V. 10
Actes qui descendent des conventions
entre-vifs, voyez *Conventions* entre-vifs.

Actes de foi.

Où ils se font ; effet de leurs formalités,   II. 26
Si dans le *Fief* comme dans la roture,
un seul Acte de foi suffit, ainsi
qu'un seul *dénombrement* & une
seule *déclaration*,   31 *& suiv.*
Voyez *Lods* & Ventes.

Actions.

Si les Actions vendues ou cedées
operent des *Droits*,   III. 471
Voyez *Argentré.* (d') *Droits* & actions. *Dumoulin.*

Adhéritance.

Ce que c'est ; comment elle se fait,
    III. 267 *& suiv.*
Pourquoi elle se fait,   268

Adjudicataires.

Ce qui est requis pour qu'ils payent
le droit des portions qu'ils acquierent, *mediante pecuniâ*,   I. 3
Cas où ils doivent la foi pour les
portions qu'ils acquierent,   61
    & suiv.
Voyez *Coacquéreurs. Copropriétaires.*
Copropriétaires adjudicataires. *De-*
crets volontaires. *Licitation. Li-*
gnager.

Coutumes où l'Adjudicataire est tenu de payer les *Droits*,   III. 247
Si dans les Coutumes qui chargent
le *Vendeur* des *Droits*, s'il n'y est
dit francs deniers, les Adjudicataires doivent *Quint & Requint*,
    247 *& suiv.*
Quid, de l'Adjudicataire qui n'ayant
aucun mandement, n'a fait aucun
acte de propriétaire,   249
Quand en Normandie l'Adjudicataire est envoyé en possession,
    251
Jugé au Parlement de Grenoble, que
l'Adjudicataire qui differe la levée de son *Decret*, sous prétexte
d'une convention faite avec la Partie saisie, doit les *Droits*,   251
Formalité observée au Parlement de
Toulouse à ce sujet, 251 *& suiv.*
Tems auquel l'Adjudicataire doit
déclarer que c'est pour lui que
l'*Adjudication* s'est faite,   256
Quid, s'il ne consigne point, & que
l'on soit obligé de revendre à sa
folle enchere,   256
Voyez *Adjudications. Douaire. Du-*
moulin.
Si l'Adjudicataire qui n'a point con-
signé doit percevoir les fruits,
    257
Quid, s'il se trouve deux ou trois
Enchérisseurs insolvables,   257
    & suiv.
Arrêt du Parlement de Grenoble sur
cette question,   259
Autre de celui de Paris,   259
Espéce de celui de la Boulaye dudit
Parlement,   259
Fait de cet Arrêt,   259 *& suiv.*
Quid, si cet héritier n'avoit point
prévenu l'*Adjudication*, mais l'a-
voit obtenue comme dernier *En-*
chérisseur,   260 *& suiv.*
Voyez *Enchérisseur. Héritiers.*
Si l'Adjudicataire acquiert la pro-
prieté en consignant,   263

Quand il doit nommer son *command*, III. 265 & *suiv.*

Voyez *Adjudications. Seigneurs.*

Adjudicataires du Domaine.

Ces Adjudicataires même à faculté de *Rachat*, ne peuvent éviter les suites de leur titre tant qu'il subsiste, V. 495 & *suiv.*

Adjudications.

A la charge de qui se font les *frais* ordinaires des *Criées* dans l'Adjudication par decret, III. 215

Combien on distingue de sortes de *frais* dans celles qui se font en *Bretagne*, 215

Si dans celle par decret l'*Adjudicataire* est tenu des *Droits*, 247

Voyez *Etrangers.*

Si l'Adjudication étant faite à un autre qu'à un Procureur en charge, qui fait sa *déclaration* au profit d'un autre, les *Seigneurs* peuvent prendre doubles *Droits*, 248 & *suiv.*

Tems où il faut faire cette *déclaration*, 249 & *suiv.* 256; au Parlement de Toulouse, 251

Espéce de l'Arrêt de ce Parlement sur cette question, 252 & *suiv.*

Examen du jugé de cet Arrêt, 254 & *suiv.*

La Jurisprudence du Parlement de *Paris* sur le tems de faire cette *déclaration*, est plus juste, 255

Si en *Normandie* après l'Adjudication finale, l'*Acquéreur* ou l'*Adjudicataire* en doit consigner le prix, 250

Si faute de *Consignation* elle a lieu, 257

Comment elle doit être regardée, 257

Si les Adjudications faites à quinzaine ressemblent aux *ventes in diem*, 281

Leur usage, IV. 22 & *suiv.*

Asséager & Réasséager.

Ce que c'est, I. 221

Affirmation, voyez Seigneurs.

Affranchi.

Causes pour lesquelles un Affranchi étoit exempt des corvées qu'il devoit à son Patron, I. 324 & *suiv.*

Affranchissement.

Si celui de la *Censive* donné par celui qui l'a vendue, a effacé totalement l'impression de la *Directe* du véritable *Seigneur*, II. 68

Voyez *Retrait.*

Agriere, voyez *Champart.*

Aide de relief.

Ce que c'est, II. 601

Quand il est dû en la Coutume de Normandie, 601

Aieuls.

Si lorsqu'ils donnent à leur *petit-fils*, le *pere* vivant, il en est dû *Relief* dans la Coutume de *Berri*, II. 416

Aînés.

S'ils doivent l'acquit pour le premier *Mariage* de leurs sœurs, II. 222 & *suiv.* 225 & *suiv.* 229 & *suiv.*

Quid, s'il n'y a que *filles* non mariées ou *veuves* venant à la succession, eux ayant renoncé, 230

Dans la Coutume de *Meaux* les aînés peuvent garantir leurs *freres* & *sœurs* par la *foi* qu'ils rendent, si cette garantie porte sur le *Relief* de mariage, 244

Si dans celle de *Melun*, ayant fait la *foi* pour le total des *Fiefs*, ils acquittent leurs *sœurs*, 253

Quid, dans celle de *Mante*, 285

Quid, dans celle de *Lorris*-Montargis, 349

Quid, dans celle de la Baronnie de la *Rue* d'Indre, 368 & *suiv.*

Dans la Coutume d'*Etampes*, ils peuvent retenir certaines choses en récompensant, 269

Voyez *Filles. Freres & Sœurs. Parage. Puînés. Relief* de mariage.

Si

Si dans la Coûtume de *Dreux* ils peuvent porter la *Foi* pour tous leurs *Freres & Sœurs* de leur consentement ; & si en ce faisant ils les sauvent du *Rachat*, II. 439

S'il est nécessaire que tous les *Freres & Sœurs* donnent leur consentement, ou si les *Filles* seules peuvent opter de tenir de l'Aîné, 440 & suiv.

Quid, si les Filles n'ont pas fait cette option, 441

Si dans la Coûtume du *Perche-Gouet* & Baronnie, l'Aîné peut, comme dans le Bailliage de *Chartres*, porter la *Foi* pour ses *Freres & Sœurs*, s'ils y consentent, 452 & suiv.

Quid, si les *Sœurs* se marient, 452

Quid, si l'Aîné décéde, 452 & suiv.

Quid, dans la Coûtume de *Châteauneuf* en Thimerais, 463

Voyez *Acquéreurs. Fiefs. Rachat.*

Dans la Coûtume de *Peronne*, les Aînés peuvent relever le tout, 506

Si, lorsque dans cette Coûtume ils donnent à leurs *Puînés* un *Fief*, il n'est rien dû, 507

Ils sont tenus dans la Coûtume de *Boullenois* de donner le *Quint* naturel à leurs Puînés, 519

Quid, lorsqu'ils ne veulent pas quinter leurs *Fiefs*, 519

Cas où dans la Coûtume d'*Artois*, ils ne doivent rien pour succession ; celui où ils doivent *Relief*, 542

Si dans la Coûtume de *Laon* ils acquittent leurs *Sœurs*, 548

Si dans celle de *S. Quentin* ils sont tenus, les *Fiefs* leur étant tous échus, de payer tous les *Droits Seigneuriaux*, sans que les *Puînés* y contribuent de leur *Quint*, 558

Voyez *Billecart.*

Pourquoi dans la Coûtume de *Chauni* ils sont tenus de relever le tout, 584

Quid, dans celle de *Normandie*, II. 599 & suiv.

Si en *Parage* les Aînés ne peuvent se reserver l'*Hommage*, III. 128

Voyez *Chef-lieu. Chémérage. Chémier. Parage.*

Si en *Anjou* & au *Maine* la Fille aînée n'ayant point de *Freres* mâles, peut donner en *Parage* à ses *Puînées*, 141

En *Anjou* le fait de l'Aînée ne peut préjudicier à ses *Puînés*, qui tiendroient d'elle en *Parage*, 144

Si l'Aîné peut convenir que le *Chémérage* passera au *Puîné*, & si cette convention opérera contre lui & les autres *Parageurs*, 170

Si les Aînés acquittent leurs *Sœurs*, tant de la *Foi* que du *Relief*, IV. 200 & suiv. 214 & suiv.

Ce qui est requis pour ce, 215

Comment doit s'entendre l'Article de Paris XXXV. qu'en faisant la *Foi*, ils acquittent leurs *Sœurs* pour leur Mariage, 226 & suiv.

Quid, si le Fils aîné renonce à la succession en général, 227

Quid, dans les Coûtumes qui n'en disposent pas, 227 & suiv.

Voyez *Filles. Souffrance.*

Cas où en *Pays* de Droit écrit les Aînés emportent tous les *Fiefs* & les autres *Biens*, & donnent la *Légitime* à leurs *Freres & Sœurs*, V. 198-200

Quid, si l'Aîné renonce à la succession, 198

Voyez *Filles.*

Préciput attaché aux Aînés en ces cas, 200-202

Bigarrure des Coûtumes sur les Droits des Aînés, 203

Qu'est-ce que l'Aîné, 204

Quand il est dit l'Aîné, 205

Il faut qu'il soit mâle, 205

Si le premier né dans le *Concubinage* doit être dit l'Aîné, quand il y a

Mariage subséquent qui légitime, sans qu'il y ait eu aucun mariage intermédiaire,   V. 208.

Quid, s'il y a eu *Mariage* intermédiaire, dont il subsiste des mâles lors de l'ouverture de la *Succession*,   209-216

Quid, si du *Mariage* intermédiaire il n'y a que des *Filles*, 212, 213, 217

Voyez *Jumeaux*.

L'Aîné est tellement saisi de son *Droit* d'aînesse, lors de la *Succession* ouverte, qu'il le prend lui-même, sans qu'on puisse dire que ses *Freres* & *Sœurs* le lui déferent par le *Partage*,   218

Ce qu'est la *Légitime* de l'Aîné dans les *Fiefs*, 226-231, 243, 244, 249

Un *Pere* a un fils & une *Fille*; pour avantager cette derniere, ne pouvant au préjudice de son fils donner un *Fief* à sa fille, il lui constitue sur ce fief une *Dot* si considérable, que le fils aîné se trouve frustré de son *Droit* d'aînesse; ce fils aîné dans ce cas a-t-il l'action de *Légitime* ordinaire & l'action révocatoire de la *Donation* jusqu'à concurrence de son Droit d'aînesse en entier,   241, 242

Si l'Aîné doit être distingué des Puînés,   244

S'il peut revendiquer sa *Légitime* sur un *Fief* vendu par le *Pere* en fraude de son Aîné,   248, 249

Fixation de la *Légitime* de l'Aîné, 249, 250

Voyez *Légitime*. (la)

Quelque motif qu'ait la Donation *d'Aînesse* au *Puîné*, l'Aîné peut toûjours s'en relever, quoiqu'il y ait consenti,   266-269

Quid, s'il n'a point fait des *protestations* avant & après son *consente-*ment,   V. 267, 268

Si l'Aîné *mente captus & furiosus*, même dès la naissance, a le *Droit* d'aînesse,   271, 272

Si l'Aîné renonçant à la *Succession*, fait place au *Puîné* pour y prendre le *Droit* d'aînesse,   272-277

L'Aîné qui partage également avec ses *Freres* & *Sœurs* les *Fiefs* & les *Rotures*, peut-il dans les dix ans de l'acte être restitué contre ce *Partage* égal,   278, 279

Quid, dans le cas où il y a erreur de fait; & où il auroit pris son *Préciput* & partagé le surplus également,   279

Voyez *Douaire*. *Puînés*.

Sur quels *Biens* féodaux de la *Succession* des *Peres* & *Meres*, l'Aîné peut prétendre son *Droit* d'aînesse, 307-313

Quid, s'il y a plusieurs *Fiefs* dans une même *Coûtume*,   307, 308

Quid, en celle de *Meaux*,   308

Un *Fief* est vendu sur la *Succession* pour acquitter les *Dettes*, l'Aîné aura-t-il son *Droit* d'aînesse, ou lui en fera-t-on raison dans le partage,   318-320

Quid, dans le cas ordinaire de la collatérale,   320

Quid, lorsqu'un *Pere* ayant acquis un Fief, décéde; & lorsque le *Vendeur* prend des Lettres de rescision & obtient à ses fins,   320, 321

Si le *Pere* a acquis un *Soufief*, & a déclaré qu'il ne réunissoit point, l'Aîné aura-t-il son *Droit* d'aînesse dans ce Soufief, situé dans une autre *Coûtume*, ou dans une Coûtume qui s'oppose à la réunion,   327

Si dans les Coûtumes qui donnent *Préciput* dans chaque *Succession* de *Pere* & de *Mere*, lorsque dans les deux il n'y a qu'un *Fief* conquêt, l'Aîné prendra deux *Droits* d'aî-

nesse en plein, V. 327-330
Quid, si le *Fief* est *partagé* entre les *Enfans* & le survivant, ou si les deux *Successions* sont ouvertes en même temps, ou en état d'être partagées ? 328-330
Comment se fait la récompense que l'Aîné doit à ses *Puînés* ? 330-333
Seuls cas où l'Aîné pourroit être admis à récompenser en *Argent*, 332, 333
Si l'Aîné qui auroit pris déja un *Préciput* pour la *Succession* du *Pere*, peut au décès de sa *Mere* prendre encore, comme étant dans la succession de sa mere, le manoir qu'elle auroit fait bâtir sur le *Fief* que son *Mari* lui auroit assigné pour son *Douaire* ou sureté de ses *Deniers* dotaux, où il n'y avoit point de manoir, 333, 334
Voyez *Duchés-Pairies. Justice* de Fief. *Seigneurs.*
Aînesse. Voyez *Aînés. Chef-lieu. Collatéraux. Droits* d'aînesse. *Fiefs. Parage.*
        Ajournement en Retrait.
Comment il se doit faire, IV. 192 & *suiv.*
Si depuis l'*Edit* du Controlle l'Exploit d'Ajournement en *Retrait* féodal doit être fait avec *Records*, 194
Voyez *Retrait* Seigneurial.
        Alaric Roi des Gots.
Code composé des Loix Romaines dont il est Auteur, I. 255
Voyez *Charlemagne.*
        Albergement.
Ce que c'est en Dauphiné, III. 424
Voyez *Coûtume* de France.
Si on doit des *Lods* de ce Contrat, 558
Aleu, voyez *Acquéreurs.*
Aleux libres, voyez *Francs-Aleux* nobles, &c.

Aliénation à *Cens* ou à *Rente* foncière.
Comment elle se peut faire, I. 119 & *suiv.*
Aliénation du *Cens* même non inféodé.
Son effet, I. 131
Aliénations, voyez *Démembrement* de Fiefs. *Parage. Seigneurs.*
Aliénations du Domaine de la Couronne.
Combien anciennement on en connoissoit de sortes, & combien il y en a aujourd'hui, V. 441
Elles sont réduites à deux, 441, 442
Celles pour prêt fait au Roi sont abolies, 442, 443
Leur antiquité, 443, 447
Quid, des Aliénations ou *Inféodations* à titre de fief, 443. — à titre récompensatif, 445, 446
Si elles peuvent être révoquées, 446
Cas où elles le peuvent, 446, 447
Celles qui ne le peuvent être, 447
On ne peut fixer le temps des premieres, 447, 448
La premiere, 448
Par quelle voie les Ordonnances en ont révoqué, 449-451
Elles se faisoient à perpétuité, 451, 456, 457
Seules causes pour lesquelles elles étoient révocables, 451
Toute Aliénation du Domaine n'est qu'*Engagement*, 455, 456, 497, 533, 534. — sous faculté de *Rachat*, 462, 497, 498
Différentes Aliénations des Domaines, 457-467
Voyez *Foi-Hommage.*
Leur différence d'une vraie vente, 481
Ces Aliénations sont quelquefois qualifiées du nom d'*Engagement*, 482

Elles ont toujours cette qualification, V. 492

De quelque maniere qu'on regarde les Aliénations, quelque nom qu'on leur donne, elles ne sont qu'*Engagement*, 488, 492, 493

Les Acquéreurs d'aliénation du Domaine, de quelque façon que ce puisse être, ne sont que des *Engagistes*, 489

Voyez *Inféodations*.

Mal-à-propos distingueroit-on les Aliénations à faculté de *Rachat*, de celles faites à titre de propriété incommutable, 494, 495

Toute Aliénation n'est qu'à temps incertain, 495

Dans les Aliénations ou *Inféodations* il faut que le titre de l'inféodation soit exprimé, 500, 501, 503

Elles sont tout au plus un *Jeu* de Fief, 501

Toute Aliénation, soit à titre de propriété incommutable, soit à faculté de *Rachat*, n'est qu'un engagement de l'utile, 503

Dans toute Aliénation du Domaine il y a faculté de *Rachat* perpétuel, 513

Voyez *Aveu. Echange.* (Droits d')

Aliénations de Fiefs.

Si, lorsqu'elles excédent les deux tiers, l'on peut les jouer, sans payer profit, I. 123 & *suiv.*

Effets de ces Aliénations, 125

Cas où elles ne produisent ni profit présent, ni profit futur au Dominant, 129

Il n'y a que celles qui étant inféodées, sont ajoutées à la derniere Aliénation, qui puissent former l'excès du jeu à l'égard du Dominant, 130

Quid, si le *Vassal* aliéne tout son Fief, 130

Alimens, voyez *Seigneurs.*

Allodialité.

Elle ne peut par le Droit général Coûtumier, subsister sans titre au moins déclaratoire, II. 52

Voyez *Coûtumes.*

Alluvion.

Si elle accroît à l'héritage, non à la personne, IV. 496 & *suiv.* 499 & *suiv.*

Voyez *Améliorations. Champart. Seigneurs. Usufruits.*

Améliorations.

Si celles par *Alluvion* sont hypothéquées aux *Créanciers*, IV. 496

Voyez *Créanciers. Détenteur* Bordelier. *Héritiers. Seigneurs.*

Amende, voyez *Grains.*

Amiens. (Coûtume d')

Son Texte sur le Droit de *Relief*, II. 676. & *suiv.* 479 & *suiv.*

Conciliation de ses Articles XLVII. & XLVIII. 482 & *suiv.*

Texte de la Coûtume locale de la Ville & Banlieue de cette Ville, 489

Voyez *Aînés. Colombiers. Peres.*

Amortissement & Indemnité.

Pourquoi ces droits se payent, II. 100

Leur effet, 146

Voyez *Pocquet* de Livonniere.

Angoumois. (l')

Sa réunion à la Couronne, V. 438

Angoumois, (Coûtume d') voyez *Démembrement* de Fiefs. *Jeu* de Fiefs. *Parage. Préciput. Rochelle.* (Coûtume de la)

Anjou & Maine. (Coûtume d')

Si la *Réunion* des *Fiefs* y a lieu de plein droit, I. 218 & *suiv.*

En quoi ces Coûtumes different des autres sur l'effet du *Désaveu*, IV. 298 & *suiv.*

Voyez *Chénnérage. Foi & Hommage. Maine.* (Coûtume du) *Peres* ou *Freres* aînés. *Rachat. Relief. Réméré. Vicairies.*

Annates, voyez *Relief.*

Année. (l')

Ordonnance pour la faire commencer au mois de Janvier, V. 143

Antichrese.

Pays où ce Contrat a lieu, III. 370 & *suiv.*

S'il en est dû des *Lods* & Ventes, 371

Quid, si le *Mari* est mort civilement, 371

Quid, dans le cas de *Faillite*, 371

Quid, si elle est adjugée à la *Femme* pour *Augment* ou *Douaire*, 372

Si ce contrat n'est qu'un engagement, 372

Si, lorsque le temps en est fixé, il ouvre les *Droits*, 372

Apanage.

En quoi il diffère de l'*Engagement*, IV. 75 & *suiv.*

Voyez *Commise.* (la) Ordre du Saint-Esprit.

Il est plus qu'un *Engagement*, V. 440

Voyez *Domaine* de la Couronne.

Pourquoi les terres de l'Apanage ne tombent point en confiscation, 486

Apanagers.

S'ils doivent ou peuvent exiger la *Foi*, IV. 241

Voyez *Commise.* (la)

En quoi ils diffèrent des *Engagistes*, V. 482, 485

Le Prince Apanager ne peut être évincé, 485

Appel, voyez *Dumoulin. Saisie féodale. Vassaux.*

Arban, voyez *Ban.*

Argent monnoyé.

Inconvéniens ausquels il a remédié, III. 228

Voyez *Aînés. Duchés-Pairies. Filles.*

Argentré. (d')

Son avis sur le *Rachat* rencontré, II. 189 & *suiv.*

Sa jalousie contre *Dumoulin*, 191

Son éloge, II. 191 & *suiv.*

Voyez *Dupineau.*

Combien est erroné son Système contre *Dumoulin* sur cette question : Si dans le cas d'une remise de *Servitude* par l'*Acquéreur*, les *Droits* de *Quint* sont dûs, III. 220 & *suiv.*

Voyez *Dumoulin.*

Sa doctrine sur la Vente d'*Usufruit*, 412

— sur la maniere dont il est immeuble, 416 & *suiv.*

— sur la vérité des *Droits* & *Actions*, 471 & *suiv.*

Réfuté sur ce qu'il dit que nonobstant la tradition réelle, la *Vente* étant au comptant n'a point transféré la propriété, 486

Ce en quoi il se trouve souvent contraire à *Dumoulin*, 509

Réfuté sur ce qu'il prétend que les *Héritiers* peuvent être forcés à exhiber leurs Lettres de *Partage*, IV. 163 & *suiv.*

— sur cette question : Si les *Héritiers* du *Fief* doivent la *Foi*, 214

— sur la cause premiere de la *Commise*, 322 & *suiv.*

Argumens à sens contraire.

Régle pour les faire valoir, II. 187

Arrérages, voyez *Champart. Corvées. Seigneur Centier.*

Arrérages de rente, voyez *Seigneurs.*

Arrhes.

Si elles entrent dans le prix pour les *Droits* Seigneuriaux, III. 214

Ce qu'il faut considérer pour décider si elles entrent, ainsi que le *Pot* de vin, dans le prix, 214

Voyez *Dumoulin.*

Si, lorsqu'il y en a de données, on peut se désister, 491

Arriere-Ban, voyez *Seigneurs.*

Arriere - Captes de Guyenne & de Languedoc, voyez *Acaptes*, &c.

Arriere-Fiefs ou Sousfiefs.
Ce que c'est, H. 3, 27, 188
S'ils peuvent être *prescrits* sur les *Vassaux*, 24 & suiv.
Voyez *Abonnement. Dominant du Seigneur. Dumoulin. Hauts-Justiciers. Rachat du Bailleur. Seigneur Suzerain. Vassaux.*
Comment dans la Coûtume de *Mante* s'en leve le *Relief*, 286
Comment tenus d'ancuns *Fiefs* quand icelui chet en *Relief*, ils se relevent dans la Coûtume de *Senlis*, 299 & suiv.
Voyez *Chopin. Puînés. Relief.*
S'ils ont pour origine le *Parage*, III. 119 & suiv.
Voyez *Parage.*
De tout temps ils sont par eux-mêmes de la patrimonialité des *Fiefs*, 120
Ce qu'ils deviennent après la main-levée de la *Saisie* féodale, IV. 69
Voyez *Seigneur* Suzerain.
Si celui tombé en *Commise* doit appartenir au *Seigneur* Suzerain désavoué qui a obtenu, ou au *Vassal* immédiat, qui auroit enfin obtenu main-levée de la *Saisie* faite sur lui, 289 & suiv.
Voyez *Seigneurs.*
L'usage est de ne les point détailler, ce qui seroit beaucoup mieux, V. 19 & suiv.

Arriere-Neveux.
Par la Loi de *Représentation* ils ne peuvent rien prétendre, V. 356, 357
Voyez *Parage.*

Arriere-Vassaux.
Ils sont tenus de fournir leur *Dénombrement* à leur *Suzerain*, qui tient le *Fief* vassal, leur Dominant saisi, s'il le requiert, V. 149 & suiv.

Artois. (Coûtume d')
Comment elle s'explique sur tous les cas de la *Réunion* des Fiefs, I. 215 & suiv.
Voyez *Préscription.*
Son texte sur le Droit de *Relief*, II. 519 & suiv. 521 & suiv.
Conciliation de son Article XXVIII. avec le LXXIX, 511 & suiv.
Voyez *Command.*

Ascendans, voyez *Donations* en directe. *Dons. Ligne* directe.

Assignations.
Quand on peut faire prononcer sur celle à trois jours, IV. 204
Voyez *Seigneurs.*

Associés à titre singulier.
En quoi ils diffèrent des *Acquéreurs*, I. 3
Si chacun d'eux peut solliciter pour sa portion, 37 & suiv.
Si le retranchement d'un d'entr'eux opere une *Mutation*, 39

Avancement d'hoirie.
Si tout ce qui est donné en Avancement d'hoirie est sujet aux *Droits* Seigneuriaux, III. 388, 392 & suiv.
Voyez *Donations. Donations* en directe.

Avantages.
Si la clause par laquelle un défunt *Pere* auroit fait entrer tous ses biens dans la seconde *communauté*, est un Avantage prohibé par l'*Edit* des secondes noces, III. 375 & suiv.
Quid, à l'égard du *Douaire*, attendu les Avantages excessifs de l'Art. CCCXXXVII de la Coûtume de *Tours*, incompatibles avec le Douaire, 375 & suiv.
Si tous les Avantages faits à un *Conjoint* en secondes ou en troisiémes noces sont réduits à une part d'*Enfans*, 376
S'ils sont réputés *Dons* par l'*Edit* des secondes noces, 376

Aubaine.
Quel est ce Droit, II. 329
Aubenage
Signification de ce mot, II. 329
& *suiv.*
Aveu.
Ce que c'est, I. 240
Aveu & Dénombrement.
Si l'Aveu est un titre, I. 263 & *suiv.*
Ce que c'est que l'Aveu, 373
Ce que c'est que l'Aveu ancien, 388
Si à défaut de titre les Aveux sont
  capables de contenir la *Bannalité*
  demandée par un *Seigneur*, 373
& *suiv.*
Arrêt du Parlement du 14 Juillet
  1728, qui adjuge la *Bannalité* sur
  des Aveux, 376
Fait sur lequel est intervenu cet Ar-
  rêt, 376 & *suiv.*
Autre Arrêt du 30 Mars 1730, qui
  juge qu'un Aveu très-ancien, sou-
  tenu d'actes authentiques possessoi-
  res, suffit pour assurer un Droit
  de *Bannalité*, 380
Fait sur lequel est intervenu cet Arrêt; procedures faites en conséquence, 377 & *suiv.*
Remarques sur le prononcé de cet
  Arrêt, 380
Autre Arrêt du 26 Mars 1733 sur
  cette question, 382
Fait sur lequel il est intervenu, 381
& *suiv.*
Remarques sur cet Arrêt, 382
Voyez *Seigneurs.*
Combien il est dangereux dans la
  Coûtume de *Mante* de suivre les
  anciens Aveux, II. 283
Voyez *Parage.*
Cas de l'Aveu, IV. 259
Voyez *Faux-Aveu. Fiefs. Protesta-*
tion.
Si l'on doit suivre les Coûtumes qui
  tiennent l'Aveu fait au *Roi* au pré-
  judice de son *Seigneur* comme un
  Faux-Aveu, couvrant la com-

mise, IV. 380 & *suiv.*
Voyez *Roi.* (le) *Saisie* féodale.
L'Aveu est l'acte le plus essentiel &
  le plus important & pour le *Sei-*
  gneur & pour le *Vassal*, V. 1-9
Pays où on n'est pas curieux de faire
  rendre des Aveux, 2
Sur quoi l'Aveu peut seul éclairer,
  2
Nécessité des Aveux dans tous Pays,
  3
Quel est cet acte, 3, 4, 6, 82, 83
Ce qu'il est important de sçavoir
  dans toutes les *Contestations* qui
  s'élévent sur les Aveux, 4
Objet du Dénombrement, 4, 5,
  194
Son premier objet de tous Pays, 5
Son second, 5, 6
Voyez *Investiture.*
Les Aveux prouvent & suppléent
  l'*Investiture*, 9
Combien il est important de bien
  rendre l'Aveu, de le bien circons-
  tancier & de le bien détailler, 9,
  10
Leur forme, 10-25
Comment ils se rendoient autrefois,
  10, 11
Doivent-ils être en papier ou en parchemin, 11
Depuis long-tems, & à présent de
  droit général ils doivent être rendus en forme probante & authen-
  tique en parchemin pardevant *No-*
  taires, 11
Quid, quant aux Aveux qu'on rend
  au *Roi*, 11, 12
Quand on les fournissoit encore au
  Roi en papier, 12
L'Aveu doit être détaillé par le menu, 12, 16, 17, 19
Jurisprudence ancienne & moderne
  du Parlement de *Normandie* à cet
  égard, 23, 24
Autrefois on ne les détailloit point,
  12, 13

Inconvénient qui en arrivoit, & en arrive aujourd'hui, V. 13
On ne faisoit que les enregistrer à la Chambre, 13, n. (b)
Premiere Ordonnance de nos *Rois*, qui porte qu'ils soient détaillés par le menu, 13
Seconde Ordonnance, conforme à la précedente quant à son esprit, 17, 18
Là premiere Ordonnance n'eut pas d'abord son plein effet ; dans le XIV. siécle le détail des Aveux n'étoit pas encore assuré, 14-16
Aveux non détaillés dans ce siécle, 14 ; — détaillés dans ce même siécle, 15, 16
Il y avoit des Aveux détaillés avant la premiere Ordonnance, 15
Devant qui ils se rendoient dans le XVI. siécle, 17, n. (a)
Tems depuis lequel l'usage de les détailler subsiste en *Bretagne*, 18, 19
Voyez *Arriere-Fiefs. Vassaux.*
Nécessité de détailler exactement les Aveux, 21, 22
Il faut y détailler les *censives*, les noms des possesseurs, des tenans des héritages qui y sont sujets, 22 ; & les *Fiefs* en l'air incorporels, 23
Voyez *Vérification. Roi.*
Quand ceux rendus au *Roi* ou aux *Seigneurs* sont Aveux, 26
Différences des Aveux rendus au *Roi*, de ceux rendus aux *Seigneurs*, 26, 27, 80, 100
Voyez *Présentation.*
Où les Aveux des grands *Fiefs* dignitaires se rendent, 28 ; & ceux des autres *Fiefs*, 28, 29
Réglemens de la Chambre des Comptes de *Paris* à cet égard, 29-31
Voyez *Trésoriers* de France.
Tems que les *Coûtumes* donnent aux *Seigneurs* pour blâmer l'Aveu, 31
Pourquoi le délai de 40 jours accordé pour ce, ne peut avoir lieu par rapport au *Roi*, V. 32
Inutilité des Aveux rendus au *Roi*, faute de *Vérification*, 32-40
Ceux-là seuls dont les Aveux n'étoient acceptés par la Chambre qu'à la charge de la *Vérification*, étoient obligés à faire vérifier leurs Aveux, 41
Les Aveux non vérifiés, s'ils ne peuvent rien contre le *Roi*, 45, 46, 50, 51
Avant l'Edit de 1701 ils se portoient *recld* aux Commissaires aux Fiefs de la Chambre, 52
Epoque des Arrêts de leur réception après *Vérification*, 52, n. (a)
Voyez Chambres des Comptes de *Bretagne. Dauphiné. Dijon. Metz. Montpellier. Nevers. Normandie. Paris. Pau. Provence.*
Détail des Aveux rendus en Bourgogne, 70-72
Comment ils se rendent aux *Bureaux* des Finances, 79 ; en *Guyenne*, 79, 80 ; à la Chambre des Comptes de *Dole*, 80
L'Aveu doit être donné *ad unguem* dans les formes prescrites par les Coûtumes, 81
Quelle Coûtume on doit suivre pour la *Forme*, la *Présentation*, la *Réception* & les *Blâmes* d'un Aveu, 81-83 ; dans les Coûtumes où le *Vassal* est tenu de le donner en parchemin pardevant *Notaires*, 83-86
Voyez *Minutes* d'Aveux.
Celui passé pardevant *Notaires* n'est qu'un projet, 84, 85
Véritable original de l'Aveu, 85
Voyez *Seigneurs.*
L'Aveu est tenu pour reçu, lorsqu'il n'a pas été blâmé dans les quarante jours, 89, 100
Ce que cela signifie, 92, 97, 98 ; en *Anjou* & au *Maine*, 93, 94
Quid, si le *Fief* du *Vassal* étoit saisi ou ne l'étoit pas, 89
Quid,

Quid, s'il n'y avoit d'autres raisons de la part du *Seigneur* que de prétendues défectuosités, V. 89, 90

Toutes les formes que les Officiers des *Seigneurs* exigent sur la *Présentation*, *Réception* ou *Blâme* des Aveux des *Vassaux*, & ausquelles ils les forcent d'obéir, font des vexations, & tendent à des concussions pour les augmenter, 98, 99

Voyez *Publications* & Vérifications. *Seigneur* dominant.

Pourquoi les Aveux ne formoient point des titres, 105

Formalités à admettre pour les Aveux rendus à des *Seigneurs* particuliers, 106, 107

On ne doit tolerer aucune formalité entre le *Dominant* & le *Vassal* pour le *Blâme* ou la *Réception* de l'Aveu, 107

Si l'Aveu anciennement *blâmé*, sur lequel on n'a fait statuer ni de part ni d'autre, doit être réputé reçu; ou doit-il au contraire être tenu pour blâmé *in æternam*, à ne pouvoir jamais être utile au *Vassal* quant à ce droit blâmé, 108-111

Voyez *Blâme* d'Aveux.

Ce qu'opere l'Aveu donné défectueux, 112

L'Aveu se termine par la protestation d'augmenter ou diminuer, s'il y échéoit, 114, 115

Voyez *Communication* de titres. *Engagiste*. (l') *Prince* apanager. *Maris*. (les) *Mineurs*. (les)

L'Aveu peut emporter *Aliénation*, 127

Si tous les ayans part à un *Fief* doivent fournir leur Dénombrement, 128-135

Quid, si le *Fief* est tenu par indivis, 129, 130

Quid, quand le *Fief* est partagé, 130

Quid, lorsqu'il arrive *Mutations* dans la portion aînée ou dans la portion cadette, V. 130, 131

Quid, si le *Fief* dominant appartient à plusieurs, qui le possedent ou par indivis, ou chacun par portions, 131

Voyez *Notaire-Commissaire* à Terrier.

Régle immuable des factions d'Aveux & Dénombremens, 141, 142

Il n'est pas certain si on doit Aveu à changement de Regne; mais il arrive souvent que les anciens *Vassaux* en fournissent, 145, 146

Voyez *Arriere-Vassaux*. *Vassaux*.

L'Aveu donné au *Roi*, & qui n'est pas vérifié, fait toujours foi contre le *Vassal* qui l'a présenté, 150-156

Quid, si le *Vassal* prouvoit une erreur palpable, & étoit dans le cas de pouvoir se faire restituer, 152, 153

Quelle foi peut faire l'Aveu reçu pleinement par le *Seigneur*, ou qui par le laps de trente ans est réputé réellement reçu, 153

Quid, s'il s'agit ou de l'intéret du *Seigneur* & du *Vassal*, ou de l'intérêt d'un tiers, 153-156

Si l'Aveu le mieux reçu fait foi pleine *de contentis in eo*, vis-à-vis du *Seigneur*, 154-156, 173

Les Aveux font foi de l'*Investiture* premiere faite sous telle ou telle condition, 157, 185

Quid, si l'*Investiture* premiere étoit rapportée, & se trouvoit contraire aux Aveux; l'Investiture l'emportera-t-elle sur les Aveux, ou les Aveux sur l'Investiture, 157-159

Tous les Aveux, en tel nombre qu'ils soient, ne peuvent prévaloir contre l'*Investiture* premiere, quand le titre de concession est rapporté par le *Seigneur* ou le *Vassal*, si l'on ne

Tome V.

RRrr

366 TABLE GENERALE

prouve une volonté mutuelle & une capacité d'y déroger, V. 159-164

Quid, si les Aveux se croisent, 164, 165

Quid, si les derniers Aveux ne sont pas uniformes entr'eux, & que les premiers le soient, 165

Quid, si les derniers Aveux sont uniformes entr'eux & en nombre égal avec les anciens, 165, 166

Quid, si en connoissance de cause les *Parties* avoient dérogé à l'ancien état du *Fief*, & que l'une des *Parties* n'eût pas eu qualité & capacité pleine pour y déroger, 166

Voyez *Dénombrement*.

Si un Aveu bien en forme fait foi contre un tiers, 166, 167

Si l'Aveu rendu au *Roi*, le mieux vérifié, auquel les *Vassaux* ou *Censitaires* ne se seroient pas opposés, pour raison de *Droits* insolites à leur égard, fait foi contre eux, 167-170

Si cet Aveu peut commencer une *Prescription* contre lesdits, 169

Quid, si c'étoit une *Servitude de Bannalité* ou de *Corvées*, dont les titres des Censitaires porteroient exemption, 169, 170

Cas où les Aveux, les *Reconnoissances*, même les *Payemens* faits au *Seigneur* nouvellement reconnu, ne lui profiteroient pas contre le vrai Seigneur, 171-173

Ils suppléent le titre d'*Inféodation*, 173

Ce que peuvent les Aveux & les *Reconnoissances*, lorsqu'en un combat de *Fief* les *Seigneurs* rapportent des titres de part & d'autre, 173-177

Quid, en cas d'une *Mouvance* féodale, 177, 178

Quid, dans le cas d'une *Directe*, ou d'une possession égale, 178, 181

Quid, s'il y a égalité de *Dates*, de *Titres* & de possession égale, V. 181, 182

Quid, lorsqu'il y a possession derniere de trente ou quarante ans en faveur de l'un sur l'autre, 182-185

Le plus ancien Aveu, suivi d'autres, doit l'emporter quant à *Mouvance* de Fief; pourquoi, 177, 178, 182-184

Circonstances qui peuvent faire manquer cette décision, 183, 184

Si les Aveux sont préférables aux actes de *Foi* & hommage, 187, 188

Le seul & réel objet de l'Aveu & *Dénombrement*, 190

Voyez *Foi* & Hommage.

Augmentations, voyez *Seigneurs*.

Aumône, voyez *Dons*.

Aunis, (Coûtume du Pays d') voyez *Rochelle*. (Coûtume de la)

Auroux des Pommiers. (M.)

Réponse à son objection sur cette question : S'il se fait une *Réunion* de l'héritage acquis au *Fief* du *Seigneur*, III. (3) *Addit.* & *suiv.* 8 & *suiv.*

Quid, de l'acquisition du *Cens* ou de la *Directe* Seigneurie sans le *Fief* par le propriétaire de l'héritage dépendant de cette directe, 4 & *suiv.* 8 & *suiv. Addit.*

Quid, si l'héritage étant originairement franc & libre de toutes charges de féodalité & censive, est devenu ensuite féodal ; a perdu toute féodalité & est devenu en roture, & perd enfin cette qualité de roture, 5 & *suiv.* 8 & *suiv. Addit.*

Réfuté sur ce qu'il avance, que le *Rachat* que le propriétaire de l'héritage censif fait du *Cens*, est plutôt une libération qu'une acquisition, 10 & *suiv.* — & que par l'ac-

quisition du *Cens* faite par le propriétaire de l'héritage censif, il se
fait une extinction, III. 12 & *suiv.*
Addit. — même & telle qu'il n'y
a & ne peut avoir de *Réunion* ;
qu'elle est impossible, 13 & *suiv.*
Addit.

Voyez *Fiefs.*

Auteurs.

Leur doctrine sur la *Licitation* en général, I. 12 & *suiv.* — sur la cause
& la forme de la Licitation, 14
& *suiv.* 67, 71, 78 & *suiv.* 81 &
suiv. — par rapport à chaque sorte
de colicitans, 20 & *suiv.* 24 &
suiv. 37 & *suiv.*
—sur partage par rapport aux droits,
25 & *suiv.*
—sur les Coûtumes où ils prétendent
que la *Licitation* est un cas omis,
27 & *suiv.*
—sur le *Démembrement* du Fief, 87
& *suiv.* 90 & *suiv.* 94 & *suiv.*
—sur son effet contre le *Vassal*, & sur
l'action du *Seigneur* à cet égard,
96 & *suiv.* 102 & *suiv.*
—sur la *Sous-inféodation*, 118 & *suiv.*
Matiere qui est leur labyrinthe,
123 & *suiv.*
—sur la *Réunion* de Fiefs, 138 &
suiv. 147 & *suiv.* 150 & *suiv.* 180
& *suiv.* 184 & *suiv.* 189 & *suiv.*
198-200 & *suiv.* 205-207,
211-214, 218-220, 222 & *suiv.*
225 & *suiv.*
—sur les cas où la *Réunion* se fait
& ne se fait pas *ipso facto*, 155
& *suiv.*
—sur la *Réunion* qui se fait par voie
de *Succession*, 161-164, 167 &
suiv. — par *Mariage*, 171 &
suiv.
Leur application à chercher l'étymologie de *Corvée*, 239 & *suiv.*
Leur sentiment sur les différentes
Corvées, 242 & *suiv.* 245 & *suiv.*
253 & *suiv.* 301 & *suiv.*

— sur la maniere de les demander,
309, 340
— sur les *Corvéables* à volonté, I. 316
& *suiv.* 320 & *suiv.*
— sur la multiplication ou la diminution des *Corvées*, 326 & *suiv.*
330
— sur cette question : Si les *Corvées*
peuvent se céder, 331 & *suiv.*
— sur l'origine des *Bannalités*, 341
& *suiv.* — sur l'étymologie de ce
mot, 346 & *suiv.* — sur leur nature, 347 & *suiv.* 352 & *suiv.*
— sur le titre requis pour acquérir
les *Bannalités*, 355-358, 373
& *suiv.*
—sur la *Prescription* par laquelle on
peut les acquérir, 400 & *suiv.*
—sur les personnes qui peuvent avoir
le droit de *Bannalité*, 405 & *suiv.*
410 & *suiv.*
—sur cette question : Si le droit de
Bannalité est cessible, 411 & *suiv.*
414 & *suiv.*
—sur les personnes exemptes de *Bannalités*, 427 & *suiv.*
—sur le droit de *Bannalité* de *Moulins*, 437 & *suiv.*
Cause du contraste de leurs opinions
sur le *Mariage*, II. 319

Auvergne. (Coûtume d')
Sa disposition à l'égard des *Corvées* ;
celles qu'elle reconnoit, I. 311
Tems auquel elle limite les *Corvées*
à volonté, 320
Son Texte sur le droit de *Relief*, II.
615
Voyez *Donations. Rochelle.* (Coûtume de la)

Auxerre. (Coûtume d')
Son texte sur le *Relief*, II. 261 &
suiv.

Auzannet, voyez *Brodeau.*

B

Bacquet, voyez *Cens.*

Bail.

Ce que c'est,   IV. 110 & *suiv.*
Voyez *Seigneurs.*

Bail à cens.

S'il est réputé *Vente*,   III. 58
Voyez *Emphytéose.*
Si ces Baux avec *Deniers* d'entrée
   divisent le *Fief*,   27, 37
Ce que ces Baux sont dans la Coû-
   tume de *Chaulni*,   33
Pourquoi dans la Coûtume de *Pon-
   thieu* ces Baux sont *Jeu* de Fief
   sans profit au Dominant de l'Alié-
   nateur,   35
Si dans cette Coûtume ils sont *Dé-
   membrement*,   37 & *suiv.*
Quid, dans la Coûtume de *Nantes*,
          42
Ces Baux sont *Jeu*,   45 & *suiv.*
Ils étoient dans les Coûtumes de
   Mondidier, *Péronne* & *Roye* des *Jeux*
   sans profit,   70
Quid, à présent,   70
Jugé qu'ils sont des *Ventes* qui ou-
   vrent le *Quint*,   70 & *suiv.*
Arrêts qui jugent qu'ils n'ouvrent
   pas le profit du *Quint*, 72 & *suiv.*
Réflexion sur la Jurisprudence con-
   traire à ces Baux,   76 & *suiv.*
A qui ils se font ordinairement,
          77
Cas où ils ne sont pas un pur *Jeu* de
   Fief sans profit,   78 & *suiv.*
Ils sont, ainsi que ceux à rente fon-
   ciere, avec rétention de foi ex-
   presse, des *Jeux* sans profit,   I.
          120, III. 84

Bail Emphytéotique.

En quoi il differe du *Bail* à rente
   non rachetable,   II. 154
Voyez *Relief* en bail, &c.
Comment il differe du *Contrat* libel-
   laire & précaire, & de la *Location*,
          III. 423
Voyez *Ecclésiastiques. Emphytéotes.*

Bail à ferme.

Si celui qui passe neuf ans doit des

Droits,   III. 419 & *suiv.*
Bail d'héritage, voyez *Paris.* (Coûtume de)

Bail judiciaire.

Quel est cet acte,   IV. 112
Voyez *Seigneurs.*

Bail à rente.

Si, lorsqu'il est mêlé de *Vente*, les
   Droits en sont dûs,   III. 322
Si, lorsque les *Bailleurs* se sont dé-
   saisis de toute propriété, ce n'est
   plus un Bail à *Rente* fonciere, 322
          & *suiv.*
Si celui à *Rente* fonciere non rache-
   table ouvre le *Retrait*,   IV. 35,
          181
Voyez *Rentes. Retrait* féodal.
Pourquoi il ne faut pas considérer le
   temps ni la durée de ce Bail,   54
          & *suiv.*
Voyez *Carondas. Contrats.*
Coûtume dans laquelle ils ne doi-
   vent rien,   496

Bail à rente rachetable.

Ce que c'est,   III. 56
Baillette, voyez *Tenanciers.*

Bailleur à *Rente* fonciere avec
Démission de Foi.

Si, lorsqu'il rentre, il doit *Relief*, II.
          239
Quid, pour le retour du *Fief* en sa
   main, ou celle du *Vendeur*, sans
   nouveau prix,   240 & *suiv.*
Voyez *Cens. Contrats. Dominant.
Duplessis. Rentes* foncieres non rachetables. *Rétention* de foi. *Retrait*
   féodal.

Baillis & *Sénéchaux.*

Ils recevoient anciennement les
   Aveux & Dénombremens, V. 34
Baillistre, voyez *Gardiens.*

Ban ou *Arban.*

Quelle est cette *Corvée*,   I. 319
D'où vient ce mot ; sa significa-
   tion.   345
Voyez *Seigneurs.*

Ban de Vendanges.
Quel est ce Droit,   I. 447
    Ban à Vin.
En quoi consiste ce Droit,   I. 447
S'il faut titre pour jouir de ce
  Droit,   447 *& suiv.*
    Banlieue.
Etymologie de ce mot,   I. 346
    Bannalité de *Four.*
Jugé par Arrêt du Parlement du 20
  Août 1700, que cette Bannalité
  ne s'acquiert point par la seule
  possession,   I. 395
Et que du jour de la prohibition,
  la possession de 30 ans suffit,
    395 *& suiv.*
Si elle est personnelle,   427
Voyez *Bannalités.*
    Bannalité du *Moulin.*
A quoi tenus ceux qui y sont obli-
  gés,   I. 436
En quoi consiste ce Droit,   439
Voyez *Bannalités. Grains.*
    Bannalité personnelle.
Ce que c'est,   I. 352
    Bannalité du Pressoir.
Si elle s'arrérage,   I. 314
Personne n'en est exempt,   420
Si cette Bannalité est réelle,   426
Elle est réelle & affecte toutes les
  vignes du territoire; son Droit,
    437 *& suiv.*
Espéce d'une Bannalité du Pres-
  soir que l'on peut dire impro-
  pre,   438 *& suiv.*
Voyez *Ecclésiastiques.*
    Bannalité réelle.
Ce que c'est,   I. 352
En usage en *Provence;* elle s'y arré-
  rage,   352 *& suiv.*
    Bannalités.
Si dans le Pays Coûtumier celles de
  Four & de *Moulin* sont censées
  personnelles,   I. 249
Voyez *Nobles.*
En *Provence* toutes les Bannalités
  sont réelles,   249

Elles sont devenues des Droits de
  Seigneurie & de contrainte, I. 249
Leur origine,   340
Elles ont été abolies par les Réfor-
  mateurs des Coûtumes,   340
Quand elles ont été établies,   341
Comment se nommoient ceux qui y
  étoient sujets,   342
Comment elles se sont établies,
    342 *& suiv.*
Elles doivent être de convention
  expresse ou présumée, 343 *& suiv.*
Elles sont regardées comme des
  Droits exorbitans & d'imposi-
  tion,   345.
Comment elles s'acquierent, 345,
  366. dans le Pays de Droit écrit,
    393
Etymologie de ce mot,   346
Ce que c'est que ce Droit,   347
Si elles sont de Fief ou de Justice,
    347 *& suiv.*
Droit pour lequel elles passoient en
  Pays Coûtumier,   359
Voyez *Moulins.*
Elles ne tendent qu'à gêner la li-
  berté,   351
Elles sont de deux espéces,   352
Si elles sont toutes personnelles,
    353
Si elles sont dûes par chaque feu *in*
  solidum,   353 *& suiv.*
Comment ce Droit s'acquiert, 354
Titre requis pour l'acquérir, 355
    & suiv.
Voyez *Possession.*
Les Coûtumes & les Ordonnances
  veulent que ce Droit soit de con-
  vention libre entre le Seigneur
  & les Habitans,   355
Voyez *Auteurs.*
Si, pour la validité du titre requis
  pour les acquérir, il faut qu'il
  soit passé avec tous les Habitans,
    357 *& suiv.*
Quid, s'il n'y en avoit que les deux
  tiers,   360

Voyez *Décrets* volontaires.

Ce qu'elles font, I. 368

Voyez *Contrats* de vente.

Si elles s'acquièrent par *Prescrip-tion*, 393

Elles font dans le Pays de Droit écrit un Droit négatif & prohi-bitif, 393 & *suiv.* 396, 405

Si elles peuvent s'acquérir par une possession de 30 ans, 400 & *suiv.*

Voyez *Prescription.*

Quelles personnes peuvent avoir ce Droit sur des habitans, 405 & *suiv.*

Si un Particulier qui n'est point Sei-gneur peut se faire un titre vala-ble de ce Droit, 407

Elles font toujours un Droit odieux, 409, 423

Si ce Droit est cessible, 411 & *suiv.*

S'il peut être aliéné, 411

S'il peut être vendu à prix d'ar-gent, 412, 414 & *suiv.* 416

S'il peut être donné à rente, 412-414

S'il peut être aumôné à une Eglise, 413

Coûtumes qui défendent indéfini-ment la cession de ce Droit sans celle du Fief, 413 & *suiv.*

Coûtumes qui le permettent, 414

Si ce Droit peut se perdre, 421

De quelles manières il se perd, 422 & *suiv.*

Personnes exemptes de ce Droit, 426-428

Personnes seules qui y font sujet-tés, 427

Voyez *Communautés* Régulieres, &c. *Ecclésiastiques. Nobles* de race. *Pos-sesseurs* de Fiefs.

Les différens Droits qui y ont trait, 446 & *suiv.*

Voyez *Aveu* & Dénombrement. Coû-tumes.

Bannerie ou Banniere.

Ce que c'est, I. 347

Bâtardes, voyez *Taille* aux quatre cas.

Bâtards, voyez *Donations. Donations* en directe.

Bâtards légitimés par Lettres, voyez *Donations.*

Bâtiment, voyez *Seigneurs.*

Bâtonné.

Signification de ce terme, V. 65. (*n*)

Baux, voyez *Détenteur* bordelier. *Droits* Seigneuriaux. *Rachat. Sei-gneurs.*

Baux à cens, voyez *Bail* à cens.

Baux à rente fonciere, voyez *Bail* à rente.

Bayen. (M.)

Son éloge, I. 53

Beaujolois. (le) voyez *Mi-lod.*

Béchet, (M.) voyez *Chémerage.*

Bénéfice de *Renonciation.*

Pour qui seul introduit, II. 120

Bénéfices, voyez *Mi-lods. Seigneurs Suzerains.*

Bénéficiers.

S'ils font capables de tous actes de propriété, I. 152

Voyez *Relief* ès mutations de Béné-ficiers. *Vacantes* quant aux Fiefs des Bénéficiers.

Si dans la Coûtume du *Grand-Per-che* il est dû *Rachat* par leur mort ou résignation, II. 476

Voyez *Pocquet* de Livonniere. *Pré-lats.*

Comment ils doivent faire la Foi & hommage, IV. 222

Voyez *Communautés* Régulieres ou Séculieres.

Si, intentant l'action de *Commise* & l'obtenant, ils gagnent le *Fief* commis, ou si ce Fief est acquis à leur *Eglise*, 324

Si alors l'*Eglise* peut être contrainte de vuider ses mains de ce *Fief* ad-jugé par *Commise*, 324

S'ils peuvent saisir féodalement, 331 & *suiv.*

Voyez *Ferriere*. *Saisie féodale*. *Usu-*
fruitiers.

Béraut.

De quoi il fait dépendre le Droit de
Chémérage, III. 153

Beroyer. (Me)

Sa Consultation sur cette question:
Si l'Article LXXIX. de la Coûtume d'*Artois* s'entend de toute
mutation en avancement d'hoirie,
tant en directe qu'en collatérale,
II. 529-534
Réfutation de cette Consultation,
534 & *suiv*.

Berri. (Coûtume de)

Cette Coûtume est allodiale, II. 35
Son texte sur le Droit de *Relief*,
408-413
Besançon, (Parlement de) voyez
Ecclésiastiques.
Bestiaux, voyez *Seigneurs*.

Biens.

Si ceux d'un condamné à mort, &
exécuté, remis par le Roi à ses
Héritiers, donnent ouverture au
Relief, II. 92 & *suiv*.
Voyez *Abandon* ou cession, &c. *Aî-*
nés. *Centieme* denier. *Droit* d'aînesse. *Fiefs*. *Légitime*. (la) *Sei-*
gneurs.

Biens avitins.

Ceux qu'on appelle ainsi, V. 199
Biens vacans, voyez *Hauts - Justi-*
tiers.

Billecart.

Réfuté sur ce qu'il ajoute à l'Article
CLXXI. de la Coûtume de
Châlons, que tous les Héritiers
sont tenus de prêter une même
Foi & Hommage, II. 568
Et sur ce qu'il veut que l'Aîné por-
tant la *Foi* pour ses *Sœurs*, déclare
leurs noms & âges, 568

Billi. (Coûtume de)

Son texte sur le droit de *Marciage*,
II. 617 & *suiv*.

Blâme d'Aveux.

Son effet, IV. 276
Voyez *Protestation*. *Usufruitiers*.
De quel jour le temps du Blâme
d'Aveux peut courir, V. 87
& *suiv*.
Voyez *Aveu*, &c. *Publications* &
Vérifications, &c. *Seigneurs*.
Quel est le délai de ce Blâme, 88-
98
Les Blâmes que le *Seigneur* peut
fournir contre un *Aveu*, 111
& *suiv*.
Voyez *Mineurs*. (les) *Nevers*.
(Chambre des Comptes de)
Bled, voyez *Détenteur* bordelier.

Blois. (Coûtume de)

Si la *Réunion* des Fiefs & des Censives a lieu de plein droit dans
cette Coûtume, & si y ayant lieu,
les *Rotures* acquises se réunissent
de plein droit, I. 189 & *suiv*.
Comment elle admet la Réunion,
196
Son Texte sur le Droit de *Relief*,
II. 351 & *suiv*.
Explication de son Art. LXXXIX,
356 & *suiv*.
Voyez *Dumoulin*. *Ordonnances*. *Pa-*
rage.
Blois, (Comtes de) voyez *Dupui*.
Bodreau, voyez *Pocquet* de Livonniere.

Bohade.

Ce que c'est, I. 305.

Bois.

Si dans la Coûtume de *Poitou* ils
courent en *Rachat*, II. 397
Quid, si le *Fief* ne consistoit qu'en
bois, 397
Voyez *Seigneurs*. *Vassaux*.
Quand ils sont réputés & présumés
Garennes, V. 678, n. (b)
Voyez *Acquéreurs*. *Seigneurs*.
Bois de futaie, voyez *Seigneurs*.

Bois de haute futaie.

Si leur vente produit des *Droits*, III. 403 *& suiv.*

Si , suivant la Jurisprudence du Parlement de Paris, elle en est affranchie, 404

Quid, des autres Parlemens, 405

Pourquoi la Jurisprudence du Parlement de Paris, qui exclut cette vente des *Droits*, est la meilleure, 405-408

Si ces Bois sont réputés *Meubles*, 406

Si par leur vente le fonds est aliéné, 406

S'ils sont *Immeubles* pour un temps, 407

Quid, si un *Fief* consiste en un seul, 407

Si le Seigneur peut en ce cas en empêcher la coupe, 408

Voyez *Eaux & Forêts. Retrait.*

Bois taillis.

S'ils sont réputés *Meubles*, III. 464

Voyez *Seigneurs.*

Bordelage.

Dans quelles Provinces il est en usage, III. 426

Son origine, 426

Ce que c'est, 426

S'il a lieu pour les Maisons de Villes, 426

Si cette redevance est une *Rente*, 426

En quoi il diffère du *Cens*, 426, 450

S'il se doit payer des Fruits qui se levent sur l'héritage, 427

S'il emporte *Directe* Seigneurie, 427 *& suiv.*

Si pour créer ce Droit il faut être *Seigneur* de l'héritage, 427

Si cette redevance peut être dûe à jour certain, ou sans jour certain, 428 *& suiv.*

Si elle peut se prescrire, 428

Si elle est portable ou quérable, III. 429

Si ce Droit peut être constitué par toutes personnes, 429

Si le *Preneur* à cens peut le créer sur *Cens* d'autrui, 429

En quoi il imite la redevance emphytéotique, 430

S'il doit être payé tous les ans, 430

Quid, s'il cesse d'être payé pendant trois ans de suite, 430, 460

Cas où la *Commise* y a lieu, 430 *& suiv.*

Quid, si le *Détenteur* fait les offres réelles des trois années, 432 *& suiv.*

Voyez *Douaire. Héritiers. Titre successif.*

S'il peut être tout *commis*, 437 *& suiv.*

Si par la Loi du Pays toutes personnes peuvent succéder à ce Droit, 439

Quels *Droits* il ouvre, 427, 441

Qualités qu'il faut avoir pour succéder à ce Droit, 442 *& suiv.*

Si les *Enfans* y succédent, 442

Pour y succéder il faut être parent & commun de *Communauté* coutumiere & convenue, 443 *& suiv.* 446 *& suiv.*

Fait de l'Arrêt du 27 Juillet 1737 qui l'a jugé ainsi, 443 *& suiv.*

Quid, à l'égard des descendans au premier degré, 447 *& suiv.*

Quid, quand la chose bordeliere est baillée avec la clause, parti ou non parti, 447

Voyez *Détenteur* bordelier. *Héritiers.*

Si la *Représentation* y a lieu, 447

Si les *Héritiers* communs ou non communs y succédent, 447

Si dans la Coûtume de *Nivernois*, ils sont de libre disposition ; sont des propres ; sont susceptibles de cette qualité ; si le défaut de qualité de non commun dans la personne

sonne du *Légataire*, en ouvre la *Réversion* au *Seigneur*, III. 448 & suiv. 451 & suiv.

Fait d'un procès sur cette question, 448

Objet de son ancien usage, 450 & suiv.

Quand la *Réversion* en est acquise au *Seigneur*, 456 & suiv.

Voyez *Lignager*.

Si la Coûtume de *Bourbonnois* le reconnoît, 459

Si ce droit y est comme *Taille réelle*, 459

Si par la Coûtume de *Germini* ce droit peut être évité, 459

Voyez *Douaire coûtumier*.

Bordes.

Signification de ce terme, III. 450

Boucheuil, voyez *Lalande*.

Boucheul, (M.) voyez *Chamerage*.

Boucheries bannieres.

Quel est ce droit, I. 447

Boulangers publics qui vendent ailleurs.

Ils ne sont point sujets à moudre leurs grains aux *Moulins* bannaux, I. 439 & suiv.

Jugé par Arrêt du Parlement du 31 Juillet 1730, qu'ils ne sont tenus de porter au *Four* bannal que les pâtes destinées pour leur famille & pour vendre aux Habitans de la Seigneurie, 440 & suiv.

Boullenois. (Coûtume de)

Son texte sur le droit de *Relief*, II. 507-510

Comment on en doit concilier l'Article LVII. & autres avec le XVI. 515 & suiv.

Comment doit s'entendre l'Article LVII. de cette Coûtume, 516

Voyez *Fiefs*.

Tome V.

Boulogne. (Coûtumes locales de la Ville, Basse Ville, Bourgaige & Banlieue de)

Leur texte sur le droit de *Relief*, II. 511

Voyez *Démembrement* de Fief.

Bourbon, (M. le Duc de) voyez *Marciage*.

Bourbonnois. (Coûtume de)

Sa disposition sur la *Réunion* des Fiefs, I. 217 & suiv.

Combien de sortes de *Corvées* elle admet, 246 & suiv.

Sa disposition à leur égard, 312 & suiv.

Comment cette Coûtume, ainsi que celle de la *Marche*, les règle, 319

Comment elle s'explique sur leur cession, 331

Voyez *Bordelage. Fiefs. Marciage. Relief.*

Bourdeaux. (le Parlement de)

Sa Jurisprudence sur le droit de *Champart*, IV. 502 & suiv.

Voyez *Ecclésiastiques. Tenanciers.*

Bourg.

Signification de ce mot, I. 348

Bourgogne, voyez *Fiefs*.

Bourgs fermés, voyez *Cens*.

Bouteiller.

Comment il s'explique sur le *Parage*, III. 119

Bretagne. (Chambre des Comptes de)

Son usage sur les *Aveux* rendus au Roi, V. 59-62

Bretagne. (Coûtume de)

Son usage sur la *Réunion* des Fiefs, I. 221 & suiv.

Voyez *Aveu*, &c. *Decrets forcés. Dénombrement. Partage* de successions. *Successions* collatérales. *Vérification.*

Breves.

Signification de ce terme du Capitulaire de Charlemagne, V. 10

SSsss

Brodeau

Réfuté sur sa conclusion que, suivant *Dumoulin*, dans tout autre cas que de la *Saisie* féodale, le Seigneur peut acquérir par trente ans, II. 22-24

Voyez *Carondas*.

Son contraste d'opinions sur le *Rachat* rencontré, discuté, 192 & *suiv.*

En vain pour multiplier les *Reliefs*, prend-t-il occasion de ce que les secondes noces ne sont pas favorables dans l'Eglise, 196

Il a mal entendu l'Art. LXXXVII. de la Coûtume de Paris, IV. 39 & *suiv.* 40 & *suiv.* & *Dumoulin* sur l'Art. LIV. de cette Coûtume, 69

Réfuté sur cette question : Si l'*Usufruitier* est recevable au *Retrait*, 80 & *suiv.* ainsi qu'*Auzanet*, *Duplessis* & *Ferriere*, 89

— sur cette autre question : Si l'*Usufruitier* peut, *invito Domino*, exercer le *Retrait*, 100 & *suiv.*

Bry

Eclairci sur l'Art. CXCVII. de la Coûtume du *Perche*, IV. 41 & *suiv.*

Bureaux des Finances, voyez *Aveu*, &c.

Buridan

Réfuté sur ce qu'il avance que dans les *Partages* il faut stipuler s'il n'y a soute, II. 552

C.

Cambrai. (Coûtume de)

Sa singularité à l'égard des *Fiefs*, I. 226 & *suiv.*

Voyez *Command*.

Explication de ses Articles I. & III. du Tit. I. des *Fiefs*, & de l'Art. V. du Tit. II. III. 267 & *suiv.*

Voyez *Fiefs* cotés. *Fiefs* nobles. *Héritages*.

Camus. (M. le) Lieutenant Civil.

Son éloge, I. 2

Capitulaires. (les)

Ils formerent d'abord le seul droit en France, I. 256

Carondas

Réfuté, ainsi que *Brodeau*, sur cette question : S'il est dû *Relief* pour le *Bail* à rente non rachetable, lorsqu'il y a *Rétention* de soi, II. 154 & *suiv.*

—sur ce qu'il avance que le premier *Mariage* est le premier de tous, 226

—ainsi que de *Ferriere*, sur l'Article LXIII. de la Coûtume de Paris, IV. 243 & *suiv.*

—sur cette question : Si la *Commise* fait un *Propre* ou un *Acquêt*, 323 & *suiv.*

Caution, voyez *Dumoulin. Seigneurs.*

Cens.

Jugé par Arrèt du Parlement du 26 Juillet 1724, que le *Cens* ayant été reconnu dans une *Coûtume* allodiale, il est *imprescriptible*, I. 300 & *suiv.*

Preuve du bien jugé, 371 & *suiv.*

Autre Arrèt du 1728, confirmatif du premier, 372

Voyez *Détenteurs. Prescription.*

Coûtumes qui tiennent le *Cens* prescriptible, II. 34 & *suiv.*

S'il l'est dans la Coûtume de *Berri*, 34 & *suiv.*

—& dans les *Pays* de Droit écrit, 35 & *suiv.*

Voyez *Prescription* de 100 ans.

Ce qu'il est dans la Coûtume de *Vitri*, 36 & *suiv.*

Ce que c'est que le simple *Cens* qui sera justifié Seigneurial, 37

Dans la Coûtume de *Vitri*, il n'emporte *Lods* & *Ventes* que lorsqu'il est prouvé, 39 & *suiv.*

Si, portant *Lods* & *Ventes*, il est de droit dans cette Coûtume, 45

Voyez *Vitri*. (Coûtume de)

Dans les *Pays* de Droit écrit, ainsi qu'ès *Coûtumes* allodiales, il ne s'y préfume point de droit, ainfi que la *Directe* Seigneurie, II. 47 *& fuiv.*

Pays où il eft d'impofition & impréfcriptible, étant une fois établi, 47

Conditions requifes, fuivant *l'acquet*, pour l'obtenir contre le *Roi* dans les *Villes & Bourgs* fermés, 48

Si, dans la Coûtume de *Troyes*, étant une fois établi, il ne peut s'effacer par la *Prefcription* de cent ans, 50 *& fuiv.*

Voyez *Grand*. (le)

Il eft dans la Coûtume de *Troyes*, ainfi que la *Foi*, prefcriptible, 53

Titre requis en cette dite Coûtume pour l'établir, 55 *& fuiv.*

Jugé qu'une fois prouvé, établi, il ne fe *prefcrit* plus, 55 *& fuiv.* 62 *& fuiv.*

Voyez *Déclarations*.

Dans la Coûtume de *Nevers* une fois établi, il ne peut plus fe *prefcrire*, 63 *& fuiv.*

Si le Cens, retenu en fe jouant de fon *Fief*, emporte de droit *Directe* Seigneurie, & n'a pas befoin de la *Rétention* expreffe de la *Foi*, 164, 171

Si, retenu par le *Bailleur*, il eft moins Cens dans fa fucceffion, 164

Voyez *Rentes*. *Rentes* foncieres non rachetables.

Comment dans la Coûtume de *Poitou* il entre en *Rachat*, ainfi que les *Rentes* & les *Devoirs*, 399

Voyez *Fiefs*.

Il eft repréfentatif du *Fief*, III. 12

Cas où l'on peut le déclarer mort, ainfi que la *Rente* féche, 15 *& fuiv.*

Si le Cens qui porte *Directe* Seigneurie, peut être déclaré mort, 15

Quid, du Cens aliéné par le *Vaffal*, III. 33

Voyez *Acquéreurs*. *Bordelage*. *Emphytéote*. *Vaffaux*.

S'il emporte *Directe* Seigneurie, & la *Rétention* de foi, 41

Voyez *Démembrement*. *Rentes*. *Rentes* foncieres.

Lorfque le Cens eft vendu au Preneur qui ne fait par déclaration de non réunion, fi le Dominant opte le *Quint*, ce preneur, acquéreur de la *Cenfive* due à fon héritage, fera la Foi au Dominant, non de la Cenfive acquife, mais de l'héritage devenu féodal, quid, lorf-qu'il eft vendu à un autre qu'au preneur, & que le Dominant fe contente du *Quint*, 95 *& fuiv.*

Voyez *Auroux* des Pommiers. *Jeu* de Fiefs. *Juftice*.

Comment le Cens fe prefcrit en *Bourbonnois*, 18, *Addit.*

Les deux chofes qu'il y faut diftinguer, 23

Voyez *Rentes*.

Quand le Cens eft véritable repréfentatif du *Domaine*, IV. 50

Voyez *Aliénation* à cens, &c. *Retrait*. *Retrait* féodal. *Seigneur* Cenfier.

Quel eft ce droit, 430

Voyez *Champart*.

Cens fur Cens ne vaut.

Si cette maxime eft univerfellement reçue, III. 425

Confirmation de cette maxime, V. 179 *& fuiv.*

Cens emphytéotique, Cens simple.

Leur effet, IV. 3

Cens à cher prix.

Il eft admis dans la Coûtume de *Blois*, II. 362

Cens & rentes, voyez *Seigneurs*.

Cens ou rentes de Fiefs.

Leur aliénation, I. 115 *& fuiv.*

Cas où il donne seul lieu au *Retrait*, I. 116 & *suiv.*

Cens du Roi.

Pourquoi il est *imprescriptible*, II. 34

Censitaires.

Comment ils peuvent obtenir main-levée même provisoire, IV. 429 & *suiv.*

S'ils peuvent changer la nature de leur *Héritage*, 431

Quid, si l'Héritage étoit chargé de *Champart*, 431 & *suiv.*

Voyez *Aveu*, &c. *Vassaux.*

Censive.

Ce que c'est, I. 136 & *suiv.*

Cas où les Censives ne peuvent être sujettes au droit de *Relevoisons* à plaisir, &c. II. 338 & *suiv.*

Voyez *Affranchissement, Seigneurs.*

Pays où elles sont appellées *Fiefs.* V. 16, n. (a)

Quelle peut être la possession en Censive, & comment elle se prouve, 178

Voyez *Seigneur* Censier.

Centiéme denier.

Son établissement, III. 206

Si un *Immeuble* donné ou promis par le *Contrat de Mariage*, y est sujet, 388

Quels biens en sont exempts, 388

Cession, voyez *Abandon*, &c. *Chantereau Mouvance.*

Cessionnaires.

S'ils peuvent avoir plus de droit que leur cédant, I. 315

Voyez *Parage.*

Châlons. (Coûtume de)

Si la *Réunion* des Fiefs y a lieu, I. 210 & *suiv.*

Son texte sur le droit de *Relief*, II. 562-564

Chambellage.

A quoi il est fixé dans la Coûtume de *Senlis*, II. 398 & *suiv.*

—de *Clermont* en Beauvoisis, 311

—de *Valois*, II. 314 & *suiv.*

—de *Poitou*, 395

—de *Ribemont*, 554

—de *Noyon*, 561

Voyez *Puînés. Relief* de mariage.

Il n'a point lieu en la Coûtume de *Reims*, 573

Ce que c'est que ce droit, III. 69

S'il est dû à toute *Mutation*, 69, n. (a) (b)

Champagne, (Coûtume de) voyez *Successions.*

Champart.

Noms différens sous lesquels ce droit est connu, IV. 438 & *suiv.*

Etymologie de ce nom; quel est ce droit, 439

Voyez *Censitaires. Dimes* inféodées. Romains. (les)

Sur quoi il se léve dans le *Pays* de Coûtume, 440 & *suiv.*

—dans le *Pays* de Droit écrit, 441

Quid, si à l'égard d'une *Terre* chargée de ce droit, au lieu d'y semer, on y plante des *Pommiers* & *Poiriers*, ce qui cause une moindre quantité de *Grains*, 441 & *suiv.*

Il est le même par toute la France, & ne differe que dans les noms suivant les Pays, 441

Voyez *Dimes.*

Si en supposant que la *Dime* se payeroit avant le Champart, ce droit seroit levé sur ce qui resteroit après la Dime payée, ou si le *Seigneur* prendroit son droit en entier, 443 & *suiv.*

Si ce droit est Seigneurial en *Pays* de Coûtume, 445 & *suiv.*

Quid, en *Pays* de Droit écrit, 440 & *suiv.* 463 & *suiv.*

S'il peut être stipulé par toutes sortes de personnes, 445 & *suiv.*

Ce qui est requis pour qu'il emporte *Directe* Seigneurie, & Lods & Ventes, 446

Comment doit s'entendre cette maxi-

me coûtumiere, que le Champart n'est Seigneurial que quand il est seul & sans aucun *Cens*, IV. 446 *& suiv.*
Difposition des Coûtumes d'*Orléans* & d'*Etampes* fur cette queftion, éclaircie, 447 *& suiv.*
Arrêts qui le jugent Seigneurial dans la Coûtume d'*Orléans*, dont on rend compte, 452 *& suiv.* 457
Raifon de la Difpofition de l'Article CXLIII. de cette Coûtume fur cette queftion, 459 *& suiv.*
Voyez *Defpeiffes. Lalande.*
Si en *Pays* de Droit écrit il eft portable ou quérable, 464 *& suiv.*
Quid, en *Pays* de Coûtume, 465 *& suiv.*
Si ce Droit tombe en *Arrérages* en *Pays* de Droit écrit, 464 *& suiv.* 472
Quid, en *Pays* de Coûtume, 466 *& suiv.* 472
Voyez *Tenanciers.*
Comment ce Droit eft portable, 472
De quoi dépend fa quotité, 473
— dans le *Pays* de Droit écrit, 473 *& suiv.*
Voyez *Complainte.*
Premiere condition de ce Droit, 476 *& suiv.*
Maximes fur l'ufage du *Pays* du Droit écrit, quant à fes conditions, 480 *& suiv.*
Voyez *Emphytéofe.*
Explication de la Coûtume de *Montargis* fur la premiere condition du Champart, 482 *& suiv.*
Maximes à fuivre pour l'exécution de fa premiere condition, dans les *Pays* de Coûtume, 487-490
Sa feconde condition, 490 *& suiv.*
Ce que ce Droit a de commun avec la *Dîme*, 490
S'il eft fujet à la *Préfcription*, 493

Quid, en *Pays* de Droit écrit, IV. 493 *& suiv.*
S'il a lieu fur les Terres accrues par *Alluvion*; & celles qui doivent ce Droit, 495 *& suiv.*
Voyez *Alluvion. Bourdeaux.* (Parlement de) *Seigneurs.*
Champartage.
Quel eft ce Droit, IV. 438 *& suiv.*
Champi
Réfuté fur cette queftion: Qui du *Propriétaire* ou de l'*Ufufruitier* doit le *Relief* des *Mutations* arrivées pendant l'ufufruit, II. 245 *& suiv.*
Chancellerie, voyez *Foi* & Hommage.
Chantereau
Réfuté fur ce qu'il avance que *Bénéfice* & *Fief* ne font pas une même chofe, II. 73
Son erreur fur la *Ceffion*, III. 102 *& suiv.*
Charges.
Si celle ajoutée au *Contrat* fait partie du prix, III. 221
Charges de Fief. *Charges* non inféodées, voyez *Seigneurs.*
Charlemagne.
Il incorpore dans fes Capitulaires le Code d'*Alaric*, I. 255 *& suiv.*
Charles VII.
Il ordonne que toutes les Coûtumes & Ufages de fon Royaume foient rédigées par écrit, I. 256
Charrois. (les)
Ils étoient des *Charges* publiques, I. 252
Si ce Droit fe peut bailler en affiéte, 315
Chartre de Philippe Augufte
Sur le *Partage*, III. 121 *& suiv.*
Son but, 122
Elle n'eft qu'un accord & une convention entre plufieurs *Seigneurs*, 122 *& suiv.*
Voyez *Philippe* Augufte.
Si elle a eu lieu; fi elle a toujours

subsisté ; si elle a fait Loi du Royaume, III. 123 & suiv.

Preuve qu'elle n'a pas été suivie, même dans les Provinces immédiatement soumises au Roi, 124 & suiv.

Terres où elle a eu lieu, 126

Chartres, (Bailliage de) voyez *Relief*.

Chartres. (Coûtume de)

Son Texte sur le Droit de *Relief*, II. 444-447

Voyez *Dulorens. Dupui.*

Châteaudun, (Coûtume de) voyez *Dupui.*

Châteauneuf en Thimerais. (Coûtume de)

Son Texte sur le Droit de *Relief*, II. 458-462

Châtelain.

Quel il est ; sa puissance quant aux *Fiefs*, IV. 62 & suiv.

Privilége dont l'Ordonnance de *Roussillon* l'a privé, 63

Chaumont. (Coûtume de)

Décisions qui y doivent avoir lieu pour les *Réunions* de Fief, I. 202

Son Texte sur le Droit de *Relief*, II. 426-429

Voyez *Jeu* de Fief.

Chauni. (Coûtume de)

Son Texte sur le Droit de *Relief*, II. 580-582

Voyez *Bail* à cens.

Chef-lieu.

Il ne peut jamais tomber au *Puîné* sans une dérogation & renonciation au Droit d'*Aînesse* par l'Aîné, III. 154 & suiv.

Voyez *Chémérage. Fiefs.*

Nécessité de distinguer les Chefs-lieux des Paroisses, qui forment le Domaine du Chef-lieu, V. 468 & suiv.

Chémérage.

Quel est ce Droit, III. 146 & suiv. 154

S'il est attaché à celui qui par le partage a le *Chef-lieu*, III. 151

Quid, en *Poitou*, 151 & suiv.

Ce Droit appartient à l'*Aîné* des enfans, soit Fils ou Filles, s'il n'y a que des Filles ; *quid*, dans les Coûtumes où le *Parage* n'a lieu qu'entre *Filles*, 154 & suiv. 157

Quid, si, quoique le *Préciput* de l'*Aîné* étoit mis dans un lot qui échoiroit à un *Puîné*, l'Aîné ne renonce pas expressément, 155

Quid, s'il y a une renonciation expresse par l'*Aîné* à son *Préciput*, & convenance que ce Droit passera à celui qui aura le *Chef-lieu*, 155

Quid, si l'*Aîné* obtient restitution, 155

A la mort d'un des *Puînés*, qui laissant plusieurs enfans, qui regarde la part de leur Pere, comme leur *Fief*, l'*Aîné* desdits enfans, en subdivisant cette portion, peut-il s'attribuer ce Droit sur les portions des Puînés de cette subdivision, sans préjudice du premier Chémérage, qui subsiste sur le Fief en entier, 157 & suiv. 190 & suiv.

Quid, en *Poitou*, 158

Opinion de *Constant* sur cette question, 158 & suiv.

— de *Boucheul*, 159 & suiv.

— de *Becket*, 160 & suiv.

Solution de cette question, 161 & suiv.

Voyez *Béraut.*

Si le Chémérage a lieu entre *Collatéraux*, 155 & suiv.

Si dans les Coûtumes d'*Anjou* & du *Maine* le second Chémérage y est admis, 157

Quid, dans les autres Coûtumes, 158

Voyez *Lilet. Parage.*

Pourquoi ce Droit est inutile dans

une portion cadette subdivisée,
III. 162 & *suiv.*
— & contraire au Droit des Coutumes de *Poitou*, de S. *Jean d'Angely* & de l'*Usance* de *Saintes*, 163 & *suiv.*
Voyez *Aînés. Parage.*

Chémier.

Ce que c'est dans le *Parage*, III. 131
S'il est obligé de payer les Droits au *Seigneur* dominant, 132
Si l'*Aînée* des Filles nobles qui est la Chémiere de ses *Sœurs*, est mariée à un *Roturier*, ses *Puînées* mariées à des *Nobles*, sont tenues de tenir d'elle en *Parage*, 142
Quand cette *Aînée* perd son Droit de Chémiere, 144
Si par la mort du Chémier les portions cadettes sont ouvertes à la *Saisie* féodale, 145
Quid, s'il n'a pas fait la *Foi*, 145 & *suiv.*
Si en ce cas les *Puînés* peuvent demander main-levée, sans être nécessités d'offrir *Hommage*, 145 & *suiv.*
Si le Chémier a Jurisdiction sur ses *Parageurs*, 174
Quid, si le *Parage* est fini, 174 & *suiv.*
Voyez *Poitou.* (Coûtume de)
Si la Vente par lui faite à un *Parageur*, fait finir le *Parage*, 182 & *suiv.*
Quid, s'il vend à son fils, 183
Quid, de sa *Donation* faite à un *Collatéral*, 183 & *suiv.*
Si, lorsqu'il transporte toute sa portion, & retient l'*Hommage* sur ce qu'il aliéne, ou seulement le *Chef-lieu* & le surplus, il demeure Chémier des *Puînés*, ou l'*Acquéreur* doit faire l'Hommage, 185-187
Quid, si le *Seigneur* Dominant approuve ou non la convenance, III. 187
Quid, si c'est un *Fief*, qui n'a point de Chef d'*Hommage*; & si en aliénant sa portion, il retient le tiers de son Domaine avec l'Hommage & devoir sur ce qu'il aliéne, 187 & *suiv.*
Voyez *Seigneur* Dominant.
Si le Chémier est en droit de demander l'*Hommage* à son *Seigneur* Dominant devenu son Vassal, 190
Lequel de tous ses enfans, lorsqu'il meurt, laissant fils ou fille, succédera au Droit de *Chémérage*, & auquel appartiendront les *Ventes* & *Honneurs* des portions cadettes vendues & aliénées, 196
Quid, quant au profit de *Vente* des portions cadettes des premiers *Parageurs* & des autres profits du *Fief*, 196
A qui, lorsqu'il se fait partage ou avant le partage, il acquiert la portion d'un *Parageur*, appartiendront les Droits de cette portion vendue, 198
Quid, lorsque la Vente a été faite à un autre qu'à lui, 199
Solution de ces questions, 199 & *suiv.*
Quand les parts cadettes lui appartiennent, 200

Cheval de service.

Coûtumes qui le donnent ; à quoi il est fixé, II. 327, 351, 362, 381, 476
Par qui il est dû dans la Coûtume de *Poitou*, 395, 406
— dans celle de *Dreux*, 438
— dans celle de *Chartres*, 448
— dans celle du *Grand-Perche*, 476

Chevalerie.

Son ancienne & moderne forme, V. 364
Voyez *Taille* aux quatre cas.

Chevaliers de Robe & d'Honneur.
S'ils peuvent lever la *Taille* aux quatre cas, V. 365

Chevance.
Ce que c'est, II. 616

Chevi.
Signification de ce terme, IV. 166

Chopin
Réfuté sur ce qu'il dit qu'une *Rente*
fonciere à la charge de laquelle
on a donné une portion du *Fief*
n'est pas noble, parce que, quoiqu'il y ait réserve de *Foi*, on ne
la porte pas pour cette Rente non
inféodée, mais pour le fonds ;
donc il n'y a que le fonds de noble, & non la rente retenue, II.
167-170
— sur ce qu'il soutient que l'*Ar-*
riere-Fief réuni au *Fief* abonné,
étoit Arriere-Fief avant l'*Abon-*
nement ; & que ledit Abonnement
ne doit pas être augmenté, 184-
186
— sur ce qu'il dit que le *Rachat* n'est
dû qu'à proportion du prix porté
au *Contrat* ; & que les *Lods* sont
dûs du surplus joint le premier
prix, 550 & *suiv.*
Sa preuve de l'abolition de l'Ordonnance de 1210 sur le *Para-*
ge, III. 129

Choses mobiliaires.
Si elles tombent en *Retrait*, IV.
17 & *suiv.*

Clapiers.
Ce qu'on appelle ainsi, V. 678,
n. (b)

Clerc & Procureur des *Fiefs* pour
le Roi.
Leur création ; ils ne subsistent plus
aujourd'hui, V. 31

Clermont. (Coûtume de)
Sa disposition sur la *Réunion* des
Fiefs est expliquée, I. 211 & *suiv.*
Voyez *Démembrement* de Fiefs. *Ri-*
card.

Clermont en Beauvoisis.
(Coûtume de)
Son Texte sur le Droit de *Relief*,
II. 308

Coacquéreurs. Copropriétaires.
Ils ont toujours la même cause pré-
éxistante de diviser en quelque
temps qu'ils licitent, I. 72 & *suiv.*
Coacquéreurs. Codonataires, voyez
Relief.
Coassociés, voyez *Droits. Licitation.*
Partages.

Cohéritiers.
Comment ils peuvent réclamer leur
Droit. I. 29 & *suiv.*
Voyez *Copropriétaires. Droits. Lici-*
tation. Partages.
Si on peut leur faire payer des
Droits pour n'avoir pas licité
avec leurs Cohéritiers, 30
Cas où ils doivent des Droits, 54
& *suiv.* 80
Si étant *Adjudicataires* du lot d'un
autre qui n'a point de commu-
nauté avec eux, mais avec d'au-
tres, après avoir payé les Droits
de son Adjudication, ils doivent
des Droits, 54 & *suiv.*
Cas où ils ne doivent aucuns Droits,
76
Voyez *Parage. Partages. Relief.*
Si en *Parage* ils se trouvent dispen-
sés de porter la *Foi* & de recon-
noître le *Seigneur* Dominant du
Fief, III. 131
Voyez *Parage.*
Comment ils doivent faire la *Foi* &
Hommage, II. 215 & *suiv.*
Voyez *Créanciers.*

Colégataires universels ou
particuliers.
Celui d'entr'eux qui se rend *Adju-*
dicataire par *Licitation* ou par *Con-*
trat volontaire de l'héritage commun, ne doit aucuns *Droits*, I.
77

Collatéraux.

Collatéraux.

Si, lorsque la Coûtume ne parle que du *Parage* entre *Enfans*, sans faire mention textuelle du Parage *conventionnel*, n'y ayant point entr'eux *Droit* d'aînesse ou autres communs d'un *Fief*, ils peuvent, *Partage* faisant, établir un Parage conventionnel, III. 132 & *suiv.*
Voyez *Chémérage. Chémier. Parage. Partages.*

Un *Frere* ou autre Collatéral ne peut ordonner par son *Testament* le *Partage* égal de ses *Fiefs* entre ses *Freres* & *Sœurs*, *Neveux* ou *Nieces* ou autres ses *Héritiers* au préjudice du *Mâle*, qui y doit succéder, surtout aux Coûtumes qui donnent *Droit* d'aînesse en collatérale, V. 337-339
Voyez *Droit* d'aînesse.

Collicitans. (les).

Ce qui leur suffit pour pouvoir passer à la *Licitation*, I. 15
Voyez *Coûtumes.*

Colombiers ou *Pigeonniers.*

Les différentes sortes de Colombiers, V. 611
Si le Droit de Colombier, surtout de Colombier à pied, est un Droit de Justice ou de *Fief*, ou si chacun a droit de le bâtir tel qu'il voudra, 611, 612
Quid, dans la Coûtume d'*Artois*, 628
— de *Bar*, 630
— de *Berri*, 635
— de *Blois*, 629
— du *Boulenois*, 632
— de *Bourdeaux*, 615
— de *Bourgogne*, 616, 618
— de *Bretagne*, 619, 620
— de *Calais*, 630 & *suiv.*
— de *Château-neuf* en Thimerais, 632
— de *Dauphiné*, 613
— d'*Etampes*, 632

— de *Lorraine*, V. 618
— du *Lyonnois*, 615, 616
— de *Metz*, 618, 619
— de *Nivernois*, 631, 632
— de *Normandie*, 620, 628
— d'*Orléans*; — de *Paris*, 629
— de *Provence*, 613
— de *Toulouse*, 614 & *suiv.*
— de *Tours*, 631
A quelles conditions il est permis à toutes personnes d'avoir Voliere ou Colombier sur piliers ou solives, 633, 634
S'il faut avoir cinquante arpens de terre pour jouir de ce Droit, 641
Faut-il que ce soit terres labourables, 641-646, qui soient dans la même Seigneurie, lorsqu'il y a plusieurs *Seigneurs* dans la Paroisse, 654 & *suiv.*
Quid, quant au Possesseur de plusieurs *Fiefs*, 655-657
— de plusieurs *Métairies* ou *Fermes* distinctes les unes des autres, 657 & *suiv.*
Quid, lorsque par succession ces *Fiefs* ou Métairies tombent séparément à des *Héritiers*, 658 & *suiv.*
Si dans la Coûtume d'*Amiens*, le Propriétaire de cinquante arpens de terre en *Roture* peut avoir Voliere à Pigeons, 646-654
Pour avoir Colombier ou Voliere, on ne considere que l'union, ou distinction patrimoniale, 658
Qui du *Seigneur* ou des Habitans, peut se plaindre ou demander la diminution ou réduction du Colombier ou Voliere, 660 & *suiv.*
En matiere de Colombiers, lorsque les Coûtumes sont obscures, il faut s'en tenir à celle de *Paris*, 661 & *suiv.*
Voyez *Hauts-Justiciers.*

Combat de Fief.

Ce qui est requis pour le former, II. 27-29

Tome V. TTttt

Voyez *Delai* pour Foi , &c. *Foi &*
Hommage.

Command.

Celui que l'on nomme ainsi , III.
　261
Dans quel temps il doit être nommé,　262
Quando , dans la Coûtume de *Pé-*
ronne ,　262
— dans celle d'*Amiens* , 263 *& suiv.*
— dans celle d'*Artois* , 264 *& suiv.*
Conclusion de cette question , 265
　& suiv.
Disposition de la Coûtume de *Cam-*
brai sur cette question, 266 *& suiv.*
S'il doit être déclaré Adjudicataire
pour le même prix ,　263
Si la validité de sa nomination dépend de la *Saisine* ,　266
En acquisition de *Fief* , par la Coûtume de *Cambrai* , dans quel temps
doit-il être déclaré ,　269
Temps requis pour sa nomination
en héritages *Mains-fermes* , 269
Sa nomination doit se faire pour
le même prix de l'acquisition , 270
　& suiv.
Si son acceptation est une ratification de sa *Déclaration* & nomination ,　272
Quid , par rapport à la *Déclaration* ou
Nomination de l'inconnu lors du
Contrat ,　272
Quid , de celle faite d'un *Enfant* ,
qui n'étoit ni né ni conçu lors de
l'acquisition ,　272 *& suiv.*
S'il est nécessaire que la *Déclaration*
soit faite au profit d'une personne
capable ,　273 *& suiv.*
Si celui qui est mort civilement ,
quoique réhabilité , peut être
Command d'un *Acquéreur* , 273
Quid , s'il est condamné à mort par
contumace & qu'il la purge , 273
　& suiv.
S'il faut avoir égard au temps de
l'*Acquisition* que l'on *déclare* à son

profit ou à celui de la nomina-
tion ,　III. 274 *& suiv.*
Si ayant été nommé & n'acceptant
pas, il y a lieu à une double *Mu-*
tation ,　277
Arrêt intervenu sur cette question ,
　277 *& suiv.*
Temps où il doit être nommé en
Vente volontaire par la Coûtume
d'*Auvergne* ,　278
Quid , en *Vente* par Decret ,　278
Si le Command est d'usage en *Sa-*
voye ,　557
Commendeurs de Malthe ou autres ,
voyez *Communautés* Régulieres
& Séculieres.

Commendeurs. *Officiers* de l'Ordre du Saint-Esprit. *Secretaires du Roi.*

S'ils sont tenus de payer au profit
du Roi les Droits d'*Echanges* des
Terres & des Biens qu'ils ont acquis à titre d'échange , III. 531
Arrêt qui juge l'affirmative , 531

Commentaires.

Le meilleur Commentaire d'un Article de Coûtume ,　II. 142
Commerce , voyez *Fiefs.*

Commise. (la)

Cas où elle a lieu en *Bourbonnois* ,
　III. 16 , *Addit.*
Voyez *Bordelage. Démembrement du*
Fief. Détenteur bordelier. *Emphy-*
téose.
Quand elle a cessé d'avoir lieu par
tout ,　IV. 3
Ce qu'est celle d'un *Chef-lieu* ou
d'Héritage roturier ou emphy-
téotique ,　263 *& suiv.*
Sa premiere cause ,　265 *& suiv.*
Sa seconde ,　266 *& suiv.*
Ses autres causes ,　267 *& suiv.*
Voyez *Désaveu.*
Comment elle peut être poursuivie
contre un *Vassal* ou *Tenancier* qui
ayant tué son *Seigneur* , seroit mort
avant la condamnation ,　269

Voyez *Fiefs*.
Ses principales causes, IV. 269
Seul cas pour lequel elle est pro-
noncée en *Dauphiné*, 270
Pays où elle n'a pas lieu pour le *Des-
aveu*, 271
Ses deux causes générales admises
en France, 271
Voyez *Aveu*, &c. *Faux-Aveu. Pro-
testation. Roi.* (le)
Cas où elle ne peut avoir lieu, 281
Si elle peut avoir lieu, lorsqu'un
Vassal auroit avoué non le Roi,
mais un *Prince* apanagé à cause de
son *Apanage*, quoique le *Seigneur*
réclamant eût fait juger que le
Vassal n'étoit point mouvant de
l'apanage, 281 & *suiv.*
Voyez *Arriere-Fiefs. Maris. Seigneur
Suzerain. Seigneurs.*
Quand la Commise a lieu, 300
Si son action passe aux *Héritiers* du
Seigneur qui ne l'auroit pas inten-
tée, ou contre les Héritiers du
Vassal contre lequel le *Seigneur*
n'a pas agi, 300 & *suiv.*
Cas où elle ne peut être demandée
par les *Héritiers* du *Seigneur* con-
tre le *Vassal*, ou par ses Héri-
tiers contre ceux du Vassal, 301
& *suiv.*
Voyez *Vassaux.*
Pays où elle a lieu en *Roture*, 306,
(*n.*)
Si lorsqu'on a prononcé la Commise
on peut s'en faire relever, 306
Quand elle n'est prononcée que pour
la vie du Délinquant, 311
Voyez *Desaveu. Félonie.*
Ce qui est requis pour la demander ;
à qui & contre qui elle s'adjuge,
312
D'où naît la Commise active & pas-
sive, 312 & *suiv.*
Voyez *Usufruitiers.*
Ses effets & ses suites, 313 & *suiv.*
Voyez *Réunion* de Fiefs.

Eut de son action, IV. 314 & *suiv.*
Voyez *Seigneurs.*
Si elle fait un *Propre* ou *Acquêt*, ou
même un propre de *Communauté*,
321 & *suiv.*
Pourquoi elle est adjugée, 322
Voyez *Argentré.* (d') *Bénéficiers.
Carondas.*
Commise en emphytéose.
Comment elle s'ouvre, IV. 325
& *suiv.*
— suivant la Jurisprudence des Par-
lemens de Droit écrit, 327 & *suiv.*
Sa premiere cause, 326
Son second cas, 326 & *suiv.*
Voyez *Emphytéose.*
Ses cas en *Pays* de Droit écrit,
328 & *suiv.*
Commissaire aux Saisies - réelles.
S'il peut *saisir* les *Fiefs* dépendans
du Fief saisi réellement, qui seront ouverts, & les Fiefs servans
ouverts, IV. 338 & *suiv.*
Commissaires.
Si ceux établis à la *Saisie* sont déchargés de plein droit, par la dis-
continuation de la Saisie ou son
non renouvellement, IV. 402
Quid, s'il y a contestation, 402
Si nonobstant la contestation, les
trois ans de la *Saisie* féodale étant
expirés avant le Jugement définitif de ces contestations, ils seroient déchargés de plein droit
après les trois ans ; & si on peut
les forcer de continuer pendant la
contestation, 402 & *suiv.*
Voyez *Seigneurs.*
Commission du Juge.
Celle pour *saisir* doit être spécifiée
pour tel *Fief*, avec déclaration
des causes de la Saisie, IV. 375
& *suiv.*
Comment doit s'entendre qu'une
Commission générale pour *saisir*
est nulle, 376 & *suiv.*
Si pour *saisir* cette Commission doit

être scellée, IV. 388 & *suiv.* 392
        & *suiv.*

Communauté entre *Maris* &
      Femmes.

Le *Mari* en est le maître tant qu'elle
  dure , pour en jouir *ad libitum* ,
               I. 272

Voyez *Conquêts. Femmes. Partages.*

Si étant exclue réellement , il est
  dû ou non *Relief,*   II. 141-146

Son effet ,   143 & *suiv.*

Elle occasionne le *Relief* de Mariage ,   145 & *suiv.*

Voyez *Avantages. Bordelage. Conquêts. Maris. Mutation. Relief* de
  Mariage. *Renonciation* à la Communauté.

Si elle a lieu en *Auvergne*, III. 364

Voyez *Lods* & Ventes.

Ce qu'est la Communauté Coûtumiere dans la Coûtume du *Nivernois* ,   443

Voyez *Commise.* (la) *Droit* d'aînesse. *Femmes.*

Communautés Régulieres &
      Séculieres.

Si elles sont exemptes de la *Bannalité* ,   I. 427

Si en *Savoye* celles qui acquierent
  des fonds , doivent payer *Lods* ,
              III. 558

Si , ainsi que les *Bénéficiers* titulaires , *Commendeurs* de Malthe ou
  autres , elles peuvent *désavouer* ,
          IV. 292 & *suiv.*

Communication de Titres.

Si elle peut se demander avant de
  fournir l'*Aveu,*   V. 122, 124

Compensation , voyez *Seigneurs.*

Comperfonniers , voyez *Droits.*

      Complainte.

Si on peut la former pour le *Champart,*   IV. 474 & *suiv.*

      Complant.

Ce que c'est ,   III. 425

Si ce Droit est Seigneurial, 426

Voyez *Saisie* féodale.

*Complexum feudale ou Corpus
      feudi.*

Ce que c'est ,   II. 3 , 5 & *suiv.*

Ce qui le forme ,   23, 27, 30

  Concession en franc-aleu.

Ce que c'est ,   I. 157

      Concessions.

Si les anciennes Concessions en Fief
  étoient sujettes à révocation, V.
           444 & *suiv.*

Concubinage , voyez *Aînés.*

Concubines , voyez *Droit* d'aînesse.

  Condamnation à mort.

Si elle donne ouverture au *Fidéi-
  commis* , ainsi que celle aux *Galeres* perpétuelles ,   II. 19

Voyez *Biens.*

Confiscation , voyez *Grains. Hauts-
  Justiciers.*

Conjoints , voyez *Avantages. Copropriétaires. Don* mutuel entre Conjoints. *Fiefs.*

Conquêt féodal , voyez *Femmes.*

      Conquêts.

Si tout ce qui est acquis pendant la
  Communauté est Conquêt, I. 171

Voyez *Don* mutuel en propriété.
  Don mutuel de propriété de Conquêts.

Ils sont les biens de l'*Homme* & de
  la *Femme,*   II. 131

Voyez *Dumoulin. Durand.*

Si l'abandon d'un Conquêt fait à la
  Femme séparée de biens , qui auroit renoncé à la *Communauté* ,
  ouvre le Droit de *Quint* , III.
           358 & *suiv.*

Si cet abandon dans le cas de la renonciation à la *Communauté* opere
  Mutation , & par conséquent ouvre les *Droits* ,   359

Contestation dont cette question a
  formé la matiere , 359 & *suiv.*

Espéce d'un Procès sur cette question, pendant en la premiere des
  Enquêtes, décidé par l'Auteur ,
          360 & *suiv.*

Quid, si l'on donnoit à une seconde *Femme* des Conquêts d'une première *Communauté*, III. 362-364.

Voyez *Désaveu. Femmes. Maris. Reprise.*

Consentement.

Quand il est réputé extorqué, V. 267 & *suiv.*

Voyez *Aînés.*

Conservateur-Garde des Fiefs & Domaines en chaque Bailliage.

Sa création, sa suppression, son rétablissement; il ne subsiste plus, V. 31.

Consignation, voyez *Adjudications.*

Consolidation.

Si celle du *Domaine* utile avec le *Domaine* direct, d'où l'utile est émané, est favorable, & est par conséquent le retour des choses à leur source, II. 25.

Consorts.

Il leur est libre de partager ou d'adjuger tout à un sans autre examen que leur propre volonté, I. 67.

Voyez *Négoces.*

Constant, voyez *Chémérage.*

Contestations, voyez *Aveu*, &c.

Contrat civil, voyez *Mariage.*

Contrat de donation, voyez *Relief.*

Contrat féodal.

Ce que c'est; il est non susceptible des principes du Droit Romain, II. 16.

S'il suffit pour exclure la *Prescription* centenaire, 17 & *suiv.*

Son effet, 16-18.

Contrat libellaire, voyez *Bail* emphytéotique.

Contrat de Mariage, voyez *Centième* denier. *Dation* en payement. *Donations. Peres.*

Contrat entre *Seigneur* & *Vassal* en matiere de *Fiefs.*

Il est irrévocable par l'un ou par l'autre seul, lorsqu'il est une fois fait, V. 6.

Celui où il est dit mouvant ou tenu d'un tel, profite au *Seigneur* contre l'Acquéreur, 195.

Voyez *Acquéreurs.*

Contrat pignoratif.

Il a un titre perpétuel; espéce où on ne peut le *prescrire*, III. 296.

S'il transfere la propriété au *Créancier*, 299.

En quoi il differe du *Réméré*, 300.

S'il souffre la *Prescription*, 302.

S'il est d'usage en *Angoumois*, 302.

S'il produit des *Lods* & Ventes, 302 & *suiv.*

S'il se peut faire en *Angoumois* pour un temps moindre de dix ans, 303.

S'il en est dû Droit quand l'*Engagiste* après le temps convenu transporte la chose à un autre, 303 & *suiv.*

Voyez *Ventes.*

Contrat Synallagmatique.

Comment il se forme, & peut s'anéantir, II. 15.

Contrats.

Quel est celui qui tient *insolubiliter* entre le Preneur & le Bailleur, II. 179 & *suiv.*

Ce qu'on entend par Contrat résolu, 181.

Voyez *Droits. Relief* pour Contrat résolu.

Quand ils ouvrent les Droits de *Quint* & de *Lods*, III. 202 & *suiv.*

Voyez *Command. Decret. Vente.*

Comment on peut fixer ce qui forme & entre dans leur prix; ce qui peut en augmenter les *Droits*, 216.

Voyez *Droits* Seigneuriaux. *Dumoulin. Résolution* de Contrats.

Quelles sont les choses qui entrent ou non dans le prix du Contrat, 214 & *suiv.*

Si toutes les charges qui y sont
portées & réductibles en argent
font partie du prix, & augmentent les *Droits*,   216
Voyez *Contrats* de Vente. *Decret.
Douaire. Hypothèques. Quint. Rentes. Rescision* de Contrats. *Résolution* de Contrats.
Contrats susceptibles ou non de *Retrait*,   IV. 14 & *suiv.*
Voyez *Retrait.*
Si celui de *Bail* d'héritage à Rente
ouvre le *Retrait*,   58
Quid, de celui où il y a argent &
Rente fonciere non rachetable,
58
Quid, dans les Coûtumes qui ne
prévoient pas ce cas, 58 & *suiv.*
Voyez *Retrait. Exhiber* le Contrat.
A qui ils doivent être exhibés &
notifiés pour faire courir le temps
du *Retrait* féodal, 152 & *suiv.*
Peuvent-ils l'être à l'*Usufruitier* ou
au *Mandataire* général, ou au
Mari seul,   IV. 153
Cui, lorsqu'il y a plusieurs *Seigneurs*
Dominans,   157
Voyez *Seigneurs.*
Parlement où leur exhibition est si
nécessaire, que la réception en
Foi & Hommage n'exclut pas le
Seigneur du *Retrait* féodal, si le
Contrat volontaire ou l'*Acte* de
délivrance avec le nantissement &
l'*Acte* d'envoi en possession, n'ont
été dûment exhibés, 158 & *suiv.*
Voyez *Acquéreurs. Chopin. Colega-
taires. Demande* à fin d'exhibition.
Foi & Hommage. *Offres. Retrait.
Retrait* Seigneurial. *Saisie* féodale.
Seigneurs.
Contrats de Vente.
Si ces Contrats sont des Titres de
Bannalités & de *Corvées*, I. 361
Voyez *Relief.*
Tout ce qui tourne au profit du *Vendeur* en forme le prix & entre dans
le prix,   III. 213 & *suiv.*
Tous ces Contrats, ou ceux qui
équipollent à la *Vente*, doivent
des *Droits*, sans cependant que le
Retrait les ouvre,   223
Quid, si l'*Acquéreur* craignant l'action d'un *Lignager*, vend à un Lignager, qui pouvoit retirer, mais
qui n'auroit pas intenté l'action,
223
Quid, de celui qui vend un héritage dont le fils après avoir sommé
l'*Acquéreur* de lui remettre l'Héritage, avec offre de lui payer la
somme & loyaux coûts, & repris
son bien, se fait Religieux, &
avant remet l'Héritage à son pere
sur lequel il auroit été vendu,
223 & *suiv.*
Conventions entre-vifs.
En quoi elles different, ainsi que
les *Actes* qui en descendent, des
Successions ab intestat ou *testamentaires*; comment réglées, II. 90
& *suiv.*
Copartageans.
Si pour éviter la plainte du *Seigneur*,
ils sont obligés de faire une soute,   I. 16
Voyez *Parage.*
Copropriétaires.
Disposition de la Coûtume de *Paris*
dans laquelle ils sont tous compris,   I. 11
Voyez *Partages.*
Tous ceux qui sont *sine societate* ne
doivent aucuns *Droits* Seigneu-
riaux en licitant,   28 & *suiv.*
Ainsi jugé par Arrêt du 7 Mai
(1587)   29
Quid, à l'égard des *Cohéritiers*, 29
& *suiv*
Doctrine sur laquelle est appuyé ce
principe,   29
Quid, par rapport aux *Conjoints*,
30
Tous les Copropriétaires *cum socie-*

tate peuvent liciter ,   I. 32
Quid, s'ils font majeurs ,   32
Ainfi jugé par Arrêt du mois d'Août
    (1682)   32
Récit du fait fur lequel eft intervenu
    cet Arrêt,   32 & *fuiv.*
— fur lequel eft intervenu l'Arrêt
    du 1. Septembre 1724, qui a jugé
    de même,   33
— fur lequel eft intervenu l'Arrêt
    du 24 Mars 1733, qui l'a encore
    ainfi jugé ,   33 & *fuiv.*
Obfervation importante fur ce der-
    nier Arrêt,   35 & *fuiv.*
Si leur fimple qualité eft fuffifante
    pour admettre la *Licitation* en-
    tr'eux ; fi l'un d'eux eft *Adjudica-*
    taire, il doit être exempt de *Droit* ;
    raifon de ce,   81
Voyez *Coacquéreurs. Femmes. Lici-*
    tation. Lignagers.
    Copropriétaires Adjudicataires.
Cas où il faut qu'ils foient *Acqué-*
    reurs ,   I. 40 & *fuiv.*
    Copropriétaires affranchis de
       Droits.
De combien de fortes,   I. 50
Ce qui les conftitue tels , 50 & *fuiv.*
       Coquille
Réfuté fur fa diftinction du *Fief* ve-
    nu par hérédité fans profit de bour-
    fe , & du Fief venu par acqui-
    fition fans charge de bourfe , II.
       63 & *fuiv.*
— fur le Titre des *Fiefs* de Niver-
    nois Art. V. *verbo* Remuemens,
       IV. 69
— fur l'Art. LXV. dudit Titre ,
       285 & *fuiv.*
Corpus feudi , *voyez* Complexum
    feudi.
       Corpus feudi fervientis.
Ce que c'eft,   II. 25
Corratiers , voyez *Courratiers.*
Corrélation perpétuelle entre le
    Seigneur & le *Vaffal.*
Son origine,   II. 15

Son effet,   II. 15 & *fuiv.* 27
       Corvéables.
Caufes qui les excufent de faire les
    Corvées,   I. 235
Par qui ils doivent être nourris,
    lorfqu'ils n'ont pas de quoi , 235
Voyez *Seigneurs.*
S'ils font obligés de fe fournir des
    outils & inftrumens propres à la
    Corvée qu'ils doivent,   303
Si le Corvéable qui fe fait *Ecclefiaf-*
    tique ou eft *Ennobli* doit des *Cor-*
    vées,   325
Lequel de plufieurs de leurs *Héri-*
    tiers eft tenu des *Corvées* , 326
       & *fuiv.*
    Corvéables à volonté.
De combien de fortes , I. 316
       & *fuiv.*
Ce qu'ils font dans l'origine & dans
    le vrai ,   323 & *fuiv.*
Pourquoi ainfi appelés ,   324
Ils font exempts par changement
    d'état,   325
    Corvéables à volonté & à merci.
Quels ils font,   I. 236
Si devant plufieurs *Corvées*, l'obli-
    gation s'en divife en leurs *Héri-*
    tiers ,   236 & *fuiv.*
       Corvées.
Origine de cette fervitude, I. 228,
       256, 317
Les feules connues chez les Ro-
    mains,   230
Comment impofées chez les Fran-
    çois ,   230
A qui les Corvées étoient dûes ,
       230
Elles font parmi nous plutôt dûes
    à la *Seigneurie* qu'aux *Seigneurs,*
       230
Ordonnances qui défendent d'en éta-
    blir,   231
Noms qu'elles portoient dans le
    Droit Romain ,   231
Leur divifion générale,   231
Voyez *Gouverneurs* Romains.

Leur ceſſibilité ou inceſſibilité , I. 234, 331. III. 560
Comment elles ſont dûes, I. 234
Celles qu'on peut ſtipuler, 235
Aux dépens de qui elles doivent ſe faire, 235 & ſuiv. 301
Si elles ſont dûes ſans demande, 236 , 307
Où elles ſont dûes, 236 , 304
Quid, ſi ceux qui les doivent avec chevaux & beſtiaux n'en ont pas, 306
Voyez Femmes. Mineurs. Philoſophes.
Trois ſortes de Corvées chez les Romains , 237 , 240
Conformité de notre Droit avec le Droit Romain ſur cette matiere , 239
Définition de toutes, tant perſonnelles, réelles que mixtes, 239
Diſtinguées en deux ſortes chez les Romains , 240 & ſuiv.
Dans ce Royaume on en diſtingue trois ſortes, 241 & ſuiv.
Voyez Bourbonnois. (Coûtume de)
Si la qualité de celui à qui elles ſont dûes en change la nature , la ſubſtance & l'eſpéce, 251 & ſuiv.
Comment leurs Droits ſe ſont introduits , 257
Comment elles ſont conſidérées parmi nous , 258
Si on en peut ſtipuler de toutes eſpéces & profeſſions, 259 & ſuiv.
Seul titre qui les fondoit, 261
Comment elles s'acquierent , 262 & ſuiv.
Quand elles doivent être ſtipulées , 262
Dans les Pays de Droit écrit elles doivent être ſtipulées par le Bail à Fief, 262
Nul ne peut contraindre ſes Sujets à faire Corvées s'il n'en a titre valable, 263
Quel doit être ce titre, 263 & ſuiv.
Comment elles peuvent s'établir dans les Pays de Droit écrit, I. 265
Ce qui peut les établir, 273 & ſuiv.
Jugé par Arrêt du Parlement du 29 Juillet 1734, qu'il faut des titres pour les établir, 273 & ſuiv.
Fait ſur lequel eſt intervenu cet Arrêt ; procédure en conſéquence, 266 & ſuiv. 269 & ſuiv.
Dans le Pays de Droit écrit elles ſont toutes impreſcriptibles , 275
Quid, à l'égard du Pays Coûtumier, 275 & ſuiv.
Voyez Poſſeſſion. Preſcription.
Cas où elles ſont preſcriptibles, 300
Si elles tombent en Arrérages , 308 & ſuiv. III. 560
Coûtumes où elles y tombent , I. 311
Celles où elles n'y tombent pas , 314
Cas où elles pourroient y tomber , 315
Elles ſont limitées par les Coûtumes , 319
Voyez Bourbonnois. (Coûtume de)
Coûtumes à ſuivre, lorſqu'elles ſont indéfinies, 322
Cauſes principales de leur variation , 324 & ſuiv.
— de leur diminution , 325
Si elles ſont ſujettes à être multipliées ou diminuées , 324 & ſuiv.
Les Corvées ſoit réelles, ſoit perſonnelles, ſont ſujettes à multiplication ou diminution, 329
Si celles dûes par la ſeule réſidence ſont ſujettes à la variation, & ſi elles ſe peuvent diminuer ou multiplier , 329
Celles qui par le Droit Romain pouvoient ſe céder, 331
Quand elles peuvent être demandées, 334
Si elles entrent dans l'eſtimation d'une Terre, 334 & ſuiv.
Lorſqu'elles ſont ſtipulées en argent ou en Corvées , à qui en appartient

appartient le choix, I. 335 & suiv.
Arrêt du Parlement du 7 Septembre 1641 , qui juge qu'elles n'entrent point dans l'estimation des revenus d'une Terre, 337 & suiv.
Espéce du fait sur lequel est intervenu cet Arrêt, 337
Leurs causes d'exemption suivant le Droit Romain, 338 & suiv.
Voyez Decrets volontaires. Ecclesiastiques. Fiefs.
En Savoye de combien de sortes, III. 560
Voyez Aveu. Auvergne. (Coûtume d') Ban. Contrats de Vente. Corvéables. Corvéables à volonté & à merci. Coûtumes. Droit Romain. (le) Seigneurs.

Corvées de Convention expresse ou présumée.
Elles ne sont point dûes sans demande, I. 308

Corvées de corps.
Nom que les Loix leur donnent ; ce que c'est, I. 237

Corvées fabriles.
Ce qu'elles étoient chez les Romains ; inconnues présentement en France, I. 258
Fait d'une contestation à leur sujet ; comment décidée, 455 & suiv.

Corvées à cause des fonds.
Par qui elles étoient dûes, I. 238
Personne n'en étoit exempt , 238

Corvées d'hommes & de femmes.
Ce que c'est, I. 329

Corvées de Justice & de Fief.
Ce que c'est, I. 387 & suiv.
Si elles ont lieu parmi nous, 265 & suiv.
Coûtumes où elles sont en usage , 265

Corvées publiques.
De trois sortes dans le Droit Romain , I. 241

Corvées réelles.
Leur définition , I. 248 & suiv.

Cas où elles peuvent être mixtes , I. 250
Ce qui les constitue telles, 249 & suiv. 257 & suiv.
Comment elles se prescrivent, 278 & suiv.
Celles dûes à raison de la résidence sont imprescriptibles , 279
Arrêts du Parlement des 12 Juillet & 6 Août 1736 , rendus à l'occasion de ces Corvées , 287 & suiv.
Espéce de la contestation sur laquelle sont intervenus ces Arrêts, 279 & suiv.
Procédure faite en conséquence , 280 & suiv.
Si elles sont dûes sans demande ; quand elles tombent en Arrérages , 310 & suiv.
Combien dûes , le Seigneur les ayant par tête & par feu , 329 & suiv.
Nul n'en est exempt , 338 & suiv.

Corvées taillablieres.
Celles qu'on nomme ainsi ; comment elles sont réglées , I. 319

Corvées à volonté.
Si elles se prescrivent I. 275 & suiv.
Comment elles sont dûes, 276
Si par le non usage elles sont censées remises , 276 & suiv.
A quel temps fixées, 323
Coseigneurs, voyez Seigneurs.

Couart
Expliqué sur l'Art. LXXV. de la Coûtume de Chartres, IV. 42

Couci. (Coûtume de)
Son Texte sur le Droit de Relief , II. 562

Courratiers ou Corratiers.
Ceux que l'on entend par ces termes , III. 214
Cours Souveraines , voyez Parlemens.

Coûtume. (la)
Elle est la Loi des Seigneurs & des Vassaux , V. 80 & suiv.

Tome V. V V u u u

Coûtume de France.
Ce qu'on appelle ainsi, III. 211

Coûtumes.
Leur disposition sur la *Licitation*, I. 2 & *suiv.*
— sur sa cause & sa forme, 18 & *suiv.*
— par rapport à chacune sorte de *Collicitans*, 24-27
— sur le *Démembrement* de Fiefs, 86, 88 & *suiv.*
— sur le *Jeu* du Fief, 111 & *suiv.*
— sur la *Réunion* de Fiefs, 138 & *suiv.* 148 & *suiv.* 151 & *suiv.* 176 & *suiv.*
— sur le *Franc-Aleu* sans titre, 156 & *suiv.*
— sur les *Corvées*, 239 & *suiv.* 245 & *suiv.* 263 - 266, 302 & *suiv.* 305 & *suiv.*
— sur leur *Prescription*, 275 & *suiv.*
— sur les *Corvées* de Justice & de Fief, 307 & *suiv.*
— sur les *Bannalités*, 340 & *suiv.*
— sur les *Bannalités* du *Moulin*, 345 & *suiv.*
— sur la nature des *Bannalités*, 350 & *suiv.*
— sur le Titre requis pour les acquérir, 356 & *suiv.*
— sur la *Prescription* qui peut les acquérir, 400, 402 & *suiv.*
— sur les personnes qui peuvent avoir le Droit de *Bannalité*, 406-409
— sur cette question : Si le Droit de *Bannalité* est cessible, 412-415, 417 & *suiv.*
Raison de la différence des Coûtumes qui attribuent de droit les *Bannalités* aux *Seigneurs*, d'avec celles où il faut un Titre pour les avoir, 418 & *suiv.*
Comment, suivant elles, le Droit de *Bannalité* peut se perdre, 421 & *s.*
Personnes qu'elles exemptent de ce Droit, 427 & *suiv.*

Comment les Coûtumes se sont formées, I. 136
Origine de leur bigarrure, 136
Elles sont des Loix qui nous gouvernent sous la permission du Roi, 343
Elles sont de trois sortes, 345
Quelles sont celles qui admettent l'*Allodialité* sans titre, II. 52 & *suiv.*
Voyez *Franc-aleu* noble. *Terre* nulle sans Seigneur.
A qui nous devons la réduction des Coûtumes, 73
Nom donné à celles qui admettent le *Relief* en ligne directe, 83
Voyez *Commentaires. Douaire. Fraude* dans les Ventes. *Mariages.*
Nom qu'elles donnent à ceux qui tiennent un *Parage*, III. 147
Leur différence sur la durée du *Parage* légal, 150 & *suiv.*
Coûtumes allodiales, voyez *Cens.*
Coûtumes de Franc - aleu, voyez *Foi.* (la) *Seigneurs.*

Coûtumes en matiere de Fiefs.
Elles n'ont lieu que quand l'*Investiture* est simple ; quand elles sont Loi du *Fief*, V. 9
Créances hypothécaires, voyez *Donations.*

Créanciers.
Cas où ils peuvent percevoir leur *Rente*, nonobstant la levée du Droit de *Relevoison*, II. 335 & *suiv.*
Voyez *Héritier* bénéficiaire.
Recours du Créancier du *Détenteur* bordelier, III. 438 & *suiv.*
S'il a son *Hypothéque* sur les *Améliorations*, 439
Voyez *Abandon* des Biens. *Lods* & Ventes. *Seigneurs.*
Si ceux d'un *Vassal* saisi réellement peuvent saisir les *Fiefs* mouvans du Fief saisi, pour être payés des Droits de *Mutation* au refus du

Vaffal de faifir, IV. 335 & *fuiv.* 338 & *fuiv.*

Voyez *Contrat* pignoratif. *Seigneurs.*

S'ils peuvent exercer les Droits de leur Débiteur contre des *Cohéritiers,* V. 281 & *fuiv.*

Si ceux d'un mâle égal en degré à une femelle, peuvent demander l'exclufion de la femelle, 283 371

Quid, du *Neveu* repréfentant un Mâle, 371

Voyez *Aînés.*

Si les Créanciers du dernier Poffeffeur d'un Duché obéré de Dettes peuvent forcer le Mâle defcendant du premier invefti, fe portant Héritier bénéficiaire, à prendre ce Duché à la chaleur des encheres, 404-406

Criées.

Si les frais ordinaires de Criées augmentent les *Lods* ou le *Quint,* III. 215

Voyez *Adjudications.*

Cujas.

Sa définition du *Parage,* III. 118

Cuire-frane, voyez *Franchemoute.*

Curage des Rivieres, voyez *Rivieres.*

Curateurs, voyez *Gardiens, Bailliftes,* &c. *Mineurs. Tuteurs. Vente* fur un Curateur.

Curateurs au *Déguerpiffement.*

S'ils doivent *Foi & Relief,* IV. 210

Curateurs ou *Fermiers* judiciaires établis au *Fief* faifi réellement.

Pourquoi ils ne doivent point de Droit, II. 236

Curateurs au *Fief* déguerpi.

S'ils doivent *Relief* pour leur création, II. 111 & *fuiv.*

Curateurs à la *Succeffion* vacante.

S'ils doivent *Relief* à leur création, II. 103-111, 236

Arrêt fur cette queftion, 104 & *fuiv.* 111

Moyens de part & d'autre fur lefquels a été rendu ledit Arrêt, II. 105 & *fuiv.*

S'ils doivent être créés pour homme vivant & mourant, 107, 110

Leur rolle; leurs fonctions; qui ils figurent, 108 & *fuiv.*

Définition de ces Curateurs, 109

Pourquoi ils ne peuvent jamais repréfenter ni figurer l'*Héritier,* 109 & *fuiv.*

Voyez *Retrait.*

S'il y a *Mutation* en leur perfonne, 110

Voyez *Héritier* bénéficiaire.

S'ils font ouverture au *Fief,* & conféquemment s'ils doivent *Foi & Relief,* IV. 209 & *fuiv.*

D.

Dates, voyez *Aveu,* &c.

Dation en payement.

Si ce Contrat équipolle à celui de *Vente,* III. 350

S'il en eft dû des *Droits,* 350

Comment il fe divife & fe forme, 350

Exemple de ce Contrat, 350 & *fuiv.*

Il eft fufceptible de beaucoup de détours, 351

S'il donne lieu à l'ouverture des *Droits,* 351

Quid, fi un héritage eft donné pour un autre, 351

Quid, pour chofes mobiliaires eftimées ou non, 351 & *fuiv.*

Si ce Contrat a lieu dans une remife de *Dette* par le même *Contrat,* ou par un Acte fait peu de jours après, 352 & *fuiv.*

Cas où il n'en eft point dû de *Droit,* 353

Celui où il ne produit aucun *Droit,* 354

Quid, lorfqu'un homme à fon décès laiffe des *Héritiers,* qui font en

VVuu ij

même temps ſes *Créanciers*, leſquels paſſent deux Actes : dont le premier porte qu'ils prendront des biens en payement ; le ſecond qu'ils partageront le ſurplus, III. 354 *& ſuiv.*

S'il a lieu pour l'emploi des *Deniers* Dotaux,   355 *& ſuiv.*

Si en ce cas les Droits de *Quint* ou de *Lods* en ſont dûs,   356

Quand il les ouvre,   364

Quid, dans le cas d'une *Femme* ſéparée par *Contrat* de Mariage, & qui s'étant obligée avec ſon *Mari* & ayant payé, en prendroit récompenſe ſur les Acquêts faits pendant le Mariage,   364

Dauphiné, (le) voyez *Albergement. Commiſe*. (la) *Plaid* Seigneurial. *Prélation*.

Dauphiné. (Chambre des Comptes de)

Son Uſage ſur la reddition de *Foi* & Hommage,   V. 72

Forme de l'*Hommage* uſitée en cette Chambre,   73

Son Arrêt pour les *Aveux* & Dénombremens,   74-76

Son uſage de les donner & faire recevoir,   76-78

Débiteurs, voyez *Abandon* ou Ceſſion, &c. *Lods* & *Ventes*.

Débriguer le Fief.

Ce que c'eſt,   III. 560

Déclarations.

Ce que ſont celles des *Tenanciers*, I. 366 *& ſuiv.*

Quels en ſont les Auteurs,   367

Voyez *Actes* de Foi. *Préambules. Rotures*.

Pour juſtifier le *Cens*, il faut que les Déclarations ſoient en forme, II. 55 *& ſuiv.*

Moyens de nullités pour les faire rejeter,   55

Si une ſeule ſuffit pour enlever une *Directe* à un *Seigneur*,   69

Si la Déclaration faite au profit d'un Condamné à mort ouvre de nouveaux *Droits*,   III. 375

Voyez *Seigneur* Haut-Juſticier.

Déclarations cenſuelles.

Ce que c'eſt identifiquement, V. 16, 24

Leur forme eſt la même que celle des *Aveux* ; pourquoi, 24 *& ſuiv.*

Il doit y en avoir Minute,   86

Voyez *Seigneurs*.

Decrets forcés.

Leurs effets,   I. 362

S'ils peuvent acquérir une *Servitude*,   363

Comment ils ſe nomment en *Bretagne*,   III. 216

Quand le *Seigneur* ou *Fermier* a le choix de prendre les Droits du *Decret*,   243

Jugé que les ſeconds *Droits* appartiennent au *Fermier* lors du Contrat,   244 *& ſuiv.*

Si la Partie ſaiſie obtenant le *Rabatement* du Decret eſt tenu de payer les *Lods*,   254

Combien dure ce *Rabatement*, 255

Quid, de celui en Juſtice ſubalterne & de celui en Cour Souveraine, 255

Si celui d'un *Immeuble* en empêche le *Retrait*,   IV. 22

Voyez *Droits* & Rentes. *Juges*.

Decrets volontaires.

S'ils ſont titre pour établir des *Bannalités* & *Corvées*,   I. 361

Decrets & *Contrats* volontaires ne ſont qu'un même titre, 361. III. 239

S'il eſt dû de nouveaux *Droits*, quand l'*Acquéreur* en fait faire ſur lui un volontaire,   III. 236 *& ſuiv.*

Leur objet,   237

Voyez *Ventes*.

Si ces Decrets ſtipulés ou non donnent ouverture aux *Droits* Seigneuriaux,   237

Quid, en *Normandie*, III. 237 & *suiv.*
À quel *Seigneur* ou *Fermier* les *Droits*
de ces Decrets devenus forcés, ou
même sans être forcés, doivent
appartenir, 237 & *suiv.*
Quid, si les Droits sont optés,
238
Quid, si lors du *Contrat*, il y avoit
un *Seigneur* ou *Fermier*, 238-
241
Quid, s'il étoit énoncé dans le *Con-*
trat que l'*Acquéreur* n'entreroit
en jouissance qu'après le Decret,
239 & *suiv.*
Quid, si l'*Acquéreur* qui en fait sur
lui un volontaire n'est pas *Adju-*
dicataire, 240
Quid, s'il a été forcé par des *Sur-*
encheres, 240 & *suiv.*
Quid, si l'*Acquéreur* n'avoit point
entré en jouissance jusqu'au Decret, 241
Quid, s'il est forcé par les *Suren-*
cheres des *Créanciers* de son *Ven-*
deur opposant au Decret, 248
Si ces Decrets conférent une nouvelle propriété, 240
Quand au Parlement de *Toulouse* ces
Decrets sont parfaits, 253
Temps qui y est donné pour les
exécuter, 253
Si on peut demander les *Lods* avant
leur exécution, 253
Si le Subrogé qui fait faire à son
profit l'exécution du Decret doit
doubles *Droits*, 254
Degrés.
Si la parité de Degré doit être na-
turelle & réelle, V. 336
Quelle est la parité de Degré, 353
Délai pour *Foi* & *Hommage.*
Quel il est; de quel jour court ce-
lui de quarante jours, IV. 203
& *suiv.*

Voyez *Héritiers.*
S'il a un objet réel, 205 & *suiv.*
S'il court contre les *Mineurs* comme
contre les *Majeurs*, IV. 206
& *suiv.*
S'il court pendant le *Combat* de Fief,
210
Délai pour le *Retrait* dans tout Pays.
Depuis quel temps il court, IV. 2
Il peut courir de deux façons, 195
Delaissement par *Licitation.*
Comment il se fait, I. 58
Delaistre.
Son Commentaire sur l'Article
CLXXXIX. de la Coûtume de *Sens*
est examiné, III. 59 & *suiv.*
Demande.
Si la Demande préalable en Justice
est nécessaire en communs cum
societate ou sine societate, I. 56
Si la Demande pour infraction de la
Saisie féodale par le *Vassal* a lieu
faute de *Notification*, IV. 395
Demande à fin d'exhibition de
Contrat.
Ce que c'est, IV. 168
Démembremens réels des Fiefs par
partage, voyez *Elichemens.*
Démembrement du Fief.
En quoi il différe du *Jeu* même ex-
cessif du *Fief*, I. 85, 90 & *suiv.*
95 III. 3 & *suiv.*
Coûtumes qui le permettent & le
prononcent même dans les *Parta-*
ges de Succession, I. 86
Son effet contre le *Vassal*, 95 &
suiv.
Auteurs qui soutiennent qu'elle
n'ouvre point l'action de *Commi-*
se, 96
Trois opinions différentes sur son
effet contre le *Vassal*, 99 & *suiv.*
Il ne peut jamais avoir d'effet à
l'égard du *Seigneur* sans son consentement, 102
Si pour qu'il ait son effet il faut le
concours des deux, 108
Ce que c'est, III. 3 & *suiv.* IV. 364
— dans la Coûtume de *Boulogne*,
III. 7, 32

Voyez *Directe* censuelle. *Jeu* de Fief. *Prohibitions. Vassaux. Ventes.* S'il est admis par la Coûtume d'*Amiens*, III. 4

— par celle de *Boulogne*,   7

— par celle d'*Etampes*,   33

— par celle de *Clermont* en Beauvoisis,   43 & *suiv.*

— par celle de *Valois*,   46 & *suiv.*

— par celle de *Senlis*,   49 & *suiv.*

— par celle de *Sens*,   59 & *suiv.*

— par celle de *Chaumont* en Bassigni,   64

— par celle de *Vitri*,   64 & *suiv.*

— par celle de *Peronne*, *Mondidier* & *Roye*,   67 & *suiv.*

— par celle de *Bourbonnois*,   10 & *suiv.* Addit.

Quel est son effet dans la Coûtume d'*Amiens*,   4 & *suiv.*

S'il y a lieu dans les *Aliénations* volontaires,   5

Quid, dans le Partage des *Successions*,   5

S'il a lieu dans la Coûtume d'*Amiens*, quand les *Héritiers* codonataires & colégataires possedent par indivis,   5

Comment il est défini par les Coûtumes de *Vermandois* & d'*Artois*,   8

— par celle de *Bretagne*,   9

S'il se peut faire par le *Seigneur* sans le consentement du *Vassal*; & *vice-versa*,   10, 49

Voyez *Lalande.*

Si pour sa validité le consentement du *Seigneur* est requis, 21 & *suiv.*

Si dans la Coûtume d'*Orléans* il est permis sans le consentement du *Seigneur*,   22 & *suiv.* 28

Quid, dans celle de *Montargis*, 28 & *suiv.*

— dans celle de *Chauni*,   29-32

— dans celle de *Vermandois*,   30

Quand il est fait contre le Droit commun,   31

Par la Coûtume de *Ponthieu* il est distingué du *Jeu* de Fief, III. 34

Si par cette Coûtume le *Seigneur* n'y consentant pas, il a lieu,   35

Si dans cette même Coûtume il a lieu par tous actes de *Partage*,   35 & *suiv.*

Voyez *Journal* des Audiences. *Orléans* (Coûtume d') *Ricard. Saint Leu.*

Il est interdit dans la Coûtume de *Mante*,   39

Quid, dans celle de *Montfort*, 40 & *suiv.*

Voyez *Détenteur* bordelier.

Si nécessaire & forcé il est admis dans la Coûtume de *Sens*, 60 & *suiv.*

Quid, dans celle de *Meaux* & de *Melun*,   61

Si dans la Coûtume de *Sens* le *Partage* de *Succession* se fait, 61 & *suiv.*

Si la Coûtume de *Vitri* porte une prohibition expresse de vendre partie de son *Fief*,   65

Si celui par tous actes qui divisent le corps matériel du *Fief* est admis dans cette Coûtume, 68 & *suiv.*

Sentiment des Commentateurs de cette Coûtume sur cette question, 69 & *suiv.*

Sortes de *Cens* que tous ceux qui se font par *Accensement* contiennent, 325

Voyez *Fiefs. Maris. Saisie* féodale. *Seigneurs. Usufruitiers.*

Pays où il est interdit,   V. 2

Principes du Démembrement dans les *Fiefs* dignitaires, 410 & *suiv.*

Voyez *Auteurs. Duchés-Pairies. Engagemens* du Domaine. *Prescription. Seigneurs.*

    Démembrer strictè.

Ce qu'on entend par ces termes, III. 438

Démiſſion.

Ce que c'eſt ; en quoi elle différe
de la *Donation* ; ſes caracteres ;
ſes principes,   II. 95
Si elle ouvre le *Relief* en *Directe* &
en *Collatérale*,   95-97
— quand,   96 & ſuiv.
— en *Collatérale*,   97
Voyez *Pocquet* de Livonniere.
Si elle eſt révocable *ad nutum*, 97
Quand elle a tous les caracteres de
la *Mutation*,   97 & ſuiv.
Voyez *Bailleur* à rente, &c. *Donations.*

Deniers dotaux.

Jugé en *Pays* de Droit écrit, que
leur payement fait en un bien du
Mari auquel la *Femme* eſt étrangere, encore plus aux biens acquis pendant un premier Mariage, ouvre les *Droits*,   III. 362
Quid, lorſque des *Enfans* d'un premier lit abandonnent des héritages paternels aux enfans d'un ſecond, ſimples Légataires d'une
ſomme du pere commun pour la
reſtitution & rembourſement de
la *Dot* mobiliaire, & créances
mobiliaires de la ſeconde *Femme*,
qui appartenoient en entier aux
enfans du ſecond lit, 364 & ſuiv.
Eſpéce de l'Arrêt du 19 Juillet
1730, rendu ſur cette queſtion,
                     365 & ſuiv.
Voyez *Aînés. Dation* en payement.

Deniers d'Entrée.

Si c'eſt une *Vente* quand ils approchent la valeur du fonds, III.
                         12
S'ils ſont interdits dans l'*Accenſe-
ment*,   15 & ſuiv.
Quand le *Seigneur* eſt tenu de les
rembourſer,   18
Voyez *Baux* à cens. *Vaſſaux.*
Défendus dans la Coûtume de *Montargis*,   29
— dans celle d'*Amiens*, en donnant

à *Cens*, ſous quelle peine, III. 57
Cas où les *Droits* en ſont dûs, 411

Dénombrement.

S'il eſt un titre pour acquérir une
Servitude,   I. 344
Voyez *Réunion* de Fiefs.
Son effet,   II. 8
Voyez *Seigneurs* féodaux. *Vaſſaux.*
Ce qu'eſt le dernier ou avant-der-
nier,   19
Voyez *Actes* de Foi.
Ce que c'eſt, IV. 263 & ſuiv. 272 ;
                 291, 296 & ſuiv.
Voyez *Fiefs. Maris. Saiſie* féodale.
Seigneurs. Uſufruitiers.
Son nom en *Bretagne*,   V. 20
Il ne faut qu'un *Dénombrement*
donné & reçu négligemment,
pour enfanter une poſſeſſion abu-
ſive ; quant aux *Fiefs*, le nouveau
Dénombrement doit être modelé
ſur l'ancien,   162 & ſuiv.
Utilité des Dénombremens bien en
forme,   173
Voyez *Aveu*, &c. Foi & Hommage.

Dénombrement ancien.

Sa définition,   I. 388

Denominamentum.

Signification de ce mot, V. 13,
                       n. (a)
Dépié de Foi, voyez *Foi.*

Dépiécement.

Ce que c'eſt,   I. 85 & ſuiv.
Dépôt, voyez *Preſcription.*

Déſaveu.

Quel eſt cet Acte, ainſi que celui de
la *Félonie*,   IV. 201
Ce que c'eſt, 263 & ſuiv. 272, 291,
                   296 & ſuiv.
Comment il cauſe la perte du *Fief*,
                       267
Pays où il n'emporte pas la *Com-
miſe* ni la perte du *Fief*, 270
                       & ſuiv.
Voyez *Commiſe.* (la)
Pour emporter *Commiſe* il doit être

fait sciemment & frauduleuse-
ment,   IV. 272
Il n'y a que celui qui est fait en Jugement qui emporte *Comnise*,
                            272
Il n'emporte *Commise* que de ce sur
quoi il porte spécialement & pré-
cisément,   272 & *suiv.*
De combien de sortes,   276
Celui qui emporte *Commise*,   276
                        & *suiv.*
Il n'emporte *Commise* du tout ou
partie du *Fief*, qu'autant qu'il
fait injure grave au *Seigneur*, 277
Quid, si le Possesseur saisi ou action-
né dit : Je tiens en *Franc-Aleu*,
                    277 & *suiv.*
Quelle espéce de crime est le Désa-
veu, ainsi que le *Faux - Aveu*,
                            279
Son cas,   279
Voyez *Faux-Aveu. Seigneurs.*
Si étant fait par personne incapable
de désavouer, la *Provision* doit
être accordée,   286
S'il ouvre la *Commise*, lorsque le
Seigneur désavoué à Seigneur,
étant possesseur de deux *Fiefs*,
en vend un,   287 & *suiv.*
Voyez *Seigneurs* Suzerains.
Personnes qui peuvent désavouer,
                    290 & *suiv.*
Voyez *Communautés* Régulieres &
Séculieres. *Grevé* de Substitution.
*Interdits. Maris. Mineurs. Sei-
gneurs. Usufruitiers.*
Cas où, ainsi que la *Félonie*, il ou-
vre la *Commise* de tout le *Fief* con-
quêt, sans que la *Femme* y puisse
ou non prendre sa moitié,   298
Quid, si la *Femme* désavoue, 300
Voyez *Anjou*, &c.
S'il emporte *Commise* de plein droit,
                    300 & *suiv.*
Voyez *Seigneurs. Vassaux.*
Espéce du Désaveu jugé ouvrir la
Commise,   307

Voyez *Commise.* (la)
        Describere in breve.
Signification de ces termes du Ca-
pitulaire de Charlemagne, V.
                            10
        Deshérence.
Ce que c'est,   II. 23
Voyez *Donataires* du Roi.
        Deshéritance.
Ce que c'est ; comment elle se fait,
                        III. 267
Formalités qu'elle requiert,   268
        Despeisses.
Le faux de sa définition du Droit
de *Retrait* féodal ou *censuel*, du
Droit de *Prélation* ou Retenue,
                    IV. 5 & *suiv.*
Réfuté sur cette question : Si le
Champart est Seigneurial,   461
        Désunion de Fief.
Ce que c'est,   I. 162
        Détenteur bordelier.
Si tenu de donner du *Blé*, il doit
donner du meilleur,   III. 426
                        & *suiv.*
Où il est tenu de porter le *Borde-
lage*,   429
Quid, si le *Seigneur* change de domi-
cile,   429 & *suiv.*
S'il doit payer tous les ans sa rede-
vance,   430
Cas où il commet l'héritage au pro-
fit du *Seigneur*,   430 & *suiv.*
Quid, s'il fait des *Offres* réelles de
trois ans,   432
Si étant Créancier du *Seigneur*, qui
faute de payement demande la
Commise, il est recevable à proposer la compensation, 433 &
                        suiv.
Solution de cette question,   435
                        & *suiv.*
Si, lorsque la *Commise* est adjugée
faute de payement, il est liberé
pour cela des *Arrérages* de la Rente,   436
Voyez *Bordelage.*

S'il

S'il peut démembrer ou diviser les choses bordelieres, III. 436 & *suiv.*

Si en ce cas il y a lieu à la *Commise* & de plein droit, 437

Quid, s'il rétablit les choses avant qu'elles soient demandées, 437

S'il lui est permis d'améliorer les *Héritages* de son *Bail*, 438

Quel est le *Démembrement* qui lui est prohibé, 438

Division qui lui est interdite ; celui qui ne peut réellement diviser ; cas où il peut diviser, 438

Cas où le *Seigneur* est tenu de payer les *Améliorations*, 439

Voyez *Héritiers.*

S'il lui est permis de renoncer à l'*Héritage* & de le délaisser, 439 & *suiv.*

Quid, en *Nivernois*, 448

Voyez *Créanciers.*

S'il peut imposer *Rente* ou aliéner à rente à son profit, 441

Si tous ses *Héritiers* sont capables de recueillir le *Bordelage*, 442 & *suiv.*

Si ayant possédé pendant trente ans le *Seigneur* peut le contraindre de montrer son Titre, 457 & *suiv.*

Détenteurs.

S'ils peuvent prescrire le *Cens* contre le *Seigneur* même par 100 ans, quand il y a un Titre, & après 100 ans quand il n'y en a point, II. 32

Voyez *Enclave* de Seigneurie.

S'ils peuvent dans la Coûtume d'*Orléans* expulser & renoncer à l'*Héritage*, en payant les *Arrérages* de leur temps, 336 & *suiv.*

Dettes, voyez *Droits* Seigneuriaux.

Duchés-Pairies.

Devest, voyez *Donations.*

Devoirs, voyez *Cens. Droits* Seigneuriaux. *Justice. Saisie* féodale. *Seigneurs.*

Digues, voyez *Rivieres.*

Dijon. (Chambre des Comptes de)

Façon dont les *Aveux* & *Dénombremens* se présentent & se reçoivent en cette Chambre, V. 66-72

Dîmes.

Si elles se levent avant le *Champart*, ou le Champart avant elles, IV. 442 & *suiv.*

Voyez *Champart. Dîmes* inféodées.

Comment elles se levent, 473

Dîmes inféodées.

Cas où elles sont sujettes ou non au *Retrait*, IV. 17

Elles ont beaucoup de trait à notre *Champart* ; Concile qui les a défendues, 439 & *suiv.*

Si elles ont le même privilége que celles qui sont Ecclésiastiques, 443

Quand ce Droit est Seigneurial, comment elles se levent, V. 20

Voyez *Vassaux.*

Directe.

Comment on peut établir une Directe, V. 174

Voyez *Acquéreurs. Aveu*, &c. *Cens. Mouvance.*

Directe censuelle.

Si elle est aussi noble que les *Mouvances*, III. 93

Comment elle se partage, 93

Si elle peut être vendue, 93

Si sa *Vente* opere un *Démembrement*, 94

Si sa *Vente* est licite, 95

Pourquoi sa *Vente* est licite ; ne fait point de *Démembrement* ; & ne fait qu'ouvrir au Dominant le Droit de *Retrait* ou de *Quint* sur cette portion du *Fief*, 96 & *suiv.*

Voyez *Mouvance.*

Directe féodale.

Ce que c'est, III. 91

Si elle est plus relevée que la Censuelle, 91 & *suiv.*

Tome V. X X x x x

Directe Seigneurie. (la)
Nom qu'on lui donne dans les *Pays* de Droit écrit, II. 35
Voyez *Affranchissement. Auroux des Pommiers.* (M.) *Bordelage. Cens. Déclarations. Foi.* (la) *Relief.*

Directité. (la)
Si elle est *imprescriptible,* II. 35
Dispositions entre-vifs ou par Testament à étranger, voyez *Mi-lods.*

Dissolution du Mariage.
Ses effets ordinaires, II. 233

Distraction contractée.
Ce que c'est, III. 487

District bannal.
Son étendue, I. 341

Docteurs François.
Quelles *Corvées* ils admettent, I. 242

Dole, (Chambre des Comptes de) voyez *Aveu.*

Domaine.
Ce qu'on entend par ce mot, III. 231
Voyez *Cens. Mouvance.*
Sa réunion expresse, V. 436. — tacite, 437
Cas où la règle du Domaine quant à sa réunion n'est pas gardée, 437 & *suiv.*
Tout est Domaine quand il est une fois réuni & par conséquent inaliénable; & *vice versâ,* 440

Domaine de la Couronne.
Ce qu'on entend par ces mots, III. 230
Voyez *Fiefs.*
Ce que les Domaines de la Couronne engagés sont pour les familles des *Acquereurs,* V. 431
Pourquoi ils ne sont ni *Fiefs,* ni *Rotures,* ni *Franc-Aleux,* 431 & *suiv.*
Voyez *Engagement.*
Ce qu'on entend par Domaine solide, 432 & *suiv.* — & non solide, 433

Ce que c'est que le Domaine de la Couronne, V. 433, 435, 439, 535. — ancien & nouveau, 434 & *suiv.*
Cette distinction de Domaine n'est plus en usage, 440
Son antiquité, sa qualité, 435
Quand les Domaines des Provinces ont été réunis à la Couronne, 436
Il est inaliénable hors en cas d'*Echange,* 440, 535
Voyez *Aliénation* du Domaine. *Engagistes. Rois.*
Quoiqu'il ne puisse être aliéné qu'en *Apanage,* Comté & Vicomté qui furent adjugés par *Engagement,* 454 & *suiv.*
Domaines vendus & engagés, 456-462
Les Terres roturieres du Domaine sont érigées en *Fiefs,* 462 & *suiv.*
Différence du Domaine du Roi de celui de la Couronne, 468
Les Terres du Domaine ne sont plus données que comme un *Engagement* ou *Vente* à faculté de *Rachat,* 483
Voyez *Rois.*
Le Don du Domaine n'emporte point aliénation; il est révocable, 493
Voyez *Fiefs.*
Le Domaine de la Couronne est inaliénable, imprescriptible, 497
Ses différentes prérogatives, 521 & *suiv.*
Comment il pourroit s'engager, 524

Domaine Direct.
Sa définition, tel qu'il soit, *Mouvance* ou *Censive,* III. 88, 90
Voyez *Consolidation.*

Domaine muable & non muable.
Ce que c'étoit, V. 436

Domaine du Roi.
Ce que c'est; en quoi il consis-

toit, V. 434
Quel étoit ce Domaine dans le XI°. siécle, 435 & suiv.
Il ne passe jamais à l'*Acquéreur* à titre de propriété, 495
S'il peut être tenu à titre d'*Inséodation*, 499
Voyez *Domaine* de la Couronne.

Domaine utile.
Sa définition, III. 90
Voyez *Consolidation*.

Domaines. (petits)
Il n'y en a plus qui ne soient unis & incorporés à quelque grand *Fief* ; ils étoient tenus au Domaine, V. 501 & suiv.

Dominans.
Cas où ils prennent profit des portions aliénées, I. 129
Voyez *Suzerain*.

Dominant du *Bailleur*.
S'il inféode, il ne peut plus saisir, II. 178
Voyez *Jeu* de Fief.
En quoi réside son Droit & intérêt, 178 & suiv.
Si jouissant par *Relief* du *Fief* Vassal, il aura les profits des *Arriere-Fiefs* qui seront ouverts pendant l'an du Relief, 201 & suiv.
Voyez *Seigneurs* Dominans. *Vassaux*.

Dominant du *Seigneur* qui a abonné.
Il n'est pas tenu de se contenter de l'*Abonnement*, s'il ne l'a inféodé, lorsque l'*Arriere-Fief* abonné est ouvert en même temps que le *Fief* servant, II. 83
S'il doit lors de l'ouverture du *Rachat*, se contenter de l'*Abonnement*, ou doit-on augmenter l'Abonnement, ou revenir au *Relief* de Coûtume, lorsque le *Fief* abonné est accrû par des réunions faites à titre & par Droit de Fief, 184-187

Don d'aumône.
Signification de ces termes, II. 537
Voyez *Donations*.

Don mutuel entre *Conjoints*.
Il est de trois espéces, II. 118
Voyez *Don* mutuel en Usufruit.

Femmes.
Il n'a point lieu dans la Coûtume d'*Artois*, 537
Moyens qui amollissent la dureté de cette Coûtume à cet égard, 537 & suiv.
Si dans la Coûtume de *Laon* il est sujet au *Relief*, 553

Don mutuel en propriété.
Il peut comprendre les *Propres* & *Conquêts*, II. 119
Voyez *Maris*.
S'il a lieu dans la Coûtume de *Reims*, 576 & suiv.

Don mutuel en propriété de *Conquêts*.
S'il donne lieu au *Relief*, II. 119-130
Voyez *Maris*.

Don mutuel en propriété de *Propres*.
Pourquoi le survivant en doit *Relief*, II. 119

Don mutuel en Usufruit.
Pourquoi il n'ouvre point le *Relief*, II. 118 & suiv.
Voyez *Relief*.
Si en la Coûtume de *Reims* il ouvre le *Relief*, 577

Donataires.
Si dans la Coûtume de *Blois*, se tenant à leur *Don*, il sera dû tel *profit*, qu'ils auroient dû en *Succession*, tant en directe qu'en collatérale, II. 356, 358
Voyez *Donations* en directe. *Fils*.
Si dans la Coûtume de *Berri*, ne devant succéder que pour une portion, ils devront *Relief* pour le surplus, 416 & suiv.

Si en *Artois* ils font pleinement faifis par la tradition réelle, ou par voie feinte à l'encontre du *Donateur* ou de fes Héritiers , II. 536

Dans la Coûtume de *Noyon*, ils doivent fe faire vêtir , 572

Voyez Donations. Dons. Relief.

Donataires du Roi.

Jugé par Arrêt qu'ils peuvent retirer des biens adjugés par les Commiffaires du Roi à un étranger , & qui avoient été adjugés au Roi par *Deshérence*, IV. 73

Quid , à l'égard d'un *Engagifte* du Domaine , 73 & *fuiv.*

Quid , à l'égard d'un *Secretaire* du Roi, 181

Donateurs.

Cas où dans la Coûtume d'*Amiens* ils ne doivent rien , II. 489

Voyez Donataires. Donations. Donations en directe. Donations onéreufes. Droits Seigneuriaux. Rachat.

Donation gratuite.

Si elle ouvre le *Retrait*, IV. 28

Quid , fi les *Services* font appréciables , 28

Donation à titre récompenfatif.

Ce que c'eft , II. 298

S'il en eft dû *Quint* ou *Relief* dans la Coûtume de *Senlis*, 298

— dans celle de *Clermont* en Beauvaifis , 311

— dans celle de *Laon*, 549

— dans celle de *Châlons*, 505

— dans celle de *Reims*, 574 & *fuiv.*

Voyez Donations.

Donations.

Comment elles peuvent être faites , II. 99

Quand elles font réputées *Avancement* d'hoirie , 99

Quand elles doivent *Relief*, 99

Voyez Relief. Réunion de Fiefs.

Si la Donation faite à *Bâtard* même légitimé par Lettres, avec claufe de pouvoir fuccéder , doit *Relief*, II. 102, 216

Si elles peuvent être avec rétention de *Fruits*, 102

Si dans le cas de la réfolution d'une Donation il eft dû *Relief*, 182

Quid , fi elle eft révoquée par furvenance d'enfans , fera-t-il dû *Relief* pour la Donation, ainfi que pour fa révocation, 182 & *fuiv.*

Si celle de *Pere à Fils* eft exempte de *Relief*, 217

Quid , dans la Coûtume d'*Amiens*, 481 & *fuiv.*

Pourquoi cette Donation y fera-t-elle plutôt franche que la *Succeffion* directe de *Pere à Fils*, 482 & *fuiv.*

Si dans la Coûtume d'*Etampes* elles font fujettes ou non au *Relief*, 266 & *fuiv.*

Voyez Rachat.

Si la Donation faite pour Dieu ou en aumône eft exempte de *Rachat* dans la Coûtume d'*Orléans*, 327

Comment elles fe reglent dans la Coûtume de *Péronne*, 506

— en celle de *Boulenois*, 517

Celles qui font des *Propres* en *Artois*, 526

Celles qui peuvent y opérer *Relief* & y ouvrir les *Droits* Seigneuriaux , 528 & *fuiv.*

Quid, de celles où le retour fera ftipulé par le *Donateur* à fon profit, au cas que le *Donataire* décédât avant lui, 536 & *fuiv.*

Si la Donation du *Quint* de fes *Fiefs* fans le confentement de fon *Héritier* par *Don* d'aumône, y eft valable , 537

Celle avec rétention d'*Ufufruit* n'y doit rien de la part du *Donateur*, 542

Voyez Succeffion en directe.

Donation qui en la Coûtume de *Laon* fait *Acquêt* ou *Propre*, 549

Si celle qui n'y est pas sujette au
Vest ou *Devest* , ouvre le *Relief* ,
                II. 549

Si toutes y sont sujettes au *Vest* ou
Devest ,   551 *& suiv.*

Quid , en la Coûtume de *Reims* ,
             574 *& suiv.*

Celles qui dans la Coûtume de *Chauni* ouvrent le *Relief* , ainsi que les
Legs ,   583 *& suiv.*

Si celles , ainsi que les *Démissions*
avec effet , faites avec les solem-
nités requises , ouvrent le *Rachat* dans la Coûtume de *Bretagne* ,   606

Coûtumes qui les affranchissent de
tous *Droits* ,   III. 202

Quelles sont les Donations faites à
titre *onéreux* ; & combien de sortes ,   394 *& suiv.*

Voyez *Donations* onéreuses.

S'il est dû *Droits* des simples Donations ou *récompensatives* , 394 ,
           400 *& suiv.*

Si la Donation faite à un Etranger
hors *Contrat* de Mariage , de tout
ou de quotité du bien à la charge
de payer les *Dettes* , est sujette
aux *Droits* ,   396

Consultation sur cette question ,
         396 *& suiv.*

Quid , dans la Coûtume d'*Auvergne* ,
si c'étoit une Donation pure &
simple , & que le Donnant fût
obéré ou chargé de *Créances* hypothécaires , & les biens donnés
affectés au payement d'icelles lors
de la Donation , le *Donataire*
payant ces *Dettes* ,   399

Quid , de la Donation d'un *Fief* ou
d'une *Roture* sous condition de
l'acquit d'une somme dûe par le
Donateur au *Donataire* , 399 *&
                suiv.*

Voyez *Donations* onéreuses. *Jeu de
Fief. Parage.*

Si celles pour récompense faites à
la charge de nourrir le *Donateur*
sont sujettes aux *Droits* , III. 401

Quid , de celles à *Rente* ou *Pension*
viagere ,   401 *& suiv.*

Si en *Savoye* on en paye les *Lods* ,
                 558

Quid , si elles portent retenue d'*Usufruit* ,   558

Si la Donation faite par *Contrat* de
Mariage , ou par Acte ordinaire ,
ouvre le *Retrait* ,   IV. 28

Les Donations sujettes au *Retrait* ,
           28 *& suiv.*

Celles qui n'ouvrent point le *Retrait* ,   29 *& suiv.*

Voyez *Aînés. Chénier. Usufruit.*

   Donations à cause de mort.

Comment sont réglées celles qui ne
sont point abrogées ,   II. 100

Voyez *Relief.*

   Donations en collatérale ou à
          Etrangers.

Pourquoi elles doivent *Relief* , II.
         9 *& suiv.* 274

Quid , si elles sont faites à la charge
du retour ; si elles sont révoquées
par survenance d'*Enfans* , 237
          & suiv. 241

Quid , si elles sont révoquées pour
cause d'*Ingratitude* , 238, 241

Voyez *Donations* en directe. *Successions* en collatérale.

Comment elles se réglent dans la
Coûtume de *Vitri* le *François* ,
               423

Voyez *Relief.*

Si dans la Coûtume de *Châlons* elles
sont sujettes au *Relief* , 564 *& suiv.*

   Donations en directe.

Pourquoi elles ne doivent rien ,
ainsi que les *Legs* en directe ,
            II. 99

Quid , de celle d'un *Fief* pour l'entrée d'une *Fille* en religion , 100
          & suiv.

Quid , de celle du *Fils* au *Pere* ou
autre *Ascendant* , 101 *& suiv.* 274

Voyez *Succeſſion* directe. *Succeſſions.*
Elles ſont exemptes du *Relief* dans
la Coûtume de *Senlis*, II. 297
Dans la Coûtume de *Valois* elles
n'ouvrent point le *Relief*, ainſi
que la *Succeſſion* en directe, &
celle de *Pere* au *Fils*, 315
Si celle de *Pere* à *Fils* ou *Fille* eſt
exempte de *Rachat* dans la Coûtume de *Lorris* Montargis, 348
Si dans celle de *Blois*, celle faite
par *Pere*, *Mere*, en *Avancement*
d'hoirie, donne ouverture aux
Profits; & ſi on y doit faire mention de l'avancement d'hoirie,
356 & *ſuiv.*
Si dans cette Coûtume, lorſqu'elle
eſt faite en *Avancement* d'hoirie,
elle eſt affranchie du droit, quoique la *Succeſſion* collatérale doive,
356 & *ſuiv.*
Quid, ſi le *Donataire* eſt *Héritier* pré-
ſomptif, &c. 357
Elles ſont dans la Coûtume de *Tours*,
ainſi que les *Legs*, les *Succeſſions*
& les *Donations* en collatérale,
exemptes de *Relief*, 378
Comment elles ſont reglées, ainſi
que les *Donations* en collatérale
dans la Coûtume de *Dreux*, 443
& *ſuiv.*
Quid, ſi la Donation eſt faite au
Bâtard légitimé par Lettres du
Prince à l'effet de ſuccéder, & ce
du conſentement des autres, 444
Voyez *Relief.*
Si dans la Coûtume d'*Artois*, celle
d'un *Aïeul* à ſon *Petit-fils*, même
le *Pere* vivant, ouvre les *Droits*
ſeigneuriaux ou le *Relief*, 528
Quid, ſi le *Donataire* s'empare de la
Donation du vivant du *Donateur*,
528 & *ſuiv.*
Conſultation ſur cette queſtion,
529-534
Réfutation de cette conſultation,
534-536

Donations onéreuſes.
Si ces Donations en directe ſont ſu-
jettes aux *Droits*, III. 394
& *ſuiv.*
Si elles ouvrent le *Retrait*, IV. 30
& *ſuiv.*
Quid, lorſqu'elles portent la char-
ge de nourrir le *Donateur* & d'une
Penſion viagere, 34 & *ſuiv.*
Voyez *Donations.*
Donner en juveigneurie.
Ce que c'eſt, II. 606 & *ſuiv.*
Donner à *Rente* ou *Gros-cens.*
Ce que c'eſt, III. 45 & *ſuiv.*
Dons.
Ceux faits à l'*Egliſe*, faits pour Dieu
ou en *Aumône*, ne doivent point
Rachat dans la Coûtume de *Lorris*
Montargis, II. 350
Voyez *Donations.*
Si en la Coûtume d'*Artois* les Dons
faits par *Aſcendans* aux deſcen-
dans ſont des *Propres* dans la per-
ſonne du *Donataire*, 526 & *ſuiv.*
Voyez *Avantages. Fiefs. Fils. Relief.
Rentes* foncieres.
Dot.
Cas où lorſqu'elle eſt eſtimée, elle
porteroit *Droits*, III. 207
Si la Dot promiſe équipolle à *Vente*,
& ſi elle doit *Droits*, 388
Quid, ſi un *Immeuble* eſt ſubrogé
aux deniers promis, 388
Si, pour payement de la Dot d'une
Fille Religieuſe, le *Pere* donne un
Héritage il eſt dû *Droits*, 392
Quid, ſi c'eſt un *Fief* donné, 392
Quid, quoique l'*Héritage* ſoit donné
en payement de la Dot conſtituée
par le Pere, 392
Voyez *Aînés. Dation* en payement.
Engagemens du Domaine du Roi.
Lods & *Ventes. Peres. Relief* de
mariage.
Douaire.
En quoi il differe des autres *Uſu-
fruits*, II. 303

Voyez *Douairieres. Enfans. Femmes. Relief.*

Pourquoi il eft donné par la plus grande partie des *Coûtumes*, II. 303

Il n'eft point continuation de la jouiffance du *Mari*, 304

Voyez *Douairieres. Seigneurs.*

Il n'eft rien dû dans la Coûtume de *Berri*, pour la conftitution du Douaire, ainfi que celle de tout autre *Ufufruit*, 419

Ce qu'il eft dans cette Coûtume, 419

— dans celle de *Chaumont* en Baffigni, 433

Il n'eft point affujetti dans la Coûtume de *Dreux* au *Relief* de Mariage, 442

Il n'eft point propre aux *Enfans* dans la Coûtume de *Boulenois*, 518

Voyez *Rachat.*

Si l'*Acquéreur* ou l'*Adjudicataire* étoit chargé d'un *Préfix*, le prix & les *Lods* du Douaire font-ils augmentés, III. 216

Quid, dans les *Coûtumes* où il eft propre aux *Enfans*, 217

Quid, dans celles où il n'eft que viable, 217

Solution de cette queftion, 217 & *fuiv.*

Les *Droits* en font-ils dûs, lorfqu'il eft rachetable, 217 & *fuiv.*

Quid, lorfqu'il n'eft que viager, 218, 370

Quid, d'une *Vente* à la charge d'un Douaire *Coûtumier*, 218

Quid, lorfque l'*Acquéreur* a droit de *Servitude* fur l'héritage du *Vendeur*, & que par le *Contrat* il en fait remife, 218 & *fuiv.*

Voyez *Reprife.*

Si le Douaire eft un gain ou une *Reprife*, 370

S'il eft *Datio in folutum*, 370

S'il en eft dû *Droits* dans le cas où jufqu'à ce que la *Femme* foit payée de fes *Reprifes & Conventions* matrimoniales, on lui donne par *Antichrefe* les biens de fon *Mari*, dont les fruits lui tiennent lieu de fes *Remplois*, & pour la payer, III. 370 & *fuiv.*

Quid, lorfqu'en cas de *Mort* civile, ou de mort naturelle du *Mari*, ou en cas de *Faillite* ou de féparation, on adjuge à la *Femme* les biens de fon mari pour en jouir par forme d'intérêts, 371 & *fuiv.*

Voyez *Droits* Seigneuriaux.

Si, lorfqu'un *Enfant* renonce à la *Succeffion* de fon pere & fe tient à celui de fa mere qui eft *Préfix* en argent ou *Rente*, on fe fait adjuger fur fon *Curateur* un *Immeuble* de la Succeffion de fon pere, il doit des *Droits* pour ce Douaire préfix, 381 & *fuiv.*

Voyez *Avantages.*

Si celui d'une fomme de deniers pour une fois payée, venue aux *Enfans*, eft réputé mobiliaire & doit des *Droits*, 382

Si un *Héritage* tenu en *Bordelage*, le Douaire n'a lieu au préjudice du *Seigneur*, 458 & *fuiv.*

Voyez *Douairieres. Maris. Propriétaires.*

S'il peut fe prendre fur le *Droit* d'aineffe, V. 298 & *fuiv.*

Quid, quand l'*Aîné* & les *Puînés* fe tiennent tous au Douaire, 299

Douaire Coûtumier.

S'il a lieu fur le droit de Bordelage, III. 459

Voyez *Douaire. Droits* Seigneuriaux.

Douaire préfix, voyez *Douaire. Dumoulin.*

Douairieres.

Si elles doivent *Droit* pour le *Fief* qu'elles tiennent en *Douaire*; & fi au cas qu'il en fût dû du chef

du *Mari* ou des *Héritiers*, les héritiers doivent l'en acquitter, II.
　　235 & *suiv.*
Si celle qui prend en *Douaire* un
Fief doit *Relief*,　　261
Quid, si elle se remarie,　　261
Si elles doivent dans la Coûtume de
Senlis, à cause de leur jouissance,
un *Relief*,　　300 & *suiv.*
Si elles ne sont pas tenues dans cet-
te Coûtume d'acquitter leurs Enfans douairiers du *Relief* qu'ils de-
vroient de leur chef, ou du moins
si elles ne sont pas tenues de l'a-
vancer,　　300 & *suiv.*
L'une des deux offres qu'elles ne
peuvent refuser,　　304
Voyez *Relief.*
Dans la Coûtume de *Valois*, elles
ne doivent rien pour les *Fiefs*
qu'elles tiennent en Douaire,
　　320
Quid, dans celle de *Blois*, 361
　　& *suiv.*
Quid, dans celle de *Tours*,　378
Quid, dans celle de *Poitou*,　406
Quid, dans celle de *Chaumont* en
Bassigni, lorsqu'elles tiennent
terre de *Fief* en *Douaire*, & par-
tie comme ayant la garde de leurs
Enfans,　　432
Quid, dans celle de *Reims*,　579
Quid, si elles se remarient, 431,
　　579
Quid, en la Coûtume du *Grand-Per-
che*,　　476
Dans la Coûtume de *Ponthieu*, elles
ne doivent rien pour le *Douaire*,
　　496 & *suiv.*
Quid, dans celle de *Peronne*,　505
Quid, dans celle de *Boulenois*,
　　510
Quid, dans celle d'*Artois*,　342
Quid, dans celle de *Laon*,　549
Quid, lorsque le *Mari* a relevé le
Fief,　　549 & *suiv.*
Quid, dans la Coûtume de *Châlons*,

lorsqu'elles demeurent en vidui-
té,　　II. 576
Quid, dans la Coûtume de *Chauni*,
　　583
Quid, dans celle de *Troyes*,　588
Voyez *Fermiers. Usufruitiers.*
Doullens. (Coûtume de la Prevôté
de)
Son texte sur le Droit de *Relief.* II.
　　490
　　Dreux. (Coûtume de)
Son texte sur le Droit de *Relief*, II.
　　435-437
En quoi elle differe de celle de *Pa-
ris* sur la fixation du *Relief.* 437
　　& *suiv.*
Voyez *Cheval* de Service.
　　Droit Romain. (le)
Il est le siége des Décisions qui sont
survenues,　　I. 3
Il a eu lieu dans les Gaules,　228
Combien d'Articles de nos Coûtu-
mes en sont tirés,　　228
Il embrassoit toutes sortes de matie-
res à l'exception des *Fiefs*,　229
Ses maximes pour les Corvées, 238
Voyez *Corvées. Corvées* publiques.
Interprétes.
　　Droit Coûtumier.
Il n'est qu'un usage mis par écrit,
　　I. 2
Droit François, voyez *Corvées.*
　　Droit d'ainesse.
Pays où il n'a pas lieu,　V. 197
Espéce de ce Droit dans quelques
Pays du Droit écrit,　　199
En quoi cette espéce de Droit dif-
fere du Droit d'ainesse féodal,
　　201, 204, 246 & *suiv.*
Son antiquité, 204, 246 & *suiv.*
　　249
S'il y a Droit d'ainesse, lorsqu'il n'y
a que *Filles* ou petites filles du dé-
funt,　　205
Si un homme n'ayant que des
Filles qui décédent toutes avant
leur *Pere*, & laissent des mâles,
　　le

le mâle venant de la Fille *aînée*, a Droit d'aînesse, V. 205-207

Quid, dans le cas d'une *Fille* unique, qui prédécédant son *Pere*, ou renonçant à la *Succession*, a des *Enfans* mâles, 206 & *suiv.*

Quid, lorsque le *Pere* n'ayant que des *Filles*, & voulant marier son *Aînée*, déclare par le *Contrat de Mariage* qu'il veut qu'elle lui succéde en *Droit d'aînesse*, comme si c'étoit un Fils; & la convention adhérée doit-elle avoir lieu, 247

Le Droit d'aînesse *non est beneficium Patris sed Legis aut Consuetudinis*, 207, 218 & *suiv.* 246

A quel temps il faut s'arrêter pour donner le Droit d'aînesse, 213

Voyez *Peres. Mariages. Aînés.*

A qui ce Droit appartient, lorsqu'un homme a deux *Enfans* de deux *Concubines*, dont il épouse la seconde, ensuite la premiere, 217

Si ce Droit a lieu entre *Légitimés* par Lettres du Prince, 218

Ce Droit est une *Légitime*, 226, 245, 251, 253, 262

Quel est ce Droit, 246 & *suiv.* 282

Voyez *Légitime.* (la)

Ce Droit & la *Légitime* naturelle sont la même chose dans l'*Aîné*, 249, 253

Ce Droit est une *Légitime* coûtumiere, qui est comme celle de la nature, 254

Voyez *Puînés. Fils.*

Dans le cas de la *Renonciation* gratuite de l'*Aîné*, le Droit d'aînesse ne passe point au *Puîné*, 275 & *suiv.*

Pourquoi cette *Renonciation* même empêche que ce Droit ne passe au second *Fils*, 277

Si les *Créanciers* de l'*Aîné*, exerçant ses droits, peuvent prétendre à ce Droit, 280-283

Quand ce Droit est acquis irrévoca-

blement à l'*Aîné*, V. 282 & *suiv.*

Si ce Droit est sujet à la contribution de la *Légitime* des *Puînés*, 283-287

Quid, si toutes dettes payées il ne restoit qu'un seul *Fief*, & si les portions de l'*Aîné* se trouvoient presque absorbées, 287

Ce Droit ne souffre aucun retranchement, 288 & *suiv.*

Voyez *Douaire.*

Si ce Droit est sujet à *rapport*, 299

Seul cas où il y est sujet, 300

Voyez *Fils.*

Dans le cas où ce Droit auroit lieu en collatérale, cela s'entend-il du plus âgé des mâles, lors de la Succession, 305 & *suiv.*

Sur quels *Biens* ce Droit a lieu, 306, 313

S'il a lieu sur le *Fief* acheté par le *Pere* à faculté de *Réméré*, 313-317

Quid, si le *Pere* avoit vendu son *Fief* à la charge du *Réméré*, & fût décédé sans l'avoir exercé, 317 & *suiv.*

Quid, si le prix lui en est encore dû après son décès, 318

Voyez *Aînés.*

S'il y a Droit d'aînesse, lorsqu'un *Fief* est acquis pendant la continuation de *Communauté*, 321

Quid, si par le partage de la *Communauté*, le *Fief* acquis pendant la continuation de Communauté tomboit au lot du survivant, qui le laissât dans sa succession, 321

Si le *Droit* d'aînesse a lieu sur les *Biens* que l'Edit des secondes Noces reserve aux *Enfans*, 321, 322. — sur les *Biens* substitués, 322, 323. — en *Echange*, sur-tout quand il paroit destination du *Pere* de famille, 323, 324. *Quid*, si un *Pere* acquiert un *Fief*, & décéde avant d'en avoir pris possession, 324 & *suiv.*

Tome V. Y Y y y y

Ce Droit a-t-il lieu sur les *Sousfiefs & Rotures* réunies au Fief, par l'acquisition que le *Pere* en aura faite, sans déclaration de non-réunion ès Coûtumes où elle a lieu de plein droit, V. 325 - 327

Ce Droit a lieu sur tout ce qui est *Fief*, conséquemment sur tout ce qui y est réuni *in qualitate feudali*, 326

Quid, dans le cas d'un grévé de *Substitution* qui acquiert dans le Fief substitué, 326 & suiv.

Voyez *Aînés. Chef-lieu. Collatéraux. Fiefs. Filles. Parage.*

Sur quoi se prend ce Droit lorsqu'un *Engagiste* décéde laissant des Héritiers directs ou *collatéraux*, 523, 529 & suiv.

Quid, s'il n'y a ni *Fief*, ni *Seigneurie* dans cette succession, 523 & suiv. 530

Droit Domanial, voyez *Inféodation de ce Droit.*

Droit fermier.
Coûtumes où il est incontestable, III. 513

Droit des Fiefs.
Comment il s'est introduit, II. 17

Droit réel.
Comment dans la Coûtume d'*Artois* il s'acquiert en *Roture*, soit en succession ou acquisition, II. 542
Quomodo, en *Fief*, 542 & suiv.

Droits.
S'il en est dû pour un premier Acte passé entre *Cohéritiers* avant *Partage*, I. 23
Voyez *Partages.*
Par qui ils sont dûs, 23
Fait qui a donné lieu à cette question, 23 & suiv.
S'il en est dû pour Soute de *Partage*, 24 & suiv.
Instances à la Grande-Chambre que cette question a fait naître, 25 & suiv.

Arrêt du 29 Mai 1699, qui a jugé qu'il n'en étoit point dû pour *Licitation* volontaire entre un *Legataire* & les *Héritiers* coûtumiers, I. 31
Il suffit de la qualité des Licitans pour en être exempts, 31
Voyez *Négoces.*
Entre *Cohéritiers* qui licitent, soit en Justice, soit volontairement, il n'est dû aucuns Droits, 71
Quid, à l'égard des *Associés* & du *Partage* de la Communauté, 74 & suiv.
Il n'en est point dû entre *Copartageans*, 74
Quid, si les *Cohéritiers* ont vendu leurs Droits à un Etranger, 76
Voyez *Etrangers.*
Il n'en est dû aucun par le survivant du *Mari* ou de la *Femme* communs en biens, 77
— ni pour *Partage & Licitation* entre *Cohéritiers*, *Compersonniers*, *Copropriétaires & Coassociés*, 78
Voyez *Mouture.*
A quel *Seigneur*, dans la Coûtume d'*Artois*, ils appartiennent, ou de celui du temps du *Contrat*, ou de celui du temps de l'*Ensaisinement*, II. 545
S'il en est dû ès Coûtumes du *Maine & d'Anjou*, dans le cas où l'*Aïeul* au lieu de substituer à l'ordinaire ses *Petits-Fils* à son *Fils*, auroit donné à son petit-fils la *Propriété*, & l'*Usufruit* à son fils, 589 & suiv.
Voyez *Dupineau. Echange. Substitutions* pupillaires.
Ce qui les fait réputer Domaniaux, Seigneuriaux & Féodaux, III. 231
Quels sont ceux purement & proprement Dominicaux ou non, IV. 11 & suiv.
Voyez *Créanciers. Droits* Domini-

ceaux. *Juges* des Seigneurs. *Licita-
tion. Licitation* pardevant *Notai-
res. Lignagers. Maris. Retrait. Sai-
sie* féodale. *Seigneurs.*
Ce qu'ils font, IV. 348
Noms différens de ceux qui se lé-
vent sur les *Vignes,* 440
Voyez *Donations. Douairieres. Em-
phytéose.*
    Droits & Actions.
Si leur *Vente* opere des *Droits,* III.
471 *& suiv.*
Droits casuels, voyez *Juges des Sei-
gneurs.*
    Droits de Corvées.
Leur origine, I. 257
    Droits Dominicaux.
Quels ils font, III. 98
Voyez *Usufruitiers.*
Droits d'Echange, voyez *Commen-
deurs* du S. Esprit.
Droits honorifiques, voyez *Usufrui-
tiers.*
    Droits incorporels.
Distinction qui y doit être admise,
IV. 15 *& suiv.*
S'ils font sujets au *Retrait,* 16 *&
suiv.*
    Droits payés.
Seul cas où leur répétition peut avoir
lieu, II. 98
    Droits & Rentes.
Coûtumes où ils font fi favorables
que le *Decret* ne les purge pas,
III. 510
    Droits Seigneuriaux.
Ils ont été beaucoup diminués par
nos Rois, I. 256
Voyez *Négoces.*
Ce qu'ils font, 366
Pays où ils font nommés *Lods,* II.
117
Ce pour lequel ils font pris dans la
Coûtume de *Ponthieu,* 496
Voyez *Donations. Donations* en di-
recte.
En cette matiere l'on ne doit point

étendre la disposition d'une Coûtume à une autre, III. 57
Voyez *Dot. Douaire. Maisons. Moulins. Partage. Seigneurie. Tutelle.*
S'ils font dûs quand le *Vendeur* rentre faute de payement, 293
— d'une *Rente* à faculté de *Rachat,*
299
Voyez *Acquéreurs. Acquisitions. Déclaration. Dumoulin. Pacte commissoire. Propres. Rentes. Ventes.*
Ils ne se perdent pas par la fraude,
331
Voyez *Emphytéose. Meubles. Navires.
Roi. Usufruit.*
Déclaration du Roi du 14 Janvier 1698, sur le payement de
ceux pour les héritages cédés à
Baux, à *Fiefs* ou à *Rentes,* 346
& suiv.
Voyez *Acquéreurs. Actions. Argen-
tre. (d') Avancement* d'hoirie. *Bail*
à ferme. *Bordelage.*
Jugé qu'ils ne font point dûs dans le
cas de l'abandon fait aux *Enfans*
des propres de leur pere pour leur
Douaire coûtumier, quoiqu'ils ne
prennent ce Douaire qu'en renonçant à la *Succession,* 378
Examen du célébre Arrêt du 14
Mars 1672, qui l'a jugé ainsi,
379
Voyez *Arrhes. Contrats. Decret.
Echange. Gens* de main-morte.
Pot de vin. *Servitude.*
S'ils font dûs pour *Donation* ou *Vente* faite par un *Pere* à son *Fils* en
acquit de ce qu'il lui doit, ou à
la charge de payer les *Dettes,*
384
Arrêt du 19 Août 1723, intervenu
sur cette question, 387 *& suiv.*
Voyez *Dot.*
S'ils font dûs dans le cas d'un homme qui donne un *Fief* avec retenue d'*Usufruit,* cet homme décéde, le *Donataire* agit contre

l'*Héritier* du *Donateur*, *Transaction* entr'eux moyennant deniers, I. 466 & *suiv.*

Quid, lorsqu'il est question de la propriété d'un *Héritage*, & que celui qui est en possession y demeure même en donnant de l'argent, 468

Quid, lorsqu'un *Lignager* au lieu d'intenter le *Retrait* passe *Transaction* avec l'*Acquéreur*, qui déclare ne pouvoir empêcher le Retrait, & laisse l'*Héritage* au Lignager, 469

Quid, si le *Lignager* au contraire forme une demande en *Retrait*, & si par l'acquiescement du *Défendeur*, entrant quelque temps après en Religion, il passe Acte avec l'*Acquéreur*, auquel il remet l'*Héritage*, 469

Quid, lorsqu'un *Mari* vend le bien de sa *Femme* après sa mort, revendiqué par les *Héritiers* d'elle, l'*Acquéreur* donne une somme, & par *Transaction* demeure en possession, 469

Voyez *Exemptions.*

Si, lorsqu'ils ont été payés comme dus, on est recevable à les répéter, 484

Quid, dans les *Contrats* valides où le doute ne seroit que sur les *Droits*, 484

Voyez *Retrait. Supplément.*

S'ils sont dus lorsque le *Contrat* n'est Contrat & n'opere la translation réelle de propriété que par la *Ratification*, 507

Voyez *Secretaires* du Roi. *Seigneurs.*

Ce qu'on nomme vulgairement Droits & *Devoirs* Seigneuriaux, IV. 445

Voyez *Seigneurs. Usufruitiers.*

Leur faveur, V. 195

Voyez *Acquéreurs* intermédiaires. *Aveu,* &c. *Copropriétaires. Mutation* de Fief.

Droits de Vente.

De combien de sortes ils sont, III. 545

Droits utiles, voyez *Retrait. Usufruitiers.*

Droiturer.

Ce que c'est dans la Coûtume d'*Artois*, II. 525

Signification de ce mot, III. 8

Drouilles.

Quel est ce Droit & dans quel Pays il est d'usage, III. 555

Ducange.

Ce qu'il dit du *Parage*, III. 117 & *s.*

Et rapporté contre l'abolition du *Parage*, 125

Duchés-Pairies.

Ils sont indivisibles, V. 401

Conditions requises pour *succéder* en Duché-Pairie, 402

Si l'*Aîné* pouvant en vertu de l'Edit de 1711 retirer le Duché en remboursant l'estimation sur le pied du denier vingt-cinq, peut offrir de l'*Argent*, 403 & *suiv.*

Comment on peut en fixer la valeur du revenu actuel, 404

Quid, si la Succession du dernier Possesseur se trouvant obérée de *Dettes*, un *Mâle* descendant du premier investi se porte *Héritier* bénéficiaire, 404-406

Comment on peut faire l'estimation des Duchés Pairies, 406

Ils ne sont ni patrimoniaux, ni successifs & de commerce, 410-412

Ce qui forme la Duché-Pairie, 413

Ce qui peut être regardé comme un bien patrimonial ajouté au Duché, dont le *Duc* peut disposer, sans craindre de *Démembrement*, 413

Quid, si le *Duc* acquéroit ou retiroit un *Fief* mouvant de sa Duché-Pairie, 413 & *suiv.*

Voyez *Sous-inféodation.*

Condition sous laquelle ils ont été érigés, 420

Ducs & Pairs.

Sous quelles conditions ils peuvent substituer à perpétuité le Chef-lieu de leur Duché, V. 403
Voyez *Duchés-Pairies.*

Dulorens.

Vrai sens de ce qu'il dit sur l'Article LXXV. de la Coûtume de *Chartres*, IV. 42

Dumoulin.

Ses Notes sur la *Réunion* de Fiefs sont mal entendues, I. 154
Voyez *Réunion* de Fiefs.
Expliqué sur cette question : Si le *Seigneur* peut prescrire son Titre par trente ans, II. 2 & *suiv.* 13 & *suiv.* 22-24
— sur cette autre : S'il est dû *Relief* dans le cas de la *Substitution*, 413 & *suiv.*
— sur les Art. (olim XIII. hodie XX. & sur les XXIII. & LVII.) de la Coûtume de *Paris*, IV. 43 & *suiv.*
Sa définition du *totum complexum feudale*, II. 3
Son explication sur les Art. VII. LXIX. de la Coûtume de *Paris*, 5 & *suiv.* 13
— sur l'Art. VII. de cette même Coûtume, 6, 10, 24
Voyez *Prescription* de 30 & 40 ans.
Sa Note sur l'Art. XXXVII. de la Coûtume de *Blois*, est expliquée, 13 & *suiv.* 23 & *suiv.*
Voyez *Brodeau.*
Ses régles générales, qui montrent quand, comment & à qui est dû le *Relief*, sont expliquées, 75, 78, 85 & *suiv.*
Relevé, 102
— sur cette question : Si la *Femme* prenant pour son lot un *Conquêt* entier, doit *Relief*, 133 & *suiv.*
Justifié sur cette question : S'il y a lieu au *Retrait* ou au *Quint* d'un *Fief* donné à *Rente* non rachetable, *nihil dicto de retentione fidei*, II. 156 & *suiv.*

Voyez *Argentré.* (d')
Son éloge, 191 & *suiv.*
Son principe pour décider, 192
Voyez *Dupineau.*
Son avis sur le *Rachat* rencontré, 194 & *suiv.*
— sur cette question : Si le *Seigneur* jouissant à titre de *Relief* peut user du *Retrait* féodal, au lieu de percevoir le *Quint* de l'*Arriere-Fief* vendu, pendant que le Relief auroit cours non suivi, 202
Il se contrarie, 237
Son opinion sur cette question : Si la vente de la *Mouvance* a été en usage dans tous les temps depuis la patrimonialité des Fiefs, III. 85 & *suiv.*
Son erreur à cet égard, 86 & *suiv.*
Réponse de d'*Argentré* sur cette question, 87 & *suiv.*
Réfutation de l'exemple que donne Dumoulin touchant la *Mouvance* du Duché de *Bretagne*, 88
Son opinion est réfutée, 89 & *suiv.*
Voyez *Argentré.* d') *Duplessis.*
Sa doctrine sur le Droit de *Quint* & *Lods* est pleinement justifiée, 204 & *suiv.*
— sur le *Pacte* commissoire, 288 & *suiv.*
— sur la Vente d'*Usufruit* ou de la *Vente* à vie ou à vies, 409-412
— sur cette question : Si les *Droits* sont exigibles pour *Transaction*, 465 & *suiv.*
— sur la Vente des *Droits* & *Actions*, 470 & *suiv.*
— sur la *Résolution* des *Contrats*, 478 & *suiv.*
Pourquoi il faut prendre garde à sa décision générale sur le *Quint*, 206 & *suiv.*
Voyez *Mouvances.*
Son opinion sur cette question : Si

le prix & les *Lods* font augmentés
lorfque l'*Acquéreur* ou l'*Adjudicataire* eft chargé de continuer le
Douaire préfix , eft examinée ,
                    III. 216 & *fuiv.*
— fur cette autre : Si l'*Ufufruitier* du
Fief dominant peut *nomine proprio*, ou feulement *procuratoris nomine*, exercer le *Retrait* féodal ou
cenfuel, eft difcutée , IV. 88 &
                    fuiv. 94-97
Pourquoi , ainfi que d'*Argentré* , il
a enveloppé l'*Echange* fous le nom
général de *Vente*,   III. 227
Juftifié fur cette queftion : S'il ne
feroit dû qu'un *Droit* , lorfque
l'Acquéreur n'auroit entré en
jouiffance qu'au *Decret*, 241 &
                    fuiv.
Réflexion fur ce qu'il a avancé de
la Vente de l'*Ufufruit* & de la
Vente à vie ou à vies, 410-412
Condition qu'il établit pour que la
Reprife par le *Vendeur* n'ouvre pas
les *Droits*,   480
Sa décifion fur cette queftion : Si le
payement des *Arrhes* empêche les
Parties de fe défifter du Contrat,
                    491
Critiqué fur l'Art. XXXIV. *hodie*
L. queft. 2. n. V, VI, VII,
                    IV. 67
Réfuté ,   71
— fur cette queftion : Si le *Seigneur*
Dominant peut contraindre l'E-
glife ou autre main morte à vui-
der les mains du *Fief* qu'elle retire ,   79 & *fuiv.*
Cas où la décifion de cette queftion
eft excellente ,   80
Raifons qui doivent faire rejeter
fon opinion, que le *Seigneur* peut
évincer le *Fermier* en le rembour-
fant même du *Quint*,   111
Comment on doit l'entendre fur la
Ventilation,   133 & *fuiv.*
Réfuté fur l'exhibition & la *Notification* faite au Mari ,   IV. 153
— fur ce qu'il prétend qu'après la
Notification & exhibition, s'il y a
une *Saifie* féodale faute d'hommes , &c. le *Seigneur* peut revenir
à *Retrait* ,   169 & *fuiv.*
— fur ce qu'il dit que la *Saifie* faute
d'hommes *afficit rem* , *non perfo-
nam*,   205
— fur ce qu'il donne au *Vaffal* le
Droit de choix pour faire la *Foi* ,
lorfque le *Seigneur* a plufieurs manoirs,   327 & *fuiv.*
— fur cette queftion : Si le *Gardien*
peut demander fouffrance pour
les *Mineurs*,   262 & *fuiv.*
— fur ce qu'il avance que le *Vaffal*
doit donner *Caution* pour jouir
pendant l'*Appel*,   285
— ainfi que *Pontanus*, fur cette queftion : Si le *Seigneur* n'ayant pas
intenté l'action de *Commife*, les
Héritiers peuvent l'intenter, 302
                    & *fuiv.*
— fur cette autre : Si le *Seigneur* au
lieu de vendre cette action, vend
fon *Fief* Dominant , &c. 303 &
                    fuiv.
— fur cette autre : Si le *Seigneur* peut
intenter la *Commife* pendant les
trente ans,   304 & *fuiv.*
— fur cette autre : Si la *Saifie* d'un
fixiéme d'un *Fief* poffédé par indivis , quoiqu'ouvert pour le total, eft valable,   356 & *fuiv.*
— fur cette autre : Si le *Seigneur*
ayant faifi un *Fief* qu'il auroit
trouvé ouvert , peut faifir l'*Arriere-Fief*, conftaté Arriere-Fief,
& acquis par le Propriétaire fans
réunion,   408 & *fuiv.*
Dunois. (Coûtume de)
Son Texte fur le Droit de *Relief* ,
                    II. 363 & *fuiv.*
Dupineau
Réfuté fur ce qu'il dit que lors de
la réunion, le *Vaffal* ne doit point

de *Droit* à son Dominant ; que s'il réaliéne le *Fief*, il ne devra pas moins le *Rachat* abonné ; & que lorsqu'il acquiert, le Rachat abonné ne doit pas être augmenté, II. 186 *& suiv.*

— sur ce qu'il dit que les *Lods &* *Ventes* ne sont point dûs, lorsque le *Supplément* est modique, 590 *& suiv.*

— sur l'Art. CCCLXVIII. de la *Coûtume d'Anjou*, IV. 121 *& s.*

— sur l'Art. CHI. de cette Coûtume, ainsi que *Pocquet* de Livonniere, 360

But de son Traité des *Disputes de d'Argentré* & de *Dumoulin*, II. 192

Contrariété de la Note de la *Marqueraie* qu'il rapporte sur ces mots, *excédassent la tierce partie*, 592 *& suiv.*

Duplessis.

Son éloge, II. 158

Réfuté sur le conseil qu'il donne à l'occasion du *Partage* des *Rentes* créées pour l'aliénation du tout ou de partie du *Fief* dans la *Succession* du *Bailleur*, 158-163, 174 *& suiv.* 177-180

En quoi il s'est trompé, ainsi que *Pocquet* de Livonniere, en avançant que *Dumoulin* rejetoit indéfiniment les Droits de *Quint* dans le cas d'une remise de *Servitude* par l'*Acquéreur* outre le prix, III. 219 *& suiv.*

Dupui.

Preuves de son erreur répandue en quatre endroits de son Livre des Droits du Roi : sur l'Article de la Coûtume de *Chartres*, III. 103 *& suiv.*

— sur la Généalogie des Comtes de *Blois*, 104

— sur celle des Comtes de *Sancerre*, 105

— sur l'Article de *Châteaudun*, III. 104 *& suiv.*

Durand.

Absurdité de son opinion sur cette question : Si la *Femme* prenant pour ses reprises, ou pour son droit de Communauté des *Conquêts*, doit *Relief*, II. 425 *& suiv.*

E.

Eau, voyez *Rivieres. Source* d'eau.

Eaux & Forêts.

Son Ordonnance a réglé pour les coupes de *Bois* de haute futaie, III. 407

Ecclésiastiques.

Ils ne sont pas exempts des *Bannalités* de Pressoir, I. 245

Les *Corvées* dont ils sont exempts, ainsi que les *Nobles* ; celles auxquelles ils sont sujets, 338

Ils sont, ainsi que les *Nobles*, exempts du Droit de *Bannalité*. 343

S'ils peuvent avoir des *Bannalités* dans leur Justice, 391 *& suiv.*

Ayant perdu leurs Titres sur les *Bannalités*, comment ils y peuvent suppléer, 392

Arrêts du Parlement qui les soumettent au Droit de *Bannalité*, 432

Voyez *Fiefs. Seigneurs.*

S'ils sont sujets au Droit de *Relevoisons* à plaisir, II. 339

S'ils peuvent donner à *Bail* emphytéotique perpétuel, III. 423

S'ils peuvent exercer le *Retrait*, IV. 77

— à *Toulouse*, à *Bourdeaux* & en *Normandie*, 87

Quid, dans le Parlement de *Besançon*, 88

Si on peut les contraindre de vuider leurs mains, lorsque par puissance de *Fief*, ils retirent un Fief mouvant d'eux, 77 *& suiv.* 89

Quid, par rapport à l'Ecclésiastique Régulier,　IV, 80 & *suiv.*
Quid, par rapport à l'Ecclésiastique Séculier, comme un *Evêque* qui acquiert en son nom ou au nom de son Eglise,　81 & *suiv.*
Voyez *Seigneur* Dominant.
Ils sont de deux sortes,　80
Voyez *Acquéreurs. Pocquet* de Livonniere. *Retrait.*
S'ils sont en droit de lever la *Taille* aux quatre cas,　V. 591
Pays où ils sont exempts, ainsi que les *Nobles*, de payer cette Taille,　592
Voyez *Corvéables.*

Echange.

Il est un moyen d'acquérir, V. 324
Voyez *Droit* d'aînesse. *Echanges. Retrait. Réunion* de Fiefs.

Echange but à but.

Il ne doit rien en vertu de notre Coûtume,　II. 236
Quid, en celle de *Melun*,　254
— en celle de *Sens*,　261
— en celle d'*Auxerre*,　264
— en celle de *Senlis*,　308
— en celle de *Valois*,　320

Echanges.

Quand dans la Coûtume d'*Etampes* ils doivent *Relief* ou *Rachat*, II.　269
— en celle d'*Orléans*,　331
— en celle de *Lorris* - Montargis,　351
— en celle de *Tours*,　380
— en celle de *Berri*,　419
— en celle de *Vitri - le - François*,　428
— en celle de *Chaumont* en Bassigni,　434
— en celle de *Dreux*,　444
— en celle de *Péronne*,　507
— en celle de *Laon*,　553
— en celle de *Ribemont*,　555
— en celle de *Noyon*,　562
— en celle de *Châlons*,　568

— en celle de *Reims*,　II. 579
S'ils sont sujets au Droit de *Relevaisons* à plaisir,　539
S'ils doivent à présent des *Droits*,　III. 219
Si pour celui qui se fait d'*Immeubles* contre Immeubles, il est dû des *Droits*,　226
Variation des Coûtumes sur ce sujet,　226
Si en *Pays* de Droit écrit ils sont sujets aux *Droits*,　226
Quid, si la soute excéde la valeur de la chose échangée,　226
Quid, s'il y a argent baillé,　226
Pourquoi il est nécessaire d'en poser les principes, & de rapporter le sentiment des meilleurs Feudistes,　227
Comment ce Droit se régle dans quelques Provinces,　227
Il étoit autrefois le premier moyen de vendre,　228
En quoi son Contrat differe de celui de *Vente*,　228
Quels en sont les véritables principes, qui les approchent ou les différencient du Contrat de *Vente*,　228 & *suiv.*
Les Edits & Déclarations du Roi les ont mis tous au niveau des *Ventes*,　229
Nature de ces Droits, 229 & *suiv.*
S'ils sont Domaniaux, 230 & *suiv.* V. 554 & *suiv.*
Voyez *Fraude. Requint.*
Pourquoi, à proprement parler, ils ne sont ni *Droits* Seigneuriaux, ni Droits Domaniaux, V. 532
Comment ils doivent être regardés,　532 & *suiv.*
Par qui ils peuvent être levés ou aliénés,　533
Si en cas d'*Aliénation* ils peuvent être regardés comme *Propres* incommutables ou comme *Engagemens*,　523 & *suiv.*
Voyez

Voyez *Seigneurs*.
Toutes *Aliénations* de ces Droits sont de purs & vrais *Engagemens*, V. 536

Ce qu'ils sont dans les mains de ceux qui les ont acquis , 637 & *suiv*.

Eclichemens & Démembremens réels des *Fiefs* par Partage.

Pays où ils sont usités ; ce qu'on en doit penser , II. 405

Edit du Controlle, voyez *Ajournement* en Retrait.

Edit des secondes Noces , voyez *Avantages. Droit* d'aînesse.
Edit perpétuel.

Sa Disposition sur la *Licitation* , I. 4

Effets mobiliaires , voyez *Retrait*.

Eglise, voyez *Bénéficiers. Dons. Dumoulin. Marciage. Seigneurs.*

Emphytéose.

Ce que c'est , III. 422 & *suiv*.

D'où nous vient ce Contrat , 423 & *suiv*.

S'il se peut faire à perpétuité , 423

Si dans la véritable Emphytéose la *Commise* avoit lieu , 423

Combien il y a de sortes d'Emphytéoses , 423

En quoi elle convient avec le *Bail* à cens , 424

S'il en est dû des Droits , 424

A combien d'années peut être ce Contrat à temps , 424

Emphytéotes.

S'ils sont tenus, n'ayant point de bestiaux pour faire charrois , de faire des manœuvres , I. 306

S'ils peuvent aliéner sans la permission de leur *Seigneur* , III. 423

S'ils peuvent céder leur *Bail* à un autre , 424

S'ils doivent les *Droits* en ce cas , 424 & *suiv*.

S'ils peuvent imposer *Cens* sur cens , 425.

Leur *Commise* est abolie en *Savoye* , III. 559

Comment ils doivent prouver les payemens , IV. 326

Voie qu'ils avoient pour éviter la *Commise* en vendant leur *Tenement* , 326 & *suiv*.

Si , quoiqu'ils ne travaillent ni labourent les Terres , ils sont néanmoins tenus de payer les *Droits* convenus *in traditione feudi* , 477

Quid , si les Terres sont données en *Champart* , 477 & *suiv*.

S'ils peuvent changer la face de la chose au préjudice du *Seigneur* , 478 & *suiv*.

Enchérisseur.

S'il y a plusieurs *Héritiers* & qu'un seul soit *Adjudicataire* , celui-ci Enchérisseur doit-il être affranchi des Doits du tout ou de sa portion seulement , III. 261

Quid , si tous contribuoient pour se rendre *Adjudicataires* , 261

Enclave de Seigneurie.

Si le Droit d'Enclave peut faire un Titre au *Seigneur* , II. 46 *

Pourquoi il peut moins contre le *Détenteur* , 46 *

Si étant bien établi on peut le rejeter , 46 * & *suiv*.

Si celui d'un Territoire circonscrit & limité a son effet dans le *Pays* de Droit écrit comme dans le *Pays* Coûtumier contre un *Détenteur* d'un héritage enclavé , 47 *-50

Enfans.

Si dans la Coûtume de *Senlis* les Enfans renonçans à la *Succession* de leur *Pere*, pour se tenir au *Douaire*, ne peuvent pas être acquittés sur les autres biens de la succession , II. 300 & *suiv*.

Voyez *Donations* en collatérale, &c. *Douairieres. Seigneurs.*

De qui ils tiennent les *Fiefs* à eux donnés par *Pere & Mere* en par-

tage en la Coûtume de *Laon*,
II. 550 & *suiv.*
Voyez *Bordelage. Command. Deniers
dotaux. Douaire. Droits* Seigneuriaux. *Négoce. Seigneurs. Souffrance. Vassaux. Usufruitiers.*
Les Enfans légitimés par *Mariage*
subséquent, sont mis par les Coûtumes au niveau de Légitimité
des autres nés dans le cours d'un
Mariage légitime, en quelque
temps qu'il ait été contracté, V.
                              211
L'Enfant né dans le *Mariage* intermédiaire à celui de la Concubine, est au temps de sa naissance
prior natus,   215
L'Enfant mâle né du *Mariage* légitime, avant le Mariage de la
Concubine, a le *jus formatum*,
                              215
Voyez *Aînés. Droit* d'aînesse. *Légi-
timés* par Mariage subséquent. *Ma-
riage. Naissance* d'Enfans. *Peres.
Reméré.* (le) *Représentation.* (la)
Tantes.
Engagement, voyez *Apanage.*
   Engagemens du Domaine du
              Roi.
Cet Engagement n'est qu'une figure
de l'*Usufruit*; sa durée, V. 432
Leur antiquité; leurs causes princi-
pales,   433
Ce qu'on entend par ces termes,
              441 & *suiv.* 452
Il y a toujours faculté de *Rachat*,
442, 452, 456, 460, 462, 464
Temps où ils n'étoient point con-
nus,   452
Engagement pour *Dot*,   452-454
Voyez *Domaine* de la Couronne.
Preuves d'Engagemens à titre d'*In-
féodation*, 455, n. (*b*), 457 &
              suiv. 463
— sans cependant aucun *Démembrement* de Fief, ni même vrai *Jeu*
de Fief,   457

En quoi les Engagemens à titre
d'*Inféodation* different des Engagemens simples, V. 463. n. (*a*)
Grand changement par tout dans les
Engagemens à titre d'*Inféodation*,
                          465-468
Variations sur leur forme, leur
étendue & leurs droits, 472-
                              480
Voyez *Engagistes. Fiefs. Ventes.*
Ils sont des *Propres* dans les Familles, susceptibles du *Droit* d'aînesse, & peuvent être hypothé-
qués & vendus,   481
Tout Acte, quel qu'il soit, excepté
l'*Echange*, n'est qu'un Engagement,   493
Il y a aujourd'hui deux sortes d'Engagemens,   493
Les anciens n'étoient pas tous à titre d'*Inféodation*,   493 & *suiv.*
Il n'y a point d'Engagement à titre
de propri té incommutable, 498,
524. — mais bien à titre d'*Infé-
dation*,   498 & *suiv.*
Tout est Engagement & par conséquent à faculté de *Rachat*, 500,
              522, 524 & *suiv.*
Quid, en cas du Contrat d'*Echange*,   522
Les Engagemens à titre d'*Inféodation*
sont faits pour être tenus du Chef-
lieu,   501
Nature de ce Contrat,   508
L'Engagement *per se* n'emporte
que les fruits & profits, 510
                          & *suiv.*
Si les Engagemens ouvrent les
Droits,   514
Si l'Engagement à titre de *Fief*, ne
doit rien aux *Mutations*,   515
Voyez *Echanges. Mutations* de Fiefs.
L'Engagement fait à titre de pro-
priété incommutable, est suscep-
tible du titre d'*Inféodation*, 525
                          & *suiv.*
Voyez *Apanage.*

Engagistes du Domaine.

S'ils peuvent exercer le *Retrait* féodal, IV. 74, 104
Quand ils le peuvent, V. 487,
  504, 509, 512
Sur quoi ils doivent être fondés pour
  le pouvoir, 504 & *suiv.* 509,
  522
Voyez *Donataires* du Roi.
S'ils diffèrent de l'*Usufruitier*, IV.
  104
Pourquoi en vertu de leurs Lettres
  qui contiennent le droit de retirer, exerçant le *Retrait*, le *Fief*
  retiré leur demeure, & quoiqu'on
  reprenne le Domaine engagé, ils
  acquièrent pour eux, 111 & *suiv.*
Voyez *Usufruitiers.*
S'ils doivent ou peuvent exiger la
  Foi, 214
S'ils peuvent *saisir* féodalement,
  333
Si ne devant point la *Foi*, ils doivent le *Dénombrement*, V. 125
Quid, s'ils vendent leur Engage-
  ment, 125
Cas où ils ne réunissent pas ce qu'ils
  acquièrent & retirent féodalement, 439
Manière dont ils peuvent disposer
  des Terres du Domaine à eux
  engagées, 445
Ils sont admis à faire *Foi & Hom-
  mage*, 458
En quels cas ils peuvent ou ne peu-
  vent pas toucher les profits des
  Fiefs, 472
S'ils peuvent recevoir la *Foi & Hom-
  mage* des *Vassaux*, 480
Voyez *Aliénation* du Domaine de la
  Couronne. *Apanagers.*
Ils ne sont Propriétaires que des
  fruits, 489
Ils n'ont que l'utile & non l'honorifique, 503, 506, 509, 522
Sur quoi ils doivent être fondés
  pour exercer le Droit de Re-

trait, V. 504 & *suiv.*
Ils ne jouissent du Domaine que
  comme *Usufruitiers*, 506
Quels sont les Droits des Engagistes des grandes Seigneuries, 509
S'ils peuvent user du *Retrait* censuel ès Pays où il a lieu, 511
  & *suiv.*
S'ils doivent la *Foi-Hommage*, 512
  & *suiv.* 521
— & les Droits aux *Mutations*, 512
  & *suiv.*
Autrefois ils avoient titre de *Seigneurs*; ils sont tous Engagistes à
  faculté de *Rachat*, 513
Voyez *Droit* d'aînesse.
Leurs *Fiefs* naturels, 526
Leurs Titres, 527
S'ils peuvent aliéner une portion de
  ce qu'ils tiennent par Engagement, pour en faire un *Fief* tenu
  d'eux, 527-529
Voyez *Usufruit.*
Ils ne jouissent point de la propriété ni de la Seigneurie du Domaine engagé; leur Usufruit même à
  titre de *Rachat* peut être tenu en
  Fief, 529
S'ils peuvent jouir des Droits honorifiques comme *Patrons*, 530-532
— & céder le *Patronage* attaché à la
  Seigneurie, 531 & *suiv.*
Si dans leur Engagement ils peuvent avoir la Justice Royale, 538
Celle qu'ils peuvent avoir, 539
Pourquoi ils ne peuvent se qualifier que *Hauts - Justiciers* ou *Sei-
  gneurs* par Engagement d'un tel
  Domaine, 539
S'ils peuvent avoir *Poteau* à leurs
  Armes, 540
— & lever la *Taille* aux quatre cas,
  590

Ennoblis, voyez *Corvéables. Femmes.
  Nobles* de race. *Partage* de successions. *Successions. Successions* collatérales.

Enregistrement, voyez *Saisie féo-*
dale.
Ensaisinement, voyez *Droits*.
Ensaisinement de Contrat, voyez *Re-*
trait.

Epervier for, *Faucon* for.
Signification de ces termes, V. 44,
n. (a)
Esclaves, voyez *Seigneurs* François.

Etablissemens de S. Louis.
Ce que c'est, III. 124
Leurs Articles qui prouvent que le
Parage avoit lieu dans les Provin-
ces tenues même immédiatement
du Roi, 124

Etampes. (Coûtume d')
Son Texte sur le *Relief*, II. 264-
266
Voyez *Champart. Lamy. Saisies*
réelles.

Etangs.
A qui il appartient d'en faire, V.
676
A quelles conditions, 676 & *suiv.*
— quant aux Coûtumes qui en par-
lent, 677 & *suiv.*
Voyez *Hauts Justiciers.*
Ils font d'utilité publique, 678
Voyez *Bois. Seigneurs.*

Etrangers.
Cas où chez les Romains ils étoient
admis à la *Licitation*, I 7
Cas où, suivant le *Droit* François,
ils devoient être admis à la *Lici-*
tation sans crainte, 11
Condition avec laquelle ils y font
admis parmi nous, 14
Pourquoi ils ne font point *Héritiers*,
quoiqu'ils aient acquis la part d'un
Héritier, 45 & *suiv.*
Ceux qui acquièrent les Droits d'un
Cohéritier, n'acquièrent point le
privilége, & par conséquent ils
doivent des *Droits*, 76 & *suiv.*
Il n'importe qu'ils aient été admis
à la *Licitation*, pourvu que l'*Ad-*

judication ait été faite à un des
Cohéritiers, I. 80
Quid, si l'Adjudication a été faite à
un Etranger, 80 & *suiv.*
Evêques, voyez *Ecclésiastiques.*
Eviction.
Quand le *Preneur* à cens ou à rente
en est tenu, III. 18
D'où procéde celle qui se fait par
Retrait féodal ou lignager, 18
Exemptions.
Celles que l'on comprend sous celle
des *Droits* Seigneuriaux, III.
529
Exhiber le Contrat.
Ce que c'est ; si la clause de la Coû-
tume nouvelle de *Paris* doit être
étendue à toutes les autres Coû-
tumes, comme étant un Article
de réformation, IV. 148 & *suiv.*
Exploiter.
Explication de ce terme, II. 155

F.

Faculté de Réméré, voyez *Sei-*
gneurs.
Farine convertie en Pâte.
Si elle est sujette au *Four* bannal,
I. 438
Voyez *Seigneurs.*
Faucon for, voyez *Epervier* for.
Faux-Aveu.
Son cas ; s'il donne lieu à la *Com-*
mise, IV. 278 & *suiv.*
— même pour les grands *Fiefs*,
288
Coûtumes où l'affirmative a lieu,
278 & *suiv.*
Quelle espéce de crime il est, 279
Les Textes des Coûtumes qui l'ad-
mettent doivent s'entendre du
Désaveu formel, 279 & *suiv.*
Comment il doit être fait, 279
En quoi il consiste, 280
Voyez *Aveu*, &c. *Roi.* (le)
Cas où on ne peut en trouver un, 281

DES MATIERES. 917

Féauté.

Ce que c'étoit, III. 118. V. 454,
        n. (a)
En quoi la Féauté différoit de l'*Hom-*
 mage,   III. 118

Félonie.

Ce que c'est, IV. 263 & *fuiv.* 296
       & *fuiv.* 308
Voyez *Défaveu.*
Façons par lesquelles le cas de Fé-
 lonie se commettoit , 267 &
          fuiv.
Pays où elle est admise pour perte
 de *Fief,*   271
Voyez *Seigneurs. Ufufruitiers.*
En quoi elle diffère du *Défaveu,*
       308 & *fuiv.*
Ses deux principaux cas admis par-
 mi nous,   309 & *fuiv.*
Celui qu'on a aboli,   309
Seule voie par laquelle elle ouvre la
 Commife,   311

Femelles.

Quand elles font excluses en collatérale,   V. 353, 357 & *fuiv.*
Façon de faire exclure les Femelles
 par les *Mâles,* même un mâle plus
 âgé que celui qui jouit du Droit
 de prendre les années de fa *Sœur,*
 plus âgée que le mâle de l'autre
 branche,   386 & *fuiv.*
Cas où l'exclusion des Femelles par
 les *Mâles* en parité de degré a lieu
 ou non,   388-393
Si la Femelle se porte Héritiere
 pure & simple, exclura-t-elle le
 Mâle Héritier bénéficiaire, 388

Femmes.

Elles ne peuvent s'obliger sans le
 consentement du *Seigneur,* I. 106
       & *fuiv.* 110
Réponse à une objection faite sur
 cette maxime,   107
Si elles étoient sujettes à quelques
 Corvées,   238
Voyez *Fiefs. Maris.*
Coûtumes où elles font communes

de plein droit sans stipulation, II.
          120
Celles où elles ne le font pas, 120
Communes de droit sans stipulation,
 elles font *Copropriétaires ,* 120
         & *fuiv.*
Dès qu'elles prennent en vertu du
 Don mutuel la totalité des *Con-*
 quêts, elles doivent *Relief,* & comment,   121
Voyez *Conquêts. Héritiers.*
Lorsque dans leur lot elles ont un
 Fief tout entier, à quel titre l'ont-
 elles,   132
Quoiqu'elles renoncent, elles ne
 font pas pour cela étrangeres aux
 Conquêts de la *Communauté,*
 qu'elles reprennent pour leurs reprises,   132
Cas où acceptant la *Communauté,*
 elles ne doivent rien pour ce qui
 leur échera de *Conquêts* soit moitié, soit entier,   133 & *fuiv.*
Si , lorsqu'elles renoncent & reprennent des *Conquêts,* elles ne
 doivent ni *Quint* ni *Relief,* 134
        & *fuiv.*
Si renonçant & reprenant leur propre ameubli, qu'elles retrouvent
 en nature, elles doivent *Relief,*
          135
Leurs biens ne font pas confondus
 dans ceux du *Mari,* 136 & *fuiv.*
Voyez *Mutation. Reprise* des *Pro-*
 pres.
Si , quoiqu'elles ne doivent rien
 quand leur *Fief* conquêt leur
 échoit en entier, néanmoins il en
 soit dû pour la moitié qui auroit
 dû appartenir aux *Héritiers* du *Ma-*
 ri, elles peuvent être contraintes
 à le payer, sauf leur recours,
        234 & *fuiv.*
Voyez *Douairieres.*
Si celle qui reprend le Propre à elle
 échu, constant le *Mariage* & pour
 lequel son *Mari* auroit fait la *Foi,*

918 **TABLE GENERALE**

doit faire la Foi, ne l'ayant pas faite avec son Mari, II. 240, 246

Quid, de celle à laquelle il échoit un *Conquêt* féodal, ou qui lui est donné pour ses *Reprises*, 240, 245

Quid, de la Femme roturiere, 245

Si elles doivent *Relief* dans la Coûtume de *Meaux* pour le *Fief* qui leur est échu avant le *Mariage*, quoique ce soit pour la premiere fois, 244

Si, se mariant plusieurs fois dans une même année, elles doivent autant de *Reliefs* que de *Mariages*, excepté le premier, 244 & suiv.

Si dans la Coûtume de *Melun* toutes les fois qu'elles se remarient, il est dû *Relief*, 253 & suiv.

Dans celle d'*Etampes*, celle qui exerce ses *Reprises* ne doit rien, 268

Celle qui pour son *Douaire* prend, dans cette Coûtume, un *Fief*, ne doit point de *Relief*, 269

Quid, dans celle de *Mante*, 286

Quid, si elle se remarie, 269

Quid, dans celle de *Montfort-La-mauri*, 274

Dans cette Coûtume il n'y a point lieu au *Rachat* lorsqu'elles sont séparées de biens par leur Contrat de *Mariage*, avec jouissance à part & par Justice lors de l'échoite, ou que se remariant depuis l'échoite, elles sont séparées par Contrat de Mariage, 273 Voyez *Fiefs*.

Si dans la Coûtume de *Mante*, elles sont exemptes de faire la *Foi* du *Fief* qui leur appartient, quand leur *Mari* l'a portée constant le *Mariage*, 285 & suiv.

Quid, par rapport aux *Fiefs* propres, 286

Quid, si le total leur échoit par le

Partage de Communauté, II. 286

Si dans la Coûtume de *Senlis*, reprenant leurs propres pour lesquels leurs *Maris* ont porté leur *Foi*, elles doivent la faire sans payer le *Relief*, 295 & suiv.

Si dans cette Coûtume elles doivent pour ce qui leur échoit par le *Partage* de Communauté, 296 & suiv.

Si dans cette Coûtume elles doivent *Relief* pour les *Fiefs* de leur *Mari* qu'elles ont pour *Douaire*, 300

Quid, dans la Coûtume de *Clermont* en Beauvaisis, à l'égard des *Fiefs* de leur *Mari*, qu'elles tiennent à titre de *Don* mutuel, 311

Lorsque dans la Coûtume de *Valois* elles reprennent leurs *Fiefs* après la mort de leur *Mari*, elles ne doivent rien, mais seulement la *Foi*, si elles ne l'ont pas portée personnellement, ou avant leur *Mariage*, ou conjointement avec leur Mari, 317

Si n'ayant pas fait la *Foi* elles peuvent dans ce cas opposer la *Prescription*, 317 & suiv.

Voyez *Seigneurs*.

Ce qu'elles doivent dans la Coûtume de *Valois* pour le *Fief* de Conquêt tant qu'elles demeurent veuves, 319

Si elles doivent le Droit de *Relevoisons* à plaisir, &c. par le décès de leurs *Maris*, 337 & suiv.

Quid, s'il y a séparation de biens avec jouissance à part, pour l'Héritage qu'elle prend en *Douaire*, & pour *Partage* de Communauté, 338

Si dans la Coûtume de *Tours*, lorsqu'à titre de communes elles reprennent pour leur *Partage* un *Fief* conquêt relevé par leur *Mari*, elles doivent *Rachat*, 378

Quid, dans la Coûtume de *Poitou*, II. 404

Ce qu'elles doivent dans la Coûtume de *Berri* pour leurs *Reprises*, 419

Si dans celle de *Vitri-le-François*, elles doivent *Relief* des *Fiefs* dont elles jouissent par *Don* mutuel, lorsqu'elles se remarient. 425

Quid, lorsque pour leurs *Reprises*, ou pour Droit de *Communauté*, elles prennent des *Conquêts* 425 *& suiv.*

Quid, dans la Coûtume de *Chaumont* en Bassigni, 434

Si dans celle de *Dreux* reprenant leurs *Propres*, lors de la dissolution du *Mariage*, elles doivent, 441 *& suiv.*

Si au Bailliage de *Chartres*, reprenant leurs *Propres* & partageant les *Fiefs* conquêts, acquittés par le *Mari*, elles doivent, 451 *& suiv.*

Quid, en la Coûtume de *Château-neuf* en Thimerais, 463

Quid, en celle du *Grand-Perche*, 475 *& suiv.*

Si dans la Coûtume d'*Amiens*, prenant la moitié des *Conquêts* immeubles, elles sont obligées à renouveller la *Foi* que leur *Mari* a portée, 485

Si lorsque par le *Partage* le total conquêt leur échoit, elles doivent *Relief* du tout, à cause de la Saisine du *Mari*, qui les avoit rendu Propriétaires de l'autre moitié, 485 *& suiv.*

Si dans la Coûtume de *Péronne* elles doivent pour leur moitié du *Fief* acquis en commun, divisé lors de la dissolution de la *Communauté*, 506

Si dans celle d'*Artois*, prenant moitié du *Fief*, relevé au nom des deux, elles doivent *Relief*, 538

Quid, si elles prennent en vertu de la déclaration du *Mari*, Au dernier vivant tout venant, II. 538 *& s.*

Si dans la Coûtume de *Laon*, prenant à titre de communes un *Fief* conquêt, même total, elles doivent, 553

Quid, dans celle de *Reims*, 575 *& suiv.*

Si en cedit cas, elles doivent, dans ces Coûtumes, *Relief*, non seulement de la moitié échue aux *Héritiers* du *Mari*, mais encore de la moitié qu'elles auroient pû prendre par choix, 576 *& suiv.*

Si elles doivent dans ces Coûtumes pour la Reprise de leurs *Propres*, 577

Quid, en celle de *Troyes*, 587 *& suiv.*

Quid, en celle de *Reims*, lorsqu'ayant un *Fief*, elles se remarient, ou si mariées leur *Fief* leur advient, leur *Frere* ne les ayant point acquittées de leur premier *Mariage*, 588 *& suiv.*

Si dans celle de *Bretagne*, acceptant la *Communauté*, elles doivent *Rachat* pour la moitié qui leur appartient dans les Terres acquises, 607

Quid, si elle ou ses *Héritiers* renoncent à la *Communauté*, 607

Quid, quand le survivant jouit en vertu d'une clause qui porte qu'il jouira pendant sa vie, 607 *& suiv.*

Voyez *Conquêts. Deniers* dotaux. *Douaire. Emploi. Maris. Mi-lods. Remploi.*

Si, ayant pour leur moitié dans la *Communauté* un *Fief* ou une part dans un *Fief*, elles doivent la *Foi*, quoiqu'elles soient Copropriétaires avec leur *Mari*, IV. 207 *& suiv.* 226

Quid, quant aux *Fiefs* propres à elles, & qui leur sont échus pen-

dant le *Mariage*,   IV. 208

Si prenant un *Conquêt*, elles doivent la *Foi*,   207 & *suiv.*

Quid, quant au *Fief* propre qu'elles aneublissent,   209

Voyez *Désaveu. Foi* & Hommage. *Seigneurs.*

Si la Femme roturiere d'un *Ennobli* meurt *Noble*, sa *Succession* doit-elle être *partagée* noblement ou roturierement,   V. 398 & *suiv.*

Voyez *Communauté* entre *Maris*, &c. *Droits. Durand. Pairies* femelles.

    Feodum *ou* Feodus.

Preuves que ce mot suivi du nom de la Terre ne dit que la *Mouvance* d'une Terre,   III. 102 & *suiv.*

Fermages, voyez *Seigneurs.*

Fermes, voyez *Colombiers.*

    Fermiers.

S'ils peuvent se servir des *Corvées* dûes à leur *Seigneur*,   I. 332 & *suiv.*

Voyez *Decret. Lods. Rachat. Relief* dû par le Haut - Justicier. *Seigneurs. Taisand.*

S'ils peuvent user du *Retrait* féodal,   IV. 108 & *suiv.*

— & céder le droit de *Retrait*,   109 & *suiv.* 113

Voyez *Dumoulin. Pocquet* de Livonniere.

Parlement où ils ne peuvent exercer le *Retrait*,   111 & *suiv.*

Si, lorsqu'ils reçoivent les *Lods*, ils excluent le Seigneur du *Retrait*,   172-175

Quid, quant à l'*Usufruitier* ou à la *Douairiere*,   175 & *suiv.*

En quel cas les Coûtumes leur permettent le *Retrait*,   174 & *suiv.*

S'ils peuvent *saisir*,   334

Voyez *Seigneurs.*

    Fermiers judiciaires.

S'ils peuvent exercer le *Retrait*, IV.   112

    Ferriere

Réfuté sur ce qu'il avance, que si l'*Usufruitier* ne veut pas user du *Retrait*, le *Seigneur* le peut, IV.   102 & *suiv.*

— sur cette question : Si un *Vassal* vendant son *Fief* à Titius auquel peu après ce Dominant vend le Fief dominant avant d'en avoir reçu le *Quint*, &c. le Dominant peut demander le Quint, ou user du *Retrait* sur le Fief vassal acquis,   178 & *suiv.*

— sur cette autre : Si le *Prélat* ou *Bénéficier*, en recevant les Droits de la Vente d'un *Fief* tenu de son Eglise, exclut son Eglise du *Retrait*,   180 & *suiv.*

Voyez *Brodeau. Carondas.*

    Feudum sœmineum.

Ce qu'on a appellé ainsi,   V. 336

Fideicommis, voyez *Condamnation* à mort. *Profession* Religieuse.

    Fief corporel.

Quel il est ; quand ouvert au *Retrait*,   IV. 15

    Fief Dominant.

L'un de deux *Coseigneurs* de ce Fief achete le *Fief* servant, l'*Acquéreur* doit-il rendre la *Foi* à son Coseigneur pour autant qu'il lui en est dû,   IV. 209

Quid, s'ils acquéroient tous deux un *Fief* tenu d'un autre, qu'ils possédent conjointement,   209

Voyez *Acquéreurs. Aveu*, &c. *Dumoulin. Fiefs. Lignager. Retrait. Réunion* de Fiefs. *Seigneurs.*

Qui doit toucher les profits du *Fief* servant survenus pendant la *Saisie* réelle du Fief dominant,   420

    Fief dotal.

Si le *Mari* en est Propriétaire, I.   168

    Fief incorporel.

Quel il est ; quand & comment ouvert au *Retrait*,   IV. 15

    Voyez

Voyez *Sergens.*

Fief & Justice.

Principes dans lesquels ils n'ont rien
de commun, I. 144

Fief-lige, voyez *Hommage-lige.*

Fief servant.

Ce que c'est ; sa réunion au dominant, I. 136 *& suiv.*

Coûtumes où étant acquis, il n'est
point réuni au dominant, 138

Voyez *Acquéreurs. Commissaire* aux
Saisies réelles. *Fief dominant.
Fiefs. Procureur Fiscal. Retrait.
Réunion de Fiefs. Seigneurs.*

Fief vassal.

Quand il est réputé ouvert, IV.
202, 345

Voyez *Réunion. Seigneurs. Vassaux.*

Si, lorsqu'il y a obligation d'aller à
la *Foi*, l'ouverture de ce Fief est
pure, 345

Cas où son nouveau Possesseur est
en demeure, 345 *& suiv.*

Son ouverture n'acquiert pas les
Fruits ; il faut une *Saisie*, 417
& suiv.

Voyez *Fiefs.*

Fiefs.

Leur constitution, I. 107 *& suiv.*

Quand & où ils sont *Fiefs* en l'air,
116 *& suiv.*

Voyez *Héritages* de Fiefs. *Sous-inféodation.*

Leur profit ne peut jamais appartenir qu'à celui qui, lors de l'ouverture, est le *Seigneur* immédiat,
124

Ils sont inconnus aux *Romains*,
135

Voyez *Héritiers* bénéficiaires. *Réunion* de Fiefs.

Celui dont le *Sousfief* & la *Censive*
sont parties, est le centre auquel ces parties tendent toujours,
138

Ils sont chargés de *Corvées* inconnues aux *François*, 339

Leurs qualités ; pourquoi concédés
dans leur institution ; ceux qui
n'en pouvoient alors posséder ;
par qui ils peuvent l'être, I. 428

Ce qu'ils sont en France, 429

Parties dont est composé celui que
tient le *Vassal* de son Dominant,
II. 3, 24. 127

Voyez *Actes* de Foi. *Combat* de Fief.
*Dumoulin. Hauts - Justiciers. Pres-
cription. Relief* dû par le Haut-
Justicier. Rente foncière non rachetable. *Seigneurs.*

Ce qu'ils sont maintenant pour la
Succession & le *Commerce*, 14

Ce qu'ils sont, ainsi que les *Héritages*, relativement à des tiers, 15,
31

Comment un tiers peut les *prescrire*
sur un autre, 15

Pourquoi leur considération n'entre
pour rien dans la *Prescription* par
un tiers, 15

Ce qu'ils sont entre le *Seigneur* féodal & le *Vassal*, 15,

Voyez *Droit* des Fiefs. *Vassaux.*

Comment une fois concédés, ils
peuvent s'éteindre ou s'altérer,
19

Voyez *Prescription* de 30 ans.

Disposition qu'il faut suivre en cette
matiere, 32

En quoi le Fief circonscrit & limité
differe de celui qu'on appelle *volant*, 48

Voyez *Coquille.*

Ce qu'ils sont dans les *Pays* de Droit
écrit, 72

Comment s'en est établie la patrimonialité, 72 *& suiv.*

D'où viennent les premieres défenses faites aux *Ecclésiastiques*, aux
Roturiers & aux *Femmes* d'en posséder, 73

Voyez *Curateurs* au Fief déguerpi.
Donations en directe. *Mutation.
Ouverture* de Fief. *Relief. Saisie*

Tome V.

A A A a a a

féodale. *Sous-inféodation. Succession.*

En quoi ils consistent, II. 154, 160
Voyez *Cens. Inféodation* du Dominant.
S'il est dû *Relief* pour celui donné avec clause de reversion, 181 & *suiv.*
Voyez *Abonnement. Dominant* du Seigneur.
La matiere des Fiefs est l'écueil de tous les Sçavans, 191
Attention requise pour décider en cette matiere, 192
Voyez *Bailleur* à rente, &c. *Dominant* du Bailleur. *Douairieres. Femmes. Filles. Mariage. Peres.*
Si dans la Coûtume de *Mante*, les Fiefs mouvans du Roi sont exempts du *Relief*, 278 & *suiv.*
Dans cette Coûtume les Fiefs relevans de toute main sont de deux sortes, 281
Abolis cependant depuis, 281 & *suiv.*
Tous Fiefs subsistans avant la réformation de cette Coûtume, ou érigés depuis, sont compris dans l'abrogation du Droit de toute main, 282 & *suiv.*
En quoi ils different de tous les autres biens, 287
Comment on doit entendre dans la Coûtume de *Senlis*, qu'ils se relevent de toutes mains, 296
Voyez *Arriere-Fiefs. Parage. Roturiers. Seigneurs* Dominans.
Ceux qui dans la Coûtume de *Poitou* courent en *Rachat*, 394 & *suiv.*
Ils sont de deux sortes en cette Coûtume, 394
Voyez *Eclichemens*, &c.
Si dans la Coûtume de *Berri*, on peut les donner en tout ou en partie à *Cens & Rentes*, 420
Si dans celle de *Chaumont* en Bas-

signi, il est dû *Quint* ou *Relief* du Fief légué à vie, II. 430 & *suiv.*
Voyez *Abonnement. Puînés. Rachat.*
Tous les Fiefs sont accordés, dans la Coûtume d'*Amiens* à l'*Aîné* ou Aînée, 486 & *suiv.*
Quid, dans celle de *Chauni*, III. 31
Voyez *Foi & Hommage. Seigneurs.*
Les portions du Fief divisé deviennent dans la Coûtume de *Ponthieu* autant de Fiefs, II. 494
Voyez *Mineurs. Relief* de mariage.
Comment dans la Coûtume de *Boulenois* ils s'éclichent & se démembrent, 512 & *suiv.*
Ils n'appartiennent dans cette Coûtume qu'à un seul *Héritier*, tant en directe qu'en collatérale, 516 & *suiv.*
Si chaque partie de celui acquis par deux *Conjoints*, & tombé en séparation par succession, est dans cettedite Coûtume de semblable *Relief* que le principal, 518 & *suiv.*
Voyez *Donations. Droit* réel. *Droiturer*, &c. *Enfans. Regaler*, &c. *Relever*, &c.
Si dans la Coûtume de S. *Quentin*, celui à qui, par *Partage* fait par *Pere* ou *Mere*, ou par *Don* en faveur de *Mariage*, il en échoit un, doit *Relief*. 559 & *suiv.*
Si dans celle de *Châlons*, les Fiefs pouvant être divisés par *Partage*, ils sont censés démembrés, 568
Voyez *Maris.*
Si la division de leur Titre en cause le *Démembrement*, III. 3
Comment dans l'ancienne Coûtume de *Paris* on pouvoit s'en jouer, 12 & *suiv.*
Voyez *Droits* Seigneuriaux. *Rachat.*
Comment dans la Coûtume de *Ver-*

mandois, ils se partagent entre *Enfans*, & s'ils peuvent se démembrer, III. 30 & suiv.
Ce qui est requis pour déroger à la Loi de l'investiture de celui concédé *sub una fide, uno homagio*, 24
Ce que c'est que de les *démembrer*, 25, 30, 32
Voyez *Arriere-Fiefs. Collatéraux. Jeu de Fiefs. Mouvance. Seigneurs. Vassaux. Ventes.*
Ce qu'entend la Coûtume de *Clermont* en Beauvaisis par ces termes : *Un Vassal ne peut & ne doit ébranler son Fief en vendant partie & retenant l'autre*, 43 & suiv.
Ce que c'est que de les vendre à forfait, ou purement & simplement, 55 & suiv.
— & de les *démembrer* par division réelle, par vente de partie, 56
Voyez *Parage.*
De quoi ils sont composés, 86, 90, 100, 16, *Addit.*
Ils sont du *Domaine* direct & utile, 90
Voyez *Dot. Lods* & Ventes.
Ceux qu'on nomme *simples* ou *dignitaires*, 149
Voyez *Fiefs* dignitaires.
Si, lorsque la Coûtume donne ou non le *Droit* d'aînesse en collatérale, en cas de partage de Fief, le *Chef-lieu* doit appartenir au plus âgé, 156 & suiv.
Ils sont patrimoniaux *quoad omnia*; Pays où ils ne le sont pas, 210
Ce qu'on doit observer dans la Coûtume de *Cambrai*, pour les aliéner, & même les hypothéquer, ainsi que les *Mains-fermes*, 268
De combien de sortes dans cette Coûtume, 269
Si leurs profits sont réels, 294
Si en *Normandie* ils sont indivisibles, 379

Si celui de *Hautbert* peut se diviser, III. 379
Quid, quand tout le bien ne consiste qu'en un, 379
Coûtume où ils sont d'honneur, 535, 537
— sans profit de bourse, 535
Si en cas de *Ventes* de Fiefs les *Vassaux* peuvent devoir les Droits de *Lods*, 535
Si ceux purement d'honneur & qui ne donnent pas lieu aux *Lods* & au *Retrait*, sont recevables, 540 & suiv.
Espéce d'un Procès sur cette question, 543 & suiv.
Prouvé contre M. Auroux des Pommiers, qu'un Fief *une fois constitué* Fief *est* Fief dans toutes les Coûtumes allodiales ou non, 14, *Addit.*
Aussi anciens dans la Coûtume de *Bourbonnois*, que leur origine dans toute la France, 19, *Addit.*
Voyez *Retrait* Seigneurial. *Seigneurs.*
Quand leurs *Mouvances* sont sujettes au *Retrait* féodal ou lignager, IV. 16
Voyez *Abonnement* de Fiefs. *Châtelain. Rentes.*
Ce qui les ennoblit, 63
Comment se doivent entendre ces dires de quelques Coûtumes, que le Fief *ne va pas sans Justice au moins basse*; & que Fief & Justice *sont tout un*, 64 & suiv.
Voyez *Engagistes* du Domaine. *Héritiers. Héritiers bénéficiaires. Maris. Retrait. Seigneur Dominant. Seigneur Suzerain. Usufruitiers.*
Un homme a vendu son Fief, le *Seigneur* féodal a exercé le *Retrait*, un *Lignager* a évincé le Seigneur, depuis il le revend, *quid juris ?* 119 & suiv.

Voyez *Acquéreurs. Femmes. Lignager. Maris. Prélats. Seigneurs. Tuteurs. Vassaux.*

Si Titius, qui possède les Fiefs *dominant & servant*, vend à Caïus le Fief dominant, est obligé de faire la *Foi* à Caïus, IV. 208

Dans ce cas Caïus est-il obligé de notifier à Titius qu'il connoît & est sûr de la *Mutation*; ou peut-il saisir quarante jours après son acquisition, faute par Titius d'avoir fait la *Foi*, 208 & *suiv.*

Voyez *Curateurs* à succession vacante. *Fief* dominant. *Mutation. Roi.* (le)

Comment en *Anjou* ils se partagent entre *Nobles & Roturiers*, 218 & *suiv.*

Quomodo, lorsqu'un Fief entier échoit aux *Puînés* ou *Puînées*, 219

Comment s'entend, dans cette Coûtume, leur partage égal permis aux *Roturiers*, 219 & *suiv.*

Voyez *Foi & Hommage. Offres. Propriétaires. Roturiers. Souffrance. Veuves.*

Ce que c'est que le Fief, 263
Voyez *Commise.* (la)

Comment ils se perdent, 264 & *suiv.*

Moyens de défenses pour éviter de les perdre, 266 & *suiv.*

Pourquoi il y avoit perte de Fief en commettant le *Viol* avec la *Sœur* du *Seigneur*, & non lorsque le *Vassal* tuoit le *Frere* du Seigneur, 268

Quid, si le *Vassal* violoit la *Veuve* du *Seigneur*, 268

Si leur perte a lieu *ipso facto*, ou seulement *per sententiam*, 268
Voyez *Seigneurs. Vassaux.*

Leur Droit sur la *Commise* pour fait d'*Ingratitude* du *Vassal*, 269

Comment ils se perdoient en Pays de Droit écrit & de *Coûtume*; IV. 270 & *suiv.*

Seul cas où en *Bourgogne* ils ne sont plus de danger, 271
Voyez *Félonie.*

Si l'omission d'une portion du Fief dans un *Aveu* ou *Dénombrement*, emporte perte de Fief pour la portion omise, 273 & *suiv.*

Voyez *Bénéficiers. Désaveu. Faux-Aveu. Provision. Roi.* (le) *Saisie féodale. Seigneurs. Vassaux. Usufruitiers.*

Prendre Fief, ce que c'est, 330

Voyez *Commissaire* aux *Saisies réelles. Commission* du *Juge. Créanciers. Franc-aleu. Juges* de *Seigneurs. Maris. Procureur Fiscal. Seigneurs* féodaux. *Tuteurs.*

Si ces termes, *Tout le Fief*, s'appliquent à tout ce qui est compris sous la même dénomination, 406

Ce qu'on entend par les appartenances & dépendances du Fief, comme Fief; & les appartenances & dépendances du Fief, comme fonds patrimonial, 407

Si, quand on *saisit* le Fief nommément, tout ce qui dépend du Fief est réputé saisi, 406

Voyez *Saisie* féodale. *Seigneur* Haut-Justicier. *Seigneurs. Tenanciers. Vassaux.*

Pays où ils sont d'honneur, V. 2.
— où on en dispose par *Testament* comme des autres *Biens*. 197 & *suiv.*

Voyez *Aveu,* &c. *Mineurs.* (les) *Vassaux.*

Qu'est-ce qu'un Fief partagé d'ancienneté, ou des parties qui font un corps de Fief, 129
Voyez *Seigneurs.*

Leur constitution, 187
Voyez *Foi & Hommage. Contrat* entre Seigneurs, &c.

DES MATIERES. 925

Quelle espéce de patrimoine sont les Fiefs dans les *Pays* coûtumiers, V. 202

Voyez *Aînés. Seigneurs.*

Tout ce qui est uni au Fief, comme Fief, ne fait qu'un seul & même corps féodal avec le Fief auquel il se trouve réuni, 325

Singularités de la Coûtume de *Saint Quentin* sur la *Succession* des Fiefs, 383 & *suiv.*

Voyez *Jeu* de Fief.

Deux titres de Fief distincts *per se*, 411

Voyez *Duchés-Pairies. Foi* & *Hommage. Sous-inféodation.*

Leur substance & leur essence, 496

Leur nature est d'être perpétuels; quid, en fait de *Domaine*, 496

En Fief, plus en matiere de *Domaine*, il faut s'arrêter aux conditions de la vente, & non à la forme, 499

Quant aux *Engagemens* du Domaine, les profits échus ou à échoir sont perçus au profit du Roi, 506

Voyez *Aînés. Anjou & Maine.* (Coûtume d') *Argentré.* (d') *Aveu*, &c. *Auroux* des Pommiers. (M.) *Bail* à cens. *Bois* de haute futaie. *Censives. Chaumont.* (Coûtume de) *Contrat* entre Seigneur, &c. *Coûtumes. Démembrement* de Fief. *Dénombrement. Domaine* de la Couronne. *Domaines.* (petits) *Droit* d'aînesse. *Fils. Filles. Foi* & *Hommage. Grevé* de substitution. *Jeu* de Fiefs. *Investiture. Légitime.* (la) *Licitation. Mâles.* (les) *Mouvances* de Fief. *Paris.* (Coûtume de) *Peres. Puînés. Rappel. Roturiers. Saisie* féodale. *Seigneurs* François. *Taille* aux quatre cas.

Fiefs, (les grands) voyez *Fiefs* dignitaires.

Fiefs abregés ou restraints.

Ceux qu'on appelle ainsi dans la Coûtume d'*Amiens*, II. 484

Ce qu'ils doivent, 488

Fiefs en l'air.

Ce que c'est, II. 344. V. 2

Combien ils sont favorisés dans la Coûtume de *Lorris*-Montargis, II. 344

Ce que c'est dans la Coûtume de *Poitou*, 397

Voyez *Seigneurs.*

Ils sont rejetés dans la Coûtume d'*Anjou*, 593

Comment il faut se pourvoir sur ces Fiefs, V. 2 & *suiv.*

Voyez *Aveu*, &c. *Fief* incorporel. *Sergens.*

Fiefs amortis, voyez *Relief* ès mutations de Bénéficiers.

Fiefs appréciés.

Ce que c'est, II. 294

Fiefs boursiers.

Pays où ils sont connus; les différens noms que leur donnent les Auteurs, II. 455 & *suiv.*

Ce que c'est, 457 & *suiv.*

Fiefs cottiers.

Quels sont ces Fiefs dans la Coûtume de *Cambrai*, III. 269

Fiefs dignitaires.

Les vrais Fiefs dignitaires en France, V. 401

Voyez *Démembrement.*

Distingués en deux classes, 422

S'ils sont indivisibles; régle à cet égard, 423-430

Quid, dans les Coûtumes de Parage, 427 & *suiv.*

Fiefs gentils.

S'ils se partagent, V. 426

Fiefs nobles.

Ceux qu'on nomme ainsi dans la Coûtume de *Cambrai*, III. 269 & *suiv.*

Fiefs particuliers.

Leur origine, II. 73

Filles.

Si un *Fief* échéant à une Fille en collatérale, & ayant payé *Relief* pour
l'échoite, elle en doit payer un
pour son *Mariage*, II. 224 &
suiv.

Si dans la Coûtume de *Melun* se
trouvant l'*Aînée* de tous, elle
peut porter la *Foi* pour tous les
Fiefs, & acquitte ses *Sœurs*, 253

Voyez *Donations. Parage. Rachat.
Relief* de mariage.

Si dans la Coûtume de *Dreux*, celle
de l'*Aîné* décédé peut couvrir les
Fiefs pour tous, 440

Voyez *Aînés. Donations* en directe.
Dot. Lods & Ventes.

Si l'*Aînée* dans les Coûtumes où
elles succédent au *Droit* d'aineïe,
peut acquitter de la *Foi* ses *Tantes*, IV. 227

Quid, s'il n'y a que des Filles,
227

Quand en *Pays* de Droit écrit la
Fille *Aînée*, ou sa représentation,
a les mêmes avantages *ab intestat*,
V. 198-202

Voyez *Aînés. Droit* d'aineïe. *Légitime.*

Quand autrefois elles succédoient
au *Fief*, 236

Réponse à cette objection : D'une
Fille on n'en peut pas faire un
Mâle, 354 & suiv.

Si elles peuvent, en cas de succession
de *Duchés*, demander pour récompense d'autres Terres dignitaires,
s'il y en a dans la *Succession*, 403
& suiv.

Elles ne peuvent être forcées de recevoir la récompense en *Argent*,
406

Voyez *Mâles. Meres. Seigneurs.* Taille
aux quatre cas.

Fils.

Si celui qui étant *Donataire* se tient
à son Don, & que son Don ex-

cède, doit *Relief*, II. 277

Voyez *Donations. Donations* en directe. *Droits. Ligne* directe. *Mi-
lod. Relief.*

Si le Fils exhérédé peut réclamer
son *Droit* d'aineïe, V. 270

Voyez *Droit* d'aineïe.

Si le Fils Donataire du *Fief* dominant qui retire le Fief servant,
se porte Héritier de son Pere,
& rapporte le Fief dominant,
doit rapporter le Fief servant,
300-303

Fins de non-recevoir, ou causes
d'exclusion du *Retrait*
Seigneurial.

D'où ils se tirent, IV. 164

Quels ils sont, 164 & suiv.

Foi & Hommage.

La Foi est indivisible : raisons pour
prouver la fausseté de cette pro-
position, I. 99

Voyez *Actes* de Foi. *Cens. Préscription* coûtumiere. *Réunion* de Fiefs.

Si elle est *imprescriptible* dans la Coûtume de *Nevers*, II. 65

Dans les *Coûtumes* de Franc-aleu
l'*Héritage* étant une fois prouvé
Fief ou chargé de *Censives*, elle est
imprescriptible *in æternum*, ainsi
que la *Directe*, 66

Voyez *Femmes. Gardien* noble. *Hauts-
Justiciers. Homme* vivant. *Mariages.
Parage. Relief* en bail, &c. *Relief*
de mariage. *Vassaux.*

Si dans la Coûtume de *Tours*, pour
la Foi qui se fait par Dépié de
Fief, ou par *Parage* failli, il est
dû *Rachat*, 380

Voyez *Acquereurs. Billecart.*

Cas où on peut déclarer sa retention illusoire, III. 15

Voyez *Aînés. Cens. Chémier. Retrait.
Ventes.*

Si dans le *Bail* à rente elle est censée
retenue, quand on ne s'en est pas
désaisi, 25 & suiv.

Elle est de la substance du *Fief*, III.
    15, *Addit.*

Ce que c'est,   IV. 197, 200-207

Voyez *Aînés.*

Quand elle est dûe,   202 *& suiv.*

Quando, quant aux *Mutations* à titre
    particulier,   203

Voyez *Curateurs* à succession vacan-
    te. *Curateurs* au déguerpissement.
    Délai pour la Foi. *Femmes. Fief
    Dominant. Héritiers. Mutations.
    Usufruitiers.*

Terme pour la rendre dans les *Pays*
    de *Droit écrit*,   210

Par qui elle est dûe,   211 *& suiv.*

Voyez *Apanagers. Cohéritiers. Enga-
    gistes* du *Domaine. Propriétaires.
    Roi.* (le)

Comment elle se fait en *Anjou* par
    les *Héritiers Nobles* ou *Roturiers*,
                220 *& suiv.*

Voyez *Haut-Justicier. Maris.*

Elle doit se faire en personne,
             221 *& suiv.*

Cas où on peut être dispensé de la
    faire ainsi,   222 *& suiv.*

Voyez *Bénéficiers. Gens* de Main-
    morte.

Elle est un devoir personnel dont
    le *Vassal* ne peut être excusé,
             223

Voyez *Mineurs. Parlemens.*

Cas où on la réitere,   224

Voyez *Héritages. Roturiers. Seigneurs.
    Souffess.*

Ce qui est requis quand on veut
    l'offrir & la faire par Procureur,
             225

Comment & par qui elle doit être
    faite, lorsqu'un *Fief* est saisi réel-
    lement, que le *Vassal* est en de-
    meure de faire la foi, & que le
    Seigneur saisit féodalement faute
    d'homme, droits & devoirs, 226

Voyez *Aînés. Douairieres. Filles. Veu-
    ves.*

A qui elle est dûe,   229 *& suiv.*

Voyez *Vassaux.*

Comment doit être faite celle qu'on
    fait à un pour tous,   IV. 234

Si elle est valablement faite aux *Gar-
    diens* ou *Tuteurs*, ou au *Mari* jouis-
    sant des *Fiefs* propres de sa *Fem-
    me*,   234 *& suiv.*

A qui doit-elle être faite, quant
    aux *Fiefs* du *Domaine* engagés ou
    non,   235

Cui, s'il y a *combat* de Fief entre
    plusieurs *Seigneurs* Dominans,
               235

Si dans ce cas le *Vassal* est nécessité
    d'obtenir en *Chancellerie* des Let-
    tres de Cour Souveraine, 235
               & suiv.

Où elle doit être rendue, 236 *& s.*

Ubi, lorsque le *Seigneur* a plusieurs
    Manoirs dans son *Fief*, l'un où il
    demeure, l'autre abandonné, 237
               & suiv.

Ubi, dans les Coûtumes qui sem-
    blent ne regarder cette Foi &
    Hommage que comme de simples
    Offres, 238 *& suiv.* 241 *& suiv.*

Forme de la faire,   247 *& suiv.*

Les *Offres* que son Acte doit conte-
    nir,   249 *& suiv.*

Voyez *Contrats. Fief* vassal. *Maris.
    Offres. Protestation. Seigneurs. Souf-
    france. Usufruitiers.*

Cas où elle est nulle,   349

Celui où elle peut être refusée,
            350 *& suiv.*

Voyez *Saisie* féodale.

Ce que disent seulement les Actes
    de Foi,   V. 2

Quel est l'Acte de Foi rendu aux
    Seigneurs,   6, 191

Voyez *Dauphiné.* (Chambre des
    Comptes) *Engagistes. Maris* (les)
    Mineurs. (les) *Prince* Apanager.
    Seigneurs.

Qu'est-ce qu'une Foi reçue à part &
    divis,   129

Voyez *Vassaux.*

Régle immuable des factions de Foi-
Hommage,   V. 141 & suiv.
Voyez Aveu, &c. Lettres de Foi.
Seigneurs.
Les Actes de Foi doivent être avant
30 ans, 177. & sont les vrais Actes de renouvellement d'Investiture,   187-191
Si les seules Foi & Hommages peuvent constater un Fief, 185-191
S'il seroit à propos d'abolir les Hommages à l'égard des Seigneurs,
191 & suiv.
Différence de l'Acte de Foi, de celui
de l'Aveu,   192
Distance infinie qu'il y a des Foi &
Hommages que l'on doit aux Seigneurs particuliers, de celles que
l'on doit au Roi comme Roi,
193
Quid, la Foi-Hommage n'est pas de
la substance du Fief, 193 & suiv.
Importante utilité de la Foi-Hommage pour le Seigneur, quoiqu'elle
ne contienne aucune instruction,
194
Quelle Foi peut faire, en cas d'A-
veux & Dénombremens, dans un
Contrat passé entre deux Particuliers, cette clause : Ladite Terre
vendue à la charge de telle Rente
dûe à tel ou tel,   194-196
A qui appartient la réception de
Foi-Hommage, en cas d'Aliénations des Fiefs dépendans des Terres Domaniales, ainsi que les profits desdits Fiefs,   470 & suiv.
Voyez Argentré. (d') Chopin. Dumoulin. Engagistes. Jeanne fille de
Raimond, &c. Vassaux.
Folle enchere.
Comment elle se poursuit, III. 256
Fonds.
Si les Fonds allodiaux accensés doivent être distingués des Fonds
féodaux accensés, III. 14, Addit.
18 & suiv. 21 & suiv.

Fonds taillable.
Si, quoique possedé par un franc, il
perd la taillabilité imposée, III.
557
Forêts, (le) voyez Lods & Ventes.
Foulloi, (Coûtume de la Prevôté de)
voyez Relief.
Fournage, voyez Mouture.
Fournier, voyez Franche-moute.
Fours, voyez Particuliers. Seigneurs
Dominans.
Fours bannaux.
Par qui ils ont été établis, I. 341
Voyez Bannalité de Four. Boulan-
gers publics. Farine. Roi. (le) Sei-
gneurs. Tenanciers.
Frais de labour, voyez Seigneurs.
Franc-aleu.
De deux sortes,   I. 155
Si un Franc-aleu roturier acquis par
un Haut-Justicier, sera partagé
comme noble dans sa succession,
155
Coûtumes qui admettent ou rejet-
tent le Franc-aleu sans titre,
155 & suiv.
Voyez Hauts-Justiciers. Proprietaires
de Fief. Réunion de Fiefs.
S'il a lieu sans titre dans la Coû-
tume de Troyes,   II. 46-49
Il est reçu dans celle de Bourges, 50
Pays où il a lieu sans titre, IV. 278
Voyez Seigneurs.
Si le Propriétaire d'un Franc-aleu,
qui a sous lui des Fiefs, peut sai-
sir féodalement,   334
Cas où les Francs-aleux font partie
ou non du Fief saisi,   408
Voyez Seigneurs Hauts-Justiciers.
Pourquoi les Francs-aleux s'appel-
loient Aleux libres,   V. 307
Francs-aleux Nobles.
Celui reconnu par toutes les Coû-
tumes,   II. 65
Comment ils se partagent, V. 306
Franche-moute ou Cuire franc.
Quel est ce droit,   I. 444

Si la famille qui jouit de ce droit se multiplie, le *Meunier* ou *Fournier* seront obligés de moudre ou cuire pour toute cette famille augmentée, I. 444

François, (les) voyez *Corvées*, *Fiefs*.

François I.

Il ôte aux *Seigneurs* le droit de battre *Monnoie*, I. 259

Usage qu'il a aboli, IV. 213

Son Serment, 213

Vraie date de son accession à la Couronne de France, V. 144 & *suiv.*

Francs-aleux Nobles ou sans Justice.

Comment ils se partagent, V. 306

Francs-Fiefs.

Ce qui leur a donné lieu, III. 77

Arrêt du Conseil à leur sujet, 78

Voyez *Seigneurs*.

Fraude.

Où elle se peut trouver dans la *Licitation* faite devant *Notaires*, I. 80

Si en Contrat *d'Echange*, il est permis aux *Seigneurs* de la découvrir par *Témoins*, III. 232

Celle qu'ils doivent prouver, 234 & *suiv.*

Si les conjectures graves sont suffisantes pour la prouver, 233

Voyez *Seigneurs*.

Fraude Normande.

Ce que c'étoit, III. 341

Elle a été proscrite par plusieurs Déclarations du Roi, 342

Teneur de celle du 27 Juillet 1731 contre cette fraude, 342 & *suiv.*

Fraude dans les Ventes.

Ce qui a donné lieu d'inserer dans les *Coûtumes* des dispositions pour la découvrir, II. 530

Comment elle peut être prouvée, 530 & *suiv.*

Freres, voyez *Aînés. Collateraux. Femmes. Fiefs. Lods & Ventes. Mâles. Peres. Souffrance. Tantes.*

Freres & Sœurs.

Si dans la Coûtume de *Dreux*, ils peuvent tenir leur portion de l'*Aîné*, II. 439

Fruits.

Quand ils sont dûs au Légataire, II. 87

Voyez *Donations. Mariage. Seigneurs.*

Si les Fruits pendans par les racines sont *Meubles* ou *Immeubles*, III. 461 & *suiv.*

Si dans ce cas ils sont sujets aux *Droits Seigneuriaux*, 463 & *suiv.*

Fruits & Usufruits.

Si leur vente donne lieu au *Retrait*; IV. 22

Voyez *Fief* vassal. *Infraction* de Saisie. *Saisie* féodale. *Seigneur* Censier. *Seigneurs. Vassaux. Usufruitiers.*

Comment réputés ceux pendans par les racines, 427

Voyez *Tenanciers.*

Fuies.

Ce que c'est, V. 611

Voyez *Bois. Colombiers.*

Fulbert, Evêque de Chartres.

Il nous prouve combien les *Seigneurs* étendoient les droits de *Bannalité*, I. 341

Furieux, voyez *Interdits.*

G

Gager le Rachat.

Ce que c'est, IV. 216*

Garantie.

Si elle doit avoir lieu quant au *Jeu de Fief*, III. 17

Garde, voyez *Relief* de Garde. *Tutelle.*

Garde des Fiefs, voyez *Procureur Mortailler.*

Garde noble.

En faveur de qui admise dans la Coûtume de *Senlis*, II. 259

Voyez *Douairieres.*

Tome V.

BBBbbb

Gardien noble.

Il doit la *Foi* dans la Coûtume de Sens, II. 258

S'il doit *Relief* de son chef, 258 & *suiv.*

S'il doit dans la Coûtume de Clermont en Beauvaisis payer le *Relief* pour ses *Mineurs*, 310

Quid, dans celle de *Valois*, 319 & *f.*

— dans celle de *Vitri-le-François*, 426

— dans la Coûtume locale du *Perche-Gouet*, 454 & *suiv.*

— dans celle de *Châteauneuf* en Thimerais, 463

S'il peut retirer féodalement, IV. 107

Gardiens.

S'ils sont tenus, ainsi que les *Tuteurs* & *Curateurs*, *Peres* ou *Mres*, de demander la *Souffrance* en personne, 255 & *suiv.*

Voyez *Dumoulin* Foi & Hommage. *Gardiens*, *Baillistres*, *Curateurs* ou *Tuteurs.*

Dans la Coûtume de *Melun*, ils ne doivent rien de leur chef; mais ils doivent payer s'il est dû par les *Mineurs*, II. 254

Quid, dans celle d'*Etampes*, 208

— dans celle d'*Orléans*, 329

— dans celle de *Lorris*-Montargis, 351

— dans celle de *Blois*, 362

— dans celle de *Berri*, 419

Carennes.

Signification de ce mot; à quoi on l'attribue, V. 678

Voyez *Hauts Justiciers.*

De deux sortes; à quelles conditions on peut en avoir, 679-681

Maximes qui peuvent guider sur cette matiere, 681-683

Voyez *Bois.*

Gens d'Eglise, voyez *Acquéreurs. Ecclésiastiques. Gens* de main-morte.

Gens de main-morte.

Temps qu'ils ont dans la Coûtume d'*Orléans* pour donner nouvel *Homme* en cas de *Profession* religieuse, II. 328

Ce qu'ils doivent dans celle de *Blois*, en cas de la mort naturelle de l'*Homme* vivant & mourant qu'ils doivent donner, 362

Quid, en celle de *Chauni*, 584 & *suiv.*

Comment ils sont tenus de faire la *Foi* & Hommage, IV. 222, & *suiv.*

Si, ayant acquis un Héritage, ils doivent doubles *Droits* Seigneuriaux, lorsqu'ils le revendent, III. 224 & *suiv.*

Quid, lorsqu'ils ont payé l'amortissement de leur acquisition, les *Droits* & indemnité au *Seigneur*, & revendent à autres de main-morte, 225 & *suiv.*

Voyez *Montfort-Lamauri.* (Coûtume de) *Saisie* féodale. *Seigneurs. Gentilshommes*, voyez *Seigneurs* dominans.

Germini, (Coûtume locale de) voyez *Bordelage.*

Gilbert de Voisins, Avocat Général.

Son éloge, I. 145 & *suiv.*

Sa réponse à une question sur la *Reunion* des Fiefs, 146

Gîte.

Quel est ce Droit, I. 237

Gouvernemens.

Ce que c'étoit autrefois, V. 436

Gouverneurs Romains.

Ils ne pouvoient exiger des *Corvées* dans leurs Provinces, sous peine d'être envoyés en exil, I. 232

Grains.

Si les Grains qui croissent dans une *Seigneurie*, ou qui y sont apportés d'ailleurs, doivent être portés au *Moulin* bannal, I. 439 & *suiv.*

Si les *Habitans* peuvent être contraints à moudre les Grains destinés pour leur nourriture, au *Moulin* bannal, I. 439

Quid, du *Tenancier*, qui achete du Grain & le fait moudre avant de le transporter sur le territoire bannier, 439

Si les Grains achetés pour débiter ailleurs que dans la *Seigneurie*, sont sujets à la *Bannalité* des Moulins, 439 & *suiv.*

Ils doivent être moulus dans les vingt-quatre heures que le Sujet bannier a porté au Moulin, 441

Si après les vingt-quatre heures il peut aller ailleurs sans crainte de *Confiscation* ni *Amende*, 441

Voyez *Champart. Sestelage.*

Grand (le)

Réfuté sur cette question : Si le *Cens* dans la Coûtume de *Troyes*, étant une fois établi, peut s'effacer par la *Prescription* de cent ans, II. 51 & *suiv.*

Grand-Perche. (Coûtume du)

Son Texte sur le Droit de *Relief*, II. 464-467

Conciliation de ses Art. LIX, LX, LXIII, LXXVIII, CXXXVII & suiv. CLVIII & suiv. 473 & *suiv.*

Grevé de Substitution.

Pourquoi il ne réunit pas les *Fiefs*, I. 153

S'il peut désavouer, IV. 293

Gros Cens.

Ce que c'est, III. 45

Voyez *Donner* à rentes, &c.

Guesver.

Signification de ce mot, II. 335

Guet, voyez *Seigneurs* François.

Guienne, voyez *Acaptes. Aveu*, &c.

Guy-Pape

Réfuté sur la Prélation emphytéotique, IV. 130 & *suiv.*

Gyves. (le Sieur de)

Absurdité de sa Note sur l'Article XLV & XLVII de la Coûtume d'*Orléans*, 240 & *suiv.*

H.

Habitans.

S'ils peuvent servir dans une *Enquête*, où il s'agit d'un Droit prétendu sur eux, I. 277

Voyez *Grains.*

Haubert, voyez *Fiefs.*

Haute - Justice.

Si elle est dévolue au *Seigneur* Haut-Justicier, & peut lui seul l'exercer tant que toutes les portions de la Châtellenie ne seront pas réunies dans une même main, III. 149 & *suiv.*

Voyez *Hauts - Justiciers. Justice. Seigneurs* Hauts-Justiciers.

Haut-Justicier en même tems Féodal.

Cas où il est obligé de distinguer ses deux qualités, I. 144 & *suiv.* 149 & *suiv.*

Hauts - Justiciers.

Si lorsqu'ils acquiérent un *Franc-aleu* roturier qui est dans leur Justice, ils le réunissent, I. 155 & *suiv.*

Leur pouvoir en vertu de leur Haute-Justice, II. 23

Cas où ils doivent *Relief*, 103, 151 & *suiv.* 236

Voyez *Relief* dû par le Haut-Justicier.

S'ils sont tenus, dès qu'ils ont le *Fief*, de venir à la *Foi*, & de payer le *Relief*, 152

Quid, lorsqu'ils ont acquis un *Fief* dans la mouvance d'un autre qui n'a point la Haute - Justice, duquel ils n'ont pas fait les droits & devoirs, pour lequel ils sont saisis féodalement, & que pendant ce temps-là ils ont obtenu

la *Confiscation* d'un *Arriere-Fief*, mouvant de celui qu'ils ont acquis, saisi encore,   153

Si dans la Coûtume d'*Auxerre* ils peuvent devoir la *Foi* & le *Relief*,   II. 264

Si dans celle d'*Orleans*, lorsqu'ils retiennent le *Fief* à eux avenu par *Haute-Justice*, & dont ils ne font point *Seigneurs* féodaux, ils doivent *Rachat*,   329 & *suiv.*

Quid, dans celle de *Vitri-le-François*,   406

— dans celle de *Chaumont* en Baffigni,   434

Si dans la Coûtume de *Laon* ils doivent *Relief* pour les biens vacans qu'elle leur acorde,   553

Si dans le cas d'*Acquisition*, ils font tenus d'en faire la *Foi*,   IV. 221

Voyez Seigneurs Hauts Justiciers.

Si le titre de Seigneur leur est dû,   V. 484, *n. (a*

S'ils ont droit de *Colombier* à pied,   636 & *suiv.*

Si, pour avoir ce Droit, ils doivent être en même temps *Seigneurs* féodaux, fans être aftreints à avoir des Domaines,   637 & *suiv.*

Voyez Franc-aleu.

A quel titre ils ont droit fur les grandes *Rivieres*,   663

Leur Droit fur les petites, 667 & *suiv.* 673-676

En quel cas le Droit de *Pêche* leur est accordé,   670

Leur Droit quant aux *Etangs*,   677

— aux *Garennes*,   683

Hauts Seigneurs.

Ils s'emparent des *Droits* Régaliens,   I. 342

Ils établissent les *Bannalités* & les *Corvées* à leur feul profit,   342

Pourquoi ils ont effayé d'abolir le Parage,   III. 120 & *suiv.*

Hérédités.

Ce qui est requis pour les liciter,   I. 8

Héricourt

Réfuté fur cette question : Si les portions de *Fiefs* démembrés par le partage, feront tenues à même *Relief* que le gros,   II. 151 & *suiv.*

Héritages.

S'ils peuvent être tenus de deux Seigneurs *in folidum*,   I. 124

Quand ils font *Franc-aleu*,   II. 66

Voyez Détenteurs. Femmes. Fiefs. Foi. (la) *Relevoifons* à plaisir, &c.

De combien de fortes dans la Coûtume de *Cambrai*,   III. 269

Voyez Cens. Détenteur bordelier. *Dot. Quint. Seigneurs.*

Si tout Héritage en *Bourbonnois* est franc,   20, *Addit.*

Voyez Lignager. Rentes. Retrait. Ventes.

Ils font *retrayables* quand la *Rente* non rachetable est rachetée,   IV. 54

S'ils peuvent être *retirés* par le *Lignager*, quand la *Rente* est rachetée, foit que le *Rachat* foit fait peu de temps après, ou long-temps après,   55 & *suiv.*

Voyez Pocquet de Livonniere. *Retrayans Vaffaux.*

Si le Poffeffeur d'un Héritage cenfuel, qui acquiert la directe avec ou fans la déclaration de la non-réunion, doit la *Foi*,   224

Ce qu'est l'Héritage roturier,   263

Voyez Censitaires. Commise. (la) *Seigneurs* Hauts-Justiciers. *Tenanciers.*

Héritages Bordeliers.

Si, dans le cas d'un, concédé à plusieurs par indivis, un d'eux veut y renoncer, il le peut,   III. 440 & *suiv.*

S'ils peuvent être donnés ou légués à un non commun , III. 448 & *suiv.*

Héritages en bourgage.
Si dans la Coûtume de *Normandie* ils doivent *Relief*, II. 601

Héritages de Fiefs.
Ce que c'est que de se jouer des Héritages de son *Fief*, I. 119

Héritages nobles.
Si dans la Coûtume de *Bretagne*, ceux donnés aux *Puînés* ouvrent le *Rachat* , II. 607
Héritier collatéral , voyez *Relief*.
Héritier présomptif , voyez *Donations* en directe. *Relief*.
Héritier pur & simple , voyez *Héritiers* bénéficiaires.

Héritiers.
Ce que l'on entend par ce dire : Ils ne peuvent posséder les biens que comme ils les ont reçus, I. 162 & *suiv*.
Cas où ils se réunissent par voie de succession , 163 & *suiv*.
Voyez *Curateurs* à succession vacante. *Maris. Relief*.
Ce qu'il faut avoir en vûe , lorsque ceux de la *Femme* exercent la *Reprise* , II. 132 & *suiv*.
Voyez *Reprise* des propres, &c.
Si ceux du *Mari*, en cas de renonciation de la *Femme* , doivent droits en partageant , 233
Quid , lorsque ceux de la *Femme* acceptent , 233 & *suiv*.
Voyez *Donations. Douairieres. Femmes*.
Si de plusieurs Héritiers d'un *Acquéreur* successivement avoient possédé sans se faire ensaisiner, le dernier se présentant , doit être reçu en payant un simple *Relief*, ou le dernier acquéreur en payant les *Droits* de son acquisition , 544
Voyez *Billetart*.
Si ceux non habiles à succéder au

Bordelage peuvent recouvrer les *Améliorations* & les répéter, soit en nature , soit par estimation , III. 438 & *suiv*.
Quid, si les *Améliorations* sont au-delà de celles dont le *Détenteur* étoit ou pouvoit être naturellement tenu , 439
Voyez *Bordelage*. Héritiers bénéficiaires.
S'ils peuvent forcer l'*Héritier* bénéficiaire à leur restituer le *Sousfief* avec le *Fief* de la succession , IV. 114 & *suiv*.
Voyez *Argentré.* (d') *Seigneurs.*
Si celui du possesseur du *Fief*, non reçu en *Foi* & décedé dans les quarante jours, a autres quarante jours pour faire la foi , ou s'il n'a que le restant du *Délai* que son prédécesseur avoit , 204-206
Quid, de l'héritier de l'héritier , 204 & *suiv*.
Ils ne peuvent *in perituris* conserver ou vendre, sans faire acte d'héritier, qu'au cas qu'ils se présentent comme habiles à se dire héritiers , & requérir souffrance , 205
Si les Héritiers d'un *Fief* doivent la Foi , & comment , 214 & *suiv*.
Voyez *Argentré.* (d') *Collatéraux. Colombiers. Commise.* (la) *Corréables. Corvéables* à volonté & à merci. *Droit* d'aînesse. *Droits. Dumoulin. Etrangers. Femelles. Foi & Hommage. Licitation. Mâles. Seigneurs.*

Héritiers Adjudicataires.
Arrêt du 13 Décembre 1640 , qui les condamne par *Licitation* au payement des Droits de la portion de l'Etranger collicitant, I. 29
Condamnés par l'Arrêt de 1640 à payer les Droits lorsqu'ils licitent avec un *Etranger*, étant Ad-

judicataire, I. 79
Héritiers bénéficiaires.
Pourquoi ils ne réunissent pas les *Fiefs*, I. 159 & *suiv.*
Ils ne font pas moins Héritiers que les *Héritiers* purs & simples, II. 82
Si par leur renonciation ils peuvent effacer la qualité d'Héritiers, 82
Pourquoi c'est un abus de dire qu'ils doivent renoncer pour exercer leurs actions ; & fous le prétexte de leur renonciation créer un *Curateur* à la Succession vacante, 82 & *suiv.*
S'ils doivent *Relief* en leur nom, 83 & *suiv.*
Voyez *Ferriere.*
Si ces Héritiers défaifis auffi-tôt par la *Vente* des biens à la réquifition des *Créanciers*, le *Seigneur* peut prétendre Droit de *Relief*, 84 & *suiv.*
Si celui fur lequel on a faifi & vendu fe rend *Adjudicataire*, doit les Droits de *Quint* en *Fief* ou de *Lods* en Roture, III. 258
Si pendant qu'ils jouiffent, ils peuvent exercer le *Retrait* d'un *Fief* vendu pendant leur jouiffance, IV. 117
Si, en rendant l'hérédité & les fruits, ils peuvent forcer l'*Héritier* pur & fimple à reprendre le *Soufief* retiré, 117 & *suiv.*
Voyez *Duchés-Pairies. Héritiers.*
Héritiers d'un Condamné à mort, voyez *Biens.*
Historiens.
Pourquoi tous nos Hiftoriens peuvent nous faire tomber dans des anachronifmes de trois, fix ou neuf mois, même plus, V. 144 & *suiv.*
Hoirie, voyez *Avancement* d'hoirie.

Honinium.
Signification de ce mot, V. 37
Hommage.
Dans la Coûtume de *Tours*, quand l'Hommage eft mué en devoirs, il n'en eft plus dû *Relief*, II. 379
Voyez *Chémier. Foi* & *Hommage. Hommage-lige. Rachat.*
Il confiftoit en trois chofes, IV. 198
En quoi il confifte aujourd'hui, 199
Le feul connu aujourd'hui, 200
Hommage de dévotion.
Ce que c'eft, IV. 199 & *suiv.*
Voyez *Féauté.*
Hommage-lige ou *Fief-lige.*
A qui feul il eft dû, II. 395
Comment il eft diftingué dans la Coûtume de *Poitou*, de l'*Hommage* plein ; à quoi eft tenu, dans cette Coûtume, celui qui le doit, 395
Ce que c'eft, IV. 197 & *suiv.*
De deux fortes, 198
Le feul aujourd'hui, 199
A quoi tenu celui qui le doit, 199
Forme dans laquelle il gît, 299
Hommage plane.
Ce que c'eft, IV. 198
A quoi tenu celui qui le doit, 199
Homme vivant & mourant.
Si dans la Coûtume d'*Orléans*, cet Homme fe faifant *Religieux* Profès, & qu'il y ait *Mutation* du côté du *Seigneur*, auquel, après qu'il s'eft annoncé Seigneur, il peut faire la *Foi*, il faut en créer un autre pour faire la Foi, II. 327 & *suiv.*
Quid, dans celle de *Lorris-Montargis*, 351
Son nom dans cette Coûtume, 328
Si la mort civile de cet Homme

ouvre dans cette Coûtume le *Re-
lief* & les *Profits*, II. 328
Quid, dans celle de *Tours*, 379
Quid, dans celle de *Ribemont*, 555
Voyez *Gens* de main-morte. *Hôtel-
Dieu* de Paris. *Rachat*.
Si la mort naturelle de cet Homme
ouvre le *Rachat* dans la Coûtume
de *Chauni*, 584 & *suiv*.
Hôpital, voyez *Hôtel - Dieu* de Pa-
ris.

Hoffe (l')
Réfuté sur l'Article V. de la Coûtume de *Montargis*, IV. 62 &
suiv.

Hoffise ou Oftise.
Signification de ce mot ; quel est
ce Droit, V. 14, *n*. (*a*)

Hôtel-Dieu de Paris.
Si, comme *Hôpital*, cet Hôtel-Dieu
ne doit point donner *Homme* vivant & mourant, II. 92
Huissiers, voyez *Sergens*.

Hypothéque.
Si en *Savoye* les *Lods* sont dûs d'un
Contrat d'Hypothéque, III. 558
Quid, de la Femme qui tient pour
la *Dot* les biens de son *Mari* en
Hypothéque, 558
Voyez *Acquéreurs*. *Créanciers*. *Puî-
nés*. *Retrait*. *Seigneurs*.

I.

Immeubles.
Si l'estimation d'un Immeuble fait
toujours une *Vente*, III. 206
Voyez *Dot*. *Douaire*. *Ufufruits*.
Si tout ce qui est réputé Immeuble
& qui est vendu, ouvre les *Droits
Seigneuriaux*, 407
Voyez *Centiéme* denier.
Si l'Inventaire d'un Propriétaire fait
un réel Immeuble, 462
Voyez *Decret*. *Echanges*. *Retrait*.
Si un Immeuble, vendu beaucoup
au-dessous de sa valeur, est censé

donné en partie, IV. 34

Indemnité. (Droit d'.)
Il ne se *prescrit* point, même par
quarante ans, II. 254
Par qui il doit être payé en cas de
Legs, 255
Voyez *Amortissement*.

Indemnités.
Origine de celles que le *Roi* accorde
aux *Seigneurs* dans la mouvance
desquels il acquiert *quoquo modo*,
IV. 214

Indire.
Quel est ce Droit, V. 589 *n*. (*a*)
Inféodation du Contrat, voyez *Ré-
trait*.

Inféodation du Dominant.
Ce que c'est, II. 163, 165

Inféodation du Droit domanial.
Ce que c'est ; son effet, II. 164

Inféodation de Rentes foncieres non rachetables.
Quelle étoit l'ancienne Inféodation
de ces Rentes, II. 161 & *suiv*.
Son effet alors, 162, 166
Ce qu'elle est présentement, 162
Ses significations différentes, ainsi
que ses effets, 162 & *suiv*.
Voyez *Rentes* foncieres non rache-
tables. *Seigneurs*.
Ce qu'est celle d'une *Rente* fonciere
ou autre charge imposée lors de
la concession de partie du Do-
maine du *Fief* dont parlent les
Articles XXVIII & LII de la
Coûtume de *Paris*, 163 & *suiv*.
Son effet, 164 & *suiv*.

Inféodations.
Elles n'ôtent point au *Seigneur* dominant le droit qu'il peut avoir
en cas d'excès, I. 106
Raison de ce, 126
Celles faites par le *Seigneur* dominant ne mettent pas la partie aliénée inféodée à couvert, 130
& *suiv*.
Quelles étoient les anciennes ; leur

936 **TABLE GENERALE**

effet, V. 494
Voyez *Aliénation. Engagemens* du
   Domaine.
Inféodations à titre de Fief, voyez
   Engagemems du Domaine.
        Inféoder.
Ce que c'est dans sa propre signifi-
   cation, II. 162 *& suiv.*
      Infraction de Saisie.
Ce que c'est, IV. 420 *& suiv.*
Si par la perception seule des *Fruits*
   par le *Vassal* au préjudice de la
   Saisie, il y a ou non infraction
   de *Saisie*, 421 *& suiv.*
Son effet, 422 *& suiv.*
Ce qui est requis pour qu'elle ait
   son effet, 423
Voyez *Juges* de Seigneurs.
Ingratitude, voyez *Commise*. (la)
   Donations en collatérale.
Insensés, voyez *Souffrance.*
Insinuation, voyez *Retrait.*
       Interdits.
S'ils peuvent, ainsi que les *Furieux*,
   user du *Désaveu*, IV. 292
   Interprétes du *Droit* Romain.
Leur doctrine sur la *Licitation* ,
       I. 7 *& suiv.*
      Investitura.
Signification de ce terme, V. 6 *n.* (a)
      Investiture.
Lorsqu'elle est rapportée , si les
   Aveux n'y sont pas conformes,
   recognitiones deteguntur erroneæ ,
      V. 6 *& suiv.*
Quand l'Investiture premiere est
   rapportée ou prouvée par des
   Aveux anciens & uniformes, elle
   est la seule Loi du *Fief*, 7
Définition de l'Investiture simple ,
      7 *& suiv.*
Voyez *Aveu*, &c. *Coûtumes.* Foi-
   Hommage.

        J

     Jardin & Accint.
Ce qu'on entend par ces termes dans
la Coûtume de *Meaux*, & en quoi
   consiste l'*Accint*, V. 308-313
Jardins, voyez *Seigneurs.*
Jeanne, fille de Raimond Comte
   de Toulouse, *Jeanne & Jeanne-*
   Marguerite , filles de
      Baudouin.
Elles sont reçues à *Foi-Hommage* ,
      V. 337
    Jeu à cens ou à rente.
Quand permis dans les Coûtumes
   d'*Amiens* & de *Senlis*, III. 57
      & suiv.
     Jeu de Fief.
Ce que c'est , I. 85 , 95 , 111 &
      suiv. III. 6
Sous quelles conditions il est per-
   mis, I. 115 , 121 *& suiv.*
Ses différentes sortes avec profit ou
   sans profit, 112-114
Il présuppose la propriété du tout
   dans celui qui veut se jouer ,
      114
Ses effets, 114 *& suiv.*
Cas où il est sans ou avec profit ,
      115
Son effet lorsqu'il est excessif, 123
      & suiv.
Ce qui en forme l'excès , 128
Nom que lui donne la Coûtume ,
      132
Voyez *Réunion* de Fiefs.
Il ne préjudicie pas au *Dominant* du
   Bailleur, II. 178
Comment il est permis dans la Coû-
   tume de *Berri* , 419 *& suiv.*
Voyez *Démembrement* de Fief.
Si dans la Coûtume d'*Amiens* il est
   permis au *Vassal*, III. 6
Comment il s'y fait, 6
Si celui qui s'y fait par *Sous-inféoda-*
   tion fait le *Démembrement* du Fief,
      6
Définition qu'en donne Dumoulin ,
      10 *& suiv.*
S'il est l'opposite du *Démembre-*
   ment, 11
      Quels

Quels en sont les principes géné-
raux,						III. 11
Si la *Vente* à prix d'argent ou à ren-
te rachetable y donne lieu,		11
Si par l'ancienne Coûtume de *Paris*
celui de tout le Fief étoit permis,
						11 *& suiv.*
A quelle condition le *Vassal* pou-
voit autrefois se servir de son
Fief,						12
Ce qui est porté par l'Art. LI de la
nouvelle Coûtume de *Paris* au su-
jet de ce Jeu,				14
Si nonobstant le Jeu de Fief, le
Droit du *Seigneur* dominant est à
couvert,					14
A quoi il est restreint par la nou-
velle Coûtume de *Paris*,		14
Comment admis dans celle d'*Or-
léans*,					22 *& suiv.*
Si dans le Jeu avec profit l'unité du
Fief demeure saine & entiere,
						25
Celui par *Sous-inféodation*, par *Bail*
à cens ou à rente admis dans la
Coûtume d'*Orléans*,	27 *& suiv.*
Si par cette Coûtume tous les Jeux
de Fief sont admis,			28
Quid, en celle de *Montargis*,	28
Si par celle de *Ponthieu* le Jeu de Fief
est permis,				34 *& suiv.*
S'il est licité dans la Coûtume de
Chauni,					32 *& suiv.*
Voyez *Bail* à cens. *Journal* des Au-
diences. *Mouvances. Ricard.*
Ce qu'il est dans la Coûtume de
Mante,					40
Si c'est un abus de permettre le Jeu
total du Fief,				41
Si par les Coûtumes de *Montfort* &
de *Mante*, le Jeu du total y est
permis, & comment,			42
Si la conversion de *Fief* en *Censive*
est un pur Jeu,				42
Ce qu'il est dans la Coûtume de
Clermont en Beauvaisis, 44 *&
						suiv.*

Permis dans celle de *Valois*, sans
aucune restriction, soit dans la
qualité, soit dans la façon de se
jouer,					III. 48 *& suiv.*
Quid, dans la Coûtume de *Senlis*,
						58 *& suiv.*
S'il est permis dans celle de *Sens*,
						63
Quid, dans celle de *Chaumont* en
Bassigni,					64
Comment il peut se faire dans celle
de *Vitri*,				66
Si dans celles de *Péronne*, de *Mon-
didier* & de *Roye*, il a lieu avec
profit dans la *Vente* ou *Donation*
de partie de *Fief*,			69
Il y est permis du total du *Fief*;
comment il s'y fait,			70
Réflexion sur le Jeu du total du
Fief,					81 *& suiv.*
Inconvéniens du Jeu total du *Fief*,
						82
Jeux excessifs d'un *Fief* condamna-
bles, pourquoi,				82
Tolérés impatiemment par la Cour,
						82
On ne peut suppléer ce Jeu par
Sous-inféodation à *cens* ou à *Rente*
du total du *Fief*, toutes les fois que
le texte de la Coûtume n'y est pas
précis,					83 *& suiv.*
S'il peut être restreint sans profit
aux deux tiers de tout le *Fief*,
						91
Pays où il est permis,			V. 2
Il est absolument interdit dans les
grands *Fiefs*,			411, 414
Voyez *Coûtumes. Engagemens* du Do-
maine.

Jeu de Fief à Rente fonciere.
Cas où il ouvre les Droits de *Re-
lief*,					I. 120
Journal des Audiences.
Le Journaliste n'a jamais approfon-
di le *Démembrement* & le *Jeu* de
Fief,					III. 82 *& suiv.*

Juges.

Si celui qui a adjugé peut exercer le *Retrait*,   IV. 22 & *suiv.* 181

Voyez *Commission* du Juge. *Saisie* féodale. *Seigneurs. Sentence.*

Juges de Seigneurs.

S'ils peuvent connoître de tout ce qui concerne ou non les *Droits* & *Revenus* ordinaires ou *casuels*, tant en *Fief* qu'en *Roture*, même quand les Droits sont contestés au fond,   IV. 342 & *suiv.*

S'ils peuvent connoître de l'action intentée par le Seigneur pour l'*Infraction* de la *Saisie*, 423 & *suiv.*

Voyez *Seigneurs* Hauts-Justiciers.

Julien de Prunay. (M^e.)

Son éloge,   II. 105

Jumeaux.

Lequel de deux Jumeaux est réputé l'*Aîné*,   208, 217

Jurisconsulte. (le)

A quoi il doit uniquement s'occuper ; son unique but,   341

Son devoir,   341 & *suiv.*

Justice.

Si les *Puînés* ont semblable Justice dans leurs portions que les *Aînés*,   III. 17

Quelle elle est,   17

Rien de plus abusif que la multiplication de Justices,   17 & *suiv.*

Si elle appartient à tous les *Copartageans* au Fief,   172

Ce qui a été reglé à ce sujet par l'Ordonnance de Roussillon, 172 & *suiv.*

Celle qu'ont les *Parageurs* dans leurs portions n'est que pour leurs *Cens* & *Rentes*,   173

Ils sont participans à la *Haute-Justice*,   173

Ils ont une Basse-Justice foncière pour leurs *Rentes* nobles & autres *Deniers*,   173

Si le *Parage* fini les *Puînés* devenus *Vassaux* de leur Aîné ont encore part à la Haute-Justice du Fief ; quelle Justice ils ont dans leur *Fief*,   III. 173

Cas où la portion cadette ne peut avoir part à la *Haute-Justice*, 175

Voyez *Fiefs. Pocquet* de Livonniere. *Justice* de Fief & Terres.

Si elle appartient toute entiere à l'*Aîné* ; ou si on la divise entre les *Puînés*,   V. 334-336

Justices patrimoniales.

Leur origine,   II. 73

Justicier.

Il ne peut exercer le *Retrait*, IV. 62

L.

Labbé

Réfuté à l'occasion du terme *la premiere année*, de l'Art. VIII de la Coûtume de *Berri*,   II. 415

Laboureurs, voyez *Prés.*

Labours, voyez *Seigneurs.*

Lalande.

Il a mal entendu l'Article LXXIV de la Coûtume de *Ribemont*, ainsi que *Boucheul*, II. 166, 171 & *suiv.* 174

S'il a bien expliqué l'Art. I. de la Coûtume d'*Orléans*, III. 18 & *suiv.*

Réfutation de sa Note sur cet Article,   19

Son opinion sur le *Démembrement* de Fief,   19 & *suiv.*

Réfuté sur ce qu'il dit que ce premier Article permet le *Démembrement* par la façon dont il est conçu,   21 & *suiv.*

S'il divise le Titre du Fief, 25 & *suiv.*

Comment il s'explique sur l'Article CXII de la Coûtume d'*Orléans*,   292 & *suiv.*

Réfuté, ainsi que ses Annotateurs, sur cette question : Si le *Champart* est Seigneurial, IV. 449 & *suiv.*

Lamy

Relevé fur la définition qu'il donne du *Démembrement* de Fief, III. 33

Son erreur fur les mots, *Vaſſal*, autre que de main-morte, de l'Article XXVII de la Coûtume d'*Etanpes*, relevée, IV. 85

Languedoc, voyez *Acaptes*.

Laon ou *Vermandois.* (Coûtume de)

Si la *Réunion* de Fief y a lieu de plein droit, I. 206

Si les *Rotures* y font réunies de plein droit, 206 & *ſuiv.*

Si le *Fief* & le *Souſfief* ou la *Roture* acquis échéant à un même *Héritier*, la déſunion continue en ſa perſonne dans cette Coûtume, 207 & *ſuiv.*

Son texte fur le Droit de *Relief*, II. 544-547

Lar. (la)

Définition de ce terme, V. 200

Laudare contractum.

Signification de ces termes, IV. 167

Lauriere. (de)

Ce qu'il dit fur le *Parage*, III. 117

Légataire in diem vel ſub conditione, voyez *Relief.*

Légataires, voyez *Bordelage. Droits. Fruits. Relief.*

Légitime. (la)

Comment en *Pays* de Droit écrit, la Légitime ſe prend, à l'égard des Mâles concurrens avec des *Filles*, V. 198-202

Quomodo, lorſqu'il n'y a que des *Filles*, 198

La Jurifprudence qui la donne en terres eſt plus conforme aux vrais principes, 199

Voyez *Droit* d'aîneſſe,

Ce qu'eſt la Légitime, ſoit naturelle, ſoit coûtumiere, 245

Pourquoi la Légitime naturelle ſe prend quelquefois fur le *Droit* d'aîneſſe, V. 248

Si dans la Légitime de l'*Aîné*, ſon *Préciput* & ſes portions avantageuſes ès Coûtumes qui lui en donnent, entre pour le tout, ou pour moitié ſeulement, en ſuivant la regle de la Légitime ordinaire, 258-263

La Légitime féodale de l'*Aîné* eſt tout ce que les Coûtumes lui déferent comme *Droit* d'aîneſſe, 262 & *ſuiv.*

Seul cas où la Légitime a lieu, 284-287

Comment la Légitime des *Puînés* ſera fournie, dans le cas de *Dettes*, qui abſorberoient preſque la *Succeſſion*, 287-293

Quid, lorſque les *Biens* autres que le *Fief* ne font pas ſuffiſans, 288 & *ſuiv.*

— quand il n'y a qu'un *Fief* conſiſtant en un ſeul manoir, 392

— s'il y a d'autres Biens *rotures*, 293

Quelle eſt la Légitime des *Puînés* dans les *Fiefs* quant à la Coûtume de *Peronne*, 293-298

Elle n'a point lieu aux biens & Seigneuries du Royaume entre les Enfans, 486

Voyez *Aînés. Peres.*

Légitimés par Lettres du Prince, voyez *Droit* d'aîneſſe.

Légitimés par Mariage ſubféquent.

Comment regardés après un *Mariage* intermédiaire, V. 216

Legs.

Leurs différentes eſpéces, II. 85 & *ſuiv.*

Voyez *Relief. Rentes* foncieres. *Réunion* de Fiefs.

Sujets à la délivrance, 87

Voyez *Indemnité.* (Droit d')

Legs en collatérale, voyez *Succeſſions* en collatérale.

Legs en directe, voyez *Donations* en

directe. *Dons, Succession* en directe.
Successions.

Legs pieux.

Si ceux en deniers ou grains sur
maisons de Villes sont rachetables
à toujours,   III. 332 *& suiv.*
Arrêt du 26 Août 1728 sur cette
question,   333
Espece de cet Arrêt, 334 *& suiv.*
Voyez *Donations.*
Legs d'usufruit, voyez *Relief.*

Lelet.

Comment il s'explique sur le Droit
de *Chémerage*,   III. 152

Lesion.

Si celle d'outre moitié donne lieu
aux *Droits* Seigneuriaux, III. 508

Lettres de Foi.

Formule qui se met sur l'original
de ces Lettres que l'on met au
Dépôt & sur le double de ces
Lettres que l'on rend au *Vassal*,
        V. 145

Lettres de Terrier.

Erreur qui se trouve dans leur *Pro-
tocole*,   V. 136
D'où vient cette erreur, 136 *& suiv.*
Voyez *Vassaux.*

Licitation. (la)

Elle est une des parties du Droit
des *Fiefs* qui intéresse davantage
les Particuliers,   I. 1
A qui nous devons les principes de
cette matiere,   1
Elle est une ressource contre les
procès,   1
Pourquoi elle a été inventée,   2
Ce qui l'a introduite,   6, 11
— chez les *Romains*,   13 *& suiv.*
Elle est toujours sousentendue dans
l'action de *Partage*,   6
Ses principes,   8
Conditions requises pour y parvenir,
        8 *& suiv.*
Sa définition,   11
Ce qui concourt contre les *Coasso-
ciés* pour la faire,   9

Chez les *Romains* on ne pouvoit la
faire sans une estimation,   I. 9
Sa division, 11 *& suiv.* 27, 42, 45
Entre qui elle se fait,   11 *& suiv.*
Elle ne doit point de *Droits*, entre
quelques *Copropriétaires* qu'elle se
fasse,   12 *& suiv.* 18
Entre communs elle n'en doit point,
        13
Raison de ce,   13
Ce qui est requis pour la faire juger
nécessaire,   14 *& suiv.*
Celle d'une chose commune est toujours permise & favorable,   15
Il n'est pas nécessaire que celle d'un
Immeuble se fasse avec tous les
communs en même temps,   22
S'il est nécessaire qu'elle soit pro-
voquée avec tous les *Copropriétaires* ensemble,   37
Jurisprudence qui autorise l'affirmative de cette question, 37 *& suiv.*
Cas où elle doit des *Droits*,   67
Si par celle d'un fonds acquis à titre
de *Vente* par plusieurs Particuliers,
l'un d'eux se rend *Adjudicataire*,
il ne sera dû qu'un seul Droit à
cause de la premiere *Acquisition*,
lorsque l'*Adjudication* se fait dans
l'an du jour de l'acquisition, 72
        & suiv.
Voyez *Droits.*
Celle entre *Majeurs* en Justice ou
pardevant *Notaires*, sans visite
préalable, est exempte de *Droits*,
        79
Si étant faite entre les *Héritiers* ou
Copropriétaires, & l'*Adjudication*
étant faite à l'un d'eux, il est dû
Droits,   82
S'il est toujours nécessaire qu'elle
soit faite en Justice, & que les
Etrangers soient reçus à enchérir,
        82
Réponse à cette question,   82
Cas où celle entre *Cohéritiers* ne doit
point de *Droits*,   82

Voyez *Vendeurs.*
Ce que c'est ; si elle ouvre le *Retrait*, IV. 23
Voyez *Collicitans. Copropriétaires. Delaissement, &c. Droits. Edit perpétuel. Etrangers. Fraude. Interprêtes* du Droit Romain.

Licitation pardevant Notaires entre *Mineurs.*
Elle n'est point exposée aux *Droits*, I. 3

Lige étage.
Ce que c'est, IV. 357
Voyez *Saisie* féodale.

Ligence.
Quelle est la vraie, IV. 299

Liges.
On le peut être de plusieurs *Seigneurs*, IV, 198

Lignagers.
Si un Lignager *Adjudicataire* doit être regardé comme *Copropriétaire* à titre commun *ab initio*, ou comme Copropriétaire intermédiaire par son *Retrait* qu'il a associé à celui qui avoit acquis le tout ; & s'il doit quelques *Droits*, I. 53 & *suiv.*
En vente de *Bordelages*, il n'est pas préféré au *Seigneur* qui veut retenir. III. 441
Voyez *Droits* Seigneuriaux. *Retrait.*
Si, lorsque l'*Héritage* propre est baillé à *Rente* à toujours, mais à personne étrange du lignage, le Lignager du côté & ligne dont meut l'héritage, peut avoir par *Retrait* ladite rente perpétuelle, lorsqu'elle est vendue, IV. 42 & *suiv.* 47 & *suiv.* 51 & *suiv.*
Cas où celui du *Vassal* pourroit retirer l'*Héritage.* 50
Voyez *Fiefs. Héritages. Seigneurs.*
Son motif quand il retire d'un *Etranger*, 140
Cas où il doit être préféré ou non, 141

Quid, lorsqu'un *Fief* étant vendu, le *Seigneur* dominant vend son *Fief* dominant avant que le Contrat soit exhibé & les *Droits* payés, IV. 141 & *suiv.*
Voyez *Retrait.*
Ligne collatérale ou transversale.
Quelle elle est, II. 80
Voyez *Démission. Donation* en collatérale. *Femelles. Mâles. Mort* civile. *Partage* de Succession. *Présentation.* (la) *Successions* collatérales.

Ligne directe.
Comment regardée ordinairement, II. 80
Ce qui la forme réellement, 80
Effet de la continuité du premier point qui la forme & la décrit, 80
Elle n'est point interrompue par le prédécès du *Fils*, 80 & *suiv.*
Une fois formée elle communique sa faveur aux *Ascendans*, 81
Si elle est exempte du *Relief*, 81 & *sui.v.*
Voyez *Coûtumes. Démission. Donations* en directe. *Mort* civile.
Location, voyez *Bail* emphytéotique.

Lods & *Ventes.*
S'ils sont dûs dans le *Lyonnois* & le *Forez*, I. 36
Si leur payement fait au *Fermier* ajoute un degré de publicité aux *Actes* de Foi, II. 26
Voyez *Cens.*
Leur origine, 73
Pays où il y en a de deux sortes, quand le Lod y a lieu, 117
Voyez *Chopin. Droits* Seigneuriaux. *Dupineau. Milod. Relief* de Mariage.
Quel est ce Droit ; pourquoi dû, 615
Si dans la Coûtume d'*Anjou*, ils sont dûs, lorsque l'*Acquéreur* à grace

vend auſſi à grace, & à la charge
de la grace du premier Contrat,
& lorſque le premier *Vendeur* ne
fait pas la recouſſe dans le temps
de la premiere grace, III. 304 & ſ.
Quid, ſi le *Vendeur* n'uſoit de la faculté qu'après la grace expirée,
                 305
Solution de cette queſtion, 305
               & ſuiv.
Voyez *Contrats. Criées.*
S'ils ſont dûs doubles dans le cas
d'un Homme & d'une *Femme* qui
par leur Contrat de Mariage excluent la *Communauté ;* lui *Mari*
pour s'acquiter envers ſa Femme
lui vend un héritage à faculté de
Réméré ; & contractent enſemble
une *Obligation* ſolidaire, faute de
payement l'héritage eſt ſaiſi ſur
l'un & ſur l'autre, & decreté &
adjugé,   306 & ſuiv.
Voyez *Decrets. Rentes* rachetables.
S'ils ſont dûs du *Bail à Rente* non
ſtipulée rachetable,   317
Preuve pour la négative, 317 &
              ſuiv.
Preuves que la *Rente* n'eſt pas ſu-
jette à *Rachat*,   318 & ſuiv.
Extrait des Mémoires contre l'Arrêt du 18 Janvier 1737 ; & des
Réflexions ſur chaque moyen,
            321-324
Voyez *Quint.*
S'ils ſont dûs dans le cas d'un *Débiteur* qui engage ſes biens à ſon
Créancier pour ſix ans ; & au bout
des ſix ans, fait un nouvel engagement de ſix ans des mêmes biens
au même Créancier par un nouveau Contrat,   373
Quid, lorſqu'après les ſix ans du
premier Engagement, ayant payé
une partie de la dette, il baille
la jouiſſance du même bien au
même *Créancier* pour douze ans,
moyennant laquelle puiſſance il

ſera payé du reſtant, III. 373
             & ſuiv.
Voyez *Communauté.*
S'ils ont lieu, ainſi que le *Quint*,
dans le cas d'une *Vente* réelle faite par un *Pere* à ſon *Fils*, ou par
le Fils à ſon Pere, 389 & ſuiv.
Quid, quand c'eſt le *Frere*, qui au
lieu de la *Dot* en argent promiſe
à ſa *Sœur*, lui donne un Héritage,   390
Quid, lorſqu'en payement de la *Dot*,
promiſe par le *Pere* ou la *Mere*,
le *Frere* donne un Héritage de la
Succeſſion de celui qui n'a point
doté,   390 & ſuiv.
Quid, lorſqu'un *Pere* ayant ordonné
par ſon *Teſtament* que le *Puîné* ſe
contenteroit d'une ſomme d'argent, le *Frere* aîné lui donne des
Terres au lieu d'argent comptant,
               391
Arrêt du 2 Avril 1648 en cette eſpéce,   391
Quid, ſi c'eſt un Etranger qui dote,
où la *Fille* qui ſe conſtitue en
fonds ſa *Dot ;* & ſi par le traité de
Mariage, il eſt permis au *Mari*
de rendre les fonds ou de l'argent,   391
Quid, ſi un *Frere* qui dote ſa *Sœur*
en argent, & ſi enſuite au lieu
d'argent il lui donne un *Fief* ou
une *Roture*.   391 & ſuiv.
Voyez *Dumoulin.*
S'ils ſont dûs pour *Vente* par une
Mere à ſon *Fils* de tous les *Meubles* à elle appartenans, enſemble
du tiers par indivis de tous les
Immeubles de la ſucceſſion de ſes
Pere & Mere,   474 & ſuiv.
S'ils ſont dûs dans le cas d'une *Vente*
faite dont partie du prix a été
payée, l'*Acquéreur* inveſti avant
le payement du ſurplus, & qui
étoit entré en compoſition des
Droits, veut remettre ſon *Acqui-*

sition au *Vendeur* qui accepte, III. 479 *& suiv.*

Voyez *Reliefs.*

S'il en est dû au *Seigneur*, lorsque le *Mari* vendant le propre de sa *Femme*, elle ne *ratifie* pas, ou elle ne *ratifie* qu'avec un supplément, 505 *& suiv.*

De quel jour en ce cas ils sont dûs, 506

Quid, si le *Mari* a vendu sans ou avec promesse de faire ratifier sa *Femme*, 506 *& suiv.*

Quid, si la *Femme* meurt sans avoir ratifié, 506

A qui ils doivent appartenir en ce cas, 507

Ceux qui sont exempts de ces Droits, 524

Si on doit payer ceux de l'acquisition d'un *Fief* franc & libre, 535

Voyez *Fiefs.*

Si ceux pour rente de *Fiefs* peuvent être exemptés, 539 *& suiv.*

Voyez *Contrats. Rentes.*

Si dans le *Pays de Droit* écrit ils sont dûs pour Vente de *Fief*, 535

Quid, pour les *Rotures*, 535

Ils sont la suite de l'*Hommage*, 544

Si les doubles doivent doubles Droits, 545 *& suiv.*

Espéce d'un Procès sur cette question, 548 *& suiv.*

A quoi ils sont taxés dans quelques Coûtumes, 551

Si dans la Coûtume de *Sens* il faut titre ou usance générale pour percevoir ceux d'un même Contrat, 552

De combien ils sont, & comment ils se payent dans cette Coûtume, 552

Quid, dans la Coûtume de *Bourbonnois*, 553

— dans celle de *Montargis*, 554

— dans celle de *Bretagne*, III. 554

— dans le *Dauphiné*, 555

— dans le Pays de *Forez*, 555

— dans la *Savoye*, 555 *& suiv.*

— dans la Province de *Fauffigni*; de quel jour ils sont dûs, 557

Quid, dans la Vente par subhastation, 557

S'ils sont dûs d'un fonds donné en payement, 557

Ce qu'il suffit pour qu'ils soient dûs, IV. 29

Voyez *Abandon*, &c. *Albergement. Champart. Fermiers. Heritiers bénéficiaires. Offres. Saisie féodale. Taisand.*

Lodunois. (Coûtume de)

Sa disposition sur la *Reunion* de Fief, I. 199

Loiseau

Réfuté sur sa définition des *Fiefs boursiers*, II. 455 *& suiv.*

Loix.

Leur disposition sur la *Licitation*, I. 4 *& suiv.* 7

— sur sa forme, 16

— sur l'*Acquéreur* intermédiaire, 41 *& suiv.* 51

— sur les *Corvées*, 231 *& suiv.* 235-238, 241 *& suiv.* 252 *& suiv.*

— sur celles de convention expresse ou présumée, 308

— sur celles à volonté, 318 *& suiv.*

— sur la stipulation de *Corvées*, 335

— sur les *Bannalités* des Moulins, 359 *& suiv.* 365 *& suiv.*

Elles doivent toujours recevoir une bénigne interprétation, 387

Voyez *Seigneurs.*

Elles n'obligent dans le Droit que pour l'avenir, & n'ont point d'effet rétroactif, V. 40

Lorris - Montargis. (Coûtume de)

Son Texte sur le Droit de *Relief*, II. 339-341

Louis XII.
Vraie époque de sa mort, V. 144
Loyers de Maisons, voyez *Seigneurs.*
Lyonnois (le) voyez *Lods* & *Ventes.*
Mi-*lod.*

M

Mâconnois, (le) voyez Mi-*lod.*
Majeurs, voyez *Délai* pour Foi, &c.
Licitation.

Maillart

Réfuté sur les termes, *pour y venir après son décès*, de l'article
LXXXV. de la Coûtume d'Artois, II. 541

Mainard.

Son sentiment sur l'Estimation des choses données, est réfuté, III. 207

Maine, (Coûtume du) voyez *Anjou*, (Coûtume d')

Main-ferme.

Ce que c'est, III. 267 & *suiv.*
Voyez *Command. Fief.*
Main-levée, voyez *Censitaires. Saisie* féodale. *Seigneurs. Souffrance.*

Main de Loi.

Ce que signifioient ces mots, III. 267 & *suiv.*
Main-mise, voyez *Seigneur* Censier.

Main-morte.

Coûtume qui lui donne le *Retrait*, IV. 84 & *suiv.*
Voyez *Pocquet* de Livonniere. *Seigneur* dominant.

Main Souveraine.

Ce que c'est, IV. 236
Quand elle a lieu, 243

Maisons.

Si les *Droits* sont dûs d'une Maison rasée sans le consentement du *Seigneur*, III. 403 & *suiv.*
Voyez *Seigneur* Censier. *Seigneurs.*

Mâles.

En *Ligne* collatérale, le *Mâle* exclut la *Fille Femelle* en pareil degré ; dans ce cas il emporte tous les

Fiefs à l'exclusion des *Femelles*, ce dont cette prérogative des *Mâles* est une suite, V. 336
Le *Mâle* exclut-il la *Femelle* dans la *Succession* de leur *Frere* germain, 338
Quid, dans les *Coûtumes* de double lien, lorsque le défunt laisse une *Sœur* germaine & des *Freres* consanguins ou utérins, 339
Quid, lorsqu'un *Frere* laisse pour *Héritiers* un *Frere*, une *Fille* d'un *Frere*, 339-371
Voyez *Créanciers. Filles. Nieces.*
En *Collatérale* le *Mâle* exclut-il la *Femelle*, 356 — en pareil degré, dans la Coûtume de *S. Quentin*, 371, 380-387
Le *Mâle* entre *Nobles* prend-il dans cette Coûtume tous les Fiefs en *Collatérale* ; en exclut-il ses *Freres* & *Sœurs*, 371-387
Voyez *Collatéraux. Duchés-Pairies. Femelles. Neveux.*
Mandataire général, voyez *Contrats.*

Manœuvre.

Si ce Droit peut se bailler en assiette, I. 115
Manoirs, voyez *Foi* & *Hommage.*
Mante & *Meulan.* (Coûtumes de)
Leur texte sur le Droit de *Relief*, II. 275-277
Voyez *Démembrement* de Fiefs. *Jeu* de Fief.
Marche, (Coûtume de la), voyez *Bourbonnois*, (Coûtume de) *Rochelle*, (Coûtume de la)
Marciage dans les Coûtumes locales de *Bourbonnois.*
Quel est ce Droit, II. 616, 618
Les *Fruits* qui y sont sujets, 618 & *suiv.*
Quand il est dû, 619
Si l'*Eglise* peut user de ce Droit, 619
Quid, si elle acquéroit du *Roi* ou de *Monsieur* le Duc de *Bourbon*, 619
Voyez

Voyez *Billy*, (Coûtume de)
Mariages.
Autorisation des seconds ou troi-
siémes, II. 138
Si le premier dont parlent les *Coû-*
tumes est le premier de tous,
138, 225 & *suiv.*
Voyez *Relief* de Mariage. *Réunion*
de Fiefs.
C'est pétition de principe de dire
que la *Coûtume* a regardé le Mariage comme *Sacrement* & non
comme *Contrat* civil, 141 & *suiv.*
D'où tout ce qui les concerne tire
son principe, 142 & *suiv.*
Leur effet civil, 143 & *suiv.*
Si on doit les ranger au nombre des
Mutations ou fortuites ou néces-
saires, 192-194
Voyez *Aînés.*
Quel est le premier que la Coûtu-
me affranchit du *Relief*, 223-225
Voyez *Filles.*
Si les seconds & troisiémes sont
exempts, ainsi que le premier,
même en Collatérale, du *Relief*,
quand le *Fief* échoit, constant
l'un de ces Mariages, 224 & *suiv.*
Voyez *Dissolution* du Mariage. *Fem-*
mes. Relief de Mariage.
Si le Mariage en la Coûtume de
Sens est exempt de *Relief*, 260
& *suiv.*
Quid, dans celle d'*Auxerre*, 263
Quid, dans celle d'*Etampes*, 267
Quid, à l'égard du premier, 267
& *suiv.*
Quel est dans la Coûtume d'*Etam-*
pes, celui exempt par la *Foi* du
Frere, 268
Le premier de tous n'est pas plus
exempt, ni plus chargé que les
autres, dans la Coûtume de
Montfort-Lamauri, 273
Voyez *Femmes. Relevoisons* à plaisir,
&c.
Dans la Coûtume de *Valois* ils doi-

vent *Relief* de Bail, II. 317
Voyez *Rachat.*
Combien les seconds sont défavo-
rables dans la Coûtume de *Vitry-*
le-François, 424 & *suiv.*
Si au Bailliage de *Chartres* ils ou-
vrent le *Relief*, 450
Celui qui dans la Coûtume de *Chau-*
ni, est affranchi du *Relief*, 582
& *suiv.*
Voyez *Femmes. Mutations. Seigneurs.*
Le Mariage subséquent légitime les
Enfans du jour de leur naissance,
V. 210 & *suiv.*
Voyez *Enfans.*
Fictions à faire dans le Mariage
subséquent pour donner au légitimé par ce mariage le *Droit* d'aînesse, au préjudice de l'*Enfant*
né légitime intermédiairement,
215.
Voyez *Aînés. Légitimés* par Mariage
subséquent.
Si le mariage d'enfans est sujet à la
Taille aux quatre cas, 567, 584
Ce qui a donné lieu à ce Droit,
dans ce cas, 567
Voyez *Auteurs. Carondas. Centiéme*
denier. *Pays* de Droit écrit. *Sei-*
gneurs. Taille aux quatre cas.
Maris.
Si en vertu du *Don* mutuel en propriété, les *Héritiers* ne pouvant
tirer aucun avantage de la *Com-*
munauté, & y renonçant, doivent
Relief, II. 122-124
Voyez *Conquêts.*
S'ils acquierent les biens de leur
Femme, & comment; leur pou-
voir sur lesdits biens, 136 & *suiv.*
Voyez *Douaire. Douairieres. Femmes.*
Héritiers. Seigneurs.
Si en la Coûtume d'*Artois* ils peuvent faire cette déclaration *au*
dernier vivant tout tenant au profit
de leur *Femme* dans les *Acquêts*
féodaux, 538

vre pas le *Fief*, II. 75 *& suiv.*
Voyez *Relief.*
Ce que c'est, 76
Son effet, 76 *& suiv.*
Voyez *Ouverture de Fief.*
Ce qui l'opere plus promptement, 77 *& suiv.*
Quelle elle doit être pour ouvrir le *Fief*, 79, 107 *& suiv.* 239
Ce qui forme la véritable *Mutation*, 107-109
Voyez *Curateurs* à Succession vacante. *Mariages.*
Les *Mutations* fortuites, comme les nécessaires, ne doublent point le *Relief*, quand elles arrivent dans une même année, 192-194
Celles *fato aut casu fortuito*, doivent être distinguées de celles *ex mera voluntate*, 195
Celles par *Mariage*, premier, second ou troisiéme, même dans une même année & d'une même *Femme*, sont de purs cas fortuits, 195 *& suiv.*
Voyez *Homme vivant*, &c. *Mi-lod. Rachat.*
Quand elle se fait à *Relief*, III. 14
Quand, à *Quint*, 14
Si elle est la seule cause productive & principale du *Quint*, ou des *Lods*, 203
Si celle faite par Vente, produit le *Quint*, 204
Si la renonciation à la *Communauté* l'opere, 359
Voyez *Abandon* ou *Cession*, &c. *Conquêts. Fiefs. Foi & Hommage.*
Toute Mutation donne lieu à la *Foi* pour les *Fiefs* ou portions de Fief acquis, IV. 210
Quid, quant à celles par *Mariage*, 210
Voyez *Créanciers. Saisie féodale. Seigneurs.*
Les Droits de Mutation du *Fief* sont des conséquences de la *Mouvance*, V. 507
Voyez *Engagemens* du Domaine. *Engagistes. Seigneurs.*
Si les *Droits* Seigneuriaux sont dûs aux Mutations dans les *Engagemens*, V. 513-521, 524-527
Voyez *Associés* à titre singulier. *Aveu*, &c. *Chambellage. Chantereau. Command. Engagemens* du Domaine. *Engagistes. Laon.* (Coûtume de) *Montargis.* (Coûtume de) *Partages. Seigneurs.*

N.

Naissance d'Enfans.
Pays où il est adjugé au *Seigneur* un Droit pour ce cas, V. 586
A qui seul il pourroit appartenir, 586 *& suiv.*

Nantissement.
Pays où il est usité, II. 161

Navire.
S'il est réputé *Meuble*, III. 460
Si celui acheté par un Particulier, doit des *Droits* Seigneuriaux, 461

Négoces.
De quelque façon que les Négoces, faits entre *Consorts* soient conçus, ils sont exempts de *Droits*, I. 67
Si ceux faits entre *Peres*, *Meres* & *Enfans*, doivent *Droits* Seigneuriaux, III. 383 *& suiv.*
Tous entre le *Pere* & les *Enfans* ou *Héritiers* présomptifs tendans à accommodement de famille, sont exempts de tous *Droits*, 394
Nevers, (Coûtume de) voyez *Cens. Foi.* (la) *Saisies réelles.*
Nevers. (Chambre des Comptes de) Extrait de son Réglement pour la *Présentation*, Réception en Jugement.. *Blâmes & Réception* définitive des *Aveux*, V. 101-103

Neveux.
Pourquoi dans la plûpart des Coû-

tumes les Neveux fils d'un *Mâle* excluent leur *Tante* qui est plus près d'un degré , V. 345 , 347-350

Voyez *Collatéraux. Créanciers. Nièces.*
Nexus clientelaris.
Ce que c'est ; son effet , II. 27-31
Nièces.
Cas où la Nièce issue d'un *Mâle* exclut un *Neveu* issu d'un autre Mâle , V. 367 & *suiv.*
Voyez *Collatéraux.*

Nivernois. (Coûtume de)
Comment s'y fait la *Réunion* des Fiefs , I. 217
Voyez *Bordelage. Communauté.* (la) *Détenteur* bordelier.

Noble & Seigneurial.
Ce qui est tenu pour tel , II. 175
Nobles.
S'ils sont sujets aux *Bannalités ,* I. 245
Voyez *Chenier. Ecclésiastiques. Femmes. Fiefs. Foi & Hommage. Mâles. Parage. Partage noble. Partages. Roturiers.*
Nobles de race & *Ennoblis* par Lettres du Prince.
S'ils sont sujets aux *Bannalités ,* I. 284

Non-inféodation.
Son effet , II. 168
Normandie. (Coûtume de)
Si la *Réunion* de Fiefs y a lieu , I. 225 & *suiv.*
Son texte sur le Droit de *Relief,* II. 596-598
Voyez *Aveu,* &c. *Parage. Retrait. Vassaux.*
Normandie. (Chambre des Comptes de)
Son usage sur la *Présentation, Réception* & *Vérification* des Aveux , V. 57-59
Notaire Commissaire à Terrier.
Tous les examens faits par ce Commissaire d'*Aveux ,* sont des vérifi-

cations qu'il n'est pas loisible aux *Seigneurs* de faire, V. 140 & *suiv.*
Voyez *Vassaux.*
Notaires.
Ils sont & peuvent beaucoup plus que ceux des *Romains ,* I. 2 , 10
Chez les *Romains* ils n'avoient point la Jurisdiction volontaire , 10
Ceux du *Droit* écrit d'aujourd'hui ont comme les Coûtumiers la Jurisdiction volontaire , 31
S'ils peuvent être exempts de Corvées , 258 & *suiv.*
Voyez *Aveu,* &c. *Fraude. Licitation. Notification.*

Notification.
Comment la Notification pour *Saisie* féodale doit se faire par le *Vassal ,* IV. 394 & *suiv.*
Voyez *Demande.*
A qui elle est valablement faite , 396

Notification par écrit.
Pays où elle est requise pour faire courir l'an du *Retrait ,* IV. 158 , 172
Voyez *Dumoulin.*
But & motif de cette notification ès *Pays* de Droit & de Coûtumes , 171
Celle pour *Offres ,* 250
Novelle 118 sur la *Représentation.*
Examen des interprétations qu'on lui a données , V. 345 , 371
Les Coûtumes , les Arrêts , les Docteurs parlent le langage de la Novelle , 370

Noyon. (Coûtume de)
Son texte sur le Droit de *Relief,* II. 560 & *suiv.*
Nullités de plein droit
Inconnues en France , III. 473

O

Offices , voyez *Retrait.*

le *Fief* pour eux, le relever encore, II. 495 & *suiv.*
S'ils peuvent se faire restituer contre une *Vente* de leur bien, faite
sans autorité de Justice, III.
492
Quid, à l'égard des *Droits* qu'ils auroient payés au *Seigneur*, 492
S'ils peuvent *ratifier*, 506
Voyez *Ratification.*
S'ils peuvent *retirer* ou être forcés à
retirer le tout, IV. 113 & *suiv.*
Voyez *Délai* pour Foi, &c. *Tuteurs.*
Coûtumes où ils ne font pas dispensés de faire la *Foi* & *Hommage*
en personne, 223, 226
S'ils peuvent recevoir la *Foi*, 234
& *suiv.*
Voyez *Dumoulin. Souffrance.*
S'ils peuvent désavouer, & être
restitués contre leur Désaveu,
290 & *suiv.*
Quid, si assistés de leur *Tuteur*, ou
étant émancipés assistés de leur
Curateur, ils passent au *Désaveu*,
291 & *suiv.*
Voyez *Saisie* censuelle. *Seigneurs.*
Si le Mineur de 25 ans, majeur de
majorité féodale, quand il a fait
la *Foi*, est tenu de fournir *Aveu*
& Dénombrement de ses *Fiefs*,
V. 126 & *suiv.*
Quid, s'il a un *Tuteur* qui peut dé-
fendre aux *Blâmes*, 127
Voyez *Licitation* pardevant Notai-
res. *Peres. Seigneurs.*
Minutes, voyez *Déclarations* cen-
suelles.
   Minutes d'Aveux.
Elles font contraires à l'ordre des
Actes qui se passent devant *No-
taires*, V. 84
Elles ne font ni de nécessité, ni
d'utilité, 84-86
Mondidier, (Coûtume de) voyez
Bail à cens. *Jeu de Fiefs. Ventes.*

   Monfort. (Simon de)
Sur quoi il donna les Loix aux *Al-
bigeois*, III. 211
Comment elles s'expliquent, 211
Monnoie, voyez *François* I.
Monstres, voyez *Souffrances.*
   Montargis. (Coûtume de)
Ses dispositions sur la *Réunion* des
Fiefs expliquées & conciliées, I.
184 & *suiv.*
Voyez *Champart Jeu* de Fiefs. *Lor-
ris-Montargis.* (Coûtume de)
Montfort - Lamaury. (Coûtume
de)
Son Texte sur le Droit de *Relief*,
II. 270 & *suiv.*
Absurdité de son Article XLVIII,
qui dit que les Gens de main-mor-
te donneront Homme vivant,
mourant & confisquant, 275
Voyez *Démembrement* de Fiefs. *Jeu*
de Fiefs.
   Montpellier. (Chambre des
Comptes de)
Son usage constant sur les *Dénom-
bremens*, V. 62 & *suiv.*
   Montreuil. (Coûtume de la
Prevôté de)
Son Texte sur le Droit de *Relief*,
II. 489
   Mort civile.
Si en *collatérale* dans toutes les Coû-
tumes, en *directe* dans celles de
toutes mains, la Mort civile de
l'homme vivant & mourant donne
ouverture au *Relief*, II. 89-92,
275, 362
Quid, lorsqu'elle est prononcée par
contumace, ou après instruction
contradictoire, 91 & *suiv.*
Cas où elle ne peut équipoller à la
Mort naturelle, 90
Si dans la Coûtume de *Normandie*
elle ouvre le *Relief*, 601 & *suiv.*
Si dans celle de *Bretagne* elle ouvre
le *Rachat*, 606
Voyez *Douaire.*

Moulins.

Le Droit d'en conftruire un à eau eft Seigneurial, I. 349

Si le *Seigneur* qui l'a fait conftruire en acquiert la *Bannalité*, 350

Coûtumes où leur ceffion par le *Seigneur* emporte celle de la *Banna-lité*, 417 & *fuiv.*

Si les *Droits* font dûs d'un Moulin ruiné, III. 403

A qui appartient le Droit de les bâtir fur *Riviere*, V. 670-672

A quel endroit de la *Riviere* ils doivent l'être, 672

Voyez *Auteurs. Bannalité* du Moulin. *Source d'eau.*

Moulins bannaux.

Comment leur diftrict s'eft appellé, I. 341

S'ils peuvent être vendus fans la *Seigneurie*, 417

Voyez *Boulangers* publics, &c. *Grains. Roi.* (le) *Seigneurs. Tenanciers.*

Mouture & Fournage.

Différence de leurs Droits fuivant les Coûtumes, I. 442 & *fuiv.*

Mouvance ou *Directe* cenfuelles.

Parties du *Fief* qu'elles font, III. 93

Mouvance féodale.

Si prétendue par deux *Seigneurs*, elle peut être divifée ; à qui elle doit être adjugée, V. 177 & *fuiv.* 182 & *fuiv.*

Voyez *Aveu*, &c.

Sa caufe, 412, 509

Mouvances.

Si leur vente a été en ufage dans tous les temps, depuis la patrimonialité des *Fiefs*, III. 85 & *fuiv.*

Solution & preuves de cette queftion, 89 & *fuiv.* 101 & *fuiv.*

Si elle peut être vendue malgré le *Vaffal*, 85 & *fuiv.*

Voyez *Acquéreurs. Feodum. Fiefs.*

Retrait. Vaffaux.

Si les Mouvances font plus nobles que les *Directes* cenfuelles, III. 92

Efpéce de la Sentence qui a jugé que leur *Aliénation*, fans requérir le confentement du *Vaffal*, eft un *Jeu* licite, 97 & *fuiv.*

Sentiment de plufieurs grands Auteurs conforme au jugé fur cette queftion, 98 & *fuiv.*

Pourquoi leur *Aliénation* volontaire, ainfi que de la *Directe*, eft un *Jeu* licite, 100 & *fuiv.*

Si elles peuvent & comment, ainfi que les *Directes*, fe prefcrire, 99 & *fuiv.*

Si elles peuvent fe transporter, 101

Exemple de ce transport, 102 & *fuiv.*

Leurs *Ventes & Ceffions* ont facilité l'accroiffement du *Domaine* de la Couronne, 104 & *fuiv.*

Voyez *Dumoulin.*

Qu'elles ont été très-communes même dans les premiers temps de la grande patrimonialité des *Fiefs*, 107

Elles font, ainfi que les *Directes* cenfuelles, parties du *Fief*, & même toutes deux parties fubalternes, dont les Coûtumes permettent le *Jeu*, 107

Efpéce de l'Arrêt qui l'a jugé ainfi, 107 & *fuiv.*

Mal-à-propos oppoferoit-on au-dit Arrêt celui du 21 Août 1675. Efpéce de ce dernier, 112 & *fuiv.*

Différence de leurs motifs, 113 & *fuiv.*

Voyez *Directe. Domaine. Fiefs. Parage. Patronage.* (Droit de) *Vaffaux.*

Muage, voyez *Taille* aux quatre cas.

Mutation.

En général, toute Mutation n'ou-

S'ils peuvent s'exempter du *Relief* de mariage dans les Coûtumes du *Maine* & d'*Anjou*, lorsque par le *Contrat* de mariage, portant *Communauté*, il est dit que chacun payera ses dettes, II. 592

Quid, si la *Femme* devoit *Relief* de son chef, & ne l'eût pas payé, 592

Dans les Coûtumes du *Maine* & d'*Anjou*, ils doivent *Rachat* du *Fief* dont leur *Femme* ne leur apporte que la nue propriété, 593 & *suiv.*

Voyez *Mi-lod.*

S'ils peuvent vendre le *propre* de leur *Femme* sans leur consentement, III. 505 & *suiv.*

Ce qu'ils sont à l'égard de leur *Femme*, 506

Voyez *Douaire. Deniers* dotaux. *Veuves.*

S'ils peuvent exercer le *Retrait* d'un *Fief* dépendant du propre de leur *Femme*, IV. 106 & *suiv.*

Pourquoi ils le peuvent, *etiam invitâ uxore*, 107

Comment & à quel nom ils peuvent l'intenter & l'exécuter, 107

Voyez *Contrats.*

S'ils préjudicient à leur *Femme*, quand ils reçoivent des Droits d'un *Fief* mouvant de son propre, 176

Voyez *Femmes.*

S'ils peuvent faire la *Foi* pour les *Propres* de leur *Femme*, 221

Voyez *Foi* & *Hommage. Veuves.*

S'ils peuvent *désavouer* à l'égard des *Propres* de leur *femme*, 293 & *suiv.*

Voyez *Seigneurs.*

Si leur *Désaveu* porte sur leur *Fief* propre, *commettent*-ils le *Fief*, 295

Quid, s'il y a *Douaire* sur ce *Propre*, 295

Quid, à l'égard des *Conquêts*, 295

Quid, si la *Femme* se fait séparer, IV. 295

S'ils peuvent *commettre* le *Conquêt* au préjudice de la moitié de leur *Femme*, 295-298

Quid, par rapport au *Douaire* dans les Coûtumes d'*Anjou* & du *Maine*, 297 & *suiv.*

Quid, par rapport aux dispositions des Art. CCLXXXIX de la Coûtume d'*Anjou*, & CCCIV. du *Maine*, 298 & *suiv.*

S'ils peuvent *saisir* féodalement les *Fiefs* mouvans des *Propres* de leur *Femme* faute de *Foi* ou de *Droits* non payés, ou faute de *Dénombrement*, 335

Cas où ils ne doivent point de *Dénombrement*, quoiqu'ils doivent la *Foi* & soient assujetis au *Relief* de *Mariage*, V. 126

Voyez *Aînés. Antichrèse. Démembrement* de Fief. *Droits. Dumoulin. Usufruitiers.*

Mathilde Comtesse d'Artois.
Elle a rang en la *Séance* des *Pairs*, V. 337

Matiere féodale.
Comment on y doit décider, IV. 181

Meaux. (Coûtume de)
Son Texte sur le *Relief*, II. 242
Voyez *Seigneurs.*
Explication de son Article CXLVI, 244 & *suiv.*
Voyez *Aînés. Démembrement* de Fief.
Jardin Accint.

Médecins, voyez *Professeurs.*

Melun. (Coûtume de)
Si elle admet la *Réunion* de Fiefs *ipso facto*, I. 203 & *suiv.*
Son Texte sur le *Relief*, II. 246-248
Conciliation de ses Art. XLVIII, LIV & LX, 251 & *suiv.*
Explication de son Article LXIII, 254

Mennetou-sur-Cher, voyez *Romorantin*, &c.

Meres.

Si la Mere, non obligée de doter, &
Dame d'une *Seigneurie* où la *Taille*
aux quatre cas a lieu, peut exi-
ger ce Droit en mariant ses *Filles*,
V. 583 & *suiv*.
Voyez *Aînés. Donations* en directe.
*Enfans. Gardiens. Lods & Ventes.
Mi-lods. Partages. Substitutions* pu-
pillaires.

Messager, Avocat,

Son éloge, IV. 383
Metairies, voyez *Colombiers*.

Metz. (Chambre des Comptes de)

Son usage sur la présentation & la
réception des *Aveux* rendus au
Roi, V. 64-66
Mets de Mariage. (Droit de)
Quel est ce Droit ; à qui il est dû,
V. 596 & *suiv*.
Si pour exiger ce Droit il faut com-
muniquer ses Titres, 597
Son origine ; par qui dû ; s'il est
prescriptible, 598

Meubles.

Quand est bonne la distribution des
Meubles précieux ; comment re-
gardée aujourd'hui, III. 209, *n*.
Si pour leur vente il est dû des
Droits Seigneuriaux, 460
Si ceux devenus *Immeubles* par in-
corporation & compris dans la
vente du fonds, doivent les *Lods*
& *Ventes*, 461
Quid, des Meubles encastrés & in-
corporés, 461 & *suiv*.
Voyez *Bois* taillis.
Ils ne sont points sujets au *Retrait*,
IV. 17
Quid, s'ils sont vendus *unico pretio*,
17 & *suiv*.
Quid, s'ils sont donnés à l'aména-
gement de la Ferme, 18 & *suiv*.
Quid, s'ils sont mis dans la maison

pour perpétuelle demeure, IV.
19 & *suiv*.
Voyez *Retrait*.
Meubles ou *Immeubles*, voyez *Lods*
& Ventes. *Poisson. Ventilations*.
Meulan, (Coûtume de) voyez
Mante, (Coûtume de)
Meuniers, voyez *Franche-moute. Sei-
gneurs*.

Mi-lod.

S'il est dû dans le *Lyonnois* & le *Fo-
rez*, I. 36
Quid, dans le Franc-Lyonnois, le
Beaujolois, *Mâconnois*, & le Du-
ché de *Rouannois*, 36
Cas où il a lieu, II. 117
Pays où il a lieu ou non, 612
Il n'est point dû en cas de *Fief*,
612
Ce que c'est, quand il est dû, 613-
615
Si en *Mutation de Prébendes & Bé-
néfices*, il peut être prétendu, ou
même le *Lod* entier, 613
Quid, lorsque la *Femme* succéde à
son *Mari, aut vice versâ*, 613
Quid, lorsqu'une *Mere* succéde à son
Fils par *Substitution* pupillaire,
613 & *suiv*.
Quid, pour toutes *Dispositions* entre-
vifs ou par *Testament* à un Etran-
ger, 614
Quid, lorsque le *Mari* a institué sa
Femme, à la charge de restituer à
un de ses *Enfans* & non à d'autres, 614 & *suiv*.
Minage, voyez *Sestelage*.

Mineurs.

Les *Corvées* auxquelles ils étoient
sujets, I. 238
Qui est tenu de les acquitter du *Relief*, II. 236
Voyez *Gardien* noble. *Gardiens. Seigneurs*.
Si dans la Coûtume de *Ponthieu*, lorsqu'ils sont venus en âge, ils doivent, quoique le *Tuteur* ait relevé

Officiers pour Engagemens du Domaine.

Leur inſtitution, V. 455 , *n.* (*b*) 458

Offres.

Celles qui doivent accompagner l'acte de *Foi* & *Hommage* dans le cas du *Relief*, du *Quint*, ou des *Lods* & *Ventes*, IV. 249 & *ſuiv.*

Quid, ſi le *Seigneur* préſent à l'acte, vouloit recevoir le *Quint*, ou les *Lods* ſuivant le pays,   250

Quid, pour la ſomme d'argent que l'on offre pour le *Relief*,   250

Quid, ſi le *Contrat* de Vente eſt de pluſieurs *Fiefs* & *Rotures* vendus pour un ſeul & même prix, 250 & *ſuiv.*

Comment il les faut notifier, lorſqu'elles ſont faites , ainſi que l'acte, en l'abſence du *Seigneur*,   250

Elles doivent être pures & ſimples , & non conditionnelles,   251

Quæ, s'il y-a pluſieurs *Dominans* d'un même *Fief*,   251

Voyez *Détenteur* bordelier. *Foi* & *Hommage. Saiſie* féodale. *Seigneurs.*

Opera.

Quelle ſervitude on entend ſous ce nom,   I. 228

Ordonnance de Louis Hutin, voyez *Roi.* (le)

Ordonnances.

Si on peut ſe refuſer à leur motif,   III. 329 & *ſuiv.*

Voyez *Paris.* (Coûtume de)

Ordonnances de *Blois* & d'*Orléans.*

Elles enjoignent aux *Sénéchaux* d'avoir l'œil que les Sujets du Roi ne ſoient point opprimés par la violence des *Seigneurs*,   I. 343

Ordre du Saint-Eſprit.

Si ceux qui en ſont, ſont exempts des *Droits* Seigneuriaux, tant en vendant qu'en achetant, III. 524- 527

Sur quoi s'étend ſon Privilége, III. 530

Si ſon Privilége a lieu dans les *Apanages* & contre les *Engagiſtes* du Domaine ,   531

S'il a lieu pour les Terres mouvantes des *Archevêchés* & *Evêchés* , 532

Quid, en cas de *Retrait* féodal ou lignager par un autre Privilégié , 532

Quid, ſi l'*Acquéreur* & le Retrayant ſont privilégiés,   532

Quid, ſi l'*Acquéreur* non privilégié eſt évincé par un privilégié, 532

Quid, ſi l'*Acquéreur* en avoit obtenu don du Roi,   533

Quid, ſi l'*Acquéreur* eſt privilégié, & le *Retrayant* ne l'eſt pas, 533

Orléans. (Coûtume d')

Ses diſpoſitions ſur la *Réunion* des Fiefs , expliquées & conciliées , I. 177 & *ſuiv.*

Ses Art. CCCXLVI & CCCXLVII ſont expliqués, II. 173 & *ſuiv.*

Son Texte ſur le Droit de *Relief*, 320-325

— ſur les *Relevoiſons* à plaiſir, 331, 334

Voyez *Relevoiſons* à plaiſir.

Paſſage de *Dumoulin*, qui paroît fait exprès pour réformer l'abus que l'on a fait de ſon premier Article ſur le *Démembrement* du Fief, III. 24 & *ſuiv.*

Voyez *Champart. Jeu* de Fief. *Lalande. Pacte* Commiſſaire. *Peres. Quint.*

Oſtiſe, voyez *Hoſtiſe.*

Ouverture de Fief.

Ce que c'eſt,   II. 76

Son effet,   76, 79, 107 & *ſuiv.*

En quoi elle differe de la *Mutation*, 76 & *ſuiv.* 107 & *ſuiv.* 147

Il faut diſtinguer cette Ouverture par le décès de l'*Homme* vivant & mourant, d'avec toutes les autres

tres *Ouvertures* des *Successions* ab
inteslat & *teslamentaires* ; Jurisprudence dans ces deux cas , II. 89
                     & suiv.
Dans quel temps cette Ouverture
arrive quant au *Fief* du Bénéficier ,   147 *& suiv.*
Ouvertures de Successions , voyez
Ouverture de Fief.

P.

Pacte Commissaire.

Ce que c'est ,   II. 284
Si c'est cette *Vente* contractée sous
condition , ou résolue par la con-
dition ,   284
Ses effets ,   285
Voyez *Vendeurs.*
Quand il emporte la résolution du
Contrat en plein ,   285
En quoi il differe du *Réméré,* 286
Si faute de payement au jour mar-
qué , la *Vente* est résolue en vertu
de ce Pacte ,   286
Ce qu'il faut faire pour qu'il ait son
effet plein , & qu'il ne soit dû au-
cuns *Droits* ni du Contrat , ni de
la *Reprise* ,   286 *& suiv.*
Quand il a son effet, tant contre
l'*Acheteur* que contre le *Seigneur,*
            II. 287 *& suiv.*
Voyez *Dumoulin. Pontanus. Ven-
deurs.*
Quels en sont les principes, 288
                     & suiv.
Si on peut , quant à ce Pacte , prétendre la répétition des *Droits* ,
faute de payement ,   290
Quid , dans la Coûtume d'*Orléans* ,
              290 *& suiv.*
Explication de l'Art. CXII de cette
Coûtume sur cette question , 293

Pairies.

Conditions sous lesquelles elles peuvent passer à la *Femelle* , V. 402
                     & suiv.

Pairies femelles.

Il y en a eu en France ; les *Femmes*
qui les possédoient jouissoient des
mêmes Droits , Honneurs & Prérogatives que les Pairs ,   V. 337
Pairs , voyez *Mathilde* Comtesse
d'Artois. *Pairies* femelles.

Palu

Réfuté sur l'Art. XXXVIII de la
Coûtume de *Tours* , IV. 82 &
                     suiv.
Papier Terrier , voyez *Seigneurs*
Hauts-Justiciers.

Parage.

Il n'a lieu que dans le *Fief* indivis ,
            II. 358 *& suiv.*
Quid , lorsque le *Fief* se partage lors
de l'ouverture ,   359
Quid , lorsque le *Fief* est indivis , &
que les *Cohéritiers* veulent porter
la *Foi* pour leurs portions indivi-
ses ,   359
Quid , si après la *Foi* faite par l'*Aîné* ,
les *Cohéritiers* faisoient un *Partage*
sans fraude ,   359
Au profit de qui il a lieu dans la
Coûtume de *Tours* ,   375
S'il a lieu , lorsque dans le *Partage*
de la *Fille* , il est échu un *Fief* dis-
tinct de celui de l'*Aîné* ,   375
Voyez *Foi* & *Hommage.*
Cas où il se forme dans la Coûtume
de *Poitou* ,   402 *& suiv.*
Voyez *Rachat.*
Combien mal inventé ; inconvé-
niens qu'il opere ,   404 *& suiv.*
Quel est ce Droit, III. 115 *& suiv.*
Comment il se divise ,   115
Voyez *Parage* conventionnel & lé-
gal.
Quand on eut recours à ce remède ,
                     117
Si Parage & *Héritage* étoient la mê-
me chose ,   117
Si ce Droit est admis en collaté-
rale dans quelques Coûtumes ,
                     117

Ce que ce mot signifioit autrefois, III. 117

En *Normandie*, à quel degré il finiſſoit, 119

Quel en étoit le Droit commun, 119, 126

Ce qu'il opéroit ainſi qu'aujourd'hui, 119

Si c'eſt lui qui a amené les *Arriere-Fiefs*, 120

Ce qu'on a fait pour l'abolir, 121 & ſuiv.

En quelles Coûtumes il eſt reçu à préſent, 126

Combien, dans ces Coûtumes, on en reconnoît, 126

S'il peut être introduit dans les Coûtumes où il n'eſt pas admis, 126 & ſuiv.

Même ſans le conſentement du Dominant, 129

S'il peut avoir lieu au préjudice du *Roi* ou d'un autre *Seigneur* dominant, 126

Jugé par Arrêts que ſi la Coûtume ne l'admet textuellement, on ne peut l'établir au préjudice du Dominant, 127 & ſuiv.

Eſpéce de l'Arrêt du 1 Juin 1707 ſur cette queſtion, 128

Raiſon du jugé de cet Arrêt, 129

Pourquoi le vrai motif de ces Arrêts n'a pû être que l'admettant dans la Coûtume qui ne l'admet pas, c'auroit été forcer le Seigneur à reconnoître la *Sous-inféodation*, Parage finiſſant, & que ſi la Coûtume ne le prononce, on ne peut le contraindre à perdre la *Mouvance*, 130

Vrai motif de ces Arrêts, 130 & ſuiv.

A quoi le Parage tend néceſſairement entre *Cohéritiers*, 129

Voyez *Chémérage. Coûtumes. Ducange. Etabliſſemens de S. Louis. Titre ſucceſſif.*

Si dans l'*Uſance* de Saintes il a lieu, III. 133

Combien dure celui d'une Succeſſion indiviſe, 133 & ſuiv.

Effet de ſa fin par fin de lignage, 135

S'il préjudicie à la *Foi* & *Hommage*, Droits & Deniers dûs au Dominant, 135

S'il peut avoir fin, 138 & ſuiv.

Où il n'a lieu qu'entre *Nobles*, 140

Pourquoi en *Anjou* & au *Maine* il n'eſt admis qu'entre *Nobles*, & en général à l'égard des *Filles*, 140

S'il ne peut avoir lieu qu'entre Propriétaires d'un *Fief*, 140 & ſuiv.

Voyez *Chartres. Chopin. Cohéritiers. Collatéraux. Peres* ou Freres aînés. *Sous-inféodation.*

Si anciennement en *Normandie* il avoit lieu entre les males & les femelles, 141

Quid, à préſent, 141 & ſuiv.

Comment il ſe forme, 142

De quoi ſa matiere dépend en *Anjou*, 142 & ſuiv.

Voyez *Tenure.*

S'il a lieu entre *Roturiers* & les Puînés, 142

Si pour établir ce Droit il faut que la fille *aînée* ſoit mariée avec un *Noble*, 143

Quid, ſi elle eſt mariée avec un *Roturier*, 143

Si la Vente de la portion de l'*Aînée* le fait finir, 141, 178 & ſuiv.

S'il ceſſe par la mort de l'*Aînée* noble *Chémiere* mariée, même à un *Roturier*, 144 & ſuiv.

Quand les Coûtumes les plus rigoriſtes le ſont finir, 145

Ce Droit ſur les *Copartageans* dépend naturellement & coûtumierement & de la qualité d'*Aîné*, & du Chef-lieu, 154

Si lorſque le *Chémier* décéde ſans enfans, laiſſant des *Neveux* & des

Arrière - Neveux Parageurs , qui partagent la portion chémiere , il continue avec les autres Parageurs ; & le Neveu qui a partagé avec lui le lot de l'*Aîné* Chémier , tiendra de lui sa portion en Parage, III. 155 *& suiv.*

Lorsqu'en partageant une succession , l'*Aîné* prend un *Fief* entier pour sa part , & en délaisse un entier à ses *Puînés* , le Parage d'indivis cesse , 164 *& suiv.*

Quid , si partageant entr'eux ils peuvent établir un Parage *coûtumier* , 165 *& suiv.*

Solution de cette question , 166

Comment il peut finir par le fait de l'homme , 177

Si l'*Aliénation* hors ligne le fait finir , 177

Quid , quant à la part aînée ou cadette , 177 *& suiv.*

Quand par la Coûtume de *Normandie* il finit , 178

Si l'Art. CXXXIII de cette Coûtume s'entend de la *Vente* de la portion aînée comme de celle des portions cadettes ; ou s'il ne s'applique qu'à l'*Aliénation* de la portion cadette , ensorte que la Vente faite par l'*Aîné* ne préjudicie point aux cadets , 178 *& suiv.*

Moyens que cette Coûtume donne pour faire rentrer en Parage la portion aliénée à un étranger , 179

Si ces moyens ont lieu dans celles du *Maine* , d'*Anjou* , de *Tours* & de *Lodunois* , 179

Si en cas de *Retrait* , pour que le Parage reprenne son cours , il faut que ce soit ou le fils du *Vendeur* ou le Vendeur même sous le nom de son fils , qui ait exercé le *Retrait* , 180

Si la Vente de la portion *chémiere* (aînée) le fait finir dans les Coûtumes d'*Angoumois* , de *S. Jean d'Angeli* , & *Usance* de Saintes , III. 180 *& suiv.*

Solution de cette question , 181 *& suiv.*

Si dans la Coûtume de *Poitou* , le transport à personne étrange , même parent ou *Parageur* , le fait finir , 182 *& suiv.*

Quid , en cas de *Donation* à un *Collatéral* Parageur , 183 *& suiv.*

Si en cette Coûtume toute *Donation* hors directe fait cesser le Parage , 183

Si tout transport à titre singulier le fait cesser , 183

Explication de l'Article CXXX de cettedite Coûtume , 184 *& suiv.*

— de l'Art. CXXXI , 186 *& suiv.*

S'il cesse par la Vente d'une portion paragere , 186

Cas où il finit entre le *Chémier* & le *Parageur* , 188

S'il est interrompu , lorsqu'un *Parageur* vend une partie de sa portion sur laquelle il se reserve un devoir , 190 *& suiv.*

Quid , lorsque le *Parageur* vend sa portion & en acquiert une autre , 191

Quid , lorsqu'il vend une partie de sa portion en retenant assez , suivant la Coûtume , en achete une autre , ou par *Vente* ordinaire , ou par *Retrait* lignager , 191 *& suiv.*

Quid , d'une *Vente* faite par un Parageur à un autre *Parageur* , 192

Quid , lorsqu'un des Copartageans ou Enfans *Cohéritiers* renonce ; ou qu'après avoir partagé le *Fief* , on aliéne sa part , soit à un des *Parageurs* , soit au *Chémier* , soit à un étranger ; & que depuis il succéde au Chémier , ou à un Parageur , 193

S'il a lieu , lorsqu'un *Seigneur* donne ou légue à son *Fils* naturel un *Fief* ,

faifant partie de fa Seigneurie ,
pour le tenir noblement & en toute directité , fans aucune réferve
d'*Hommage* envers lui , III. 196
& *fuiv.*
Voyez *Chémier. Parage* convention-
nel. *Parage légal.*
Parage conventionnel.
Ce que c'eft, III. 116
En quoi il convient & differe du
Parage légal , 116, 130
Comment ce *Parage* peut finir ; fon
objet , 130, 132
Quel il eft , 131
Le *Parage* légal non admis , celui
établi par un *Partage* , eft conventionnel , 131
Cas où ce Parage ne peut préjudicier au Dominant , 131 & *fuiv.*
Voyez *Arriere-Fiefs. Boutillier. Col-
latéraux. Terrien.*
Comment fe forme ce Parage , 138
Ce Parage eft de deux fortes , 139
Si au moyen des *Aveux* fournis aux
Seigneurs par les Poffeffeurs , com-
me en *Chémérage* , avec offres de
contribuer aux devoirs , ce Para-
ge avoit été enté fur le *légal :*
fujet de cette queftion , 166 &
fuiv.
Solution de cette queftion , 168
& *fuiv.*
Voyez *Parage. Parage légal.*
Parage coûtumier , voyez *Parage.*
Parage légal.
Ce que c'eft, III. 116
En quoi il differe du *Parage* conven-
tionnel , 116, 130
Si ce Parage eft autorifé par l'*Ufan-
ce* de Saintes , 133
Dès quel temps ce Parage a eu lieu
dans la *Saintonge* , 138
Perfonnes entre lefquelles il a lieu ,
140
S'il n'a lieu qu'en directe , 146
Quid , ès Coûtumes où le Droit d'*ai-
neffe* a lieu en collatérale , 146

Voyez *Coûtumes. Titre* fucceffif.
Comment ce Parage fe conftitue ;
III. 145
S'il n'a lieu que dans le partage d'un
même *Fief* , 148
Quid , à *Blois* & en *Poitou* , 148
Quid , autrefois en *Normandie* ,
148
Quid , en *Champagne* , 148
S'il n'a lieu que dans les fimples
Fiefs , 149 , 174 & *fuiv.*
Quid , à l'égard des *Fiefs* dignitai-
res , 149
Durée coûtumiere de ce Parage ,
150 & *fuiv.*
Voyez *Chémier. Hauts - Seigneurs.
Ufance* de Saintes.
Si ce Parage peut avoir lieu fur
plufieurs Fiefs diftincts , 169 &
fuiv.
Quels font fes principaux effets ,
170
Voyez *Chemier. Parage. Parage* con-
ventionnel.
Parageurs , voyez *Aînés. Chemier.
Juftice. Parage.*
Parcérans.
Ceux que l'on nomme ainfi, I. 324
Paris. (Coûtume de)
Son Art. LXXI. fur l'*Aveu* & Dé-
nombrement eft expliqué , I. 583
& *fuiv.*
Ses Articles VII. & LXIX. font
expliqués , II. 5 & *fuiv.*
Explication de fon Article XII , 6
Voyez *Inféodation* du Dominant. *Re-
lief.*
Son texte fur le *Relief*, 206 & *fuiv.*
Remarques fur ce texte , 211-242
Conciliation de fes Articles LI. &
LIX. 214 & *fuiv.*
Explication de fes Articles XXXV.
XXXVI. XXXVII. &
XXXVIII, 227 & *fuiv.*
L'Art. CXX. qui porte que la fa-
culté de *racheter* héritage ou *Ren-
te* de *Bail* d'héritage fe preferit

par trente ans entre âgés & non privilégiés, ne détruit pas les *Ordonnances* au contraire , III. 326 & *suiv.*

Si l'Art. CXXI. peut s'étendre aux *Rentes* particulieres, 331 & *suiv.*

Voyez *Adjudication. Exhiber* le Contrat.

Cette Coûtume est la regle des *Fiefs* qu'elle régit , V. 8

Voyez *Colombiers. Copropriétaires. Dumoulin. Fiefs. Inféodation des Rentes foncieres , &c. Seigneurs.*

Paris. (Chambre des Comptes de)

Son usage sur la *Présentation* , *Vérification* & *Réception* des *Aveux* , V. 52, 57

Epoque de son établissement , 455 , *n.* (*a*)

Voyez *Aveu* , &c. *Vérification.*

Paris. (Chambre du Thrésor de)

Sa création avec attribution de la reconnoissance du Domaine , V. 31

Parlemens ou *Cours* Souveraines.

Ils ont ôté la nécessité du rapport préalable , pour sçavoir si la chose étoit partageable ou non , I. 10

Si ceux qui les composent sont tenus de faire la *Foi* en personne , IV. 222

Parlemens de Droit écrit.

Ils jugent différemment en bien des rencontres que ceux de pays de Coûtume , IV. 7

Voyez *Retrait* Seigneurial.

Partage de Communauté.

Il est déclaratif & rétroactif , I. 171

Ce qu'il opere , 171

Voyez *Femmes.*

Partage noble.

Comment il se fait en directe en *Anjou* , IV. 216 & *suiv.*

Quomodo en Collatérale , 217

Partage entre *Roturiers.*

Comment il se fait en directe en *Anjou* , 217 & *suiv.*

Quomodo en collatérale , 218

Partage avec soute.

Il n'est qu'un mode de partager , I. 28

Partage de Successions.

Pour le faire on ne considere que le temps de l'ouverture , V. 210

Voyez *Aînés. Réunion* de Fiefs.

Coûtumes où la qualité de l'*Héritage* détermine ou non le *Partage* , V. 393

Comment se fait , suivant les Coûtumes , ce Partage entre *Nobles* & *Héritiers* d'*Ennoblis* , 393

Dispositions singulieres de la Coûtume de *Bretagne* sur ce Partage , 394-396

Quæ , à l'égard des petits *Enfans* , qui viendroient à la Succession de leur aïeul *ennobli* , 394 , 395

Quæ , en collatérale , soit de *Noble* ou de *Roturier* , 395

Voyez *Collatéraux. Femmes. Rappel.* (le) *Successions. Successions* collatérales ,

Partages.

Leur difficulté est prévue , I. 7

Comment leur action est commune à tout *Copropriétaire* , 8

Deux manieres de les faire , 8

Conditions requises pour les faire , 9

Comment ils se faisoient chez les *Romains* , 10

S'il est permis aux *Cohéritiers* de les élaguer par des actes préparatoires , 20

Les Partages entre *Cohéritiers* conçus dans les termes de vente & de transport , ne doivent aucuns *Droits* , 22

Ainsi jugé par Arrêt du 30 Juillet (1640.) 22

Comment ils peuvent se faire , 27

Si la forme de partager est plus libre & plus exempte que le Partage même , 27 & *suiv.*

Le Partage adjugé à un des *Cohéritiers* ne forme point *Mutation* par

rapport au *Seigneur*,   I. 45
Voyez *Droits*,
Ils ont toujours *necessitatem dividendi præexistentem*,   114
Celui entre *Cohéritiers* ou *Coassociés* présuppose la copropriété dans tous,   114
Voyez *Relief*.
S'il est nécessaire que ceux de la *Communauté*, même de *Succession*, se fassent *sectione corporum*, II. 231
Leur effet,   131 & *suiv*.
Voyez *Femmes*. *Rentes*. *Rentes foncieres* non rachetables.
Si celui de la *Communauté* donne lieu au *Relief*,   133
Quid, dans la Coûtume de *Clermont* en Beauvaisis,   311
— dans celle de *Blois*,   360
— en celle de *Châlons*,   566 & *suiv*.
Il n'est rien dû dans la Coûtume d'*Auxerre* pour ceux en directe ou collatérale,   263
Quid, dans celle d'*Etampes*,   267
Quid, de celui de succession, même avec soute, dans la Coûtume de *Montfort-Lamauri*,   274
Si dans la Coûtume de *Senlis*, celui de *Succession*, de quelque façon qu'il se fasse, ouvre les *Droits*,   299
Quid, dans celle d'*Orleans*,   328 & *suiv*.
Voyez *Femmes*,
Ceux dans la Coûtume de *Lorris-Montargis* sont affranchis de *Droits*,   349
Voyez *Parage*.
Si ceux entre *Cohéritiers* sont affranchis de *Droit* dans la Coûtume de *Blois*,   361
Quid, dans celle de *Dreux*,   442 & *suiv*.
Voyez *Rachat*. *Seigneurs*.
Si dans la Coûtume de *Chaumont* en Bassigni, il est dû *Droit* de celui de *Succession*,   II. 431 & *suiv*.
Si au Bailliage de *Chartres* ils sont sujets au *Relief*,   450 & *suiv*.
Quid, en la Coûtume locale du *Perche-Gouet*,   454
Quid, en celle de *Châteauneuf* en *Thimerais*,   463
Si en la Coûtume d'*Amiens* ils doivent *Droits*,   489
Leur effet dans la Coûtume de *Péronne*,   506
Si dans la Coûtume d'*Artois* ils ouvrent les *Droits Seigneuriaux*,   540 & *suiv*.
Quid, en celle de *Laon*,   550 & *suiv*.
Voyez *Enfans*. *Fiefs*. *Puînés*.
S'il est dû en la Coûtume de *Châlons* pour celui qui se fait après le décès de *Pere* ou *Mere* ou de *Collatéraux*,   566 & *suiv*.
A qui les *Droits* y appartiennent, lorsqu'ils sont déclaratifs,   567 & *suiv*.
Si ceux entre *Nobles* ouvrent le *Relief* en la Coûtume de *Reims*,   579 & *suiv*.
Quand il en est dû ou non *Relief* dans la Coûtume de *Normandie*,   600 & *suiv*.
S'ils réalisent le *Droit* de l'*Héritier*,   III. 472
S'ils donnent lieu aux *Droits*,   472
Quid, du *Cessionnaire*,   473
Voyez *Seigneurs*.
Si en *Savoye*, les *Lods* en sont dûs,   558
Voyez *Argentré*. (d') *Communauté* entre Mari & Femme. *Duplessis*. *Licitation*.

Parti ou non parti.
Ce que signifient ces termes,   III. 447
De qui s'entend cette clause,   447 & *suiv*.

Particuliers.
S'ils peuvent avoir chez eux de petits *Fours*,   I. 441, 442
Pâtes, voyez *Seigneurs*.

Patronage. (Droit de)

Il s'applique parfaitement au Droit de *Mouvance*, V. 508

Voyez *Engagistes* du Domaine. *Seigneurs. Suzerain.*

Patrons, voyez *Engagistes* du Domaine.

Pâtures, voyez *Prés.*

Pau. (Chambre des Comptes de)

Façon dont les *Aveux* se présentent & se reçoivent en cette Chambre, V. 64

Payemens, voyez *Aveu*, &c.

Pays coûtumiers, voyez *Champart. Corvées. Enclave* de Seigneurie. *Fiefs. Tenanciers.*

Pays de Droit écrit.

Jurisprudence de ces pays sur le Droit dû pour *Mariage* d'enfans, V. 560

Voyez *Aînés. Cens. Corvées. Deniers* dotaux. *Enclave* de Seigneurie. *Fiefs. Filles. Foi & Hommage. Légitime.* (la) *Peres. Possession. Remploi.*

Pêche.

Pourquoi ce Droit appartient aux *Seigneurs*, V. 669

Voyez *Hauts-Justiciers. Seigneurs.*

Peintres, voyez *Professeurs.*

Pension viagere, voyez *Donations* onéreuses.

Perche-Gouet & Baronnies, (Coûtume locale du) voyez *Bry. Relief. Relief* de Mariage.

Peres.

Si celui qui ayant promis une *Dot* en deniers, donne en payement un *Fief*, il est dû profit. II. 254

Voyez *Aïeuls. Avantages. Donations. Donations* en directe. *Droits* Seigneuriaux. *Enfans. Fiefs. Négoces. Partages. Relief. Relief* de Mariage.

Si en *Pays* de Droit écrit, le Pere peut par *Testament*, *Contrat* de Mariage, &c. disposer de ses *Fiefs* au profit de qui il voudra, reser-

vée la *Légitime* des autres *Enfans*, sans que l'*Aîné* puisse se plaindre, V. 198-203

Ce dont ils ne peuvent disposer au préjudice de l'*Aîné*, 199

Voyez *Droit* d'aînesse.

S'ils peuvent disposer du *Droit* d'aînesse au préjudice de celui auquel il est acquis, 213 & *suiv.* 218 & *suiv.*

S'ils peuvent, soit en acquérant un *Fief*, soit par *Testament*, ordonner que le Fief sera partagé également sans *Droit* d'aînesse, 219

Si dans la Coûtume d'*Amient* un Pere peut ordonner le partage égal de ses *Fiefs* d'acquêts au préjudice de son *Aîné*, 219-234

Quid, dans celle d'*Orleans*, 235-239

Ils ne peuvent, hors ces deux Coûtumes singulieres, par quelque acte que ce soit au profit de leurs puînés, disposer de leur *Fief* au préjudice du *Droit* d'aînesse, 239, 242

Quid, si un Pere achetant un *Fief* sous le nom de tous les *Enfans* mâles, & les fait souscrire tous au *Contrat*, il le paye de ses deniers, & en jouit pendant sa vie, 239 & *suiv.*

Quid, si en acquérant il tiroit un acte de tous ses *Enfans*, que le *Fief* seroit partagé entr'eux également ; cet Acte empêcheroit-il l'exercice du *Droit* d'aînesse, 240 & *suiv.*

Si un Pere qui a plusieurs *Fiefs*, peut donner au Puîné un Fief entier qui ne seroit pas le principal, 241

Voyez *Aînés.*

Si un Pere peut *substituer* à son *Aîné* son *Droit* d'aînesse, ou en substituant tout son bien, ou en le réduisant à sa *Légitime* ; quelle sera

en ce cas la *Légitime* de l'*Aîné*, soit dans les *Fiefs*, soit dans les *Rotures*,   V. 242-262

Quid, si le *Pere* alors donne à son *Aîné* pour *Droit* d'aînesse une portion beaucoup plus avantageuse que celle qu'il auroit pû espérer, & qu'il accepte, quoique *Mineur*; cet *Aîné* mourant sans *Enfans*, ses *Freres* & *Sœurs* sont-ils restituables contre l'acceptation faite par ce *Mineur* de son *Droit* d'aînesse avec *Substitution*, 263-265

Un *Pere* peut-il transférer le *Droit* d'aînesse à un *Puîné*,   265-270

Quid, si l'*Aîné* ayant pris l'*Etat* Ecclésiastique, & ayant renoncé à son *Droit* d'aînesse, du vivant de son Pere, par *Transaction* faite depuis le décès de son Pere, moyennant une augmentation de pension & une somme au-dessous de la valeur de ses Droits, a ratifié sa renonciation; sera-t-il reçu à se pourvoir contre cette renonciation & ratification,   270

Si un Pere peut éteindre & supprimer la qualité féodale de ses *Héritages* au préjudice de ses *Enfans* & des Droits que lesdits Enfans peuvent y avoir,   304 & *suiv.*

Quid, si le Pere obtenoit du *Seigneur* la conversion de sa *Roture* en *Fief*,   305

Voyez *Aînés. Représentation.* (la)

Peres ou Freres.

Pourquoi en *Anjou* & au *Maine* ils peuvent donner au *Puîné* en *Parage* sa portion au *Fief* par héritage, & le garantir sous leur Hommage,   III. 140 & *suiv.*

Péronne ou Didier de Roye.

(Coûtume de)

S'il y a *Réunion* légale en cette Coûtume,   I. 213 & *suiv.*

Son texte sur le Droit de *Relief*,   II. 498-501

Voyez *Bail* à cens. *Jeu* de Fief. *Légitime.* (la) *Ventes.*

Petits-fils.

Si celui qui succéde à son *Aïeul* doit *Rachat* dans la Coûtume de *Tours*,   II. 376 & *suiv.*

Voyez *Aïeuls. Droits.*

Si le Petit-fils qui représente son Pere vient *jure suo*,   V. 359 & *suiv.*

Philippe Auguste.

Il n'a point voulu que sa *Chartre* fût une Ordonnance du Royaume,   III. 123, 126

Voyez *Chartre* de Philippe, &c.

Philosophes.

Ils sont sujets aux *Corvées*,   I. 238

Pigeonniers, voyez *Colombiers.*

Pithou

Expliqué sur l'Art. CXLIV de la Coûtume de *Troyes*,   IV. 55 & *suiv.*

Plaid accoutumé & Plaid conventionnel.

Ce que c'est,   II. 610

Plaid à merci.

Ce que c'est,   II. 610 & *suiv.*

Plaid Seigneurial de *Dauphiné.*

Ce que c'est,   II. 609

Son établissement; sur quoi il a lieu; de trois sortes,   609

Quand il est dû,   609, 611

Comment il se leve,   611

S'ils se confondent plusieurs échéans à une même année,   611

S'il s'arrérage,   611

Comment il se leve,   611

Plaid ou Plefts.

Usage de la Coûtume de *Poitou* à cet égard,   II. 400 & *suiv.*

Voyez *Rachat.*

Ce que c'est que ce Droit en *Savoye*,   III. 556

Par qui i epaye,   556

En quoi il consiste,   556

Pocquet

Pocquet de Livonniere.
Son éloge,   I. 143
Réfuté sur un endroit de Brodeau qu'il cite,   II. 92
— sur cette question : Si la *Démission* ouvre le *Relief*,   96 *& suiv.*
— sur cette question : A quel Fermier ou Seigneur est dû le *Relief* en mutation de *Bénéficiers*, II. 147 *& suiv.*
En quoi il a erré sur cette question : Si la *Rente* créée de partie du Fief n'est noble & partagée noblement que quand elle est inféodée, 165 *& suiv.* 169 *& suiv.*
Autre erreur qu'il a embrassée à cet égard, sur laquelle il est réfuté, 174-177
Réfuté sur cette question : Si lorsque le *Fief* abonné est accru par voies légitimes, l'*Abonnement* doit être augmenté,   184 *& suiv.*
Sa distinction sur le *Rachat* rencontré est rejetée,   187 *& suiv.*
Réfuté sur sa définition des *Fiefs* boursiers,   455
Réfléxions sur son Traité des Fiefs, 589-595
Réfuté sur ce qu'il avance, que Fief & *Justice* sont tout un, IV. 64 *& suiv.*
— qu'il n'y a point de Coûtumes qui interdisent au Roi la faculté de retirer féodalement,   73
— sur cette question : Si l'*Héritage* retiré par le *Bénéficier* est réuni à la Mense de l'*Eglise*, 86 *& suiv.* & si le bien sera réputé des nouveaux *Acquêts* ou de l'ancien Patrimoine de l'*Eglise*,   87
— sur cette question : Si le *Fermier* ayant nommément dans son Bail le Droit de *Retrait*, il peut le céder à un autre,   110 *& suiv.*
— sur cette question : Si le Seigneur intervenant avant que le *Retrait* soit reconnu & exécuté, doit être préféré au Lignager pour les fonds qui ne sont pas de sa ligne,   IV. 121 *& suiv.*
— sur ce qu'il prend le motif de l'exclusion du *Retrait* dans les Contrats qui ne l'ouvrent point, ou dans les choses qui n'y sont pas sujettes,   164
— sur ces questions : Si lorsqu'un Fermier reçoit les *Lods*, il exclut le Seigneur du *Retrait*, 172 *& suiv.*
— Si le Seigneur en retirant oblige de rembourser le prix principal & loyaux coûts, sera tenu de rembourser le Droit d'*Amortissement* payé par la *Main-morte*, 177 *& suiv.*
— Si le *Seigneur* retrayant ou le lignager est tenu des hypothéques créées intermédiairement, 186 *& suiv.*
— De quel jour court le *Délai* en matiere de *Retrait*,   195
— sur l'expédient que les Coûtumes d'*Anjou* & du *Maine* donnent pour ne pas perdre par *Désaveu* les choses omises dans un *Aveu*, 273 *& suiv.*
— ainsi que *Bodreau*, sur ce qu'il estime que le *Mari* ne commet que la moitié des conquêts de sa Communauté,   296 *& suiv.*
— sur ce qu'il avance, que si la *Saisie* féodale est faite par Commission du Juge supérieur, il faut qu'elle soit faite à la requête du Seigneur nommément,   343
Voyez *Dupineau. Duplessis. Ferriere.*
Poiriers, voyez *Champart.*
Poisson.
Si celui d'un *Etang* est réputé *Meuble* ou *Immeuble*,   III. 464
Poitou. (Coûtume de)
Son texte sur le Droit de *Relief*, II. 381-393
Voyez *Plaids.*

Tome *V.*   FFFfff

Doute levé de son trentiéme Article, occasionné sur ces mots : *Au Seigneur Suzerain & Chémier*, III. 194 *& suiv.*

Interprétation de cet Article, 195 *& suiv.*

Voyez Chémérage. Dumoulin. Parage. Saisie féodale. Vassaux.

Pommiers, voyez *Champart.*

Pontanus

Réfuté sur cette question : Si la *possession* jointe au titre suffit pour écarter le Seigneur qui se réveille, & exciper contre lui la *prescription* longissimi temporis titulo munita, II. 67-70

Avis pour bien l'entendre sur les Droits de *Quint*, III. 210

Comment on doit entendre ce qu'il dit sur le *Pacte* Commissoire, 285 *& suiv.*

Réfuté sur ce qu'il prétend que la prestation du Dénombrement ressemble à la Garantie de l'éviction, IV. 365

Ponthieu. (Coûtume de)

Son texte sur le Droit de *Relief*, II. 491-493

Voyez *Jeu de Fief.*

Possesseurs de Fiefs.

Si, quoique *Roturiers*, ils sont exempts de *Bannalité*, I. 428

Possession.

S'il faut une Possession continue pour jouir du Droit de *Corvées*, I. 274

Si cette Possession vaut titre, 355

Si elle suffit pour acquérir la *Bannalité*, 355

Si pour ce elle doit être immémoriale, 355

Celle qui est nécessaire en *Pays de Droit* écrit pour les *Bannalités*, 396

Quelles conditions elle doit avoir, 396 *& suiv.*

Possession requise pour prescrire contre la *Bannalité* une fois acquise, I. 425 *& suiv.*

Si la Possession jointe au titre suffit pour écarter le *Seigneur* qui se réveille, & pour exciper la *prescription* longissimi temporis titulo munita : Espéce de cette question, II. 66-70

Pot de vin.

S'il entre dans le prix du Contrat, & augmente les Droits qui sont dûs, III. 214

Poteau, voyez *Engagistes.*

Préambules de Terriers.

S'ils sont obligatoires, I. 364

En quoi ils different des *Préfaces*, 364

Ce que c'est, 364 *& suiv.*

Quand ils sont valides, 365 *& suiv.*

En quoi ils different de la *Déclaration du Tenancier*, 366

Qui en sont les Auteurs, 366 *& suiv.*

Prebendes, voyez *Mi-lod.*

Préciput.

Si celui donné en collatérale par l'Article XC. d'*Angoumois* appartiendroit au Cousin germain, quoiqu'issu d'une Fille, ou au Fils du Frere aîné plus jeune que le Fils de la Fille, III. 156 *& suiv.*

Voyez *Aînés. Chémérage. Légitime. (la)*

Préfaces, voyez *Préambules.*

Prélater.

Signification de ce terme, IV. 5, 111

Prélation.

Ce que suppose ce Droit ; pour qui établi, IV. 4

De trois sortes en matiere Seigneuriale, 4 *& suiv.*

Pourquoi aboli en *Dauphiné*, 5

Voyez *Despeisses. Retrait* féodal.

Prise pour le *Retrait Seigneurial*,

elle fait qu'on confond le jugé
des Arrêts, IV. 6
Son véritable & seul cas, 327
Prélation emphytéotique.
Pays où elle a lieu, IV. 2
Sa source, 3
Voyez *Retrait* féodal.
Quand elle a lieu en *Dauphiné*,
129
Prélats.
Si, ainsi que les *Bénéficiers*, en re-
cevant les Droits de la *Vente* d'un
Fief tenu de leur Eglise, ils ex-
cluent leur Eglise du Retrait,
IV. 180 & *suiv.*
Voyez *Ferriere.*
Promesse.
Ce que c'est, I. 221
Preneurs à cens ou à *rente.*
Pourquoi ils ne peuvent exciper du
laps de temps entre leur Contrat
& la Vente du *Fief*, III. 18 &
suiv.
Voyez *Bordelage. Eviction. Vassaux.*
Preneurs à Rente, voyez *Seigneurs.*
Prés & Pâtures.
Dans la Coûtume de *Poitou*, ceux
laissés aux *Laboureurs* pour l'entre-
tenement de la terre, ne tombent
point dans les fruits du *Rachat*,
II. 396
Voyez *Rivieres. Seigneurs. Source*
d'eau.
Prescription.
Celle des *Corvées*, I. 275 & *suiv.*
soit réelles, soit personnelles,
378 & *suiv.*
Celle requise en *Artois* pour acquérir toutes *Servitudes*, même *Ban-*
nalité, 401
But de la Prescription, II. 6
Ce qui regarde seulement la Prescription agitée dans cet Ouvrage, 6
Voyez *Seigneurs.*
Raisons qui rejetent celle du *Fief*
ou de partie du Fief, 8

Si la simple possession peut fonder
celle de 30, 40, 50, 70, 90
ans, II. 12
Quid, lorsqu'elle a commencé à titre de *Saisie* féodale ou de dépôt, 12
Où l'on doit seulement puiser les
Regles de celle entre le *Seigneur*
& le *Vassal*, 17
Toute Prescription est rejetée avant
la réformation de 1580 de notre
Coûtume, 20
Voyez *Arriere-Fiefs. Roi.* (le) *Su-*
zerain.
Celle de *Seigneur* contre Seigneur,
31 & *suiv.*
— ou contre *Seigneur* Ecclésiastique, 31
Si elle n'a point lieu, quand le *Sei-*
gneur contre qui on veut prescrire a le titre constitutif du *Cens*,
33
Quid, si le *Seigneur* fondoit sa Prescription sur ce qu'il auroit perçu
pendant 30 ans, 33 & *suiv.*
Voyez *Bordelage. Cens. Cens* du *Roi.*
Directité. Femmes. Foi. (la) *In-*
demnité. (Droit d') *Pontanus. Pos-*
session. Rentes secondes, &c.
Ce que c'est, IV. 265
Voyez *Champart.*
Fondement de la Prescription de
Seigneur contre Seigneur, V.
167, 170 & *suiv.*
Cas où celle de *Seigneur* à Seigneur
peut avoir lieu, 171-173
Elle fait un *Démembrement* réel,
172, n.
Voyez *Aveu*, &c. *Bannalités. Cor-*
vées. Corvées réelles. *Fiefs. Rois.*
Prescription coûtumiere.
Si elle a lieu en faveur du *Vassal*
contre le *Seigneur* pour la *Foi*,
II. 26 & *suiv.*
Prescription de faculté de rachat.
Raisons de cette *Prescription*, III.
309

Abſurdité de la premiere, III. 309
                         & ſuiv.

Réfutation de la ſeconde,   310
Preſcription de 10 ans & de 20 ans.
Qu'elle eſt de Droit écrit, II. 9 , *n.*
    Preſcription de 30 ans ou
          trentenaire.
Elle eſt vainement entée en faveur
    du *Seigneur* contre ſon *Vaſſal,* II. 13
Non admiſe entre le *Seigneur* & le
    Vaſſal pour preſcrire ce qui forme
    le *Fief* du Vaſſal ; ſon excluſion
    non reſtreinte à la ſeule cauſe de
    la *Saiſie* féodale,   19 *& ſuiv.*
Comment admiſe par les Réforma-
    teurs,   20 *& ſuiv.*
Quand elle a lieu , de Seigneur
    contre Seigneur,   34
Preſcription de 20 ans, voyez *Preſ-*
    cription de 10 & 20 ans.
     Preſcription de 30 & 40 ans.
Quelle elle eſt en Droit écrit , II.
                     9 , *n.*
Rejetée par *Dumoulin ;* ſon nom en
    Droit,   11 , *n.*
Comment peuvent s'appliquer les
    principes du Droit Romain ſur
    cette Preſcription.   14 *& ſuiv.*
Voyez *Indemnité.* (Droit d')
     Preſcription de 100 ans.
Si elle peut profiter au *Seigneur* qui
    a commencé par une *Saiſie* féo-
    dale ,   II. 2
Pourquoi admiſe du *Seigneur* au *Vaſ-*
    ſal ,   16
Quid , lorſqu'on retrouve un titre
    qui a trait à quelque exercice de
    féodalité de la part du *Seigneur,*
              16 *& ſuiv.*
Voyez *Détenteurs. Saiſie* féodale.
Parlement où elle eſt admiſe par
    rapport au Cens,   36
Voyez *Cens. Grand.* (le)
Preſcription de 40 ans, voyez *Preſ-*
    cription de 30 & 40 ans.
     Préſentation des Aveux.
Temps fixé par les Coûtumes pour

cette Préſentation ,   V. 28
Quid , quant à celle des *Aveux*
    rendus au *Roi* ,   28-32
Voyez *Aveu* , &c. *Nevers.* (Chambre
    des Comptes de) *Paris.* (Cham-
    bre des Comptes de) *Seigneurs.*
    Vaſſaux.
Preſſoirs , voyez *Abonnement* de Fief.
     Preſſoirs bannaux.
Par qui ils ont été établis , I. 341
Voyez *Roi.* (le) *Seigneurs. Tenan-*
    ciers. Vendange.
Preſtation annuelle , voyez *Rentes.*
     Preuve par Témoins.
Ceux qui y ſont recevables ou non,
                   III. 233
Voyez *Seigneurs.*
     Princes apanagers.
S'ils peuvent exercer le *Retrait,* IV.
                   14, 77
Voyez *Commiſe.* (la)
S'ils peuvent *ſaiſir* féodalement , 333
Ils doivent la *Foi,* conféquemment
    un *Dénombrement* , V. 125 *& ſuiv.*
          Prix.
En quoi celui mis dans le Contrat
    diffère de celui mis après coup
    par l'*Acquéreur* , IV. 137 *& ſuiv.*
          Procès.
Ce qui en eſt une ſource intariſſable ,
                   I. 17
Procès-verbal de rébellion , voyez
    Saiſie féodale.
Proclamations, voyez *Seigneurs* Hauts-
    Juſticiers.
Procureur des Fiefs pour le Roi ,
    voyez *Clerc.*
     Procureur Fiſcal.
S'il peut *ſaiſir* en ſon nom de Pro-
    cureur Fiſcal les *Fiefs* ſervans du
    Fief de celui dont il eſt Procureur
    Fiſcal ,   IV. 340 *& ſuiv.*
Procureur Mortailler & *Garde* des
          Fiefs.
Cet Officier ne ſubſiſte plus , V. 31
    Profeſſeurs. Médecins. Peintres.
Rang qu'ils tiennent parmi nous ,
                   I. 258

Profession Religieuse.
Si elle ouvre le *Fideicommis*, II. 89
       & suiv.
Voyez *Gens* de main-morte.
   Profits féodaux.
A qui ils appartiennent , I. 409
        & suiv.
Comment ils se prescrivent, II. 20
Voyez *Donataires. Donations* en di-
 recte. *Homme* vivant , &c. *Sei-*
 gneurs.
   Prohibition.
Si celle de démembrer un *Fief* sans
 le consentement du *Seigneur* est
 une loi générale, III. 47 *& suiv.*
Si celle de vendre partie de son
 Fief est relative au *Démembre-*
 ment ,   65
   Propres.
Si cette qualité influe sur les *Droits*
 Seigneuriaux,   III. 258
Voyez *Bordelage.*
Quelle est cette qualité,   451
Voyez *Carondas. Commise.* (la) *Don*
 mutuel en propriété. *Don* mutuel
 en propriété des propres. *Dona-*
 tions. Dons. Engagemens du Do-
 maine du Roi. *Femmes Maris. Re-*
 trait féodal. *Retrait* Seigneurial.
  Propriétaires de Fiefs.
Si celui qui en acquiert un en *Franc-*
 aleu noble ou roturier fait *Réu-*
 nion ,   I. 155
Tout nouveau propriétaire doit la
 Foi & Hommage , IV. 211, 214,
       226, 229
Quid , de l'ancien ,   211
Quid , lorsque le *Fief* est tenu en
 Douaire , ou qu'il y a *Usufruit*
 constitué, ils refusent de le faire,
          229
Voyez *Chantereau. Rachat. Relief.*
   Protestation.
Effet de ces mots, *Aux protestations*
 d'augmenter ou diminuer , que l'on
 met de style dans tous les *Aveux* ,
      IV. 273 *& suiv.*

Si le défaut de *Protestation* d'ajou-
 ter la chose omise emporte *Com-*
 mise au profit du *Seigneur* , IV.
          274
Quid , dans les Coûtumes d'*Anjou* ,
 &c. si sur le *blâme* le *Vassal* en
 expliquant la *Foi* qu'il a rendue ,
 ne persiste pas à ne vouloir pas
 l'ajoûter,   275 *& suiv.*
Protocole des Lettres à Terrier ,
 voyez *Lettres* à Terrier.
Provence , voyez *Bannalité* réelle.
 Bannalités.
Provence. (Chambre des Comptes
     de)
Son usage sur la réception des
 Aveux ,   V. 61 *& suiv.*
   Provision.
S'il y a lieu à la Provision , lorsque
 le *Seigneur* possédant deux *Fiefs* ,
 saisit un *Vassal* comme mouvant
 de lui à cause d'un de ses Fiefs ,
 & que le Vassal désavoue être
 mouvant de ce Fief, & soutient
 être mouvant de l'autre , IV. 286
         & suiv.
Quid , si le *Vassal* veut bien le re-
 connoître à Seigneur à cause de
 l'autre *Fief* ,   287
   Proust.
Son explication sur les *Tennemens* en
 la Coûtume de *Lodunois* , IV. 155
  Publication au Prône.
Si elle est requise pour *Saisie* féodale,
     IV. 394 *& suiv.*
Depuis la Déclaration de 1698 elle
 est abolie pour toutes affaires tem-
 porelles ,   395
  Publication d'un *Terrier.*
Pourquoi elle se fait, I. 365 *& suiv.*
Publications & *Vérifications* des *Aveux*
 dans la Justice des *Seigneurs* , à la
 requête du Dominant avant de
 donner ses *Blâmes.*

Elles sont un moyen abusif de s'attribuer Jurisdiction sur des per-

-fonnes qui ne font point fujettes à la Juftice du Dominant qui fait publier cet Aveu, V. 100, 101

Leur utilité cependant, 104

Puînés ou Puînées.

En la Coûtume de *Senlis* ils ont le choix de relever de leur *Aîné* ou de leur *Seigneur* pour la premiere fois, II. 299

Si dans la Coûtume de *Dreux* leur *Aîné* renonçant, ils peuvent couvrir le *Fief* pour tous, comme l'aîné, 439 & *suiv.*

Voyez *Acquéreurs. Rachat.*

Seul cas où dans la Coûtume d'*Amiens* ils peuvent après le décès de leur *Pere* & *Mere* relever du *Seigneur*, 487

Ce qu'il faut faire pour fçavoir fi dans la Coûtume de la Prevôté de *Montreuil* ils doivent *Relief* & *Chambellage*, en relevant de leurs portions, foit du *Dominant*, foit de l'*Aîné*, 490

S'ils peuvent s'affranchir du *Relief* qu'ils doivent dans la Coûtume de *Ponthieu*, lorfqu'ils appréhendent leur *Quint* & portions de quint, 496

Cas où dans la Coûtume de *Boulenois* ils ne doivent que le *Relief* de leur *Fief*, & ne relevent pas de leur *Aîné*, 519

Si dans la Coûtume d'*Artois* ils peuvent ou non appréhender leur *Quint* ou portion de quint, 542

Si dans celle de *Laon* ils peuvent en partageant opter de tenir de leur *Aîné* en *Fief* & en *Arriere-Fief* du *Dominant*, 551

Voyez *Aînés. Chef-lieu. Chemerage. Chemier. Fiefs. Juftice.*

S'ils peuvent prétendre au *Droit* d'aîneffe, V. 270-272

Cas où ils le peuvent, 271 & *suiv.*

Voyez *Aînés. Droit* d'aîneffe.

Le Puîné Donataire d'un *Fief* peut-il aliéner ce *Fief*, ou le charger d'*Hypothéque* au préjudice de l'*Aîné?* Dans ce cas l'Aîné pourra-t-il faire révoquer l'aliénation & effacer les hypothéques fur fon *Droit* d'aîneffe? V. 279 & *suiv.*

Voyez *Douaire.*

Q

Qualité domaniale.

Elle eft indélébile, 435

Quens.

Signification de ce terme, III. 125

Queftions.

Diftinction qu'on doit faire pour les bien décider, IV. 11 & *suiv.*

On ne fçait rien, fi on ne fçait le principe de la décifion, quoiqu'on en fçache la décifion, 67 & *suiv.*

Ce qu'on fçait feulement, quand on fçait la feule raifon de décifion, 68

Quint. (le Droit de)

Son origine, II. 73

Voyez *Relief.*

Quand il eft dû, 78

Voyez *Donation* à titre récompenfatif. *Dumoulin. Femmes. Fiefs. Hauts-Jufticiers. Rachat. Renonciation* de l'enfant, *Seigneurs.*

En faveur de qui ce *Droit* eft admis, ainfi que le *Requint*, au Bailliage de *Chartres*, & dans la Coûtume locale du *Perche-Gouet*, 453

Coûtumes où ce *Droit* n'eft point connu, 463 & *suiv.*

Quel eft celui des *Puînés* dans la Coûtume de *Ponthieu*, 496

Voyez *Aînés. Donations.*

Si ce *Droit* eft dû lorfqu'il n'y a pas de vente, III. 13

Cas où il eft du total, 14

Ce que c'eft dans la Coûtume d'*Orléans*, 17

Voyez *Agent. Bail à cens. Cens. Conquêts. Contrat. Criées. Directe*

cenfuelle. *Dumoulin. Ferriere. Héritier bénéficiaire. Lods & Ventes. Offres. Pontanus. Relief. Remploi. Saisie féodale. Seigneurs.*

Quint ou Retrait.

Cas où il a lieu dans la Coûtume de *Montargis*, III. 29
— dans celle de *Chauni*, 32

Quints & Lods & Ventes.

Pourquoi l'Auteur appelle indifféremment ainsi le Droit de *Vente*, III. 201

Caufe de ces Droits, 201 & *fuiv.*

A quoi faut-il s'attacher pour fçavoir fi ces Droits font dûs en *Fief*, ainfi que les *Lods* & Ventes pour les *Rotures*, 202 & *fuiv.*

S'il faut que le *Contrat* foit parfait, pour que ces Droits foient dûs, 203

Si ces Droits font impofés à la *Mutation*, 203

Le *Contrat* ouvre ces Droits, 203 & *fuiv.*

Voyez *Mutation.*

Quand dûs ou non au *Seigneur* du *Fermier*, 206

Ce qui fuffit pour opérer ces Droits, 206

A quoi il faut s'attacher pour connoître s'ils font dûs, 208 & *fuiv.*

Regles pour développer le pour & le contre de ces Droits dans un Acte préfenté, 207-210

Si tout ce qui eft *Vente* ou équipollent à Vente, y eft fujet, 211 & *fuiv.*

Coûtume où le *Vendeur* eft chargé de ce Droit, 211

Celles qui en chargent l'*Acquéreur*, 211

Si ces Droits fe payent à raifon de la valeur réelle de l'*Héritage*, 211

Ce qui les ouvre, 211

Si c'eft le prix écrit qui regle ces Droits, 213

Quelles chofes augmentent ces Droits, III. 214

Si la remife d'une *Servitude* les augmente, 219 & *fuiv.*

Quints, Reliefs & Lods.

Ils font comme des accidens du *Fief*, III. 15, *Addit.*

Quints & Requints, voyez *Adjudicataires.*

R.

Rabatement, voyez *Decret.*

Rachat.

En quel temps il s'acquiert, II. 188

Ce qu'eft celui de l'*Arriere-Fief*, 188

Voyez *Seigneurs. Succeffions. Vaffaux.*

A qui du *Seigneur* ou du *Fermier*, appartient-il lors de la *Donation* ou du décès du Donateur dans la Coûtume d'*Etampes*, 267 & *fuiv.*

Voyez *Echanges. Femmes.*

Ce qui a introduit la Jurifprudence pour éviter la confufion en matiere de Rachat, 306

Voyez *Donations. Hauts-Jufticiers.*

Ce qu'il faut faire pour fçavoir s'il fera dû, 347 & *fuiv.*

De combien de fortes dans la Coûtume de *Blois*, 359 & *fuiv.*

Seul Droit que reconnoiffe la Coûtume de la Baronnie de la *Rue d'Indre*, 368

A quoi il y eft eftimé, 368

Voyez *Petits-fils.*

Si dans la Coûtume de *Tours* il eft dû par la mort ou réfignation du *Bénéficier*, ainfi que par la mort de l'*Homme* vivant & mourant, 379

Si dans cette Coûtume, plufieurs échéant en même année, ils fe confondent, 379 & *fuiv.*

Voyez *Foi*, &c.

Quand il commence en cette Coûtume, & s'y acquiert, II. 381

Ce que dans la Coûtume de *Poitou* il a de commun avec le *Plait*, & en quoi il en differe, 395

Quel il est dans cette Coûtume, 395

Par qui & comment il y est dû, 395 *& suiv.*

Voyez Bois. Prés.

Comment il s'y leve, 398

Voyez Cens.

Quand il y commence, 401

Quand, lorsque le *Seigneur* a saisi faute d'homme, 401 *& suiv.*

Cas où il peut y avoir lieu, ainsi que le *Plait*, 401 *& suiv.*

S'ils y ont lieu de tous *Mariages* & remariages, 403

Quid, si la *Fille* qui se marie tenoit en *Parage*, 403

Quid, si l'aîné après avoir fait les *Hommages*, fait *Partage*, 403

Coûtumes où il n'est reconnu s'il n'y a convenance, 407

Si dans la Coûtume de *Chaumont* en Bassigni il est dû, ainsi que le *Quint* du *Fief* vendu, dont le Quint a été payé, 434 *& suiv.*

Comment il croît ou diminue en la Coûtume du *Grand-Perche*, 470 *& suiv.*

Il s'y paye à toute *Mutation*, 471 *& suiv.*

S'il y est dû, lorsque les *Puînés* déclarent tenir du *Seigneur* dominant, par la mort de l'*Aîné*, 472 *& suiv.*

Il s'y paye toujours plein, 473 *& suiv.*

Quid, quand le *Partage* sera fait, 474

Voyez Acquéreurs. Homme vivant, &c. Maris.

Qui dans la Coûtume d'*Anjou*, du *Propriétaire* ou de l'*Usufruitier*, doit celui des *Mutations* qui arrivent pendente *usufructu*, II. 395 *& suiv.*

Dans la Coûtume de *Bretagne*, 604-609

Il n'est point dans la Coûtume de *Bretagne* un droit général, 604 *& suiv.*

Quand & par qui il y a été établi, 605

Ce qu'il y est; quand il y commence, 605

Quand il y a lieu, 606

Quand il s'y leve sur les *Héritages* nobles donnés en *Douaire*, 606 *& suiv.*

S'il y peut avoir lieu sur les terres roturieres, 608

S'il peut y être amorti par le *Seigneur*, 608 *& suiv.*

Voyez Femmes. Héritages. Mort civile. Seigneurs.

Déclaration du Roi du 10 Janvier 1725, qui regle en quels cas celui des *Baux* à *Fiefs* ou à *Rentes* des *Biens* situés en *Normandie*, donne ouverture au *Retrait* & aux Droits Seigneuriaux, III. 347 *& suiv.*

Autre du 26 Mai 1725, en interprétation de la précédente Déclaration, 348 *& suiv.*

Voyez Acquéreurs d'une Terre, &c. Auroux des Pommiers. (M.) Domaine. Droits Seigneuriaux. Engagemens du Domaine. Gager le Rachat. Paris. (Coûtume de) Rentes.

Rachat abonné.

Quand & où il a lieu, II. 183-186

Voyez Dominant du Seigneur. Dupineau. Seigneurs.

Rachat rencontré.

Quand il a lieu, II. 187 *& suiv.*

Voyez Seigneurs.

Opinions sur ce Rachat, 188 *& suiv.* 192-195

Si dans le cas d'un Titulaire par permutation, qui prend possession

au mois de Février, & meurt au mois de Juin, le *Seigneur* peut demander deux Rachats au nouveau Titulaire, le premier n'ayant pas été investi, & si alors il y a confusion,   II. 196 & *suiv.*

Si dans le cas où plusieurs sont dûs, le *Seigneur* qui les prend sur le dernier *Vassal*, peut les opter tous en nature,   197 & *suiv.*

Cas du Rachat rencontré, 294, 310

Coûtume qui en fait mention, 359

De deux sortes dans la Coûtume de *Poitou*; quels ils sont, 399 & *suiv.*

S'ils s'y confondent,   400

Non admis dans la Coûtume de *Bretagne*,   608

Voyez *Argentré.* (d') *Brodeau.*

Rançon.

S'il en est dûe *Taille* aux quatre cas, V. 566 & *suiv.*

Rappel.

Cas où il a lieu à *Meaux*, II. 243 & *suiv.*

Si le Rappel *intra terminos* d'un *Neveu*, fils d'un *Frere*, donne l'exclusion à la *Tante*, V. 358 & *suiv.* 371-387

Il n'opere pas le même effet que la *Représentation* dans le *Partage* des *Fiefs*,   387

Rapport.

Pourquoi introduit par les *Loix* & par les Coûtumes,   V. 299

Voyez *Droit* d'aînesse.

Rassicod. (M^e)

Eloge de son Livre,   II. 2

Combien son Ouvrage est nécessaire pour éviter les fautes grossieres que les différentes éditions ont causées & perpétuées dans *Dumoulin*,   III. 476 & *suiv.*

Utilité de son Livre,   IV. 36

Ratification.

Si elle a lieu lorsque le Mineur a

fait annuller le Contrat, & qu'après le Jugement définitif rendu il ratifie moyennant un supplément,   III. 507 & *suiv.*

Voyez *Lods* & *Ventes. Peres.*

Réception des Aveux, voyez *Nevers.* (Chambre des Comptes de) *Paris.* (Chambre des Comptes de)

Receveurs généraux du Domaine.

Leurs Droits en cas de *Mutation* de Fiefs,   V. 474

Récompense, voyez *Aînés.*

Reconnoissances.

Si une Reconnoissance ancienne peut suppléer un *Titre*, I. 389 & *suiv.*

Si plusieurs valent *Titre*, 390 & *suiv.*

Voyez *Aveu*, &c.

Records, voyez *Ajournement* en Retrait. *Sergens.*

Reformateurs de Coûtumes.

En quoi ils ont trop donné à leur science,   I. 2

Refutare.

Propre signification de ce mot, IV. 273 *

Regain.

Ce qu'on appelle ainsi en quelques Pays,   II. 200

Regaler le Fief.

Ce que c'est,   II. 525

Reims. (Coûtume de)

Sa disposition sur la *Réunion* des Fiefs,   I. 208 & *suiv.*

Son texte sur le Droit de *Relief*, II. 569-572

En quoi elle est bizarre, 575 & *suiv.*

Explication de son Art. LXXXIX, 577 & *suiv.*

Relever le Fief.

Ce que c'est en la Coûtume de *Laon*, II. 550

Voyez *Droiturer.*

Relevoisons à plaisir ou du denier VI. (Droit des)

Quel il est,   II. 331-334

GGGggg

Où il est dû généralement, & sur quoi, II. 334 & suiv.

Comment elles se confondent, 335 & suiv.

Perception de ce Droit, 335
Voyez *Créanciers*.

Sur quels *Héritages* il a lieu, 336
Quand il est dû, 336-339
Il est dû de tous Mariages, excepté le premier, 337
Voyez *Censives*. *Femmes*.

Il n'en peut être dû qu'un seul, 339

Relief.

Ce que c'est dans son origine; son principe, II. 72 & suiv.
Son origine, 73, 138
Il n'a pas toujours été fixé, 73 & suiv.
A quoi fixé par la plûpart des *Coûtumes*, 74, 198
Le plus général, 74
Ses différens noms, 74
Quand il a lieu en général, 74 & s.
Ce qu'il est par rapport au Fief, 75, 130, 150, 212, 236
Il est dû toutes les fois que le *Fief* change de main; exceptions à cette regle, 75
Pourquoi en général il n'a point lieu en *Directe*, quoiqu'il y ait *Mutation*, 75 & suiv.
Ce qu'il faut pour l'opérer, 75, 79, 84 & suiv. 194
Quand exigible, 77, 79, 136, 153
Différence du cas où il est dû, de celui où le *Quint* est dû, 77 & suiv.
Quand il est dû, 78, 149, 153, dans le *Contrat* de Vente ou de Donation, 78
Principes généraux sur cette matiere, 79 & suiv.
Cas qui l'ouvre le plus ordinairement, 79
S'il a lieu en *Ligne* directe, 81 & s.
Voyez *Coûtumes*.

S'il est dû en *Succession* collatérale, 82-85
Voyez *Héritier* bénéficiaire.

Pourquoi il se paye seulement, II. 83
Voyez *Ferriere*.

Si du *Fief* légué, il en est dû un simple droit ou double : un du chef de l'*Héritier* collatéral ; un du chef du *Légataire*, 85
Cas où il n'en est dû qu'un par le *Légataire*, 85
Quid, si le *Legs* est répudié & devient caduc, 85
Quid, si le *Legs* est conditionnel, 85 & suiv.
Quid, si l'*Héritier* qui meurt avant la délivrance du *Legs* laisse un Héritier collatéral par les mains duquel le *Légataire* prend, & ainsi successivement, s'il mouroit plusieurs Héritiers avant la délivrance, 86
Quid, si le Légataire *in diem vel sub conditione*, le temps venu, décede, 86
S'il en est dû deux, lorsque le *Légataire* étant demeuré plusieurs années sans demander délivrance, l'obtient enfin, supposé l'*Héritier* collatéral ou dans une Coûtume de toutes mains, 87
Quid, dans une *Vente* à faculté de Remeré pendant le temps de grace, lorsque l'*Acquéreur* décede laissant des *Héritiers* collatéraux, & que deux ans après, & pendant la grace, le *Vendeur* décede aussi laissant des *Héritiers* collatéraux qui exercent le *Remeré*, 87 & suiv.
Quid, si pendant la *Saisie* féodale, il arrive plusieurs *Mutations* du chef des *Propriétaires* & *Héritiers* saisis, 88 & suiv.
Voyez *Biens*. *Mort* civile.

S'il est dû, en cas de plusieurs *Cohéritiers* ou *Légataires*, ou *Codonataires* du *Coacquéreur*, soit *sine societate*, soit *cum societate*, qui au lieu de partager licitent le *Fief*,

& l'adjugent à l'un d'eux , II.
94 & *suiv.*
Voyez *Démission. Pocquet* de Livonniere.
Son objet , 98
Voyez *Donations. Donations* en collatérale.
A quel *Seigneur* ou *Fermier* il est dû
pour *Donations* à cause de mort ; &
quand , 100
Ce qu'il faut regarder pour décider
s'il est dû en *Donation* , 102
Voyez *Curateurs* à Succession va-
cante , & au Fief déguerpi. *Don
mutuel* en Usufruit. *Dumoulin.
Hauts - Justiciers. Renonciation* de
l'enfant. *Ricard. Substitution. Suc-
cession* abandonnée *pro derelicto.*
Il n'est point dette de la *Succession* de
l'*Usufruitier* , mais du nouveau
Vassal, 119
Voyez *Don* mutuel en propriété des
Conquêts. *Don* mutuel en propriété des Propres. *Maris.*
Qui doit le payer dans les *Dons* ou
Legs d'*Usufruit* , 124
Quis, dans le *Don* d'un *Fief* avec re-
tention d'*Usufruit,* 124-127
Quand il est dû dans ces cas , 125
& *suiv.* 130
Arrêts qui décident ces questions ,
127-130
A qui il appartient dans ces cas ,
128
Si son payement dans ces cas peut
être suspendu jusqu'au décès , 128
& *suiv.*
Vrais principes de son exigibilité
dans les *Donations* faites avec re-
tention d'*Usufruit,* 129 & *suiv.*
Voyez *Communauté. Femmes. Hauts-
Justiciers. Mutations. Rachat* abon-
né. *Rachat* rencontré.
De quel jour il court à Paris, 194,
211
Voyez *Brodeau.*
Variation des Coûtumes sur son com-

mencement , II. 198
Accord de cette varieté , 198 &
suiv.
Ce qui entre dans le Relief , 199
& *suiv.*
Voyez *Dominant. Seigneurs.*
Il s'acquiert *ex momento mutationis* ,
& en entier , quoique la percep-
tion en soit retardée , 202
Voyez *Vassaux.*
Ses charges , 204 & *suiv.*
Si lorsque le *Fief* est en Usufruit ,
Douaire ou autre sorte d'Usu-
fruit, il a son cours , 205
Relief dans la Coûtume de *Paris,*
211
A quoi fixé dans cette Coûtume , 211
Maniere de le percevoir dans cette
Coûtume , 211 & *suiv.*
Comment il doit s'y lever , 212
Cas où il peut être dû ou non dans
cettedite Coûtume , 216 & *suiv.*
Voyez *Filles. Mariage. Partages. Re-
nonciation* à la Communauté. *Re-
nonciation* de l'*Enfant. Reprise* des
Propres, &c. *Successions. Successions*
en collatérale.
Comment il est *onus reale* , 236
Voyez *Bailleur* à rente , &c.
Relief dans la Coûtume de *Meaux* ,
242-246
Ce qu'il est en cette Coûtume , 243-
246
Qui du *Propriétaire* ou de l'*Usufrui-
tier* le doit des *Mutations* qui arri-
vent pendant l'*Usufruit,* 245 & *s.*
Relief dans la Coûtume de *Melun* ,
246-255
De quel jour il commence à y courir , 250 & *suiv.*
Comment il s'y perçoit ; ce pour le-
quel il y est dû , 251 & *suiv.*
Relief dans la Coûtume de *Seni* ,
255-261
Voyez *Gardien* noble.
Ce pourquoi il est dû en cette Coûtume , 259 & *suiv.*

Relief dans la Coûtume d'*Auxerre*,
II. 261-264
Il n'y est point dû pour *Fief* de
Douaire, 263
Ni pour *Fief* échu en directe à la
Fille, 263
Relief dans la Coûtume d'*Etampes*,
266-269
Voyez *Echange*.
Relief dans la Coûtume de *Montfort-
Lamauri*, 272-275
Voyez *Fiefs*.
Relief dans la Coûtume de *Mante* &
Meulan. 277-289
Voyez *Arriere-Fiefs. Fiefs. Fils. Suc-
cession* directe.
Comment il y est profit réel, 286
Relief dans la Coûtume de *Senlis*,
293-308
Quid, lorsque dans cette Coûtume
il en échoit deux dans une année,
294
Comment on peut se tirer des ques-
tions de Relief, sur-tout dans les
Coûtumes de toutes mains, 295
& *suiv*.
Par qui dû dans la Coûtume de *Sen-
lis*, en cas de *Don* mutuel en Usu-
fruit, 297
Voyez *Donation* à titre récompensatif. *Donations* en directe.
Si sa perception peut y être retardée
jusqu'à la mort de la *Douairiere*,
304-308
Si la prorogation de sa perception
peut y opérer sa confusion, 306
& *suiv*.
Relief dans la Coûtume de *Clermont*
en Beauvaisis, 310 & *suiv*.
Voyez *Gardien* noble.
Relief dans la Coûtume de *Valois*,
314-320
Voyez *Donations* en directe.
Sera-t-il dû en cette Coûtume, lorsque le *Fief* est donné à un collatéral *Héritier* présomptif, 315
& *suiv*.

Quid, si le *Don* étant sujet à rapport
même en collatérale, le *Donataire*
l'a payé, & pour le *Partage* il soit
saisi, & que le *Fief* tombe à un autre collatéral, II. 316 & *suiv*.
Relief dans la Coûtume d'*Orléans*,
325-331
De quel jour il y commence son an-
née, 326
Relief dans la Coûtume de *Lorris-
Montargis*, 347
Ce qu'il faut faire pour en faire va-
lablement les offres dans la Coû-
tume d'*Orléans*, 326
Voyez *Homme* vivant, &c.
Relief dans la Coûtume de *Lorris-
Montargis*, 344-351
— dans celle de *Blais*, 351-363
Cas où dans cette Coûtume il n'a
point lieu, 359
Relief dans la Coûtume de *Dunois*,
365-367
Voyez *Remorantin*, &c. *Saint-
Agnan*, &c.
Relief dans la Coûtume de la Ba-
ronnie de la *Rue* d'Indre, 368 &
suiv.
Cas seul où elle admet celui de *Suc-
cession*, 368 & *suiv*.
Coûtumes qui n'en admettent point,
369
Relief dans la Coûtume de *Tours*,
372-381
A qui y sont acquis en entier les
Reliefs des *Arrieres-Fiefs* ouverts
dans l'an, 373
Quid, lorsque le *Fief* servant est saisi
faute d'homme, & que pendant
que le *Seigneur* leveroit les *fruits*
par Droit de saisie, l'*Arriere-Fief*
s'ouvre, 373 & *suiv*.
Voyez *Hommage*.
Relief dans la Coûtume de *Poitou*,
394-406
S'il y est dû, 394
Voyez *Fiefs*.
Relief dans les Coûtumes de la *Ra-*

chelle, Pays d'*Aunis*, *Angoumois*, *Auvergne* & la *Marche*, II. 406 & *suiv.*

— de *Saint-Jean* d'Angeli, 408

— de *Berri*, 413-420

Il y a lieu pour toutes *Mutations*, 415

Voyez *Aieux. Donataires.*

Relief dans la Coûtume de *Vitri-le-François*, 422-425

Voyez *Succession* en directe.

Relief dans la Coûtume de *Chaumont* en Baffigni, 429-435

Par qui il y eft dû dans le cas d'un *Pere* qui le devant d'un *Fief* qu'il laiffe dans fa fucceffion, décede, & dont le *Fils* eft reçu à *Foi*, 434

Relief dans la Coûtume de *Dreux*, 437-444

Il y eft dû de toutes *Mutations* hors directe; ce qu'il faut faire pour en appliquer les décifions en cette Coûtume, 438 & *suiv.*

Relief dans la Coûtume de *Chartres*, 448-458

— dans le Bailliage de *Chartres*, 449-452

— dans la Coûtume locale du *Perche-Gouet* & Baronnies, 452-458

— dans celle de *Châteauneuf* en Thimerais, 462 & *suiv.*

— dans celle du *Grand-Perche*, 468-476

— dans celle d'*Amiens*, 480-489

De deux fortes dans cette Coûtume, 480-484

S'il y eft dû à toutes *Mutations* de *Pere* à *Fils*, 481 & *suiv.*

Seul cas où ils s'y confondent, 484

En quoi il confifte dans cette Coûtume, III. 5

S'il eft dû dans la Coûtume locale de la Ville & Banlieue d'*Amiens*, II. 489

Relief dans les Coûtumes des Prévôtés de *Doullens*, de *Foulloi*, de

Montreuil, de *Saint-Riquier*, II. 490

Voyez *Puînés.*

Relief dans la Coûtume de *Vimeux*, 491

— dans celle de *Ponthieu*, 493-495 & *suiv.*

De deux fortes dans cette Coûtume, 494

S'il y eft dû à toutes *Mutations* par *Succeffion*, 494

Relief dans la Coûtume d'*Abbeville*, 497 & *suiv.*

— dans celle de *Peronne* ou Didier & Roye, 501-507

De deux fortes dans cette Coûtume, 501

Cas où ils s'y peuvent confondre, 502

Il n'y eft point dû en directe, mais bien en collatérale, 506

Relief dans la Coûtume de *Boulenois*, 511-519

De deux fortes dans cette Coûtume, 511

Comment il s'y regle, 512-515 & *suiv.*

Seul cas où ils s'y confondent, 517 & *suiv.*

Relief dans la Coûtume d'*Artois*, 522-544

Comment il s'y regle, 522 & *suiv.*

Il y eft dû à chaque *Succeffion* à titre univerfel, 523 & *suiv.*

Ce qu'ils y font, 523

S'il y eft dû pour *Donation* directe ou collatérale, ou à étrangers, 525-528

Voyez *Donations. Donations* en directe.

S'il y a lieu avec le *Chambellage* in inftanti, 541 & *suiv.*

Voyez *Héritiers.*

Relief dans la Coûtume de *Laon*, 547-554

A quoi il y eft fixé, 547

Ce qu'il faut faire pour fçavoir à

qui il est dû, II. 547
A quel *Seigneur* ou *Fermier* y appartiendra-t-il en cas de *Donation* restée en suspens jusqu'à la vêture, 552
Voyez *Don* mutuel entre Conjoints. *Usufruits.*
Relief dans la Coûtume de *Ribemont*, 554 & *suiv.*
— dans celle de *Saint Quentin*, 557-560
Ce qu'il y est, 557 & *suiv.*
Quid, lorsque le *Fief* est affermé de bonne foi & sans fraude, 558
Relief dans la Coûtume de *Noyon*, 561 & *suiv.*
— dans celle de *Couci*, 562
— dans celle de *Châlons*, 564-568
— dans celle de *Reims*, 573-580
A quoi il y est fixé, 573
Pourquoi il faut à cet égard se fixer au tems des offres, 573 & *suiv.*
Relief dans la Coûtume de *Chauni*, 582-585
— dans celle de *Troyes*, 586-588
— dans celles du *Maine* & *Anjou*, 589-595
— dans celle de *Normandie*, 598-601
Ce qu'il y est quand il s'y leve, 598 & *suiv.*
Ceux qui l'y doivent ou non, 600 & *suiv.*
Voyez *Rachat* sur la Coûtume de *Bretagne.*
Relief dans la Coûtume d'*Auvergne*, 615 & *suiv.*
Il n'est point admis dans celle de *Bourbonnois*, 616
Voyez *Marciage.*
En quoi consiste ce Droit dans les Coûtumes, III. 5
Voyez *Démembrement* de *Fiefs. Quints. Reprises.*
Cas où il est du total, 14
Voyez *Aînés. Chantereau. Curateurs* à déguerpissement. *Curateurs* à succession vacante. *Durand. Ligne directe. Mutations. Offres. Saisie féodale. Seigneurs. Seigneurs Suzerains.* Les Articles suivans qui traitent des différentes espéces de *Relief.*
Relief de Bail, voyez *Relief* de Mariage.

Relief en *Bail* emphytéotique, ou en *Bail* à *Rente* fonciere non rachetable.
Quand il est dû, II. 154-157
S'il est dû lorsqu'il y a retention de *Foi*, 154 & *suiv.* 157 & *suiv.* 165 & *suiv.* 169
Quid, lorsqu'il y a démission de *Foi*, 155-158
Voyez *Duplessis. Rentes* foncieres non rachetables.

Relief de Bail des *Mineurs.*
Non reconnu dans notre Coûtume, II. 236
Ni dans celle de *Châlons*, 568
Mais bien dans celle de *Chauni*, 582

Relief à cheval & armes.
Ce que c'est, II. 523
Comment il se regle, 524

Relief pour *Contrat* résolu.
Quand il a lieu, II. 181 & *suiv.*
Voyez *Donations. Fiefs.*

Relief de garde.
Non admis dans la Coûtume de *Montfort-Lamauri*, II. 274
— dans celle de *Mante*, 285
— dans celle de *Blois*, 362
— dans celle de *Dreux*, 443
— au Bailliage de *Chartres*, 452
— en celle du *Perche-Goüet*, 454

Relief dû par le *Haut-Justicier.*
Pourquoi dû, II. 151 & *suiv.*
A quel *Seigneur* ou *Fermier* sera-t-il dû lorsque le *Haut-Justicier* garde le *Fief*, 152 & *suiv.*

Relief de toute main.
Ce que c'est, II. 279
Sa reconnoissance de deux sortes, 280

Voyez *Seigneurs*.
Quand il n'est qu'un *Relief* de Coûtume, II. 281

Relief de Mariage.
Pourquoi rien de plus bizarre & odieux, II. 75 & *suiv*. 136, 228, 285, 418, 565 & *suiv*. 587
Quand il peut être dû ou non, 139-146
Dans cette question il s'y agit seulement du second *Mariage*, 139
Cas où il n'est dû d'aucun *Mariage*, 139 & *suiv*.
Voyez *Communauté*.
Son fondement, 142
Pourquoi accordé, soit de tous, soit des deux, troisiémes & autres par la plûpart des *Coûtumes*, 142 & *suiv*.
Voyez *Filles. Mariages. Rachat* abonné. *Rachat* rencontré.
Appelé *Relief* de bail par plusieurs Coûtumes, 227; pourquoi, V. 126
Sera-t-il dû s'il y a *Séparation* de biens avec jouissance à part, non pas simple exclusion de *Communauté*, II. 230
Sera-t-il dû au cas du second & troisiéme *Mariage*, n'y ayant *Communauté*, & y ayant jouissance à part, 230-233
Voyez *Aînés. Femmes*.
S'il est dû dans la Coûtume d'*Auxerre*, 263
Quid, dans celle de *Montfort-Lamauri*, 273
Quid, dans celle de *Mante*, 285
Cas où il n'a point lieu dans celle-ci, 285
Si dans la Coûtume de *Senlis* il y a lieu à l'égard de tous *Mariages*, sans que la *Foi* de l'*Aîné* les acquitte, 294 & *suiv*.
Quid, dans celle de *Clermont* en Beauvaisis, 310
Si dans cette Coûtume le *Mariage* se faisant dans l'an de l'échoite, il n'en est dû qu'un, II. 310 & *suiv*.
S'il a lieu dans la Coûtume de *Valois*, 317
— dans celle de *Lorris-Montargis*, 349
— dans celle de *Blois*, 358 & *suiv*.
A l'égard de quel *Mariage* a-t-il lieu dans celle d'*Orleans*, 329
— dans celle de *Dunois*, 366
— dans celle de la Baronnie de la *Rue* d'Indre, 368 & *suiv*.
— dans celle de *Tours*, 374 & *suiv*.
— dans celle de *Berri*, 418 & *suiv*.
— dans celle de *Vitri-le-François*, 423 & *suiv*.
S'il n'y est point dû dans le cas d'un *Pere* qui auroit promis en *Dot* à sa *Fille* un fonds pour son premier *Mariage*, & qui n'effectueroit sa promesse qu'en la remariant, 424 & *suiv*.
Admis dans la Coûtume de *Chaumont* en Bassigni; sécus à l'égard du premier *Mariage* de tous, 432
— au Bailliage de *Chartres*, 450 & *suiv*.
— en la Coûtume locale du *Perche-Gouet*, 453 & *suiv*.
— en celle de *Châteauneuf* en *Thimerais*, 462 & *suiv*.
— en celle du *Grand-Perche*, 474 & *suiv*.
— en celle de *Ribemont*, 555
— en celle de *Saint-Quentin*, 559
— en celle de *Noyon*, 561 & *suiv*.
— en celle de *Châlons*, 565 & *suiv*.
— dans la Coûtume d'*Amiens* il a lieu pour tous *Mariages*, 484 & *suiv*.
Quid, dans celle de *Ponthieu*, 494 & *suiv*.
S'il y sera dû simple & *Chambellage*, lorsque le *Fief* échoit à la *Fille* pendant qu'elle est mariée, 494 & *suiv*.

Quid, s'il n'y a point de Communauté,   II. 495

A l'égard de quel *Mariage* est-il admis dans la Coûtume de *Péronne*,   502

Quid, si la *Femme* se mariant, il y a séparation réelle de biens, 502 *& suiv.*

En quoi cette Coûtume tempere l'absurdité de ce Droit,   503

Cas où il est dû,   507

S'il a lieu en la Coûtume de *Boulenois*,   517 *& suiv.*

— en celle d'*Artois*,   539

S'il y a confusion de celui de propriété avec celui de bail, lorsque la *Fille* s'est mariée, sans avoir relevé de propriété,   539

Voyez Seigneurs.

Ce qui est requis pour qu'il ait lieu ou non en la Coûtume de *Laon*,   548 *& suiv.*

Cas où il n'a point lieu en celle de *Reims*,   577 *& suiv.*

— en celle de *Chauni*, 582 *& suiv.*

Quid, en celle de *Troyes*,   586

Quel est le premier *Mariage* que celle-ci en exempte,   587 *& suiv.*

Si dans les Coûtumes du *Maine* & d'*Anjou* il a lieu dans le cas où il n'y a point eu de *Contrat* de *Mariage*, & dans celui où le Contrat ne dit point de quel jour commencera la *Communauté*,   590

S'il y est dû à proportion du prix accordé, & les *Lods* payables pour le surplus, joint la premiere somme, dans le cas d'un *Pere* qui laisse un *Fief* à ses *Filles*, le *Contrat* étant rescindé pour lésion d'outre moitié du juste prix, les filles mariées héritieres retenant le Fief en suppléant,   590

Voyez Maris. Seigneurs.

Rejeté en la Coûtume de *Normandie*,   599

Relief à merci.

Ce que c'est,   II. 523

Comment il se regle,   524

Si celle de trois années l'une est celle qui précéde le trépas du *Vassal*, ou si l'on doit accumuler les trois précédantes ledit trépas, & en former une,   524 *& suiv.*

Relief ès mutations de *Bénéficiers.*

Seul Droit qui reste aux *Seigneurs* sur les *Fiefs* amortis, II. 146 *& suiv.*

A quel *Seigneur* ou *Fermier*, lorsqu'il est ouvert ou dû, appartient-il,   147-150

Quid, par rapport à la vacance *per obitum*,   147-151

Voyez Pocquet de Livoniere.

Quid, par rapport à celle par résignation,   148-150

Sur quoi il se leve,   149

Quid, s'il étoit dû du chef du dernier titulaire, soit que le nouveau succede *per obitum*, soit qu'il succede *per resignationem*,   149-151

Quid, si le dernier titulaire étoit décedé en foi sans réserve, 150 *& suiv.*

Quid, s'il étoit décedé investi avec réserve,   151

Relief, Quint, Lods & Ventes, *Retrait.*

Ce dont ils ont pris la place, III. 210 *& suiv.*

Quand ils ont eu lieu en France,   211

Religieuses.

Arrêt du Parlement du 7 Mai 1716, qui les soumet à la Bannalité du Four,   I. 433 *& suiv.*

Fait sur lequel est intervenu cet Arrêt,   434

Réfléxions sur cet Arrêt, 435 *& suiv.*

Religieux, voyez *Homme* vivant, &c.

Réméré.

Réméré.

Dans quelle chose il est permis à trois ans dans la Coûtume de *Vitri*, III. 65

Voyez *Contrat* pignoratif. *Lods* & *Ventes. Pacte* Commissoire. *Ventes.*

Si, quand il est exercé, la jouissance de l'*Acquéreur* n'est pas révoquée, 299

Si par son exercice le Contrat est mis à néant, 300

Comment il se purge, 300

Quid, si le *Vendeur*, au lieu de l'exercer dans le temps de la grace stipulée, se fait proroger la faculté, & l'exerce dans le temps de la prorogation, 300 & *suiv.*

Quid, si au lieu de l'exercer lui-même, le *Vendeur* vend à un tiers la faculté qu'il peut exercer, 301 & *suiv.*

Si par la Coûtume d'*Anjou*, quand la grace n'excede pas neuf ans, il est dû Droits, 304

Quid, quand elle excede, 304 & *suiv.*

Voyez *Relief.*

S'il est sujet au *Retrait*, IV. 23

Il s'exerce sur tous les *Enfans* Héritiers de leur pere, V. 314-317

Il est de pure faculté libre dans les *Enfans*, 317

Remise volontaire, voyez *Contrats.*

Remploi.

Ce que c'est que celui des Propres de la *Femme*, III. 355

S'il donne lieu à l'ouverture des Droits de *Quint* ou de *Lods*, 356

Quid, dans le *Pays* de Droit écrit, 356

S'il en est dû, lorsque pour celui des Propres de la *Femme*, on lui donne ou à ses Héritiers des *Conquêts* de *Communauté*, 356 & *suiv.*

Quid, pour celui des *Conquêts*, III. 356

Ce qui fait affranchir du *Quint* ou *Lods* celui en *Conquêts* de Communauté, 363

Quid, si la *Femme* apporte des deniers dont on stipule le Remploi, & qu'on l'assigne spécialement sur un Héritage propre du *Mari*, que l'on estime à cet effet, 397

Remuemens.

Ce que c'est que ces Droits, III. 440

Rencontre. (Cas de)

Quand il a lieu, V. 594

Comment il devroit être regardé, 595

Renonciation, voyez *Droit* d'aînesse. *Peres.*

Renonciation à la Communauté.

Si elle donne lieu au *Relief*, II. 233 & *suiv.*

Voyez *Bénéfice* de renonciation.

Quand il en est dû *Quint* ou *Relief*, 321 & *suiv.*

Voyez *Bénéfice* de renonciation.

Renonciation de l'enfant.

S'il en est dû Droits, II. 103; ou *Relief*, 217-220

Renovatio.

Quel est ce terme, V. 6, n. (b)

Rente à faculté de Rachat, voyez *Droits* Seigneuriaux.

Rente séche, voyez *Cens.*

Rentes.

Si pour les rendre féodales il faut qu'elles soient inféodées, II. 159 & *suiv.*

Voyez *Ribemont.* (Coûtume de)

Pourquoi celles créées rachetables, même avec un *Cens* retenu, ne sont jamais & ne redeviennent jamais nobles féodales & seigneuriales, & par conséquent ne peuvent jamais être partagées noblement, 175-177

Voyez *Acquéreurs. Cens. Créanciers. Duplessis. Seigneurs. Vassaux.*

La Rente qui est premiere après le *Cens,* & transportée à un tiers, est rachetable,   III. 337

Quid, quant à des transports faits à prix d'argent, ou gratuits,   337

A qui les *Droits* appartiendront-ils dans le cas d'une Rente stipulée non rachetable, qui dans la suite est rachetée,   341

Si celle d'un Bail d'héritage est rachetable,   309

Si elle s'éteint & se reproduit chaque année,   310

Si la faculté de s'en libérer peut se *prescrire,*   311

Si les *Droits* en sont dûs,   311

Quelles sont celles rachetables par la Loi,   312

Celles réputées les premieres après le *Cens* & fonds de la terre, 312

Voyez *Droits* Seigneuriaux. *Rachat.*

Si celles dûes aux Particuliers sur maisons de Paris sont à toujours rachetables, quoiqu'il n'y en eût point de seigneuriales ; si leur *Contrat* ouvre les *Lods* & Ventes,   313 & *suiv.*

Voyez *Lods* & Ventes.

Prouvé que celle créée & imposée sur une maison d'un des Fauxbourgs de Paris par un étranger à la censive & sujette à *Rachat,* quoique premiere après le *Cens,* & stipulée non *rachetable,* n'a ni la nature, ni le privilege du *Surcens,*   320 & *suiv.*

Prouvé que lorsque cettedite Rente est rachetable à toujours, les *Lods* & Ventes en sont dûs, 321

Voyez *Justice.*

Si toutes celles dûes sur maisons de la Ville & Fauxbourgs de Paris sont rachetables,   323 & *suiv.*

Voyez *Détenteur* bordelier.

Si la Rente étant devenue fonciere, il en est dû *Droits,* lorsqu'elle est vendue,   III. 338

S'il en est dû, quand en vertu de la stipulation, elle est rachetée,   339

Quid, en *Anjou,*   339 & *suiv.*

Quand les *Lods* en sont dûs,   340

Voyez *Douaire.*

Si la *Vente* de celles constituées en Grains ou Volailles ouvre les *Droits* Seigneuriaux.   349

Voyez *Bail* à rente. *Paris.* (Coûtume de) *Retrait.*

Si, lorsque quelqu'un éteint & amortit quelque Rente ou *prestation* annuelle de laquelle son *Héritage* étoit chargé, telle Rente n'est pas sujette au *Retrait,*   IV. 41 & *suiv.*

Si une Rente créée & assignée sur un *Fief,* & celle créée in *traditione* de partie du Fief, sont Rentes foncieres,   41 & *suiv.*

Voyez *Lignager.*

Celles rachetables à toujours, & dont la faculté ne se prescrit point, 44

Cas où le rachat de la Rente n'ouvre point le *Retrait* féodal,   50

Cas où le rachat de celles créées seulement par le *Vassal,* sans aucun *Cens,* ouvre le *Retrait* de la Rente & non de l'*Héritage,*   51

Dans le seul cas d'une Rente noble féodale fonciere, créée par le *Vassal* en aliénant son domaine avec retention de soi expresse, quand elle est inféodée, le rachat de la Rente ouvre le *Retrait* féodal de la Rente au profit du Dominant, & non le Retrait féodal de l'*Héritage,*   51 & *suiv.*

Voyez *Contrats. Duplessis. Fiefs. Foi* & Hommage. *Retrait. Retrait* féodal. *Retrait* Seigneurial.

Rentes foncieres, ou hypothécaires.

Elles ne sont par elles-mêmes qu'un

Droit annuel, I. 120
Ce qui se pratiquoit autrefois à leur égard, II. 160 & suiv.
Comment se partagent les Rentes foncieres non rachetables créées pour aliénation du tout ou de partie du *Fief* dans la *Succession* du *Bailleur*, 157-175
Si leur *Inféodation* les ennoblit, & leur partage dépend de leur inféodation, 159-161, 165-167 & suiv.
Voyez *Inféodation* du Dominant. *Relief* en Bail emphytéotique, &c.
Ce qui a amené l'erreur de penser que celles créées pour aliénation de partie du *Fief* n'étoient nobles & *partagées* noblement, que quand elles étoient inféodées, 165 & suiv.
Pourquoi la seule *retention* de Foi les ennoblit dans la *Succession* du Bailleur, 166-170
Voyez *Ribemont*. (Coûtume de) *Chopin*.
Pourquoi même accollées avec le *Cens* par le même titre, inféodées ou non, elles sont nobles & féodales dans la main du *Bailleur* & dans sa succession, 175
Voyez *Bailleur* à rente, &c. *Duplessis. Rentes. Ricard. Vassaux*.
Si dans les Coûtumes du *Maine* & d'*Anjou* l'on en peut créer sur son *Fief*, par *Don*, *Legs*, ou autrement, jusqu'à concurrence du tiers, 592 & suiv.
Voyez *Aliénation* à cens, &c. *Aliénation* du cens, &c.
Si la Rente *fonciere* vendue à un étranger, est sujette au *Retrait*, IV. 35
Si cette Rente non rachetable étant rachetée ouvre le *Retrait*, 35 & suiv.
Si cette Rente n'étant point sujette au *Retrait*, l'*Héritage* y sera su-

jet, & l'on aura égard au temps du *Bail* à rente, IV. 36 & suiv.
Rentes vraiment foncieres, 44
Distinction à faire dans les Rentes foncieres non rachetables créées telles *in concessione feudi*; dans les Rentes foncieres créées par le *Vassal*; dans celles créées seules & sans aucun *Cens* par le Vassal; & dans celles créées sans aucun Cens ou avec un Cens, 48 & suiv.
Lorsqu'une Rente fonciere non rachetable est rachetée par le Preneur, elle ouvre le *Retrait* censuel ou *lignager* de l'*Héritage*, 52, 56 & suiv.
Quid, des Rentes d'assignat, nanties ou hypothéquées sur un *Fief*, 57
Voyez *Seigneurs*.
Rentes ou *Pensions* viageres.
Fixation de leur capital, III. 402
Rentes secondes créées *in traditione feudi*.
Si elles sont imprescriptibles, II. 35 & suiv.
Répétition.
Si elle a lieu contre le *Seigneur* lorsque l'*Acquéreur* est poursuivi en rescision de *Contrat*, III. 492 & suiv.
Décision de *Pontanus* sur cette question, 494 & suiv.
Repoussoirs, voyez *Rivieres*.
Représentation. (la)
Si elle ne donne que le degré, V. 339 & suiv.
Origine du Droit de Représentation, 343
Si elle donne au Représentant les Droits & le degré du représenté; ou ne donne que le degré, 343-371
Raisons pour donner au Représentant les droits & le degré du représenté, 350 & suiv.

Suivant le général des Coûtumes, elle a en directe lieu à l'infini, V. 344
Quid, en collatérale, 344 & suiv.
Voyez Novelle 118.
Représentation à l'infini, 345 & suiv.
Représentation en collatérale, 346
Elle est un Privilege, 346
Vraie définition de la Représentation, 351 & suiv.
La Loi de la Représentation met les Enfans mâles en la place de leur Pere, 352 & suiv.
Voyez Arriere-Neveu. Bordelage.

Rappel. (le)
Représentation en collatérale.
Non admise à Meaux, II. 243

Reprise des Propres par la Femme ou par ses Héritiers.
Si elle donne lieu au Relief, II. 233
III. 369
Quid, si on donne pour son Douaire des Propres ou des Conquêts, III. 369 & suiv.
Voyez Femmes. Héritiers.

Reprise en Conquêts ou en Propres du Mari.
Leur différence, II. 134 & suiv.
Cas où il n'en est rien dû, 135
Voyez Femmes.

Requint. (Droit de)
S'il a lieu en échange, III. 530
Voyez Quint.

Res clientelares.
Signification de ces termes de Dumoulin, §. 5. hodie 8. in verbo Dénombrement, n. (2). V. 5

Rescision de Contrat.
Raisons pour lesquelles la Rescision la mieux fondée & la mieux établie par l'Acte qui les rescindoit, est une remise volontaire, III. 483
Voyez Contrat. Résolution de Contrats.

Résolution de Contrats.
Si elle peut être faite par la seule volonté des Contractans, III. 477
Si elle peut être forcée, 477
Celle de plein droit inconnue en France, 478
Quid, si la Vente n'est pas parfaite, 478 & suiv.
Quid, quant au Quint & Lods & Ventes, 479
Quels sont les Contrats dont la résolution peut opérer simples ou doubles Droits, 480 & suiv.
Si elle a lieu pour cause inhérente au Contrat, 489
Si celle qui est forcée n'a effet que pour l'avenir, & quels Droits sont dûs, 489
Quid, de celle qui est volontaire, 489 & suiv.
Quid, si le Vendeur qui rentre se réserve quelque chose, 490
Quid, de celle qui n'opere que pour l'avenir, 490

Retention de Foi.
Son effet par rapport au Bailleur, II. 180
Voyez Carondas. Cens. Retrait. Retrait Seigneurial. Ricard.

Retenue.
Sur qui elle s'exerce, IV. 4
Voyez Despeisses.

Retirer.
Signification de ce terme, IV. 3

Retrait.
Son origine, II. 73
Son nom en Droit écrit, 73
Pourquoi introduit, 73
Pourquoi celui du Propre est adjugé sur le Curateur à la Succession vacante, 110
Voyez Dumoulin.
S'il peut être exercé quand il n'y a pas de Vente, III. 13
Il est un Acte de pure propriété féodale, 22
Voyez Directe censuelle. Rachat. Relief.

S'il donne lieu aux *Droits*, III. 223

Voyez *Délai. Seigneurs.*

Ce qu'il suppose, quand il n'a point lieu, IV. 4

S'il est une charge du *Fief* servant, ou un Droit du *Fief* dominant, 10 *& suiv.*

Quelle Coûtume on doit suivre pour le Retrait & les *Droits* utiles, 11

Comment il est un fruit ou un acte purement dominical, 11

Choses qui y sont sujettes, 14 *& suiv.*

Voyez *Contrats. Fief* corporel. *Fief* incorporel.

Il appartient au Seigneur du temps du Contrat de Vente, 16

Voyez *Choses* mobiliaires. *Dîmes* inféodées. *Droits* incorporels. *Meubles.*

S'il a lieu ou non en vente de *Bois* de haute futaie, 20 *& suiv.*

Quid, lorsqu'après avoir vendu le *Bois*, on vend au même ou à une personne interposée, le fonds, 21

Quid, lorsque par un partage le fonds appartient à l'un, & le *Bois* à l'autre qui le vend, 21

Quid, lorsqu'un Cohéritier vend sa portion indivise, & que l'autre déclare qu'il veut conserver ce *Bois* pour la décoration tel qu'il étoit, 21

Voyez *Abonnement* de Fiefs. *Decret. Fruits. Juges. Licitations. Rameré. Transaction. Ventes.*

Les *Contrats* où il n'a point lieu, 25

S'il a lieu en *échange* d'*Immeubles* contre des *Meubles* ou *Effets* mobiliaires, 25

Quid, en *Echange* d'une *Rente* fonciere contre *Héritage*, 25 ; ou d'un héritage contre une *Rente*, 25 *& suiv.*

Quid, en *Echange* d'un Office contre un *Héritage*, IV. 26

Quid, si l'*Echange* est mêlé de *Vente*, & qu'il y ait soulte, 27 *& suiv.*

Voyez *Donation* gratuite. *Donations.*

Ce qui est requis pour qu'il ait lieu, 29 *& suiv.*

Voyez *Bail* à Rentes. *Donations* onéreuses. *Lignager. Rentes.*

Il n'y a aucun retrait de la *Rente* rachetée, hors le cas de la rente créée seule par le Vassal, avec *Retention* de foi pour lui tenir lieu de cens, 53

Voyez *Héritages.*

Tout *Retrait* en cas de *Vente* ne court que du jour de l'*Inféodation* ou *Enfaisinement du Contrat*. 55

Coûtumes où il est admis formellement quant à une *Rente* fonciere, & où il court du jour de l'*Affranchissement*, 57 *& suiv.*

Voyez *Justicier. Seigneurs* suzerains. *Tournes.*

Il n'est pas un des fruits ordinaires du *Fief*, 67

Voyez *Donataires* du Roi. *Princes* apanagers. *Seigneur* dominant.

Sa définition, 79, 81 *& suiv.*

Voyez *Acquéreurs.*

A quoi bon l'accorder aux *Ecclésiastiques*, s'ils sont forcés d'obtenir amortissement, ou d'en vuider leurs mains, 83 *& suiv.*

Voyez *Ecclésiastiques. Main-morte.*

Ce qu'il est proprement, 93

Le Droit de Retrait *in se* est un Droit purement dominical, 94

Voyez *Acquéreurs. Usufruitiers.*

Son exercice est *in mera facultate patroni*, 96, 105, 182

Ses grands & vrais principes, 97

Voyez *Acquéreurs.*

Il appartient au *Seigneur* féodal, ainsi que le *Retrait* censuel au *Seigneur* censier, ès Coûtumes où il

est admis,   IV. 104 & suiv.
Son Droit est cessible,   105
Son objet,   105, 111
Voyez *Engagistes* du Domaine. *Fermiers. Fermiers judiciaires. Fiefs. Héritiers* bénéficiaires. *Maris. Mineurs. Seigneurs. Taisand. Tuteurs.*
De quel jour doit-il courir en cas de *Ventilation*,   135-142
Son Droit est acquis; il n'est pas le seul fruit qui soit ouvert par la vente du *Fief* servant, 142 & suiv.
Pourquoi ce Droit est seulement accordé,   145 & suiv.
De quel jour il court, 147, 157, 159
Quid, depuis que les *Contrats* d'acquisition sont sujets à l'*Insinuation*,   151
Si pour déterminer ce jour il faut donner copie du *Contrat*, 147 & suiv.
Quid, de l'exhibition faite au *Seigneur* ou à ses Officiers contradictoirement, & de celle qui avec la foi qui doit accompagner un acte, est faite à la porte, en l'absence du Seigneur, &c.   150
Si l'acte d'exhibition doit être accompagné d'offres des Droits que la vente produit,   150 & suiv.
De quel jour le tems en court en *Normandie*,   152
Voyez *Dumoulin. Fermiers. Notification* par écrit. *Seigneurs.*
Ce qui en met à couvert,   173
Voyez *Prélats. Vassaux.*
De quoi dépend le droit d'opter le Retrait ou les *Droits*,   182
Si étant exercé plusieurs années après le *Contrat*, & l'*Acquéreur* a chargé son *Héritage* acquis de quelques *Hypothèques*, dans ce tems intermédiaire, le *Seigneur* retrayant, ou le *Lignager*, sera tenu

de ces hypothèques créées intermédiairement, IV. 186 & suiv.
Quid, du *Retrait* lignager,   187
Voyez *Acquéreurs. Lignagers. Pocquet* de Livonniere. *Seigneurs.*

Retrait censuel.
Non admis universellement, IV. 2, 7
Comment il s'est établi,   3
Voyez *Acquéreurs. Brodeau. Despeisses. Dumoulin. Rentes. Retrait. Retrait féodal. Retrait* Seigneurial. *Vassaux.*

Retrait Ducal.
Demande qui est un Retrait Ducal, V. 409
Retrait emphytéotique, voyez *Vassaux.*

Retrait féodal.
Ce que c'est,   I. 116
Son origine,   II. 73
Pays où il a le pas sur le *Lignager*, 73 IV. 182 & suiv. 191 & suiv.
Voyez *Réunion* de Fiefs. *Seigneurs. Vassaux.*
Si dans la Coûtume de *Paris* il a lieu en cas de *Bail* à rente rachetable sans démission de *Foi*, III. 63 & suiv.
De quel jour il y est ouvert,   64
S'il a lieu en vente de *Mouvance*, 100 & suiv.
Voyez *Ordre* du S. Esprit.
Si en Pays de Droit écrit le *Féodal* a le pas sur le *Lignager*,   390
S'il a lieu sur un *Lignager* acquéreur,   390
Voyez *Eviction. Retrait.*
Reçu presque par-tout,   IV. 2
Parlement & Conseil où il a lieu,   2
En usage dans le Livre des Fiefs,   2
Depuis quel tems établi universellement,   3
Comment il s'est établi,   3
Son nom dans le pays de Droit écrit,   4
Combien il diffère du Droit de *Pré-*

lation ; IV. 4 & *suiv.*
Voyez *Desprisses.*
Seul cas où il peut être nommé *Pré-*
lation, 6
Voyez *Fiefs. Retrait* Seigneurial.
Peu de cas où il n'aille avec le *Retrait*
lignager, 16
Voies par lesquelles il s'ouvre, 31
Voyez *Rentes.*
Il ne peut avoir lieu dans le cas
d'une *Rente* Seigneuriale non rachetable, créée avec un *Cens*,
quoique le *Bail* à cens & rente soit
ou ne soit pas inféodé, si le *Vas-*
sal bailleur reçoit le rachat de
cette rente, 52, 56 & *suiv.*
Quid, lorsqu'un *Vassal* a donné son
domaine à *Rente* foncière non
rachetable, avec démission de soi,
si elle est rachetée, 52, 59 &
suiv.
Il n'a point lieu, ainsi que le *Ligna-*
ger, s'il n'y a *Vente* ou acte équipollent à vente, 53
S'il a lieu, ainsi que le *Consuel*, sur
le *Bailleur*, ou ses héritiers, qui
ont vendu la *Rente* foncière non
rachetable à un tiers qui en a payé
les Droits, & qui rentre faute de
payement, 60 & *suiv.*
Coûtumes où il est impossible, 70
Voyez *Seigneurs* suzerains.
Coûtumes & pays où il n'est accordé que pour réunir, comment cela
doit s'entendre, 71
Voyez *Dumoulin. Engagistes* du domaine. *Usufruitiers. Roi.* (le)
Ce qui l'a fondé dans le Parlement
de Besançon, 92
Voyez *Acquéreurs. Fermiers. Gardien*
noble.
S'il doit être préférable au lignager,
138 & *suiv.* 141 & *suiv.*
Voyez *Vedel.*
Quand ouvert & acquis, 143
Voyez *Acquéreurs. Contrats. V.*
saux,

S'il est cessible, IV. 144 & *suiv.*
Son premier effet, 183 & *suiv.*
Son second effet, ainsi que du *Li-*
gnager, 184 & *suiv.*
Ses suites, 185 & *suiv.*
S'il fait un *Propre* ou un *Acquêt*,
190 & *suiv.*
Voyez *Ajournement* en Retrait.
En usage dans les Pays de Droit
écrit, V. 2
Il est & n'est pas un fruit, 302
& *suiv.*
Voyez *Engagistes.*
Il porte *in se* le Droit vraiment Do-
manial, 487
Sa fin principale, 504
Voyez *Acquéreurs. Brodeau.*
Retrait lignager.
Son principe, I. 54
Son origine, II. 73
S'il est préféré au *féodal*, 73
Voyez *Retrait* féodal.
Pourquoi odieux, III. 331
Voyez *Parage.*
Suivant quelles Coûtumes les noti-
fications pour l'exhibition du Con-
trat s'en doivent faire, IV. 11
Voyez *Fiefs. Retrait* féodal. *Vente* sur
un Curateur.
Comment il s'exécute, 32
Cas où il est ouvert, 50-52
Voyez *Rentes. Retrait. Retrait* féo-
dal. *Retrait* Seigneurial.
Retrait Seigneurial.
Quel est ce Droit ; son effet, IV. 1
& *suiv.*
Retraits que ce terme générique,
Retrait Seigneurial, embrasse, 2
Voyez *Prélation.*
Quand il est *Retrait* censuel ou *Re-*
trait féodal, 7
Coûtume qu'il faut suivre pour ce
Retrait, 8 & *suiv.*
Quæ, par rapport aux formalités,
9
Quæ, pour le droit & le pouvoir
de l'exercer, 9

Quæ, lorsque le *Fief* retourne *cum augmento*, IV. 9 & *suiv.*

Voyez *Vente* sur un Curateur.

Il est admis dans la vente d'un *Acquêt* comme d'un *Propre*, 24

Cas où, hors celui de la *Rente* créée seule, avec *retention* de Foi par le *Vassal*, il a lieu, ainsi que le *censuel* ou *lignager*, 53, 60

Voyez *Retrait* féodal.

Ceux qui peuvent ou non exercer ce Retrait, 61 & *suiv.*

Voyez *Seigneurs* féodaux.

Le *Seigneur* auquel il appartient, 63

Voyez *Seigneur* Suzerain.

Son objet principal, 91 & *suiv.*

Quand il comprend le *censuel* ; un de ses privileges dans la France coûtumiere, 124

Cas où il peut se proposer par partie, 124 & *suiv.*

Quid, ès Pays de Coûtume, 126 & *suiv.*

Quid, dans les *Parlemens* de Droit écrit, 127 & *suiv.*

Seules offres requises pour ce *Retrait*, 151

Voyez *Fins* de non recevoir, &c.

Cas les plus généraux & les plus reçus en tout pays qui l'excluent, 164 & *suiv.*

Quid, si le Seigneur prouve qu'il n'a point eu connoissance du *Contrat* de Vente, 165

Ses formalités, 191

Loi qu'il faut suivre pour l'*Ajournement*, quand la Coûtume & l'Ordonnance de 1667 se trouvent contraires, 191 & *suiv.*

Son exécution, 194 & *suiv.*

Retrayans.

Voyez *Acquéreurs. Seigneurs.*

Si pour raison d'*Héritage* ils se trouvent en procès, soit en demandant, soit en défendant, le *Seigneur* est tenu de se charger de l'événement des procès, IV. 185, & *suiv.*

Voyez *Acquéreurs. Retrait. Seigneurs.*

Revenus, voyez *Juges* de Seigneur.

Réversion.

Comment elle se fait, II. 182

Celle du *Fief* dans la main du Seigneur n'est plus que fictive ; ce qui y a été subrogé, IV. 211

Son effet, 456 & *suiv.*

Voyez *Bordelage.*

Réunion de Fiefs.

Ce que c'est, I. 136 & *suiv.*

Sa cause & ses effets, 135 & *suiv.* 138 & *suiv.*

Elle est le retour de la partie au tout, 137-139

Temps où elle n'avoit pas lieu de plein droit dans la Coûtume de Paris, 138-140

Sa cause productive, 139

Comment elle se fait, 140-142, 148

Ceux qui peuvent l'exercer, 142 & *suiv.*

Elle a trait aux Actes de *Foi*, au *Dénombrement*, au *Jeu* de Fief, & aux *Partages* des Successions, 143 & *suiv.*

Cas où elle n'a pas lieu, 150

Condition requise pour l'opérer de plein droit, 150 & *suiv.*

Ceux qui l'acquierent ne la peuvent exercer que relativement à leurs personnes, dans le *Fief* qu'ils possédent, 151 & *suiv.*

Cas dans lequel elle se fait ou ne se fait pas *ipso facto*, 154

Si elle a lieu par le *Retrait* féodal, 154

Quid, par *Donation* ou *Legs*, 154, 159

Si elle a lieu en *Echange*, nonobstant les Notes de Me Charles *Dumoulin*, 154, 159

Voyez *Dumoulin.*

Si elle a lieu quand le Propriétaire du *Fief* dominant acquiert le *Fief* servant,

servant, I. 155
Quid, lorsque le Propriétaire d'un *Fief* acquiert un *Franc-aleu* noble ou roturier, 155
Distinction des Coûtumes à cet égard, 155
Si elle se fait par voie de *Succession*, 159
Comment elle se fait par cette voie, 159 & *suiv.*
Cas esquels elle n'a pas lieu, 160 & *suiv.*
Sentimens différens des Commentateurs à cet égard, 161
Celui de l'Auteur, 162 & *suiv.*
Si pour l'empêcher dans la personne de l'*Héritier*, la déclaration de son Auteur suffit, & si cette déclaration a un effet perpétuel, 164 & *suiv.*
Fait qui a donné lieu à cette question, 164
Motif de l'Arrêt du 5 Septembre 1639 intervenu sur cette question, 165 & *suiv.*
Cas où elle a lieu par voie de *Succession*, 167
Si elle se fait par *Mariages*, 168
Coûtumes où elle ne peut avoir lieu en ce cas; pourquoi, 168 & *suiv.*
Si elle peut se faire pendant le *Mariage*, 169
En combien de manieres elle peut se faire, 169 & *suiv.*
Coûtumes qui l'admettent, 176
Celles qui en ont des dispositions particulieres, 177 & *suiv.*
Cas où elle est censée faite dans la Coûtume d'*Orléans*, 179
Voyez *Saint Quentin. Senlis. Sens. Tours. Vitri.* (Coûtumes de) *Tuteurs.*
Si celle du *Fief* du *Vassal* commis au profit du dominant est un des principaux effets de la *Commise*, IV. 314 & *suiv.*
Conditions nécessaires pour qu'une

Réunion soit valable, V. 438 & *suiv.*
Voyez *Anjou* & *Maine, Artois.* (Coûtumes d') *Auroux* des *Pommiers.* (M.) *Blois, Bourbonnois, Bretagne, Châlons.* (Coûtumes de) *Chopin.* Droit Romain. (le) *Dumoulin. Dupineau. Duplessis. Gabert* de *Voisins. Melun, Nivernois, Normandie.* (Coûtumes de) Propriétaires de Fiefs.
Ribemont. (Coûtume de)
Son Article LXXIX sur le partage des Rentes inféodées ou non, est expliqué, II. 171 & *suiv.*
Son texte sur le Droit de *Relief*, 553 & *iv.*
Voyez *Lalande.*

Ricard

Réfuté sur cette question : S'il est dû *Relief* dans le cas de la *Substitution*, II. 115.
— sur cette autre : Si le Seigneur peut demander dans la Coûtume de *Senlis* le Droit dès l'ouverture, ou s'il doit attendre qu'on entre en jouissance, 300-307
Justifié sur cette question : Si pour rendre une Rente féodale, il faut qu'elle soit inféodée, 159-162
Son Commentaire sur l'Article CCLI de la Coûtume de *Senlis*, III. 52 & *suiv.*
Il entendoit mal l'Article LI de la Coûtume de *Paris*, 53, n. (a)
Il en interprétoit amphibologiquement l'ancienne, 53, n. (b)
Réfuté sur ce qu'il dit que *démembrer* son Fief, c'est le vendre avec *Retention* de foi, 55 & *suiv.*
— sur l'exemple qu'il donne du *Jeu* de Fief prétendu prohibé par l'Article CCLI de la Coûtume de *Senlis*, 56
— sur le parallele de l'Art. XCVI de *Clermont* avec le CCLI de *Senlis*, 56 & *suiv.*

—fur le parallele de cet Art. CCLI
avec le XXVI d'*Amiens*, II. 57 & f.
Rivieres.
A qui appartiennent les grandes Rivieres, V. 663 ; & les petites,
664 & *suiv.* 669
Si elles font un Droit de Juſtice ou
un Droit de *Fief* en Pays de Coûtume, 666 & *ſuiv.*
Voyez *Moulins.*
Quel eſt le Droit d'en détourner
l'eau par des faignées & coupures
pour abreuver les prés : à qui ce
Droit appartient ; comment il peut
s'exercer, 672 & *ſuiv.*
Si une petite Riviere non naviga-
ble change de lit dans un *débor-
dement* ſubit, le lit actuel de cette Riviere doit ſervir de bornes
aux Juſtices des deux bords, ou
ſi elles font cenſées ſéparées par
l'ancien lit ; ſi l'un des *Seigneurs*
eſt bien fondé à faire des *Digues*
ou *Repouſſoirs* pour eſſayer de la
faire repaſſer dans ſon ancien lit,
673
Voyez *Eau.*
Comment s'en doit faire le *Curage*,
675 & *ſuiv.*
Voyez *Hauts-Juſticiers. Moulins.*
Rochelle, Pays d'*Aunis*, *Angoumois*, *Auvergne* & la *Marche*,
(Coûtumes de la)
Leur texte ſur le Droit de *Relief*,
II. 406

Roi. (le)
Il avoit ſes *Moulins, Fours* & *Pres-
ſoirs* bannaux, I. 341
S'il peut *preſcrire* la mouvance de
l'*Arriere-Fief* contre ſon *Vaſſal*,
II. 24 & *ſuiv.*
Voyez *Cens. Marciage.*
Edit où il s'oblige de payer indem-
nité au *Seigneur*, & outre cela
Lods & *Ventes* de l'acquiſition
qu'il fera pour l'agrandiſſement
des Maiſons Royales, III. 511

S'il peut engager au préjudice d'un
Droit acquis à un tiers, III. 531
Si comme *Seigneur* féodal il peut *re-
tirer* féodalement les Terres &
Seigneuries vendues dans l'éten-
due de ſes Domaines, IV. 72 &
ſuiv.
Comment doit s'entendre l'Ordon-
nance de *Louis* Hutin du mois de
Mai 1315 ſur cette queſtion, 73
Quomodo, quant à la ceſſion, 73
Voyez *Donataires* du Roi.
Si, acquérant *quoquomodo* un *Fief*
mouvant d'un de ſes Sujets, il lui
doit la *Foi* & Hommage, 211
& *ſuiv.*
Quid, quant aux *Acquiſitions* à titre
ſingulier qu'il pourroit faire, 214
Voyez *Aveu*, &c. Indemnités.
Il eſt la ſource de tous les *Fiefs*,
quand il n'eſt point préſumé de
droit Seigneur, 281
Si l'*Aveu* qui lui eſt fait peut paſſer
pour *Faux-aveu*, & emporte *Commiſe*, 281
Voyez *Commiſe.* (la)
Il peut obliger tous les tenans biens
nobles & roturiers d'exhiber leurs
titres de jouiſſance, 433
Si on peut *preſcrire* contre le Roi *in
augmentum feudi*, de même que
contre un *Seigneur* particulier, V.
26 & *ſuiv.*
Voyez *Foi* & Hommage. *Uſufruit.*
Le Roi ſeul eſt le vrai Propriétaire
du *Domaine* apanagé & du Domaine engagé, 485 & *ſuiv.*
Dans toute *Aliénation* du Domaine
le Roi a l'honorifique, 503
Tailles que le Roi ne leve plus,
591
Voyez *Aveu*, &c. Parage. *Vaſſaux.*
Vérification.

Rois.
Quand nos Rois ont reconnu la né-
ceſſité de la deſcription de leurs
Domaines, & de ceux de leurs

Vassaux; V. 4, 10
Voyez *Aveu*, &c.
Par quelle raison ils sont rentrés
 dans leurs *Domaines*, 452
S'ils peuvent remettre la faculté de
 Rachat perpétuel, quant au *Do-
 maine de la Couronne*, 490-492,
 497
Romains. (les)
Ils avoient un Droit qui peut se rap-
 porter à notre *Champart*, IV.
 439
Voyez *Corvées. Corvées* fabriles.
 *Fiefs. Licitation. Notaires. Parta-
 ges. Servi hereditarii. Seigneurs
 François.*
Romorantin & Mennetou-sur-Cher.
 (Coûtumes de)
Ces Coûtumes n'admettent aucun
 Relief, II. 367
Rotures.
Combien & quelles doivent être les
 Déclarations en cette matiere, II.
 32 & *suiv.*
Voyez *Actes* de Foi. *Aînés. Blois.*
 (Coûtume de) *Colombiers. Com-
 mise.* (la) *Donations. Droit* d'aî-
 nesse. *Droit* réel. *Juges* de Sei-
 gneurs. *Laon.* (Coûtume de) *Lé-
 gitime.* (la) *Lods & Ventes. Offres.
 Peres. Roturiers. Seigneurs.*
Roturiers.
Pourquoi ils ne peuvent acheter un
 Fief, dans la Coûtume de la Ba-
 ronnie de la *Rue* d'Indre, II.
 368
Voyez *Fiefs. Foi & Hommage. Pa-
 rage. Partage* entre Roturiers.
Si, lorsqu'ils sont possesseurs & ob-
 tiennent l'érection de leur *Ro-
 ture* en *Fief*, ils doivent la *Foi*,
 IV. 225
Pays & cas où ils partagent égale-
 ment les *Fiefs*, V. 198
Quid, quant aux *Nobles*, 199
Voyez *Chémier. Femmes. Partage* de
 Successions.

Rouannois, (le Duché de) voyez
 Mi-lod.
Rouen, (Chambre des Comptes de)
 voyez *Vérification.*
Roussillon, voyez *Châtelains.*
Roye, (Coûtume de) voyez *Baux*
 à cens. *Jeu de Fief. Ventes.*
Rue d'Indre. (Coûtume de la
 Baronnie de la)
Son texte sur le Droit de *Relief*, II.
 367 & *suiv.*
Rusticani.
Signification de ce mot de la Loi 2,
 Cod. Ne, I. 231

S.

Saint - Aignan, Selles en Berri,
 Valançai, Vatan. (Coûtu-
 mes de)
Si elles admettent le *Relief*, II.
 367
Saint Jean d'Angeli. (Coûtume
 de)
Son texte sur le Droit de *Relief*,
 II. 407 & *suiv.*
Saint Leu
Réfuté sur ce qu'il dit du *Démem-
 brement* de Fief par division réel-
 le, III. 49 & *suiv.*
Saint Quentin. (Coûtume de)
Sa disposition sur la *Réunion* des
 Fiefs, I. 205
Son texte sur le Droit de *Relief*,
 II. 556 & *suiv.*
Voyez *Fiefs. Mâles.*
Saint Riquier. (Coûtume de la
 Prevôté de)
Son texte sur le Droit de *Relief*, II.
 490
Saisie censuelle.
Ce que c'est, IV. 420 & *suiv.*
Voyez *Saisie* féodale, *Seigneur* Cen-
 sier.
Comment elle doit être faite, 427
 & *suiv.*
Si, y ayant plusieurs *Seigneurs* Cen-

fiers, un d'eux ayant fait faifir, cette faifie profite à ceux qui n'ont pas fait faifir, IV. 428

Voyez *Ufufruitiers.*

Si elle peut être faite fur un *Mineur* dépourvu de *Tuteur,* 430 & *fuiv.*

Saifie féodale.

Si elle eft un obftacle à la *Prefcription* de 100 ans, II. 16 & *fuiv.*

Voyez *Brodeau. Prefcription. Prefcription de* 30 ans. *Prefcription de* 100 ans. *Relief.*

Elle n'éteint point le *Fief,* 88

Pourquoi elle eft établie, 88

Cas où elle a lieu en *Bourbonnois,* III. 16, *Addit.*

Voyez *Arriere-Fiefs. Chémier. Seigneurs Suzerains.*

Coûtumes & Pays où elle a cours, IV. 71

Voyez *Seigneurs.*

Ce qu'eft celle faute d'hommes, *Droits* & devoirs non faits & non payés, 168 & *fuiv.*

Voyez *Arriere-Fiefs. Dumoulin. Fiefs. Souffrance.*

Ce que c'eft, 330

Pays où fon ufage eft inconnu pour les *Fiefs,* 330, V. 2; & n'a d'ufage que pour les *Directes,* V. 2

Ceux qui peuvent en faire ufage, IV. 331 & *fuiv.*

Voyez *Bénéficiers. Commiffaire* aux Saifies réelles. *Créanciers. Engagiftes. Fermiers. Franc-aleu. Maris. Princes* Apanagers. *Procureur* Fifcal. *Seigneur* Dominant. *Seigneurs. Seigneurs* féodaux. *Seigneurs* Suzerains. *Suzerain. Tuteurs. Ufufruitiers.*

Objet de celle faute d'hommes, de *Droits,* ou faute de *Dénombrement,* 342

Si elle peut profiter à l'*Acquéreur,* lorfque le *Seigneur,* après avoir faifi, & qu'avant que le *Vaffal*

eût fait fes *Devoirs,* vend fa *Terre,* IV. 343

Ses caufes principales, 344

Si celle faute d'homme a lieu, 344

Quid, de celle faute de payement de *Droits* de *Relief,* ou de *Quint* ou *Lods,* 346

Voyez *Seigneurs.*

Si on ne peut faifir que conjointement faute d'homme, *Droits* & *Devoirs,* 347 & *fuiv.*

Quid, fi avec la *Foi* on avoit offert les *Droits,* & le *Seigneur* les demandant, on n'eût pas été prêt de les lui payer, 350 & *fuiv.*

Quid, fi les *Fiefs* vendus *unico pretio* font mouvans du même *Seigneur* auquel on fait la *Foi,* ou s'ils font mouvans de différens Seigneurs, 351 & *fuiv.*

Quid, fi le nouveau *Vaffal,* après la Saifie faite, fe préfente à la *Foi* avec les *Offres* dans la forme prefcrite, 352

Quid, fi le *Seigneur* reçoit alors la *Foi,* 352

Quid, s'il retient le *Fief* faifi, 352

Quid, fi donnant *Main-levée* à condition qu'il fera payé dans tel temps, le *Vaffal* ne fatisfait pas dans le temps, 352 & *fuiv.*

Quid, lorfqu'il reçoit la *Foi* fans condition, ou avec une fimple réferve de fes *Droits,* 353

Si celle faite du fixiéme d'un *Fief* poffédé par indivis, quoiqu'ouvert pour le total, eft valable & réfolue, 355 & *fuiv.*

Si elle a lieu faute de *Lige* étage, 357

Ou pour caufe de *Contrats* recelés, 357 & *fuiv.*

Ou faute de *Terrage* & *Complant* payé, 358

Dans quel temps elle peut être faite, 358

Quando, lorfque la *Mutation* eft du

côté du *Vassal*, IV. 358 & *suiv.*
Quando, lorsqu'elle est du côté du
  Seigneur, 361
Quando, s'il y a *combat* de Fief, 361
  & *suiv.*
Quando, à l'égard des *Bénéficiers*,
  362 ; & des *Gens* de main-morte
  qui acquierent, 363
Si elle a lieu faute d'*Aveu* & de Dénombrement, 363 & *suiv.*
Voyez *Seigneurs*.
Si dans la Coûtume de *Poitou* on
  peut saisir féodalement faute d'*A-
  veu*, sans sommation ou interpel-
  lation préalable, & si cette Saisie
  y emporte perte de *Fruits*, 365
  & *suiv.* 368 & *suiv.* 371 & *suiv.*
Coûtume où elle ne vaut que *Sommation*, 373
Quand elle emporte perte de *Fruits*,
  373
Formalités requises pour sa validité, 373 & *suiv.*
Pour *saisir* il faut une Commission
  du *Juge*, 375 & *suiv.*
Voyez *Commission* du Juge. *Sergens.*
Si son enregistrement au Greffe de
  la Justice du lieu saisi, soit Royal,
  soit subalterne, est de nécessité,
  385
Voyez *Demande. Notification. Publication* au Prône.
Sa durée, 396 & *suiv.*
Coûtumes où elle est annale, 397
Celles où elle dure trois ans, sans
  aller plus loin, si elle n'est renou-
  vellée, 397 & *suiv.*
Quid, si la surséance a été accordée,
  ou donnée sous condition, 398
  & *suiv.*
Lorsqu'il y a opposition ou instance
  sur la Saisie, elle est prorogée de
  droit, tant que dure la contestation jusqu'à l'Arrêt définitif, s'il
  y a *Appel*, 399
Voyez *Commissaires. Seigneurs.*
Ses charges, 403 & *suiv.*

Voyez *Seigneurs.*
Elle est préférable à toutes les au-
  tres, même quand la *Saisie* réelle
  seroit antérieure, IV. 405 & *suiv.*
Cas où elle n'est pas préférée à une
  Saisie antérieure, 406
Ses effets, 406 & *suiv.*
Voyez *Fief* vassal. *Fiefs. Infraction* de
  Saisie. *Seigneurs. Vassaux.*
Si elle est censée faite, lorsque le
  Vassal par force & violence, em-
  pêche que l'on ne se transporte
  sur le *Fief* pour saisir ; & si elle
  opere perte de *Fruits*, lorsqu'il y
  a *Procès* verbal de rébellion, 423
Voyez *Juges* de Seigneur.
Coûtumes où elle ne differe point
  de la *Saisie* censuelle, 425
        Saisies réelles.
Ce qu'on doit entendre par ces termes dans les Coûtumes de *Berri*,
  d'*Etampes*, & de *Nivernois*, II.
  32
Si le Possesseur d'un bien en Saisie
  réelle en peut disposer, IV. 337
  & *suiv.*
Voyez *Commissaire* aux Saisies réelles. *Fief* dominant. *Saisie* féodale.
Saisine, voyez *Command.*
        Salvain (M.)
Réfuté sur cette question : Si l'on
  peut *prescrire* l'*Arriere-Fief* sur son
  Vassal, 24-29
— sur la raison qu'il apporte pour
  prouver que la révocation pour
  cause d'ingratitude, est sujette à
  Droits, 237 & *suiv.*
Sancerre, (Comtes de) voyez *Du-
  plessis.*
Savoye, (la) voyez *Abandon* de biens.
  *Command. Emphytéotes. Plaids.
  Servis.*
    Secretaires du Roi.
S'ils sont exempts des *Droits* Sei-
  gneuriaux, III. 524
Si cette exemption a lieu tant en
  vendant qu'en achetant, 524

Voyez *Commendeurs* de l'Ordre du
S. Esprit. *Donataires* du Roi.
　Secretaires du Roi & autres
　　Privilégiés.
S'ils sont sujets aux Droits d'*Echan-
ge*, même en acquérant dans les
Seigneuries particulieres par les
voies d'échange, V. 536 & *suiv.*
S'ils sont exempts du Droit de *Ses-
telage*, 609 & *suiv.*

Sedan. (Coûtume de)

Si la *Réunion* des Fiefs s'y fait de
plein droit, I. 204
Seigneurial, voyez *Nobles.*
Seigneurie directe, voyez *Champart.*
Seigneurie dominante, voyez *Vas-
faux.*
Seigneuries, voyez *Corvées. Droit
d'aînesse. Grains. Moulins* bannaux.
Seigneurs. Sestelage.

Seigneurs.

Quand commence leur action contre
leurs *Vassaux*; combien elle dure,
I. 141
Comment ceux qui jouissent par
indivis, réunissent, 151 & *suiv.*
Au commencement de la Monarchie
ils n'avoient leurs *Seigneuries* qu'en
Offices & *Bénéfices* à vie & à
temps, 254
Temps auquel ils faisoient des *Loix*
dans leurs *Seigneuries*, 256
S'ils sont tenus de nourrir leurs
Corvéables, 301 & *suiv.*
Quid, dans les *Pays* Coûtumiers &
de Droit écrit, 303
S'ils peuvent exiger les *Corvées* en
argent, sous quelque prétexte,
si le titre porte simplement Cor-
vées, 333 & *suiv.*
Quid, s'il porte *Corvée* ou argent,
334 & *suiv.*
Voyez *Seigneurs.*
Ils se sont arrogés le droit des *Pressoirs, Fours* & *Moulins* bannaux
dans leurs *Seigneuries*, 341

S'ils ont le droit de défendre d'aller
à d'autres *Moulins, Fours* & *Pressoirs* qu'aux leurs ; si cette prohibition suffit pour établir une *Bannalité*, I. 394 & *suiv.*
S'ils peuvent étendre leur *Bannalité*
sur le *Fief* de leurs *Vassaux*, 417
& *suiv.* 429
Si ayant cédé à *Cens* ou à *Rente* leur
droit de *Bannalité* de *Moulins*, ils
peuvent en faire construire un
autre qui sera bannal, 417
Quid, s'ils l'avoient aumôné à une
Eglise sous une simple reconnoissance, 417 & *suiv.*
Jugé par Arrêt du Parlement du 25
Mai 1561, que lorsqu'ils n'ont pas
droit de *Bannalité*, ils ne peuvent
empêcher les *Meûniers* voisins de
venir chasser & quêter sur leur
Terre, 436 & *suiv.*
Si ayant droit de *Four*, ils peuvent
entrer dans les maisons pour faire
perquisition des *Farines* ou *Pâtes*,
441
Ils sont obligés de tenir en bon état
leurs *Moulins, Fours* & *Pressoirs*,
445
Si ne possédant point à titre de *Saisie* féodale, ils peuvent, comme
tout autre, *prescrire* contre leurs
Vassaux, II. 2 & *suiv.* 13 & *suiv.*
20
Voyez *Prescription* de 100 ans.
Si ne pouvant *prescrire* le *Fief* tenu
d'eux immédiatement, ils peuvent
en prescrire les parties, 3
Ils ne peuvent acquérir *Prescription*
contre leurs *Vassaux*, de la chose
tenue en *Fief*, ainsi que les Vassaux contre leur Seigneur, 5 &
suiv.
S'ils peuvent, ainsi que les *Vassaux*,
prescrire tout ce qui n'est pas du
Fief, 6 & *suiv.*
Il leur faut toujours une cause de
possession, 9

Voyez *Brodeau. Corrélation*, &c. *Préscription. Préscription* de 30 ans.

Si sans titre légitime, mais par la seule possession de 30 ans, *tanquam proprium domanium*, ils peuvent *préscrire* tout ou partie du *Fief* de leurs *Vassaux*, II. 23 & s.

Voyez *Préscription* Coûtumiere. *Sommeil.*

Pourquoi ils ne peuvent commencer ni achever une *Préscription* trentenaire contre leurs *Vassaux*, de ce qui forme le *Fief* de leurs *Vassaux*, *   30

Quid, si un tiers avoit préscrit par 30 ans une partie du *Fief* du *Vassal*,   30

Voyez *Vassaux.*

Si un particulier ayant *préscrit* par 30 ans contre un autre particulier, ils peuvent prétendre l'héritage,   31

Voyez *Détenteurs. Enclave* de Seigneurie.

Pourquoi, reclamant la mouvance, prouvant par des *Aveux* anciens qu'ils ont été servis du *Fief*, les *Titres* possessoires ne suffisent pas, & qu'il faut rapporter le titre même dans les *Coûtumes* de Franc-aleu,   65

Si déboutés de leur demande, recouvrant des titres qui prouvassent leur *Directe* Seigneurie, ils seroient recevables à revenir contre l'Arrêt qui les auroit déboutés,   66

Voyez *Affranchissement. Déclarations. Héritier* bénéficiaire. *Pontanus. Possession. Relief* ès mutations de Bénéficiers. *Relief* dû par le Haut-Justicier.

Ayant *abonné*, le *Fief* étant affermé, ils doivent se contenter de la redevance, jusqu'à concurrence de la somme à laquelle le *Rachat* a été abonné,   183

Voyez *Dominant* du Seigneur.

Si dans une même année arrivant plusieurs ouvertures au même *Fief* tombé en *Rachat*, ils les percevront successivement, ou s'ils les confondront, ou si le commencement de l'un fera cesser l'autre, II. 188 & *suiv.*

Voyez *Rachat* rencontré.

Ils doivent jouir du *Fief* pendant l'an du *Relief*, comme le *Vassal* en jouissoit,   199

Ils ne doivent faire qu'une récolte des mêmes fruits, & doivent avoir ce qu'une année produiroit, 199 & *suiv.*

Quid, par rapport aux *Prés*,   200

Si jouissant à titre de *Relief*, au lieu du *Vassal*, ils peuvent user pour leur chauffage, des bois dont le Vassal se servoit, 200 & *suiv.*

Si audit titre ils peuvent prendre des *Bois* futaies, ou baliveaux, ou fruitiers, ou arbres laissés pour la décoration de la Terre vassale,   201

S'ils peuvent user des *Bestiaux* de la Ferme, & si le croît leur en appartient dans leur année,   201

Jouissant à titre de *Relief*, ils peuvent user du *Retrait* féodal, au lieu de percevoir le *Quint* de l'*Arriere-fief* vendu, pendant que le Relief auroit cours,   202

S'ils peuvent présenter au *Bénéfice* dépendant du *Fief*, pendant l'an du *Relief*,   203

Si pour jouir du *Fief* en essence, ils peuvent refuser l'offre d'une somme d'argent que leur feroit le *Vassal*, qui en l'offrant demanderoit la *Compensation* d'une créance liquide qu'il auroit sur eux, 203 & *suiv.*

La *Compensation* auroit-elle lieu en ce cas, le *Fief* dominant se trouvant saisi réellement,   204

En cas de *Relief*, ils ne sont tenus que des *Charges* qu'ils ont inféodées,   II. 204 *& suiv.*

Lorsque le *Fief* est affermé de bonne foi, ils doivent se contenter de la redevance pendant leur année,   205

Ils ne peuvent même dans le cas de la *Saisie* féodale faute d'homme, ni dans le cas du *Relief*, expulser le *Fermier*,   211 *& suiv.*

Si prenant leur *Rachat* d'un *Fief* appartenant à des *Mineurs*, qui y est tombé, ils doivent déduire les *Alimens* des Mineurs,   205

A eux seuls appartient le choix des trois offres en cas de *Relief*, 211 *& suiv.*

Si lorsque le *Fief* a été baillé à *Rente* qui n'est pas inféodée, ils peuvent lever les *Fruits* en essence : & le *Preneur* à rente en ce cas, nonobstant le défaut d'*Inféodation*, doit être indemnisé par le *Vassal*,   212 *& suiv.*

Peuvent-ils en ce cas expulser le *Fermier*, lorsque le *Preneur* à rente a fait *Bail* des Terres, 213 *& suiv.*

S'ils peuvent user de tous les Bâtimens du *Fief* servant, sans déloger le *Vassal* ni sa famille ; *quid*, si le *Fief* ne consiste qu'en une maison ; *quid*, si cette maison est louée,   215 *& suiv.*

Dans la Coûtume de *Meaux*, ils ont pour le *Relief* le choix de quatre choses,   243

Ce qu'ils ont pour leur *Relief*, dans celle de *Melun*, si le *Fief* est affermé ou non,   250 *& suiv.*

Pourquoi l'option ne leur y est point déférée,   251

A quoi tenus lorsqu'ils y levent le *Relief*,   251

Dans cette Coûtume, ils ne sont pas tenus de recevoir en *Foi* les *Gens* de main-morte ; mais ils peuvent les obliger de vuider leurs mains ; *quid*, si lesdits Gens de main-morte ont possédé pendant 40 ans,   II. 254 *& suiv.*

Temps qu'ils ont pour opter dans la Coûtume de *Sens* ; qu'ils y doivent être sommés ; leur pouvoir en cette Coûtume,   258

Ils n'y peuvent déposséder le *Fermier* du *Vassal*,   258

Voyez *Rachat*.

Dans la Coûtume de *Montfort-Lamauri*, ils ont le choix de prendre le prix du *Bail*, ou de déposséder le *Fermier*,   272

Quand tenus d'y rembourser le *Vassal* ou *Fermier* des labours, semences & façons, lorsqu'ils levent le revenu de l'an en essence, 272

Comment dans cette Coûtume ayant reçu le *Vassal* en *Foi* sans réserve, & ne pouvant plus saisir pour les anciens Droits, ils y peuvent venir,   274 *& suiv.*

Quomodo, dans celle de *Mante*, 286 *& suiv.*

Quid, si dans cette Coûtume ils ont fait reserve des anciens Droits, soit en recevant le nouvel homme, soit des précédens,   288

Quid, à l'égard des *Fiefs* possédés par les *Ecclésiastiques*,   288

Quid, s'ils s'étoient simplement opposés pour leurs anciens Droits,   288

Quid, lorsqu'ils en ont dirigé l'action contre le précédent *Vassal*, ou ses héritiers, & ont obtenu contre eux condamnation,   288

Ceux qui dans ladite Coûtume ne peuvent prétendre le *Relief* de toute main,   279 *& suiv.*

Ceux fondés en *Aveux* simples, quelqu'anciens qu'ils soient, ne peuvent dans cette Coûtume prétendre ce Droit,   280 *& suiv.*

Si dans cette Coûtume ils peuvent n'être pas aftreints à rapporter le titre, quand leurs *Aveux* rendus antérieurement & poftérieurement à la Coûtume parlent le même langage, II. 282

Quid, quand lefdits *Aveux* font antérieurs à la réformation, 282 & *fuiv.*

En cette Coûtume, ils peuvent dépofféder le *Fermier*, 283 & *fuiv.*

Ils y ont le choix; dans quel temps doivent-ils opter; qu'arrive-t-il quand ils n'optent pas, 284 & *fuiv.*

Voyez *Puînés.*

Si dans la Coûtume de *Senlis* ils peuvent demander le Droit dès l'ouverture, ou s'ils doivent attendre qu'on entre en jouiffance, 301-307

Pourquoi dans la Coûtume de *Valois* pour leur *Relief*, ils ne peuvent dépofféder le *Fermier*, 314

Si dans cette Coûtume ils peuvent demander *Relief* à la *Veuve* qui fe préfente à la *Foi* qu'elle n'a pas faite, 318 & *fuiv.*

Si lorfque dans la Coûtume d'*Orleans* ils acceptent la fomme de deniers offerte, le *Vaffal* peut être reftitué en payant les *Frais* des *Fruits* empêchés, 325 & *fuiv.*

Ils y peuvent faifir incontinent, 325

Cas où ils y doivent fe contenter du prix du Bail, 326 & *fuiv.*

Voyez *Homme* vivant, &c.

Cas où dans cette Coûtume ils peuvent demander les *Profits* anciens de l'*Acquéreur* reçu en Foi, 330 & *fuiv.*

Si dans la Coûtume de *Lorris-Montargis* ils font tenus d'approuver les aliénations du domaine du *Fief* à cens ou à rente, avec retention de Foi, 344 & *fuiv.*

Quid, quand il y a *Deniers* d'entrée, II. 346

S'ils y font tenus de fe contenter du prix de la Ferme, 346

Tenus d'y entretenir les *Maifons*, *Jardins*, & *Prés* en dépendans pendant leur jouiffance, & qu'ils en retireront le revenu, 346 & *fuiv.*

Quid, dans le cas où le *Vaffal* y eft logé avec fa famille, 347

Si dans la Coûtume de *Blois*, lorfque le *Fief* eft affermé fans fraude, ils peuvent expulfer le *Fermier*, 354

Si dans ce cas ils peuvent y prendre pour leur année les différens payemens, 355

Y ont-ils un délai pour délibérer, 355 & *fuiv.*

De quel jour leur année y commence-t-elle lorfqu'ils y optent le revenu de l'année, 356

S'ils y peuvent percevoir le revenu en effence d'un *Fief* qui eft en *Douaire*, 361 & *fuiv.*

Si, y recevant leur *Vaffal* en Foi fans avoir payé les *Profits*, ils peuvent les demander, 362

Ce qu'ils peuvent prendre pour leur *Rachat* en la Coûtume de *Dunois* dans les *Bois* de futaie, quand ils le peuvent, 367

Ils ne peuvent dans la Coûtume de *Tours* expulfer le *Fermier*; mais ils doivent fe contenter du prix de la Ferme, 373

A quoi ils y font tenus lorfqu'ils levent le *Relief*, 374

Ce qui leur eft adjugé dans la Coûtume de *Poitou*, lorfqu'ils levent le *Rachat*, 396

S'ils y ont le croît & le profit des *Beftiaux* de la Ferme, 396

Ce fur quoi ils n'y levent point le *Rachat*, 397

Quid, fi c'eft un *Fief* en l'air, 397

Tome V.

KKKKkk

Comment ils y ont tous les *Profits* civils & ceux de la Justice qu'ils font adminiftrer, II. 398 & *fuiv.*

Choix qu'ils y ont pour la levée du *Rachat*, 401

S'ils y peuvent demander *Relief* de *Mariage* dans le cas d'une *Fille* qui, Héritiere de fon Pere qui laiffe des *Fiefs*, fe marie enfuite, à laquelle dans le *Partage*, avant lequel fon *Mari* meurt, il échoit un Fief, 404

Quand dans la Coûtume de *Berri* ils doivent déclarer leur choix, 414

Si s'appercevant de fraude aprés compofition faite & confommée, ils peuvent au dire de cette Coûtume jouir des *Fruits* de l'année fuivante, 414 & *fuiv.*

Defquelles trois années la Coûtume de *Chaumont* en Baffigni leur donne le choix; eft-ce du jour du décès ou du jour des offres, 429 & *fuiv.*

Temps qu'ils ont dans la Coûtume de *Chartres* pour opter, 448

Si dans la Coûtume du *Grand-Perche* ils peuvent refufer le nouveau *Vaffal* en *Foi*, lorfqu'ils ne font pas payés des *Rachats* échus auparavant, 469 & *fuiv.*

Cas où dans la Coûtume de *Péronne* ou Didier & Roye, ils ne peuvent dépoffeder le *Fermier*, & doivent fe contenter du prix de la Ferme, 501

Cas où ils y peuvent avoir le *Relief* des *Arrieres-Fiefs*, & les faire faifir, 501 & *fuiv.*

Si, y ayant fait faifir le *Fief* avant le décès du *Mari*, ils peuvent exiger leur *Relief* fur le Fief retourné à la *Femme*, 503 & *fuiv.*

A qui dans ce cas ils peuvent refufer l'inveftiture du *Fief*, 504

Si dans ledit cas ils peuvent prétendre deux *Reliefs*, 504 & *fuiv.*

Cas où dans la Coûtume de *Boulenois* ils n'ont action que contre la Succeffion du *Mari*, II. 518

Si dans la Coûtume d'*Artois* ils font tenus de faifir, quand le *Fief* ou la Terre cottiere ne font pas relevés dans le temps prefcrit par la Coûtume, 525

Si dans cette Coûtume, n'ayant pas pourfuivi pour leur *Relief* de bail pendant la vie du *Mari*, ils peuvent, aprés fon décès, faifir pour ce Droit le *Fief*, qui retourne de plein droit à la *Femme*, 535 & *fuiv.*

Voyez *Droits.*

Pourquoi dans la Coûtume de *Reims* retirant un *Fief* mouvant d'eux, ils ne doivent rien à leur *Dominant*, foit qu'ils le gardent, foit qu'ils le donnent ou vendent, 579

Si en la Coûtume de *Troyes* ils ont le choix pour leur Droit de *Relief*, 586

Si dans la Coûtume d'*Anjou* ils font tenus de fournir les *Alimens* aux *Mineurs*, qui n'ayant que des biens hommagés, tombent en *Rachat*, 594 & *fuiv.*

Si dans la Coûtume de *Sens* ils font tenus de fouffrir que l'on faffe de fon plein *Fief* un Arriere-Fief par partage, III. 63

Voyez *Acquéreurs. Adjudications. Pacte* Commiffoire. *Ventes.*

Ils ne peuvent aliéner leurs *Vaffaux* fans leur confentement, à moins qu'ils n'aliénent en même temps le *Fief* dont ils relevent, 109 & *fuiv.*

Voyez *Gens* de main-morte.

Quel Droit a celui qui trouve le prix d'un *Fief* vendu trop foible, 212

Quid, d'une *Roture*, 212

Voyez *Parage.*

Quand ils ont action en cas de *Partage*, III. 472
Voyez *Détenteur* bordelier. *Emphytéose. Lignager.*
Si celui qui vend sa Terre peut exiger *Droits*, 495 *& suiv.*
Voyez *Decret. Echanges. Treizième.*
S'ils ont Droit, lorsqu'une Terre est en partie vendue & en partie échangée, & que l'*Acquéreur* est évincé de la partie échangée, 508
Auteurs pour le *Seigneur*, 517 *& suiv.*
Différentes regles de Droit qui les favorisent aussi, 518
Décision de l'Auteur sur cette importante question, 519 *& suiv.*
Quid, s'ils vendent un *Héritage* mouvant d'eux, 523
Voyez *Chémier. Haute-Justice. Quint. Seigneurs* dominans.
Si celui qui achete dans son *Fief*, dont il a affermé les *Droits* seigneuriaux, doit payer ou tenir compte des Droits à son *Fermier*, 512 *& suiv.*
Quid, si la Terre est située en *Bourbonnois*, & s'il a acquis pendant le cours du *Bail des Héritages* mouvans de la Directe de sa Terre, 513 *& suiv.*
Quid, s'ils avoient aliéné les *Droits* de leur Terre pour toujours ou pour un certain temps, 516
Solution de ces questions, 519 *& suiv.*
Voyez *Bordelage. Détenteur* bordelier.
Leurs véritables intérêts quant aux Fiefs, 15 *& suiv.* des *Addit.*
Voyez *Chémier. Démembrement* de Fiefs. *Sujets. Vassaux.*
Après quel temps ils sont exclus du *Retrait*, IV. 2
S'ils peuvent refuser la *Foi* & opter le *Retrait*; s'ils ont le droit, la

qualité pour refuser & retirer le *Fief* des mains de l'*Acquéreur*, IV. 12 *& suiv.*
Quid, dans les Coûtumes qui permettent de *retirer* même après avoir reçu les *Droits*, en les restituant, 13 *& suiv.*
Quand & sur laquelle de plusieurs *Ventes* ils peuvent *retirer*, 24
S'ils doivent des Droits à leur *Fermier* auquel ils auroient affermé tous leurs *Droits* Seigneuriaux, 92 *& suiv.*
Voyez *Dumoulin.*
Si, sous prétexte de *Fraude*, ils peuvent exercer le *Retrait* sur le prix de la première *Vente*, 120
Cas où ils ne peuvent demander d'être préférés au *Retrayant*, 121 *& suiv.*
Celui où dans les choses qui ne sont pas de la ligne, ils doivent être préférés au *Lignager*, & au cas même qu'ils eussent *retiré*, le Lignager n'auroit pas pû les évincer des choses qui ne sont pas de sa ligne, 122 *& suiv.*
S'ils peuvent *retirer*, lorsqu'il y a des *Enfans* en ligne, 123 *& suiv.*
S'ils sont tenus d'en croire l'*Acheteur* seul, sur son estimation après coup, 135
S'ils peuvent *retirer* sur le premier, second, troisième ou quatriéme Vendeur, ou sur le dernier, lorsqu'un *Fief* a été vendu plusieurs fois, & que le dernier *Acquéreur* a exhibé & notifié, 152
Quid, s'il y a *Fraude*, l'*Assignation* qu'ils doivent donner doit être dans la huitaine ou quinzaine, après celle que la Coûtume leur donne pour délibérer, 156
Quid, si le *Contrat* de Vente est à *Faculté* de Remeré, 156 *& suiv.*
Si, lorsque *retirant* féodalement sur un *Acquéreur*, & voulant faire

leur Decret volontaire, les *Créanciers* du Vendeur forçant le Decret, le *Fief* eſt adjugé à un autre qu'à eux à plus haut prix, ils peuvent, ſous prétexte que la premiere *Vente* eſt annullée, exercer le *Retrait* ſur ce nouvel *Adjudicataire* tenu de leur exhiber & payer les Droits,   IV. 157

Voyez *Contrats.*

En Droit écrit ils ont un an du jour de la dénonce par écrit par l'*Acquéreur*, ſinon trente ans, 157 & ſ.

Coûtumes où ils ont trois mois depuis l'oſtenſion ou exhibition,   159

De quand ces trois mois courent, 159 & ſuiv.

Si, lorſqu'un Seigneur, qui veut faire paſſer une déclaration, ou même ignore à quel titre un quelqu'un poſſede un *Fief* ou une *Roture*, il aſſigne pour exhiber les titres en vertu deſquels on poſſede, le Poſſeſſeur répondant qu'il poſſede à titre d'*Héritier*, & qu'il a pour titre ſon *Partage*, eſt tenu de l'exhiber ; Coûtumes où cette queſtion peut être agitée, 160 & ſuiv.

Voyez *Retrait* Seigneurial.

Si, ayant demandé les Droits, ils peuvent varier,   165 & ſuiv.

Quid, dans la Coûtume de *Normandie*,   167 & ſuiv.

Ce qui les prive du pouvoir d'exercer le *Retrait*,   166 & ſuiv.

Si, lorſqu'ils auroient aſſigné en exhibition de *Contrats*, ou auroient ſaiſi féodalement faute d'hommes, droits & devoirs, & auroient demandé le *Quint denier*, ils peuvent encore opter le *Retrait*, 168 & ſ.

Quid, ſi l'exhibition a été faite ou non avant la *Saiſie* féodale, 169

Quid, s'ils ont eu connoiſſance du *Contrat*, quoique non exhibé, 170 & ſuiv.

Voyez *Dumoulin. Fermiers.*

Si par la ceſſion des Droits pour trois, ſix ou neuf ans, ils ſe feront interdit le *Retrait* pendant tout ce temps de toutes les *Ventes* qui ſe feront faites, IV. 173 & ſ.

Pays où celui auquel, ſans avoir exhibé, on auroit payé les *Cens* & rentes, n'eſt point pour cela exclus du *Retrait*,   176

Si, lorſqu'ils ſont préſens au *Contrat*, & qu'ils l'ont ſigné, ſoit comme *Caution*, ſoit comme *Témoin*, ils ſont exclus du *Retrait*,   176

Quid, s'ils ont conſeillé la *Vente*, 176

S'ils peuvent *retirer* ſur des *Gens de Main-morte*, qui ont obtenu Lettres d'amortiſſement du Roi, 176 & ſuiv.

Comme en *retirant* ils ſont obligés de rembourſer le prix principal & loyaux-coûts, ſeront-ils tenus de rembourſer le Droit d'amortiſſement payé par la *Main-morte*, 177 & ſuiv.

Voyez *Main - morte. Retrait. Retrayans. Vaſſaux.*

Ils doivent rembourſer dans le délai de la Coûtume où le *Fief* retiré eſt ſitué, ou dans le délai accordé par le *Juge*, non ſeulement le prix principal de l'acquiſition, mais auſſi les frais & loyaux coûts, &c.   195

Quid, ſi l'*Acquéreur* avoit fait ſignifier la taxe des loyaux coûts ſans *Aſſignation* à tel jour pour les payer,   195 & ſuiv.

Si, prétendant que le prix écrit au *Contrat* eſt porté trop haut pour les empêcher de venir au *Retrait*, ils peuvent alors demander l'*Affirmation*, même la *Preuve* par témoins,   196

Voyez *Indemnités.*

Si, acquérant dans leur Cenſive, & réuniſſant ou acquérant le *Fief*

tenu immédiatement d'eux , ils
en doivent la *Foi* à leur dominant, IV. 225
Voyez *Foi* & *Hommage. Offres.*
S'ils font tenus de recevoir en *Foi* le
nouveau *Vaſſal* , ſoit à titre ſucceſſif , ſoit à titre d'acquiſition ,
lorſqu'ils ne font pas payés des
anciens *Droits* dûs , 251 & *ſuiv.*
Voyez *Souffrance.*
Quand leurs demandes à fin de réunion à leur domaine des terres
dont on ne montre point le titre ,
font invalides , 265
Voyez *Fiefs.*
Si le *Seigneur* offenſé étoit mort
ſans avoir demandé la perte du
Fief , l'action paſſe aux *Héritiers* ,
269
Cas qui leur faiſoit perdre leur droit
ſur leur *Vaſſal* , quand ils l'offen-
ſoient , 269
Voyez *Aveu, &c. Commiſe. Déſaveu.
Proteſtation. Vaſſaux.*
Si dans les Coûtumes de *Franc-aleu*
où le Seigneur eſt obligé d'in-
ſtruire , ſans que le poſſeſſeur ſoit
tenu d'avouer , ou déſavouer , les
Seigneurs ne font pas tenus d'in-
ſtruire quant à la Juſtice à l'égard
de laquelle il n'y a rien d'allodial ,
283 & *ſuiv.*
Cas où ils ne doivent pas plaider
déſaiſis , 284 & *ſuiv.*
Voyez *Proviſion.*
Si , *déſavoués* par le *Mari* , à raiſon
du *Fief* propre de la *Femme* qui ſe
fait ſéparer de biens , ils peuvent
prétendre que la *Commiſe* des
Fruits leur appartient toujours
pendant la vie du mari , ſoit que
la Commiſe ſoit intentée , ſoit
qu'elle ſoit adjugée avant la ſéparation , 293 & *ſuiv.*
Quid , ſi la *ſéparation* étoit prouvée
frauduleuſe , 294
Quid juris , ſi l'homme & la *Femme*

ſe réconcilioient & ſe remettoient
communs , IV. 294 & *ſuiv.* &
s'ils déſavouent , 299
Si n'ayant point intenté l'action de
Commiſe de leur vivant , ou du
vivant du *Vaſſal* , leurs *Héritiers*
peuvent l'exercer , 302
Quid , s'ils l'ont léguée , ou s'ils
ont cédé leur action à quelqu'un ,
ce tiers pourra-t-il l'exercer , le
Seigneur étant décédé , 302 &
ſuiv.
Quid , ſi au lieu de vendre l'action
de *Commiſe* depuis le *Déſaveu* ou
la *Félonie* , ils vendent leur *Fief*
dominant , l'*Acquéreur* pourra-t-il
intenter l'action en Commiſe comme un Droit ouvert & dévolu à
ſon Fief , 303 & *ſuiv.*
Si le *Vaſſal* ayant commis offenſe ,
vend ſon *Fief* avant la Commiſe
intentée , les Seigneurs pour-
ront pourſuivre le nouvel *Acquéreur* , & cette action durera
trente ans contre le nouvel Acquéreur en comptant du jour du
délit commis , 304 & *ſuiv.*
Voyez *Vaſſaux.*
S'ils font tenus de garder à leur *Vaſſal* la même fidélité , que le *Vaſſal*
envers eux , 311 & *ſuiv.*
Si , étant déſirquans à cet égard , il
s'enſuit que le *Vaſſal* devient libre , 312
Si celui qui par *Félonie* perd l'obéiſ-
ſance de ſon *Vaſſal* , perd en
même tems ſes *Rentes , Corvées
& Servitudes* , 313 & *ſuiv.*
Si , obtenant la *Commiſe* du *Fief* Vaſſal , ils gagnent les *Augmentations
& Améliorations* faites au Fief ,
315 & *ſuiv.*
Quid , ſi les *Augmentations* font faites pendant le *Mariage* , la *Femme* y perdra ſa moitié , ou en aura
récompenſe , & contre qui , 317
Si , obtenant la *Commiſe* , ils gagnent

les *Soufiefs* que le *Vaffal* a acquis,
　　IV. 317 & *fuiv.*
S'ils font tenus des *Hypothéques*
　créées fur le *Fief* vaffal commis,
　　318 & *fuiv.*
— d'entretenir les *Baux* faits par
　leur *Vaffal* ; & de tenir les *Alié-*
　nations qu'il a faites, inféodées
　ou non, 319 & *fuiv.*
Voyez *Ufufruitiers.*
Si le Seigneur d'un *Fief* peut faifir
　féodalement, 334
Voyez *Juges* de Seigneurs. *Saifie*
　féodale.
S'ils peuvent *faifir* féodalement faute
　de *Foi, Droits* & *Devoirs,* ou faute
　de *Dénombrement,* 344-346
Si le nouveau Seigneur peut *faifir*
　les anciens *Vaffaux* fans fomma-
　tion préalable, 345
Voyez *Fief* vaffal. *Saifie* féodale.
Si ceux aufquels font dûs des *Droits*
　de *Mutations* précédentes, peu-
　vent refufer le nouveau *Vaffal*
　qui fe préfente à la *Foi,* & offre
　les Droits de fa mutation, & tenir
　le *Fief* faifi, s'il l'eft, ou s'ils
　peuvent *faifir* en refufant la *Foi,*
　& les Droits de la mutation ac-
　tuelle, jufqu'à ce qu'ils foient
　payés des anciens Droits, 353
　　& *fuiv.*
S'ils peuvent après les quarante
　jours de la *Mutation* paffée, *faifir*
　le *Fief* refté ouvert, 360 & *fuiv.*
Quand ils peuvent *faifir* féodale-
　ment, faute de *Dénombrement,*
　　364 & *fuiv.* 372 & *fuiv.*
Ce qui a fait douter de la maniere
　dont ils peuvent *faifir* faute d'hom-
　me, 374 & *fuiv.*
Si *faififfant* féodalement faute d'hom-
　me, & ainfi gagnant les *Fruits*
　du *Fief,* ils doivent établir *Com-*
　miffaires, puifqu'ils peuvent jouir
　du *Fief* vaffal *ipfo momento* de la
　faifie faite dans les tems, délais

& forme des *Coûtumes,* s'il y a
　fruits prêts à recevoir, IV. 378
Quid, dans le général des *Coûtu-*
　mes, où ils gagnent tous les *Fruits*
　par cette faifie, 378 & *fuiv.*
Quid, s'ils *faififfent* faute de *Dénom-*
　brement, 380 & *fuiv.*
S'ils peuvent par quelque formalité
　être difpenfés de faire fignifier la
　Saifie au *Vaffal* ou *Fermier,* 395
　　& *fuiv.*
Coûtumes où ils ne peuvent de-
　mander que les *Fruits* de l'année
　de la *Saifie,* 397 & *fuiv.*
Si le *Fief* eft affermé, peuvent-ils
　opter les *Fruits* ou les *Fermages,*
　　398, 419 & *fuiv.*
Quid, en *Anjou,* 419 & *fuiv.*
Si, dans le cas d'une *Saifie* faite,
　confirmée après une conteftation
　de cinq, fix ans & plus, & jugée
　par Jugement définitif, le *Vaffal*
　demeure toujours dans fa contu-
　mace, ou meurt depuis le Juge-
　ment fans avoir fatisfait, le Sei-
　gneur peut jouir en vertu de la
　faifie confirmée ; ou eft tenu
　de renouveller la faifie, & dans
　quel tems ; ou enfin a encore
　trois ans depuis l'Arrêt, 399
　　& *fuiv.*
Quid, en *Normandie,* 401
Quid, fi l'Arrêt ajoûtoit que ladite
　Saifie tiendroit jufqu'à ce que le
　Vaffal eût fatisfait à fes *Devoirs,*
　　401 & *fuiv.*
A quoi tenus ceux qui jouiffent du
　Fief de leur *Vaffal* à titre de *Sai-*
　fie féodale faute d'homme, ou
　qui le font régir par des *Commif-*
　faires faute de *Dénombrement,* 403
　　& *fuiv.*
Si alors ils font tenus de l'entretien
　des *Bâtimens* & de la culture ré-
　guliere des *Terres,* 404
— d'acquiter les *Charges* non inféo-
　dées, 404 & *fuiv.*

— du *Ban & Arriere-Ban*, qui seroit levé pendant la *Saisie*, IV. 405
— de la charge des *Francs-Fiefs*, 405
En vertu de la *Saisie* féodale faute d'homme & faute de *Dénombrement*, ès Coûtumes qui donnent en ce cas les *Fruits* aux Seigneurs, ils gagnoient tous les fruits qu'ils avoient recueillis ou dû recueillir, 406 & *suiv.* 409 & *suiv.* 421 & *suiv.*
Alors ils ne prennent les *Fruits* que d'une année, quand même la *Saisie* auroit duré quelques mois de plus, à moins qu'il ne fût échu deux récoltes, 409 & *suiv.*
Ils gagnent les *Reliefs* & *Quints* des *Arriere-Fiefs*, ouverts pendant la *Saisie* du *Fief* servant, & même en entier, quoique le *Vassal* eût obtenu *main-levée* le lendemain de la *Mutation* arrivée dans les *Arriere-Fiefs*, 410 & *suiv.*
Condition pour qu'ils gagnent tous les *Fruits* naturels & industriaux, 411
Quid, si pendant la *Saisie* ayant fait ensemencer les *Terres*, le *Fief* étant vacant & sans *Fermier*, le *Vassal* vient, offre la *Foi* & autres *Devoirs*, 411 & *suiv.*
Quid, quant aux *Loyers* des *Maisons*, *Arrérages* de *Rentes* dûs au *Vassal* à cause de son *Fief*, 412
Quid, par rapport aux *Bois* taillis qui se trouvent en coupe, & les *Etangs* qui sont en pêche, 412 & *suiv.*
Quid, quant aux *Fermages* & *Baux* judiciaires, 413 & *suiv.*
Ils ne peuvent *saisir* que le *Fief*, 414 & *suiv.*
Dans le cas de la *Saisie* féodale, ils ne peuvent déloger le *Vassal* ni sa famille, 415 & *suiv.*
Si le domaine du *Fief* servant n'est pas affermé, & qu'ils en prennent

la récolte en essence, ils doivent déduire & rembourser les *Labours* & *Semences*, IV. 416
S'ils sont tenus de rendre les *Frais* de *Labours* & *Semences* avant la récolte, ou après qu'ils l'auront faite, 416 & *suiv.*
Si en vertu de la *Saisie* féodale faute d'homme, ils jouissent du Droit de *Patronage*, & sont tenus de nourrir leur *Vassal*, qui n'auroit point d'autre bien, & seroit même *Mineur*, 417
Voyez *Fief* vassal.
Si, ayant *saisi* un *Fief* qu'ils ont trouvé ouvert, ils peuvent *saisir* l'*Arriere-Fief*, constaté arriere-Fief, & acquis sans réunion par le propriétaire, 408
Mais de quelle façon le *Vassal saisi* venant à la *Foi*, obtiendra-t-il la *Main-levée* de cet *Arriere-Fief*, 408 & *suiv.*
S'ils font les *Fruits* leurs sans *saisie* par la seule ouverture du *Fief*, 418 & *suiv.*
Voyez *Vassaux*.
Si pour restitution des *Fruits* perçus & enlevés par le *Vassal* au préjudice de la *Saisie* féodale, ils sont préferés aux *Créanciers* du Vassal; si dans ce cas ils ont une *Hypothéque* telle quelle pour leurs *Droits Seigneuriaux*, 424 & *suiv.*
Voyez *Champart. Emphyteose. Tenanciers.*
S'ils peuvent prendre leur *Champart* sur le fonds d'*Alluvion*, 500 & *suiv.*
Comment & quand ils peuvent dispenser de la *Foi* & Hommage, V. 1
Ce dont ils doivent être certains en tous Pays, 5 & *suiv.*
Ils concédent sous telles conditions qu'il leur plaît; c'est à celui qui demande la concession, à accep-

ter ou à refuser,   V. 6

Comment dans la Coûtume de *Paris* ils peuvent être fondés à demander *Relief* à toutes *Mutations*, 8 & *suiv.*

Pourquoi ils ne peuvent ni leurs Officiers refuser l'*Aveu*, qui a la forme prescrite par la Coûtume; & est signé du *Vassal*, 87 & *suiv.*

Ils sont obligés, l'*Aveu* étant présenté valablement, de le *blâmer* dans le délai des Coûtumes, 88

Voyez *Aveu*, &c.

Ils doivent *blâmer* l'*Aveu* dans les 40 jours suivans la Présentation en forme,   90 & *suiv.*

Si étant assignés ils doivent accepter ou *blâmer* précisément, 94 & *suiv.*

Voyez *Publications* & *Vérifications*, &c.

Quant aux *Blâmes* d'*Aveux*, ils ne peuvent s'écarter du texte de leur Coûtume,   104

Intérêt réel de leurs hommes, 105 & *suiv.*

Cas où sous prétexte d'un *Blâme* fourni plus de trente ans avant, le Seigneur, lors du nouvel *Aveu*, n'est plus en état de blâmer ce Droit,   110

Cas où ils sont encore à temps à une nouvelle occasion de *blâmer* l'*Aveu*,   110 & *suiv.*

Quel temps ils ont pour *blâmer* une *Déclaration* censuelle,   111

Voyez *Blâme* d'Aveux.

Rôlle qu'ils jouent dans l'instance des *Blâmes*,   113 & *suiv.*

S'ils sont obligés les premiers à justifier leurs *Blâmes*, 113 & *suiv.*

Cas où ils y sont tenus,   114

Cas où ils doivent communiquer, pour rendre l'*Aveu*, soit dans l'instance de *Blâme*,   117-121

Ils doivent y être condamnés, lorsque le *Vassal* saisi ou non, faute

d'*Aveu*, déclare n'avoir aucuns titres qui lui enseignent au vrai l'état de son *Fief*, avec offre de faire serment qu'il n'en a point, & demande que pour fournir son *Aveu*, qu'ils lui communiquent les anciens Aveux pour s'y conformer,   V. 121 & *suiv.*

Voyez *Communication* de Titres.

Ils sont tenus d'accorder *Souffrance* au *Mineur* de 25 ans, majeur féodal, lorsqu'il la demande jusqu'à sa majorité pleine, pour fournir son *Dénombrement*, 127 & *suiv.*

S'ils sont partie capable d'impugner un *Partage* de famille,   129

Voyez *Notaire-Commissaire* à Terrier. *Vassaux.*

A quoi se borne la garantie qu'ils doivent à leurs *Vassaux*,   151

Voyez *Prescription.*

Ils sont plus curieux, en *Normandie*, d'*Aveux* & *Dénombremens*, que d'Actes de *Foi* & Hommage,   190

Ils ont droit d'exiger la *Foi* & Hommage, avant le *Dénombrement*, 190 & *suiv.*

Voyez *Acquéreurs. Contrat* entre Seigneur.

Cas où tout ce qui est acquis par un Seigneur de *Fief*, est réuni au Fief *ipso facto*,   325 & *suiv.*

Quelle est l'action du Seigneur en cas de *Démembrement*, 421 & *suiv.*

Tout Seigneur en France peut se jouer de son *Fief*,   502

Pourquoi, en concédant les *Fiefs*, ils ont retenu les Droits de *Mutation*,   507 & *suiv.*

Comment ils perçoivent les Droits d'*Echange*,   535-537

Si le Seigneur, ayant par ses Titres Droit de *Taille* en général, ou à volonté, à merci, à miséricorde, &c. a droit de tailler les hommes dans

dans les quatre ou six cas reconnus univerſellement, ſoit par les Coûtumes, ſoit par l'uſage du Pays, V. 551-563

Le Seigneur ne peut lever la *Taille* aux quatre cas qu'une ſeule fois en ſa vie, 554, 595

Titres ſur leſquels ils doivent être fondés pour lever cette *Taille* en cas de *Mariage* d'Enfans, 570-575

Quid, lorſque le Seigneur marie ſa *Fille* ou ſes *Filles*, & les dote, 578 & ſuiv.

Quid, ſi ayant doté ſa *Fille*, ſans avoir demandé ce Droit, il le demande l'année ſuivante, & ce dans un temps où ſa Fille ſeroit morte, 579

Si la Coûtume ou les Titres diſent la *Fille aînée*, la naiſſance d'un *Fils* qui ôte à cette Fille ſes prérogatives, ôte-t-elle au Seigneur qui la marie le Droit de lever cette *Taille* ? Sous le mot *aînée*, le Fils aîné du Seigneur eſt-il compris pour ce Mariage, 579

Quid, ſi ſa *Fille* aînée entre en Religion, ſans que ſon pere ait demandé ce Droit, ſa ſeconde fille ſera-t-elle réputée Aînée, pour lui donner ce Droit en la mariant, 580

S'ils ont ce même Droit pour le *Mariage* de leur Sœur, 580-582

Voyez *Taille* aux quatre cas.

Provinces où ils ſont jaloux du Droit de *Colombier*, 618-622

A quelles conditions ils ont droit, dans toutes les Coûtumes, d'avoir *Colombier* à pied, 632 & ſuiv. 635-638

Quid, ſi ayant cinquante arpens de Domaines & des Cenſives, ils n'ont aucune Juſtice, 638

Si un Seigneur ou autre ayant Colombier à pied, mettant ſes terres

de labours en *Bois*, *Vignes* ou *Prés*, ſeroit contraint de le démolir, V. 659

Quid, ſi n'ayant que des *Bois*, *Vignes* ou *Prés*, il en met cinquante arpens en labour, 660

A quel titre ils ont droit ſur les grandes *Rivieres*, 663

Voyez *Moulins*. *Rivieres*.

Comment les Seigneurs ſe ſont appropriés le Droit de *Pêche*, 664 & ſuiv.

Ils n'ont Droit ſur les *Rivieres* que vis-à-vis & dans l'étendue de leur Juſtice ou de leur *Fief*, 670 & ſuiv

Voyez *Aveu*, &c. *Auroux des Pommiers*. (M.) *Auteurs*. *Bannalités*. *Bois de haute futaie*. *Contrat entre Seigneur*, &c. *Coûtume*. (la) *Copartageans*. *Corvées*. *Corvées réelles*. *Démembrement du Fief*. *Dumoulin*. *Femmes*. *Ferriere*. *François I*. *Fraude*. *Moulins*. *Mouvance féodale*. *Ordonnance de Blois*. *Partages*. *Péronne*. (Coûtume de) *Roi*. (le) *Vaſſaux*.

Seigneurs cenſiers.

Ils ne peuvent, pour être payés des *Arrérages* de leur *Cens*, uſer de *Main-miſe*; mais ſeulement brandonner & ſaiſir les *Fruits*, juſqu'à ce qu'ils ſoient payés, ſans pouvoir faire les Fruits leurs, IV. 425 & ſuiv.

Quid, quant aux *Fruits* pendans par les racines, 427

Quid, ſi c'eſt une *Maiſon*, non louée à autre, qui doit la *cenſive*, 429

Quid, ſi la *Maiſon* chargée de *cens* eſt louée, 429

Quid, quant au *quantum* des *Arrérages*, 429

Voyez *Cenſitaires*. *Retrait*. *Saiſie cenſuelle*. *Seigneurs Hauts-Juſticiers*.

Seigneurs directs.

Quels ils sont, IV. 4

Seigneurs dominans.

S'ils peuvent empêcher leur *Vassal* de construire *Moulin* ou *Pressoir* bannal, I. 408 & *suiv.*

Jugé par Arrêt du Parlement du 23 Août 1624, qu'ils ne peuvent empêcher le *Vassal* ni le *Gentilhomme* d'avoir chez lui un *Four* particulier, I. 463

S'ils peuvent faire abattre celui qu'auroit un Particulier, 441

Si dans la Coûtume de *Dunois*, ne se déterminant pas dans les quarante jours, ils ne peuvent plus opter le revenu d'un an, II. 365

Quid, si au lieu de déclarer positivement leur choix, la récolte étant prête à faire, ou le *Fief* étant saisi dans ce temps, ils continuoient d'exploiter, ou faisoient mettre la faucille dans le bled, 365 & *suiv.*

Quand ils doivent déclarer leur choix, 366

Coûtumes où ils peuvent contraindre les *Roturiers* par saisie à vuider leurs mains en cas de *Fiefs*, 368

Voyez *Rachats. Seigneurs.*

Si leur Droit est à couvert quand le *Vassal* se joue de son Fief, III. 14

Conditions qu'ils doivent remplir lorsqu'ils exercent le *Retrait*, 18

Choses dont ils ont le choix, 18

Si y ayant mutation de *Chémier*, ils levent tous ses Droits, 189

Quid, si la portion cadette est vendue ou autrement transportée au Seigneur, 189 & *suiv.*

Cas où celui du *Fief* a en *Poitou* les Droits de la portion sous-inféodée *mediante pecuniâ*; quid, si la *Sous-inféodation* n'est pas faite à prix d'argent, 195

Quid, lorsque la portion *chémiere* est vendue, ou dont deux tiers seront sous-inféodés, III. 195 & *suiv.*

Cas où ils ne peuvent contraindre les *Ecclésiastiques* ou autre *Mainmorte* à vuider leurs mains du *Fief* qu'ils retirent, IV. 79 & *suiv.*

Voyez *Contrats. Foi & Hommage. Lignager. Offres. Vassaux.*

Ils peuvent seuls saisir le Fief vassal, 331

Leur unique intérêt quant aux *Aveux*, V. 104

Voyez *Aveu*, &c. *Chémier. Inféodations. Parage.*

Seigneurs Ecclésiastiques, voyez *Prescription.*

Seigneurs féodaux.

Cas où ils obtiennent la *Commise*, I. 144

S'ils peuvent acquérir, 148

Voyez *Fiefs.*

Si, voyant leurs *Vassaux* posséder ce qui est dans un *Dénombrement* de plus de 70 ans, quoiqu'il ne se trouve pas dans les postérieurs, ils peuvent *blâmer* ce Dénombrement, & forcer leurs *Vassaux* à l'y ajouter, II. 18

Si au-delà de 30 ans ils ne sont plus tenus de justifier de titre, & même de montrer leur bonne foi, 18 & *suiv.*

Voyez *Hauts-Justiciers. Relief* ès mutations de Bénéficiers. *Seigneurs. Titre* commun, &c.

Ils peuvent seuls exercer le *Retrait*, IV. 61

A qui ils doivent s'adresser lorsqu'ils n'ont point de Justice, 73

Voyez *Retrait* Seigneurial.

Si, étant Débiteurs, ils peuvent être contraints par leur *Créancier* de saisir leur *Fief* pour en gagner les *Fruits*, 335 & *suiv.*

Voyez *Fiefs. Retrait. Roi.* (le) *Seigneurs* Hauts-Justiciers.

Seigneurs François.

Ils établissoient des *Servitudes*, I. 230

Ils s'attribuoient la propriété de leurs *Fiefs*, 230

Ils obligeoient les gens de la Campagne à faire des *Corvées*, 232

Ils réduisoient presque tous leurs Habitans en servitude & en titre d'Esclaves, 232

Coûtumes qui ont retenu & conservé des restes de cet ancien esclavage, 233

A quelles conditions ils affranchirent leurs habitans, 233

Ils ont poussé la vigueur de leur domination plus loin & avec plus d'avarice que les *Romains*, 335

Ils se sont attribué les Droits de *Guet*, de réparations & autres, 252

Voyez *Servitudes*.

Seigneurs Hauts-Justiciers.

Leur Droit sur les *Héritages* féodaux, allodiaux ou censuels de leur district, IV. 433

S'ils peuvent obliger les possesseurs de Terres même en *Franc-aleu*, de leur fournir une *Déclaration* des *Terres* qu'ils possédent dans l'étendue du Territoire de leur *Haute-Justice*, 433 & suiv.

Si, en même-tems *Seigneurs* censiers, ils peuvent en faisant leur *Terrier*, forcer un *Seigneur*, possédant *Fief* dans leur Territoire, de leur donner *Déclaration* de son Fief, & de s'inscrire à son Papier Terrier, 434 & suiv.

S'ils peuvent par des *Proclamations* générales en vertu d'Ordonnance de leur *Juge*, faire publier la confection de leur *Terrier*, & demander de nouvelles *Déclarations*, 437

Seigneurs hommagers.

Ceux qu'on appelle ainsi, IV. 65

Seigneurs Justiciers.

Cas où ils obtiennent la *Deshérence*, I. 144

Seigneurs Suzerains.

Pourquoi ils ne réunissent jamais, I. 152

Quels ils sont; s'ils ont le Droit de *Retrait* Seigneurial sur les *Fiefs* de leurs *Vassaux*, IV. 66 & suiv.

Si, jouissant *loco Vassalli sui*, ils peuvent pendant cette jouissance, exercer le *Retrait* sur les *Arriere-Fiefs* vendus pendant leur jouissance, 66

Si pendant l'an du *Relief* ils peuvent user du *Retrait*, 67

Cas où ils peuvent user du *Retrait* de l'*Arriere-Fief* vendu pendant la Saisie, 68 & suiv.

Quid, s'ils sont désavoués par le Propriétaire de l'*Arriere-Fief*, 289 & suiv.

Voyez *Arriere-Fief*.

Quand ils *retirent*, ils ont usé de leur Droit, 70

Quid, si de bon gré ils revendent ce *Fief*, 70

S'ils peuvent retirer un *Arriere-Fief* ouvert pendant la *Saisie* féodale faute d'homme, ès lieux où elle est en usage dans les Coûtumes où le *Retrait* féodal est incessible, 70 & suiv.

Cas où ils ne peuvent exercer le *Retrait* féodal, 71

Ils ne peuvent exercer aucun Droit sur les *Arriere-Fiefs*, qu'autant qu'ils tiennent saisi faute d'homme le Fief venu immédiatement de lui, 72

S'ils peuvent être *désavoués*, & si étant désavoués ils peuvent faire prononcer la *Commise* à profit, 288 & suiv.

Cas où ils peuvent *saisir* les *Arriere-Fiefs*, 288

Voyez *Arriere-Fiefs*.

S'ils peuvent *saisir* féodalement les *Arriere-Fiefs* mouvans immédiatement de leur *Vassal*, 334

Quid, dans l'espéce d'un *Vaſſal* non inveſti, mais non *ſaiſi*, qui a donné *Souffrance* à un de leurs Vaſſaux, qui enſuite eſt ſaiſi, 334 *& ſuiv.*

Selles en Berry, (Coûtume de) voyez *Saint Agnan.*

Semences, voyez *Seigneurs.*

Sénéchaux, voyez *Baïllis. Ordonnance* de Blois.

Senlis. (Coûtume de)
Si la *Réunion* des Fiefs y a lieu, I. 213

Son texte ſur le *Relief*, II. 289-292

Voyez *Démembrement* de Fiefs. *Jeu* de Fiefs. *Ricard.*

Sens, *Auxerre*, *Bar.* (Coûtumes de)
Comment s'y fait la *Réunion* de Fiefs, I. 201 *& ſuiv.*

Sens. (Coûtume de)
Ses Articles ſur le *Relief*, II. 255- 257

Comment doit s'entendre ſon Article CCXIX, 258

Réfléxion ſur ſon Article CLVII, 258 *& ſuiv.*

Voyez *Delaiſtre. Démembrement* de Fiefs. *Jeu* de Fiefs.

Sentence.
Si une Sentence émanée d'un *Juge* doit avoir titre, I. 391

Séparation de biens, voyez *Relief* de Mariage. *Seigneurs.*

Sergens.
Ceux qui font la *Saiſie* féodale, doivent ſe tranſporter ſur le *Fief*, au lieu principal du Fief, & déclarer qu'ils le ſaiſiſſent avec ſes appartenances & dépendances, ſans autre détail, IV. 377

Quid, à l'égard des *Fiefs* en l'air ou incorporels, 377 *& ſuiv.*

S'il eſt néceſſaire qu'ils ſe faſſent aſſiſter pour cette *Saiſie*, de Témoins ou *Records*, 381 *& ſuiv.*

Servi hereditarii.
Ceux ainſi appelés chez les *Romains*, II. 108

Services.
Ce que c'eſt en *Savoye*, III. 559
Combien de ſortes, 559
Comme s'en payent les arrérages, 559

Servitudes.
Quant à celles dûes aux Seigneurs, il n'y en a pas une de vraie & perſonnelle, I. 249

Si, lorſqu'elles ſont éteintes, on peut les faire revivre, 271

Leur définition, 351 *& ſuiv.*

Si la remiſe par l'*Acquéreur* d'une de paſſage réſervée ſur l'héritage du *Vendeur*, entre en conſidération du prix & des *Droits* Seigneuriaux, III. 222 *& ſuiv.*

Voyez *Acquéreurs. Decrets* forcés. *Dénombrement. Dupleſſis. Preſcription. Quints. Seigneurs. Seigneurs* François.

Seſtelage ou Sextelage.
Ses différentes dénominations; en quoi il differe du *Mariage*, V. 599

Ses différens noms dans la baſſe Latinité, 600

Voyez *Stele.*

Si ce Droit eſt dû par tous ceux qui vendent & achetent pour revendre des *Grains* d'une *Seigneurie* où ce Droit a lieu; les exempts de ce Droit, ou ceux qui le peuvent être, peuvent-ils commercer du Grain, ou ne vendre que celui de leur crû, 600

Exempts de ce Droit le doivent-ils, quand ils vendent au Marché public; s'ils doivent être reſtreints à vendre dans leurs Maiſons ou Greniers, 600 *& ſuiv.*

Cette vente dans les Maiſons ou Greniers devroit être prohibée, s'il n'y a titres exprès, 608 *& ſuiv.*

ſur quoi eſt dû ce Droit, V. 601, lorſqu'il n'y a titres d'exemption bien clairs, 608

De quelle maniere ce Droit ſe perçoit; ceux à qui il eſt dû, 601 & ſuiv.

Preuve que ce Droit eſt pris ſur le meſurage de chaque ſetier de blé, 602-608

Exempts de ce Droit à Reims, 606

Comment ce Droit peut s'acquérir, 609 & ſuiv.

Voyez *Secretaires* du Roi.

Société.

Si elle ſubſiſte toujours, quoiqu'il y ait eu retranchement d'un des Aſſociés, I. 39

Quid, lorſqu'elle a acquis & que par acte elle a été déclarée réduite, 39 & ſuiv.

Jugé par Arrêt de 1619, qu'il n'eſt dû aucuns Droits en ce cas, 40

Sœurs, voyez *Aînés. Chemier. Collatéraux. Femelles. Fiefs. Filles. Freres. Lods & ventes. Mâles. Peres. Souffrance.*

Solidum.

Etendue de ce mot, I. 98

Sommations, voyez *Saiſie* féodale.

Sommeil du Seigneur.

S'il lui nuit vis-à-vis de ſon *Vaſſal*, IV. 27

Sommes.

S'il eſt dû *Droits* pour celles employées pour réparations ou pour bâtir, III. 411

Soufferte.

Ce que c'eſt en *Savoye*, III. 556

Quand elle eſt dûe, 556

Si elle ſe paye plus d'une fois, 556

Si elle eſt de Droit commun, 557

Souffrance.

Ce que c'eſt, IV. 254

De deux ſortes; cas de la *Légale*, 254

Ce qui eſt requis pour obtenir la *Conventionnelle*, IV. 254 & ſuiv.

Voyez *Gardiens.*

Explication de ces termes, *Souffrance vaut ſoi tant qu'elle dure*, 256 & ſuiv.

Si l'un des *Enfans* mâles & femelles d'un *Vaſſal* décédé, ſe trouvant en âge pour faire la *Foi*, peut demander la ſouffrance pour les autres, quoiqu'il ne ſoit pas *Tuteur*, 257

Si la Souffrance demandée, ſuivant la Coûtume, dans les quarante jours du décès du *Vaſſal*, ſur lequel auroit été *ſaiſi* le *Fief*, ſans être entré en *Foi*, feroit ceſſer la Saiſie *à die mortis* dudit Vaſſal; *quid*, ſi la Foi eſt faite dans les quarante jours, 257 & ſuiv.

Si elle tient ou s'il faut en demander une autre, lorſqu'il échoit un nouveau *Fief* aux *Mineurs*; ou qu'un des *Freres* ou *Sœurs* du Mineur décéde & laiſſe ſa part dans le Fief pour lequel elle eſt accordée, 258 & ſuiv.

Quid, ſi l'*Aîné* l'a obtenue, 259

Voyez *Tuteurs.*

Cas de la Souffrance, 259, 262 & ſuiv.

Si elle emporte la *Main-levée* d'un *Fief* ſaiſi féodalement faute d'homme, ou ſeulement la ſuſpenſion de la *Saiſie*, 262 & ſuiv.

Quid, ſi le *Seigneur* n'accordoit la Souffrance que pour un temps, & ſous condition expreſſe, que ſi on ne ſatisfaiſoit pas dans le temps, la *Saiſie* féodale auroit cours, 260 & ſuiv.

Quid, ſi un homme décéde ſans *Enfans*, laiſſant ſa *Veuve* groſſe, 261

Quid, s'il étoit prouvé que la *Veuve* n'étoit point groſſe, ou qu'elle avoit fait une fauſſe couche, ou qu'elle étoit accouchée d'un En-

fant mort, ou d'un *Monstre*, IV. 261 *& suiv.*

Si elle a lieu pour le *Furieux* & l'*Insensé*, 262

Voyez *Seigneurs* Suzerains.

Source d'Eau.

Si le Propriétaire d'un fonds inférieur peut demander d'être maintenu dans la possession d'user & d'abbreuver ses *Prés* d'une Eau dont la source auroit quitté le fonds supérieur, & seroit tombée dans le sien fonds inférieur, attendu que le Propriétaire de la source ayant fait bâtir près de là un *Moulin* dans un fonds qui lui appartient, pour faire aller ce Moulin, détourne l'Eau & la fait rendre dans l'*Ecluse* dudit Moulin, V. 674 *& suiv.*

Soufief.

Si lorsqu'il est acquis ou réuni, il en est dû *Foi* & Hommage, IV. 225

Voyez *Acquéreurs. Aînés. Arriere-Fiefs. Droit* d'aînesse. *Héritiers. Héritiers* bénéficiaires.

Sous-inféodation.

Ce que c'est, I. 117 *& suiv.* II. 163

Elle est aussi ancienne que la concession des *Fiefs* mêmes, I. 118

Comment elle se fait, 118 *& suiv.*

Son origine, III. 7

Elle est approuvée par nos Rois, 7

Par la Coûtume de *Vitri*, à quelle personne elle est permise, 66

Pourquoi elle est interdite aux simples *Vassaux*, 66 *& suiv.*

Si elle diminue les grandes *Seigneuries*, 66

Son effet par *Donation* de pere à fils, 67

Différence entre celle qui se fait par *Parage* fini, & celle ordinaire, 129

Si celle qui se fait par *Jeu* de Fief

est licite sans le consentement du *Seigneur* dominant, III. 129

Voyez *Jeu. Parage. Vassaux.*

Celle d'un *Fief* formant actuellement, lors de l'érection, les domaines-fonds du *Duché*, opere le même effet quant au Duché, V. 416

Elle est interdite dans les grands *Fiefs*, 417-420

Soute. (la)

Pourquoi elle est à éviter, I. 15

Son effet, 15 *& suiv.*

Stele.

En quoi ce Droit differe de celui de *Sestelage* ou *Sextelage*, V. 600

Substitutions.

Quelle espéce de succession elles sont, II. 89, 112 *& suiv.*

Si elles sont sujettes au *Relief*, 112, 114-117

Motifs & espéce de l'Arrêt rendu sur cette question, 115 *& suiv.*

Voyez *Donations* en directe. *Droit* d'aînesse. *Grevé* de Substitution. *Ouverture* de Fiefs. *Peres.*

Substitutions pupillaires.

S'il est dû des *Droits* de celle faite au profit de la mere, II. 117

Explication de l'Arrêt sur cette question, 117

Voyez *Mi-lod.*

Succedere.

Signification de ce terme, V. 363 *& suiv.*

Succession.

Sa division, II. 79 *& suiv.*

Il n'y a que deux sortes de personnes qui puissent venir à celle du *Fief*, 108

Voyez *Partages. Relief. Rentes* foncieres non rachetables.

Succession directe.

Quelle elle est, II. 80 *& suiv.*

Voyez *Donations* en directe. *Ligne* directe.

Elle est exempte, ainsi que la *Do-*

nation directe, du Droit de *Relief*,
II. 277 *& suiv.*
Quid, dans la Coûtume de *Clermont*
en Beauvaisis, 311
Quid, dans celle de *Senlis*, 297
Quid, dans celle de *Lorris-Montar-gis*, 348
Quid, dans celle de *Tours*, 377
Comment elle se regle, ainsi que les
Donations en collatérale, dans la
Coûtume de *Berri*, 415 *& suiv.*
Quomodo, dans celle de *Vitri-le-Fran-çois*, 423
Quomodo, dans celle de *Chaumont* en
Bassigni, 431
Quomodo, au Bailliage de *Chartres*,
449
Quomodo, de pere à fils, voyez *Do-nations.*
La Succession directe, soit ascen-dante, soit descendante, ainsi
que les *Donations*, ou Legs, *Do-nations* par mariage ou autrement
en directe, est exempte de *Relief*
dans la Coûtume de *Laon*, 548
Quid, dans la Coûtume de *Paris*,
219
Quid, dans celle de *Meaux*, 243
Quid, dans celle de *Reims*, 574
Voyez *Auteurs. Enfans. Relief. Réu-nion* de Fief.
La capacité de succéder n'est consi-dérée qu'au temps du décès, V.
212
Voyez *Légitime.* (la)
Succession abandonnée *pro derelicto.*
Si elle doit *Relief*, II. 103
Succession féodale.
Seuls pays qu'elle intéresse, V.
197
Voyez *Aînés. Droit* d'aînesse. *Parta-ge* de Successions.
Succession vacante.
Ce que c'est, II. 108 *& suiv.*
Qui elle représente, 109
Voyez *Curateurs* à la Succession va-cante.

Successions.
Celles qui doivent ou non *Rachat*
dans la Coûtume d'*Etampes*, II.
266
— dans celle d'*Orleans*, 325
— dans celle de *Tours*, 375-378
— en celle de *Ribemont*, ainsi que les
Donations, 554 *& suiv.*
— en celle de *Saint-Quentin*, 559
— en celle de *Châlons*, 564
— en celle de *Troyes*, 566
Comment se partagent celles des
Ennoblis dans les Coûtumes de
Champagne, V. 396-399
Quomodo, dans celles de *Lorraine*,
400 *& suiv.*
Voyez *Aînés. Démembrement* de
Fiefs. *Droit* d'aînesse. *Droits* Sei-gneuriaux. *Duchés-Pairies. Enfans.
Fiefs. Mâles. Pairies. Parage. Re-lief.*
Successions en collatérale.
Si toutes, ainsi que les *Donations* &
Legs, sont sujettes au *Relief* dans
la Coûtume de *Paris*, II. 216
& suiv.
— dans celle de *Meaux*, 243
— dans celle de *Senlis*, 297
— dans celle de *Clermont* en Beauvai-sis, 327 *& suiv.*
— dans celle de *Lorris - Montargis*,
348
— au Bailliage de *Chartres*, 449
Voyez *Relief.*
Comment elles se partagent entre
descendans d'*Ennoblis*, V. 396
& suiv.
Successions ab intestat, ou
testamentaires.
Comment elles sont réglées, II. 90
& suiv.
Voyez *Conventions* entre-vifs. *Ou-verture* de Fiefs.
Surencheres, voyez *Decrets* volon-taires.
Sujets.
Noms que les *Seigneurs* donnoient

autrefois à leurs Sujets , III. 121 , n. (a)

Supplément.

Si celui du juste prix doit des *Droits*, III. 223

Surcens.

Sa définition , III. 324 & *suiv.* V. 180

Ses espéces, III. 324 & *suiv.* V. 180

Voyez *Rentes.*

Surcens impropre , vrai.

Ce que c'est , V. 180 & *suiv.*

Surjet. (le Droit de)

Quel est ce Droit en *Auvergne* , III. 213

Quand il a lieu , 213

S'il a lieu en Vente de *Fief* comme en Vente de *Roture* , 213

Survivans , voyez *Don* mutuel en propriété des Propres.

Suzerain.

Quel temps il lui faut pour *prescrire* l'*Arriere-Fief* sur son *Vassal*, II. 25 & *suiv.*

Ce qu'il est , 27. III. 195 , n. (a)

En quoi il differe du Dominant , III. 103 , n. (a)

Voyez *Poitou.* (Coûtume de)

Si pendant la *Saisie* le Suzerain Dominant du *Vassal* peut conférer les *Bénéfices* dont le *Patronage* appartient au Vassal , V. 149 & *suiv.*

Suzerain ou *Chémier.*

Si ces noms sont synonymes , III. 194 & *suiv.*

En quoi ils different , 195

T.

Taille aux quatre cas.

Pays où ce Droit est fort en usage : celui où il ne se leve qu'avec titre , V. 541

Ses différens noms , 541 & *suiv.* 551 , 554

Son origine , 542-546

En quel cas & de quelle maniere cette Taille se payoit anciennement , V. 542-545 , 563

Ce qu'elle étoit anciennement , 544 & *suiv.*

Dès quel temps elle étoit en usage , 545

Son nom dans le Comté de *Forez* , 545

Quel étoit ce Droit , 546

Comment de volontaire il est devenu forcé , 546

En quoi cette Taille differe de la *Taille* dite ordinaire , annuelle , à volonté , à merci , à miséricorde , 547, 553 & *suiv.* 559

Sur qui elle se levoit , 547 & *suiv.* 557, 592

Quelles sont les personnes à qui elle étoit & est dûe , 548, 557, 590 ; & ceux qui y sont sujets , 548 , 557, 592 & *suiv.*

Quand elle est un Droit réel ou personnel , 549

Cas où cette Taille peut être levée , 550 & *suiv.* 554 , 563-586

Voyez *Chevalerie. Seigneurs.*

Quelle est cette Taille , 556 & *suiv.* 585 & *suiv.*

Elle est imprescriptible , 556, 593 & *suiv.* par qui , 593 & *suiv.*

Si ce Droit a lieu à l'égard des Ordres de *Chevalerie* , 564 & *suiv.*

Pourquoi elle est imprescriptible , 594

Quand elle peut être désignée par les Titres , 559

Voyez *Acquisition* d'une Terre. *Chevalerie. Chevaliers* d'Honneur & de Robe. *Mariage* d'Enfans. *Mere. Naissance* d'Enfans. *Rançon. Voyages* d'outremer.

Si cette Taille peut avoir lieu lorsque la *Fille* du *Seigneur* entre en Religion , 575 & *suiv.*

Quid, quant à la *Fille* naturelle qui se marie , 576 & *suiv.*

Quid,

Quid, si la *Fille* légitime & aînée se marie malgré lui, V. 577 & *suiv.*

Quotité de cette Taille ; elle doit être fondée sur Titres précis ; usage à cet égard, 587

Si les Titres n'en fixent pas la quotité, 588

Voyez *Acquéreurs* d'une Terre. *Ecclésiastiques. Engagistes. Usufruitiers.*

Quel est ce Droit lorsqu'il consiste en payement pécuniaire, 590

Comment il se leve lorsqu'il y a plusieurs *Seigneurs* d'un même *Fief*, 591

Si ce Droit s'acquiert par possession immémoriale, 593

S'il est réitérable, 595

Taille en général ou *Taille* à volonté, à merci, &c.

Son nom en Bourgogne ; quelle est cette Taille ; pourquoi ainsi nommée, 554 & *suiv.*

Ses caracteres, 555 & *suiv.*

Elle est prescriptible, 556

Pourquoi elle ne comprend point la *Taille* aux quatre cas, 556 & *suiv.*

Ceux qui y sont sujets, 557

Quand elle est marquée par les Titres, 557 & *suiv.*

Quid, lorsque les Titres portent Droit de toutes Tailles, 559 & *suiv.*

Taille haut & bas, voyez *Taille* à volonté, &c.

Taille réelle, voyez *Bordelage*.

Tailles.

Si on peut imposer ou exiger aucune levée ou contribution sous couleur de Don ou de présent, III. 538

Taisand

Réfuté sur cette question : Si lorsqu'un *Fermier* reçoit les *Lods*, il exclut le Seigneur du *Retrait*, IV. 172

Tantes.

Pourquoi elles ne sont pas exclues par les *Enfans* des *Freres*, V. 354-357

Voyez *Arriere-Neveu. Filles. Neveux. Rappel.* (le)

Taureau bannal.

Quel est ce Droit, I. 447

Témoins, voyez *Fraude. Sergens. Seigneurs.*

Tenanciers.

S'ils sont tenus d'aller aux *Moulins, Fours & Pressoirs* bannaux , qui ne sont pas en état, I. 445

Voyez *Terriers*.

Où ils doivent porter le *Champart*, IV. 467 & *suiv.*

Ils ne sont jamais tenus de le porter hors l'étendue de la Seigneurie dont est tenu l'*Héritage* sujet à *Champart*, 468

S'ils peuvent être forcés par un *Seigneur* voisin , qui a réellement un *Fief* distinct des Vassaux & Tenanciers distincts , & différens de celui du *Seigneur* Dominant, dont ils acquierent une portion du *Champart* portable, à porter le Champart dans la Grange de ce Seigneur, dont ils ne sont pas sujets, & si la possession où il seroit de le faire peut leur nuire, 469 & *suiv.*

A quoi tenus ceux d'une Terre sujette à *Champart*, 476

— en *Pays* de Droit écrit, 476 & *suiv.*

Ils doivent avertir le *Seigneur* ou son Préposé , avant d'enlever leurs gerbes, 490 & *suiv.*

Comment ils doivent l'avertir ; temps pour l'attendre ou son Commis, 491 & *suiv.*

Quid, s'il y a plusieurs *Seigneurs*, 493

Suivant la Jurisprudence du Parlement de *Bourdeaux*, ils ne sont

gênés dans l'exploitation ou culture de leur *Héritage*, qu'autant que la *Baillette* stipule spécialement certaine espéce de *Fruits*, IV. 507 & *suiv.*
Voyez *Commise*. (la) *Emphytéose*. *Laon*. (Coûtume de)

Tenement.

Si sa division ou son indivision peut nuire au *Seigneur*, I. 326
Voyez *Proust*.

Tenement de dix ans.

De quel jour il court, IV. 155 & *suiv.*

Tenue de l'Etat.

Ce que c'est en *Normandie*, III. 250
Ce que le Juge ordonne par cette tenue, 250
Comment se tient-elle depuis l'établissement des *Receveurs* des Consignations, 250
Quand elle doit se commencer, 251

Tenure.

Ce que c'est que celle en part prenant, ou part mettant, III. 139
Ce que c'est que celle en gariment, 139 & *suiv.*

Tenure bordeliere.

Ce que c'est, III. 450

Tenure en *Parage*.

Ce que c'étoit, III. 118 & *suiv.*
A quoi elle tend, 182
Terrage, voyez *Champart*. *Saisie féodale*.
Nulle *Terre* sans Seigneur.
Maxime reçue dans le général des *Coûtumes*, II. 66, 68
Terres, voyez *Champart*. *Seigneurs*. *Seigneurs* Hauts-Justiciers.

Terrien.

Ce qu'il dit sur le *Parage*, III. 118 & *suiv.*

Terriers.

Les Seigneurs les chargent de tous les Droits qu'ils croient avoir, I. 361

S'ils sont titres de *Bannalités*, I. 363 & *suiv.*
Jugé par Arrêt du Parlement du 26 Juillet 1724, qu'ils ne sont pas titres pour soutenir les *Bannalités*, lorsque les Habitans n'y ont pas formé opposition, 369
Fait sur lequel est intervenu cet Arrêt ; procedure faite en conséquence, 369 & *suiv.*
Le bien jugé de cet Arrêt est prouvé, 371 & *suiv.*
Autre Arrêt du 1728, confirmatif du précédent, 372
Cas où ils produisent leur effet contre les *Tenanciers* qui ont fourni leurs Déclarations, 372 & *suiv.*
Si le Terrier fait cent ans avant les troubles vaut titre, 373
Leur cause & objet, V. 4
Voyez *Reconnoissances*. *Seigneurs* Hauts-Justiciers.
Testamens, voyez *Collatéraux*. *Fiefs*. *Lods* & *Ventes*. *Mi-lod*. *Peres*.

Thourette

Réfuté sur ce qu'il dit du *Démembrement* & *Jeu de Fief*, III. 40 & *suiv.*

Thrésoriers de France.

S'ils ont le pouvoir de recevoir des *Aveux* rendus au Roi, V. 31
Tiers denier en cas de *Vente*.
Quel est ce Droit, III. 442

Titre.

Quelles conditions le rendent valide pour établir une *Bannalité*, I. 384 & *suiv.*
Si un Titre fait avant la réformation de la Coûtume de Paris est suffisant, 387
Titre commun qui affranchit des Droits les Acquéreurs Copropriétaires.
Quel il est, I. 49 & *suiv.*
Quel est le Titre commun du *Seigneur* & du *Vassal*, II. 18 & *suiv.*

Titre pareil. *Titre* égal.
Ce qu'on appelle ainsi, I. 51 & *suiv.*
Titre successif.
Ce que l'on comprend sous ce nom, III. 148
Si tout autre Titre est susceptible de Parage, 148
Voyez *Parage.*
D'où il dépend en Bordelage, 451
Titres.
Si celui qui, apparent, est émané d'un homme qui *in veritate* n'avoit pas *potestatem disponendi de illo censu*, suffit, II. 68 & *suiv.*
Voyez *Aveu*, &c. *Seigneurs.*
Titres possessoires, voyez *Seigneurs.*
Touchaige ou Touches.
Ce qu'on appelle ainsi, II. 367
Toulouse, (Parlement de) voyez *Ecclésiastiques.*
Tournes.
Ce que c'est; si elles sont sujettes au *Retrait*, IV. 60
Tours. (Coûtume de)
Comment elle s'explique sur la *Réunion* des Fiefs, I. 196
Principes qu'il y faut admettre pour cette Réunion, 197 & *suiv.*
Son texte sur le Droit de *Relief*, II. 369-372
Voyez *Avantages.*
Transaction.
Ce que c'est, III. 464
Quelle est sa fin, 464
Ce qu'elle opere, 464
Si par la Transaction la chose changeant de main, les *Droits* en sont dûs, 468
Quid, si elle n'est pas pour un Droit incorporel, 468
Si en *Savoie* il en est dû des *Droits*, 558 & *suiv.*
Voyez *Peres.*
Si elle donne lieu au *Retrait*, IV. 22
Treizième.
Ce Droit est très-favorable en *Nor-*

mandie, III. 246
S'il a lieu pour les *Fiefs* & *Rotures*, 246
Si lors de l'Adjudication il y a deux *Seigneurs*, chacun a ce Droit, 246
S'il est dû pour la *Vente* d'un tiers, & par qui dû, 379 & *suiv.*
Trie, voyez *Colombiers.*
Tronçon
Réfuté sur cette question : S'il suffit de faire la Foi à l'un de plusieurs pour tous, IV. 233
Troyes. (Coûtume de)
Son Art. CXXXII sur cette question : Si la Communauté étant excluse réellement il est dû ou non Relief, est expliqué, II. 141 & *suiv.*
Son texte sur le Droit de *Relief*, 585 & *suiv.*
Voyez *Cens. Franc-aleu. Grand.* (le)
Tutelle.
Qu'elle, ainsi que la *Garde*, n'ouvre aucun Droit dans la Coûtume d'*Auxerre*, II. 263
Si d'un Compte de Tutelle, il est dû *Droits* Seigneuriaux, III. 383, 393
Tuteurs.
Comment ils peuvent, ainsi que les *Baillistres* & *Gardiens*, réunir les Fiefs, I. 153
S'ils peuvent exercer le *Retrait*, IV. 107 & *suiv.*
S'ils préjudicient à leurs *Mineurs*, lorsqu'ils reçoivent les Droits d'un *Fief* mouvant de leur Propre, 176
Voyez *Foi* & *Hommage. Gardiens. Souffrance.*
Pourquoi ils sont tenus de déclarer les noms & l'âge de ceux pour lesquels ils demandent Souffrance, 259
Voyez *Mineurs.*
S'ils peuvent, ainsi que les *Cura-*

teurs, saisir les *Fiefs* tenus des Fiefs de leurs *Mineurs*, dans tous les cas où les Mineurs pourroient saisir, IV. 335

Voyez *Gardiens. Mineurs.* (les) *Saisie* censuelle.

U.

Usance de Saintes.
Sens de son Article IX sur le *Parage*, III. 134-136
Si le *Parage* légal y a lieu, 135 & *suiv.* 138
Arrêts qui l'y autorisent, 136
Espéce d'une Instance au Grand-Conseil sur cette question, 136 & *suiv.*

Usufruit.
Comment il se constitue, II. 552, III. 416
Pour quel temps, dans la Coûtume de *Laon*, on en peut constituer un sur son *Fief*; si dans ce cas il ouvre le *Relief*, II. 552 & *suiv.*
Voyez *Don* mutuel en Usufruit. *Douaire. Droits. Relief.*
Si sa Vente donne ouverture aux Droits Seigneuriaux, III. 408 & *suiv.*
Si elle donne lieu au *Retrait*, 409
Ce que c'est réellement, 416-418
S'il est réputé *Immeuble* & faire partie du fonds, 416-419
Comment il peut être *Immeuble*, 416
Si sa *Vente* à vie differe de l'*Héritage* à vie, 412, 415 & *suiv.*
Si dans ce cas les *Droits* en sont dûs, 412
Espéce d'une consultation sur ces questions, 412 & *suiv.*
Observation sur l'Arrêt du 11 Février 1707, sur lequel la solution de la Consultation étoit fondée, 414 & *suiv.*

Voyez *Argentré.* (d')

Si sa vente & constitution à vie doit *Lods*, III. 419 & *suiv.*
Quid, d'un *Fief*, dont l'un a la propriété, l'autre a l'usufruit qu'il s'étoit réservé en vendant le Fief, 421 & *suiv.*
Voyez *Fruits.*
De deux sortes, IV. 92 & *suiv.*
Voyez *Propriétaires. Usufruitiers.*
Dans les cessions d'Usufruit à titre particulier, les Honneurs de la Haute-Justice ne peuvent être cédés sans la cession de la *Seigneurie*, V. 539
Quid, dans la *Vente* ou *Donation*, & par rapport au *Roi*, 539 & *suiv.*
Voyez *Engagement* du Domaine du Roi.

Usufruit à vie.
Ce que c'est, III. 418
S'il en est dû des *Droits*, 418 & *suiv.*

Usufruitiers.
S'ils peuvent, ainsi que les Quasi-Usufruitiers, exercer la *Réunion* de Fief, I. 150 & *suiv.*
S'ils sont sujets à Droits, II. 378 & *suiv.*
Quid, dans la Coûtume du *Grand-Perche*, 476
Quid, en celle de *Troyes*, 588
Voyez *Dumoulin. Rachat. Relief.*
S'ils sont recevables au *Retrait*, IV. 88 & *suiv.* 92
Conditions requises pour qu'ils soient recevables au *Retrait* féodal, 91 & *suiv.*
Ils jouissent pleinement de tous les fruits du Fief, 93 & *suiv.*
S'ils peuvent exercer *nomine proprio* le *Retrait*, 94
S'ils peuvent recevoir la Foi & le Dénombrement, 95 & *suiv.* 98 & *suiv.*
Inconvéniens qui résultent du pouvoir donné à l'Usufruitier, d'exercer les *Droits* Dominicaux, 99 & *suiv.*

Voyez *Acquéreurs.*

S'ils ont droit de retirer, ils ont droit de céder l'action du *Retrait*, IV. 101

Voyez *Ferriere.*

Combien de dangers dans l'opinion de ceux qui leur ont accordé le Droit de *Retrait*, soit *procuratorio nomine*, soit *invito Domino*, 103

Voyez *Contrats. Fermiers.*

S'ils sont sujets, ainsi que l'*Engagiste* & la *Douairiere*, à la *Foi* & *Hommage*, 209, 228 & *suiv.*

S'ils peuvent demander ou exiger la *Foi*, 231 ; & désavouer, 293

Quid, s'ils commettent *Félonie*, 293

Pourquoi ils ne peuvent, ainsi que l'*Engagiste* & la *Douairiere*, ni occasionner, ni obtenir la *Commise* d'un *Fief*, ni être déchargés de la *Dominance*, 312 & *suiv.*

S'ils peuvent *saisir* féodalement, 312 & *suiv.*

S'ils peuvent *saisir* faute d'homme, hors les Coûtumes de toute main, 332

— faute de *Dénombrement* dans les Coûtumes qui donnent les *Fruits* au *Seigneur* en ce cas, 332

Quid, de la *Douairiere*, 332

Quid, d'un qui donne sa Terre, soit à ses *Enfans*, ou autres, avec réserve de l'Usufruit, & de tous les *Droits* utiles & *honorifiques* ; & qui, après avoir reçu d'un *Vassal* la *Foi* & le *Dénombrement*, blâme & fait *saisir* faute de *Dénombrement*, un incident arrive sur le blâme, 332

Quid, de celui d'un fonds dominant, 334

S'ils peuvent *saisir* censuellement, 428 & *suiv.*

S'ils ont l'Usufruit d'un fonds consolidé, & accrû par *alluvion*, 496

Ils ne doivent point, ainsi que la *Douairiere*, d'*Aveu* & Dénombrement, V. 125

Quid, des *Bénéficiers* titulaires, 125

Si l'Usufruitier d'une Terre ou la *Douairiere* peut y lever la *Taille* aux quatre cas, 588 & *suiv.*

Quid, quant au *Mari* de la Dame de la Terre, 590 & *suiv.*

Voyez *Brodeau. Chantereau. Engagiste* du Domaine. *Ferriere.*

V

Vacance par résignation & *per obitum.*

Voyez *Relief* ès mutations des Bénéficiers.

Vacances quant aux *Fiefs* des *Bénéficiers.*

De deux sortes, lesquelles se décident différemment, II. 147 & *suiv.*

Valançai, (Coûtume de) voyez *Saint Aignan.*

Valois. (Coûtume de)

Comment il s'y faut régler sur la *Réunion* des Fiefs, I. 212

Son texte sur le Droit de *Relief*, II. 312 & *suiv.*

Voyez *Démembrement* de Fiefs. *Jeu* de Fiefs.

Vassaux.

S'ils peuvent démembrer leurs *Fiefs* au préjudice & sans le consentement de leur *Seigneur*, I. 87 & *suiv.* 95 & *suiv.* 106, 110

S'ils se peuvent jouer de leurs *Fiefs*, sans que le *Seigneur* puisse leur demander profit, 87 & *suiv.*

Ils sont les mêmes que les *Femmes* qui sont en puissance de leur *Mari*, 108 & *suiv.*

Quid, si après plusieurs *Aliénations* ils aliénent une autre portion de leur Domaine, & que cette aliénation combinée avec les précé-

dentes , excéde les deux tiers dont le Jeu est permis sans profit, I. 126

Cas où ils sont obligés de reporter la portion même aliénée, 129

Tiers qu'ils doivent payer, 132 & *suiv.*

Une fois investis , ils jouissent *pleno jure* de leurs *Fiefs*, & peuvent même former action contre leur *Seigneur* qui les trouble , 429 & *suiv.*

S'ils peuvent acquérir sur leurs hommes le Droit de *Bannalité*, & en user , 430

Arrêts du Parlement des 23 Février 1602, 7 Mai 1605, qui ont jugé que quoiqu'ils eussent un *Fief* dans l'étendue de la *Bannalité* de leur *Seigneur*, ils ne pouvoient être exempts d'aller à ses *Fours*, &c. sans titre spécial, 430 & *suiv.*

Remarque sur le Jugé de ces Arrêts , 431 & *suiv.*

Voyez *Corrélation. Fiefs. Prescription. Prescription* de 30 ans. *Prescription* de 100 ans. *Seigneurs.*

D'où naît l'obligation indispensable où ils sont de reporter dans leur *Dénombrement* tout ce qui est du *Fief*, II. 17 & *suiv.*

Voyez *Arriere-Fiefs. Prescription* coûtumiere. *Roi.* (le) *Seigneurs* féodaux. *Sommeil du Seigneur. Suzerain. Titre* commun, &c.

Cas où ils ne peuvent plus réclamer leur *Fief*, 30

Quid, si le *Seigneur* le tenant d'eux saisis, l'avoit vendu à un tiers qui l'auroit possédé 30 ans & plus, 30

Voyez *Relief.*

Ils peuvent se jouer de leur *Fief*, en donner tout ou partie à *Rente*, & comment , 178

Voyez *Dominant* du Bailleur. *Rachat* rencontré.

Si celui dont le *Fief* court en *Rachat*, voulant lui-même user du *Retrait de l'Arriere - Fief* vendu pendant l'an du *Relief*, est préférable au *Dominant*, II. 202 & *s.*

Pourquoi l'action qui renouvelle sa *Foi au Seigneur* ne doit point de *Relief*, 239

Sous quelle peine dans la Coûtume d'*Etampes*, le nouveau Vassal étant majeur, est tenu de faire son devoir du *Fief* ouvert par quelque mutation que ce soit, quarante jours après l'ouverture, 268 & *suiv.*

Ce que l'ancien y doit seulement , 269

Dans la Coûtume de *Montfort-Lamauri*, l'ancien ne doit *Relief*, 275

Si dans le cas de *Relief*, ils sont tenus dans la Coûtume de *Blois* de livrer leur *Fief* ensemencé de fruits, comme s'ils devoient les cueillir eux-mêmes, 354

S'ils peuvent , outre le revenu en essence, offrir une somme de deniers ; & si en le faisant, ils satisfont à cette Coûtume, 355

Si dans la Coûtume de *Dunois* ils sont tenus d'aller requérir le choix du *Seigneur* ; avec qui ils doivent se transporter pour ce , 365

Si dans cette Coûtume tenant un *Bois* en *Foi* & Hommage , de quelque nature qu'il soit, ils peuvent le couper , & l'appliquer à autre chose qu'à Bois, 367

Si dans celle de *Tours* ils peuvent offrir pour *Relief* une somme d'argent, ou l'estimation, 372 & *suiv.*

Ce que dans la Coûtume de *Poitou* ils sont tenus d'exhiber au *Seigneur* qui leve le *Rachat*, 399

Si dans celle de *Berri* ils peuvent être contraints à délaisser leur *Fief*, 414 & *suiv.*

Si dans celle de *Chaumont* en Bassi-

gni, leurs offres de *Relief* seroient nulles ou blâmables, en faisant offres d'une somme d'argent, &c. II. 429

Si dans la Coûtume de *Chartres* ils doivent réitérer leurs offres, lorsque le *Seigneur* n'a pas opté, 448 & *suiv.*

Pourquoi dans la Coûtume du *Grand-Perche*, en faisant leurs offres de *Foi* & de *Relief*, ils doivent avoir le détail des choses qu'ils veulent racheter, 468

S'ils n'y sont tenus de racheter que ce qui leur plaît, 468 & *suiv.*

Quid, dans le cas où le *Fief* est ebourné, 469

Voyez *Relief* à merci.

Si dans la Coûtume de *Chauni* le nouveau Vassal est tenu payer les Droits dûs par ses prédécesseurs, avant d'être reçu en *Foi*, 584

S'ils doivent retenir dans leur main de quoi servir leur Seigneur, III. 11

Ce qu'ils sont tenus de reporter, tant que le Seigneur dominant n'approuve pas leur Jeu, 11

Quid, s'ils vendent à prix d'argent ou à rente rachetable, 11

Cas auquel ils lui reportent en Arriere-Fief les Domaines sous-inféodés, 11

Quid, s'ils donnoient à Cens, 12

Si par la Coûtume d'*Orléans* ils peuvent vendre leur *Fief* ou partie d'icelui sans le consentement de leur *Seigneur* de Fief, 17 & *suiv.*

Voyez *Jeu de Fiefs. Justice. Mouvance. Seigneurs. Sous-inféodation.*

Si lorsqu'ils ont vendu le *Fief* dont ils ont joui à *Cens* ou à *Rente*, ils sont tenus de garantir le preneur de l'*Eviction*, 18 & *suiv.*

Voyez *Ventes.*

S'ils peuvent se jouer de leur *Fief* jusqu'à démission de *Foi*, 28

Quid, s'ils alienent le *Cens*, III. 33

S'ils peuvent charger de rente, au préjudice de leur Seigneur, leurs *Fiefs*, 46 & *suiv.*

Si en aliénant une partie de leur *Fief* par parties avec *Deniers* d'entrée, par retention du *Cens*, ils prouvent qu'ils ne veulent pas user de la faculté de *démembrer*, 76 & *suiv.*

S'ils peuvent se *jouer* de tout leur Fief avec profit ou non; du *Domaine* utile & direct; de leurs Domaines, *Mouvances* & *Censives*, 90 & *suiv.*

Seule cause productive de leur *Mouvance*, 92

Sur quoi est fondée la réquisition de leur consentement, lorsque le *Seigneur* les veut aliéner, 99 & *s.*

S'ils doivent être appelés pour la Vente de leur *Mouvance*, 101 & *suiv.*

Voyez *Fiefs.*

S'ils peuvent *sous-inféoder*, même par partage, 129

En quoi ils différent du *Preneur* à *Cens*, 425

Ils ne peuvent détériorer leur *Fief* en tout ou en partie sans le consentement du Dominant; pourquoi, 22 & *suiv. Addit.*

Voyez *Lignager. Rentes. Retrait. Retrait féodal. Retrait Seigneurial. Seigneurs Suzerains.*

Un Vassal vend son *Fief* à Titius, auquel peu après le *Dominant* vend le *Fief* Dominant, avant d'en avoir reçu le *Quint*; ensuite Titius rétrocéde son Fief à son Dominant, & redevient son Vassal comme auparavant; dans ce cas le Dominant peut-il demander le Quint, ou user du *Retrait* du *Fief* vassal acquis par Titius, IV. 178 & *suiv.*

Un Vassal, avant que de vendre son *Fief*, va trouver son *Seigneur*, &

lui offre de lui vendre l'*Héritage* pour le prix qu'il en trouve ; le Seigneur le refuse. Le Vassal vend à un tiers ; l'*Acquéreur* exhibe son *Contrat*, en offre les Droits, & demande à être reçu en *Foi*, ou à être ensaisiné. Le Seigneur qui a le Droit de *Retrait* féodal, *censuel*, ou *emphytéotique*, refuse les Droits, & déclare qu'il veut user du *Retrait*. L'acquéreur l'y soutient non recevable, *quid juris*, IV. 181 & *suiv.*

A quoi tenus ceux par Hommage ordinaire, & ceux Liges, 198
Voyez *Foi* & Hommage.

A qui seront-ils tenus de faire la *Foi*, lorsque la *Seigneurie* dominante est possédée par plusieurs, 231-234
Voyez *Dumoulin. Fiefs. Seigneurs. Souffrance. Tuteurs.*

Si le Vassal ingrat étoit mort avant la demande de la perte du *Fief*, l'action peut être poursuivie contre les *Héritiers*, 269
Voyez *Commise.* (la) *Seigneurs.*

Avant que le *Seigneur* soit tenu de leur communiquer, ils doivent avouer ou désavouer précisément, 274
Voyez *Protestation.*

Ce que veulent dire les Coûtumes, lorsqu'elles avancent qu'il faut que le Vassal avoue ou désavoue, 282

Quid, si celui qui est saisi ou actionné, n'a aucun titre pardevers lui, qui lui enseigne qu'il est tenu & mouvant de celui qui agit, 282 & *suiv.*

Si ceux saisis, quand ils ont *désavoué*, doivent avoir la *Provision* pendant le Procès, 284
— & prendre les *Fruits*, sans autre main-levée, 285 & *suiv.*

Quid, s'il y a Sentence adjudicative de la *Commise*, & *Appel* de la Sentence, IV. 285 & *suiv.*
Voyez *Arriere-Fiefs. Provision. Seigneurs.*

Si ayant *désavoué*, ils peuvent se rétracter ; & si en se rétractant, ils évitent la *Commise*, 305 & *suiv.*

S'ils encourent la peine du *Désaveu*, lorsqu'ils sont convaincus d'avoir par dol suscité un autre *Seigneur* pour réclamer la *Mouvance*, 307

S'ils peuvent être privés de leurs *Fiefs* par les mêmes causes, ou plus atroces, pour lesquelles un *Enfant* peut être exhérédé, 310 & *suiv.*

Ce qui est requis pour l'être, 346
Voyez *Créanciers. Demande. Infraction de Saisie. Notification. Saisie féodale. Seigneurs. Seigneurs Suzerains. Usufruitiers.*

Lorsqu'ils prennent les *Fruits* du *Fief*, depuis la Saisie signifiée, ils sont obligés à la restitution de ces *Fruits*, avant que le *Seigneur* soit tenu de les recevoir en *Foi*, 422

Vassaux & *Tenanciers* sont deux corrélatifs, 469
Voyez *Tenanciers.*

Un homme n'est point le Vassal d'un autre sans la *Foi*, V. 3, 4

Lorsqu'ils possédent des *Dimes* inféodées, ils doivent les comprendre dans leur *Aveu*, & les cantons où ils les perçoivent, 20

Quid, le Tenancier qui paye la *Dîme* inféodée, n'est pas tenu dans les déclarations qu'il fournit, d'y reporter la Dîme inféodée, 20

Quid, lorsque les anciens *Aveux* rendus par leurs Auteurs, ne contiennent pas ce détail, 20-22

Quid, si par une plus grande diligence ils donnoient un Acte de *Foi* détaillé pour leur servir de *Dénombrement*, 22 & *suiv.*
Quid,

Quid, par rapport au *Roi*, V. 22
— aux *Seigneurs* particuliers, 22 &
suiv.

Le Vaſſal reçu en Foi, doit donner
ſon *Aveu & Dénombrement* dans
40 jours après, 80 & *ſuiv.* 124

Peine qu'il encourt s'il y manque,
80 & *ſuiv.*

Ils ne ſont pas tenus d'aller en perſonne préſenter l'*Aveu*, 86 & *ſuiv.*
mais ils doivent après les 40 jours
de la *Préſentation* de leur *Aveu* aller ou envoyer chercher les *Blâ-*
mes, 91

Pourquoi ils le doivent faire même
dans les *Coûtumes* & *Pays* qui
accordent au *Seigneur* 30 ans pour
blâmer l'Aveu, 91 & *ſuiv.* 96-98

Quid, dans les Coûtumes de *Nor-*
mandie & de *Poitou*, 92

Si, ſurtout en *Anjou*, le Vaſſal encourt la commiſe des parties
omiſes, ſi la proteſtation d'augmenter ou diminuer ne ſe trouvoit pas inſérée dans ſon *Aveu*,
114 & *ſuiv.*

Le Vaſſal eſt tenu d'avouer ou de
déſavouer ; vraie application de
ce Théorême, 114 & *ſuiv.*

Le Vaſſal, quand il requiert communication de titres, eſt tenu de
communiquer le premier ; comment cet adage féodal doit s'entendre, 117-121

Le Vaſſal eſt le Propriétaire du *Fief*,
ou au moins le Poſſeſſeur public
du Fief, *animo Domini*, 124 &
ſuiv.

Lorſqu'un Vaſſal poſſéde pluſieurs
Fiefs diſtincts tenus du même *Sei-*
gneur, doit-il un ſeul *Aveu* & Dénombrement par chapitres ſépa-
rés, 132 ; — en doit-il un pour
chaque *Fief*, 133 & *ſuiv.* — ou
peut-il forcer le *Seigneur*, dont
il les tient, à ſe départir du Droit
primitif qu'il a d'exiger une *Foi-*

Hommage, un *Dénombrement* pour
chaque *Fief*, V. 134 & *ſuiv.*

L'ancien *Vaſſal* ne doit que la bouche & les mains, 136, 140-
143, & non *Dénombrement* nouveau, 141

Il ne le doit qu'une fois en ſa vie,
142 & *ſuiv.*

Quid, à l'égard du *Roi*, lorſqu'il y
a changement de Regne, 143
& *ſuiv.*

A quoi tenu le *Vaſſal* ancien ou
nouveau pour la *Foi-Hommage* &
pour l'*Aveu*, 137 & *ſuiv.*

Il ne doit pas être ſujet aux *Lettres*
à Terrier, 138

S'il lui eſt enjoint de ſe ſervir du
Notaire - Commiſſaire à Terrier,
&c. 138, 140

Ils ſont tenus de porter ou envoyer
leur *Aveu* en forme, 138

Le temps paſſé preſcrit pour les *Blâ-*
mes, lorſque le Vaſſal les a requis, il eſt tenu pour reçu, 138
& *ſuiv.*

Quid, s'il y a *Blâme*, 139

Ce qui eſt requis pour qu'ils ſoient
tenus de juſtifier, 139

Quid, quant aux *Aveux* rendus au
Roi, 139

Loix du Vaſſal à cet égard, 139-
141

Si le Vaſſal tenant *Fief*, aſſigné en
vertu d'une *Lettre* à Terrier pour
comparoître devant le Notaire-
Commiſſaire à Terrier, eſt bien
fondé à y former oppoſition, 141
& *ſuiv.*

Quid, pour les *Rotures*, 142
Voyez *Lettres* de Foi.

Coûtumes qui ne veulent pas que
l'ancien Vaſſal rende un *Dénom-*
brement au nouveau *Seigneur*, 146-
149

Quid, quant à la Coûtume de *Poi-*
tou, de *Tours*, de *Ponthieu*, de la
Salle de Lille, 146

— du *Maine*, V. 146 & *suiv.*
— d'*Anjou*, 147-149
Voyez *Aveux. Contrat* entre Seigneur, &c. *Suzerains.*
Si un *Vassal* ou *Censitaire* peut transférer à un autre le Droit de son *Seigneur*, 196
Voyez *Aliénations* de Fiefs. *Arriere-Fiefs. Auteurs. Cens. Coûtume.* (la) *Dupineau. Ferriere. Fiefs. Jeu de Fiefs. Mouvances. Réunion de Fiefs. Rois. Seigneurs. Seigneurs Dominans. Services.*
Vatan (Coûtume de) voyez *Saint-Agnan*, &c.

Vedel

Réfuté sur ce qu'il avance, que le *Retrait* féodal est inhérent au Contrat d'Inféodation, IV. 140 & *s.*

Vendange.

Comment elle doit être apportée au *Pressoir* bannal, I. 438 & *suiv.*
Vendeur à Réméré, voyez *Relief.*

Vendeurs.

Si celui qui rentre, faute de payement, doit des *Droits*, II. 496-498
Espéces des Arrêts des 8 Janvier 1627 & 26 Avril 1672, rendus sur cette question, 499 & *suiv.*
Extrait de la Dissertation de M. *Berroyer*, pour démontrer que ces Arrêts ne sont point contraires, 498 & *suiv.* 501
Quid, s'ils rentrent pour moindre somme qu'ils n'avoient vendu, 498 & *suiv.*
Quid, si le prix n'a pas été payé, 501 & *suiv.*
Espéce d'un Procès sur cette derniere question, 502 & *suiv.*
Moyens des deux parties, 504 & *suiv.*
Si le Privilégié peut se charger des *Droits*, & par-là appliquer à son profit ce qui revient naturellement au *Roi* par la Lettre de la Coûtume, II. 524
Fait d'un Procès sur cette question, 525 & *suiv.*
Quid, si un non Privilégié vend à un *Secretaire* du Roi, & stipule la Vente *francs* deniers, 527 & *suiv.*
Voyez *Aînés. Bailleur* à rentes foncieres. *Droits* Seigneuriaux. *Lods* & *Ventes. Réméré. Ventes.*
S'ils peuvent revendre une chose sous prétexte d'un meilleur prix, III. 281
S'ils peuvent au préjudice de la *Vente* provoquer une *Licitation* pour trouver un meilleur prix, 281
S'ils ont la liberté d'exercer leur action à fin de payement de prix, ou de résolution du Contrat, 285
Quand censés avoir renoncé au Pacte commissoire, 285
Voyez *Decret. Douaire. Quints. Servitudes.*
Si celui qui a abdiqué la Vassalité la peut reprendre, 481
Si ayant été trompé par les *Acquéreurs* & vendant à un autre, il est dû doubles *Droits*, 482, 485 & *suiv.*
Voyez *Parage.*
Vente à faculté de Réméré, voyez *Relief. Ventes. Vente* sur un Curateur.
Cas où elle donne lieu ou non au *Retrait* lignager, IV. 24
Quid, quant au *Retrait* Seigneurial, 24

Ventes.

Quelle est celle de partie de *Fiefs* à prix d'argent avec retention de devoirs, I. 122 & *suiv.*
Si la vente de *Vassaux* change la cause de la Mouvance, III. 29
Si celle entiere du *Fief* avec la simple retention de *Foi* est nulle, 40
Si dans les Coûtumes de *Péronne*,

Mondidier & Roye, étant pures & simples, elles font un *Demembrement*, III. 77

Si tout ce qui est estimé en est une, 211 & *suiv.*

Combien de fortes, 236

Si elle se peut faire sans *Decret*, 236

Si étant une fois parfaite, elle ouvre les *Droits* qui sont acquis au *Seigneur*, 236

Si dans celle par *Decret* forcé les Droits sont dûs, 246 & *suiv.*

Si le payement du prix comptant est nécessaire pour rendre le *Contrat* des *Ventes* volontaires parfait, & l'*Acquéreur* propriétaire, 256, 266

Quid, s'il s'agit de *Ventes* forcées, 256 & *suiv.*

Si dans les volontaires le payement du prix est de l'essence du Contrat, 266

De combien d'espéces dans le Droit Romain, 278

Comment celle sous condition est appelée, 278

Si elle pouvoit être pure & simple, 278

Loix qui définissent ces espéces de Ventes, 279

Si celle qui est pure & simple peut se résoudre sous condition, 280

Si ces Ventes ont lieu dans le Pays de Droit écrit, 280

Si elles se peuvent faire sans aucune tradition réelle, 282

Quid, s'il y a eu tradition, 282

Quand réputées résolues, 283

Quelles sont celles où le *Seigneur* peut éxiger des *Droits*, 284

Si les *Droits* sont dûs dans les cas où le *Vendeur* rentre pour le même prix, en rendant ce qu'il a reçu, où il rentre pour l'estimation, & se réserve le surplus, où il rentre par estimation pour le restant de ce qui lui est dû, III. 293 & *suiv.*

Mais le *Seigneur* ne doit-il pas s'imputer de n'avoir pas suivi l'*Acquéreur* en cas de roture; & le *Vendeur* peut-il répondre de la négligence du Seigneur, 295

Si les *Droits* de la premiere *Vente* n'étant point payés, le *Vendeur* qui rentre faute de payement, doit ces Droits, sauf son recours contre l'*Acquéreur*; ou le *Seigneur* doit-il en ce cas se pourvoir contre cet Aquéreur, 293 & *suiv.*

Si dans celles qui se font à faculté de *Réméré* il est dû Droits, 295 & *suiv.*

Quid, dans celle à *Réméré* qui n'excéde pas neuf ans, 6

Quid, dans celle à trois ans, 296 & *suiv.*

Quid, quand elle excéde neuf ans, 297

Quid, si celle à *Réméré* est une Vente pure & simple, 298

Quid, de celles faites *in diem*, 299 & *suiv.*

Si celles à rente stipulée rachetable ouvrent les profits, 337 & *suiv.*

Quand en est-il dû des *Droits*, 338

Si celle pour l'utilité publique ouvre le *Retrait*, IV. 24

Voyez *Retrait. Retrait féodal. Seigneurs.*

Point de Vente, s'il n'y a prix, ou chose réductible à prix, 53

Il y a Vente aussi-tôt que le prix est mis à un *Héritage* aliéné, 53

Voyez *Prélats.*

Différence entre la Vente & les *Engagemens* ou *Contrats* pignoratifs, V. 481 & *suiv.*

Voyez *Usufruit.*

Ventes à rente rachetable.

Elles sont fort fréquentes parmi nous, III. 308

De combien de manieres se peuvent

elles faire, III. 308
Si elles ouvrent les *Droits* Seigneuriaux, 308
Comment elles se preserivent , 308
Comment doit être regardée celle
pour 10, 15 ou 20 ans, 422
Si celle sans jour & sans terme, est
une Vente en comptant , 486
Circonstances qu'il faut avoir devant
les yeux quant à cette question ,
488 & suiv.
S'il est dû des *Droits* pour celles faites pour l'utilité publique, 511 &
suiv.

Ventes & Issues.
Dans quelles Coûtumes elles font
connues, III. 545
En quoi consiste ce Droit, 545
S'il faut avoir titre pour le deman-
der , 546
Voyez *Baux. Cens. Echanges. Jeu de
Fiefs. Immeubles. Lods* & Ventes.
Quints. Retraits.

Venterolles.
Ce qu'est ce Droit dans plusieurs
Coûtumes, III. 551
Par qui elles se payent, 551
De combien elles font , 551

Ventilation.
Si de celle qui se fait des *Meubles*
& *Immeubles* , les *Droits* sont dûs,
III. 475 & suiv.
Aux frais de qui elle doit se faire,
IV. 132-135
Voyez *Dumoulin. Retrait.*
Examen de ce qu'en dit la Coûtume
d'*Angoumois* , 136 & suiv.
Voyez *Prix.*

Ventiler.
Ce que c'est, IV. 132

Vereau bannier.
Quel est ce Droit, I. 447

Vérification.
Effet du défaut de Vérification des
Aveux rendus au *Roi*, V. 25
Nécessité de la Vérification des
Aveux , 26 & suiv.

Origine de la nécessité de la Vérifi-
cation des Aveux rendus au *Roi*,
V. 32
Véritable époque de cette nécessité,
35 , 51 , 52
Réglement de la Chambre des Comptes de *Paris* à ce sujet, 35 & suiv.
Autre de la Chambre des Comptes
de *Rouen*, 37 & suiv.
Voyez *Aveux.*
Temps où la Vérification des Aveux
est devenue formalité *sine qua
non*, 33
Epoque la plus ancienne des Arrêts
de Vérification, 34
Epoque du commencement de cette
Vérification en *Bretagne*, 39 &
suiv.
On ne trouve avant le Réglement de
1511 aucune Ordonnance qui en-
joigne la Vérification des *Aveux*,
40
La *Chambre des Comptes* en 1511 n'a
ordonné qu'arbitrairement la Vérification des *Aveux*, 40 & suiv.
45
On ne peut objecter le défaut de
Vérification des *Aveux* déposés
en la *Chambre des Comptes* avant
1511 , si on n'y trouve la clause,
reçu *ad onus verificandi*, 42-50
Voyez *Aveux* & Dénombremens.
Combien le défaut de Vérification
est préjudiciable aux *Vassaux* qui
négligent d'y faire procéder, 51
Comment la Vérification doit se
faire, 55 , 99 & suiv.
Voyez *Publications.*
Leur intérêt , lorsqu'ils font eux-
mêmes Seigneurs de leurs hommes dans la publicité de leur
Aveu , 105

Verneuil. (Coûtume de)
Son texte sur le Droit de *Mariage*,
II. 616 & suiv.

Verte-moute.
Coûtume qui admet ce Droit ; si-

gnification de ces termes, I. 443
& suiv.

Vest, voyez Donations.

Veuves.

Si celles des Privilégiés jouissent
des Priviléges de leur Mari, III.
527 & suiv.

Si celles dont le Mari avoit relevé
les Fiefs à elles appartenans, doivent la Foi, IV. 28

Voyez Douairieres. Femmes. Fiefs. Seigneurs. Souffrance.

Vicaire, voyez Homme vivant, &c.

Vicairies.

Ce qu'on connoît en Anjou sous ce
nom, III. 423

Vieillesse.

Si elle étoit une cause de la perte ou
diminution des Corvées pour le
Patron, I. 325

Vignes, voyez Droits.

Vilains.

Quels étoient ceux qu'on nommoit
ainsi, I. 254, 343

Villes fermées, voyez Cens.

Vimeu, (Coûtume de) voyez Relief.

Vinade.

Quel est ce Droit, I. 305

Viol, voyez Fiefs.

Vitri-le-François. (Coûtume de)
Comment elle admet la Réunion des
Fiefs, I. 200 & suiv.

Si elle est allodiale, II. 36-45

Les Articles XVI & XVIII de
cette Coûtume sur le Cens prescriptible ou non, sont expliqués,
36-46

Son texte sur le Droit de Relief,
420-422

Voyez Jeu de Fiefs. Sous-inféodation.

Fin de la Table Générale des Matieres.

APPROBATION.

J'AI examiné par l'ordre de Monseigneur le Chancelier,
un Manuscrit contenant la *Cinquiéme Partie du Traité des
Fiefs de Me. Germain-Antoine Guyot, Avocat au Parlement*; & j'ai
trouvé que cette cinquiéme Partie mettra le complément à cet
Ouvrage si utile & si estimé. A Paris, ce 19 Mars 1749.

R A S S I C O D.

Le Privilége est au premier Volume.